培文·历史　斯塔夫里阿诺斯全球史系列

GLOBAL
RIFT 全球分裂

[上册]　第三世界的历史进程

The Third World Comes of Age

〔美〕斯塔夫里阿诺斯／著　　王红生 等／译
L. S. Stavrianos

北京大学出版社
PEKING UNIVERSITY PRESS

著作权合同登记号 图字：01-2014-7931

图书在版编目(CIP)数据

全球分裂：第三世界的历史进程/（美）斯塔夫里阿诺斯（Stavrianos）著；王红生等译.—北京：北京大学出版社，2017.6
（培文·历史—斯塔夫里阿诺斯全球史系列）
ISBN 978-7-301-27165-0

Ⅰ.①全… Ⅱ.①斯…②王… Ⅲ.①第三世界-历史-研究 Ⅳ.①D501

中国版本图书馆CIP数据核字（2016）第115942号

Global Rift: The Third World Comes of Age by L. S. Stavrianos
Copyright © 1981 by L. S. Stavrianos
Published by arrangement with William Morrow, an imprint of HarperCollins Publishers.
All rights reserved.
Simplified Chinese edition copyright © 2017 by Peking University Press.

书　　　名	全球分裂：第三世界的历史进程（上下册） Quanqiu Fenlie
著作责任者	〔美〕斯塔夫里阿诺斯（L. S. Stavrianos）著　王红生　等译
责任编辑	徐文宁　于海冰
标准书号	ISBN 978-7-301-27165-0
出版发行	北京大学出版社
地　　　址	北京市海淀区成府路205号　100871
网　　　址	http://www.pup.cn　新浪微博：@北京大学出版社　@阅读培文
电子邮箱	编辑部 pkupw@pup.cn　总编室 zpup@pup.cn
电　　　话	邮购部 010-62752015　发行部 010-62750672　编辑部 010-62750883
印　刷　者	河北吉祥印务有限公司
经　销　者	新华书店 787毫米×1092毫米　16开本　45.75印张　830千字 2017年6月第1版　2024年11月第4次印刷
定　　　价	128.00元（上下册）

未经许可，不得以任何方式复制或抄袭本书之部分或全部内容。
版权所有，侵权必究
举报电话：010-62752024　电子邮箱：fd@pup.cn
图书如有印装质量问题，请与出版部联系，电话：010-62756370

谨以此书

献给

勇于开拓的

肯尼斯·蒙哥马利（Kenneth Montgomery）

与

哈尔·蒙哥马利（Harle Montgomery）

致谢

关于本书的内容和观点，按照免责的惯例，我要向加州大学圣地亚哥校区那些阅读和点评过本书各章的同事所提供的大力支持表示感谢，他们是 Allen Lein、Michael P. Monteon，Paul P. Pickowicz，Edward Reynolds，Ramon E. Ruiz。曾任教于罗耀拉大学财政学系的经济学家 Marian Daugherty 和生态系统联盟主席 Elie Schneour，以及欧美报社耶路撒冷通讯员 David Mandel 也曾提供同样的帮助，在此我也要向他们表示感谢。罗切斯特大学的 Eugene Genovese 教授曾经通读全稿，并为之添加了大量旁注和极富洞见的评语，对此我尤为感激。我非常尊重 Eugene Genovese 教授的意见，尽管我们可能在某些问题上观点不一。责任编辑 Maria Guarnaschelli 对本书始终保持了浓厚的兴趣，并提供了专业的指导意见，对此我同样深为感激。最后，我要向自己的爱人致谢，她对本书及此前我出版的每一本书所做的贡献绝对超乎她的想象。这些著作都是我们共同努力的结果。

简明目录

致谢 005
作者前言 015

上 册

第一编　第三世界的出现（1400—1770）

　　第一章　导言 025
　　第二章　商业资本主义和新大陆殖民主义的时代 035
　　第三章　第三世界在东欧的开端 051
　　第四章　第三世界在拉丁美洲的开端 061
　　第五章　非洲：一个外缘地区 083
　　第六章　中东：一个外缘地区 103
　　第七章　亚洲：一个外缘以外的区域 119

第二编　第三世界：一个全球性体系（1770—1870）

　　第八章　工业资本主义和渐趋衰落的殖民主义的时代 141
　　第九章　拉丁美洲的新殖民主义 149
　　第十章　非洲：从奴隶贸易到合法贸易 165
　　第十一章　中东进入第三世界 173
　　第十二章　印度进入第三世界 195

第三编　第三世界：一个全球性体系（1870—1914）

第十三章　垄断资本主义和全球殖民主义的时代 217

第十四章　非洲进入第三世界 237

第十五章　中国进入第三世界 257

第十六章　俄国进入第三世界 277

第十七章　日本的例外情况 291

第十八章　第三世界反抗运动（早期阶段—1914 年）...... 307

下　册

第四编　第三世界争取独立的斗争：20 世纪

第十九章　防御性垄断资本主义、革命与新殖民主义的时代 369

第二十章　第一波全球性革命浪潮（1914—1939）：发轫于 1917 年俄国革命 415

第二十一章　第一波全球性革命浪潮（1914—1939）：革命在全球范围的展现 441

第二十二章　第二波全球性革命浪潮（1939—）：1949 年中国革命的发端 507

第二十三章　第二波全球性革命浪潮（1939—）：全球性革命现象 537

第二十四章　共同的认识 691

参考文献 715

上册 目录

致谢 005
作者前言 015

第一编　第三世界的出现（1400—1770）

  第一章　导言 025
  第二章　商业资本主义和新大陆殖民主义的时代 035
    一、西方的商业革命和商业资本主义 ／ 037
    二、第三世界的重商主义和殖民主义 ／ 042

  第三章　第三世界在东欧的开端 051
    一、西北欧的主导地位 ／ 052
    二、东欧沦为第三世界地区 ／ 053
    三、俄国仍居第三世界之外 ／ 056

  第四章　第三世界在拉丁美洲的开端 061
    一、征服 ／ 062
    二、征服者与被征服者 ／ 064
    三、拉丁美洲和盎格鲁美洲 ／ 070
    四、拉丁美洲欠发达的根源 ／ 075
    五、欠发达的拉丁美洲经济 ／ 078

第五章　非洲：一个外缘地区 083

一、葡萄牙人到来之前的非洲 / 084

二、奴隶贸易与大西洋经济 / 088

三、非洲对大西洋奴隶贸易的反应 / 092

四、东非的奴隶贸易 / 094

五、非洲奴隶贸易的后果 / 097

六、非洲：一个外缘地区 / 100

第六章　中东：一个外缘地区 103

一、"蒙受上帝的全部恩赐……" / 104

二、"旧秩序与和谐已经分道扬镳……" / 106

三、以近招损 / 108

四、贸易路线的转移 / 110

五、黎凡特公司 / 111

六、奥斯曼的外缘状态 / 116

第七章　亚洲：一个外缘以外的区域 119

一、达·伽马到来之前的亚洲 / 120

二、葡萄牙的海上帝国 / 121

三、东印度公司赶走葡萄牙人 / 128

四、欧洲人在东亚 / 132

五、亚洲：一个外缘以外的区域 / 135

第二编　第三世界：一个全球性体系（1770—1870）

第八章　工业资本主义和渐趋衰落的殖民主义的时代 141

一、西方第一次工业革命与工业资本主义 / 142

二、殖民主义在第三世界渐趋衰落 / 143

第九章　拉丁美洲的新殖民主义 149

一、赢得独立国家的地位 / 150

二、独立后的新殖民主义 / 154

三、新殖民主义下的经济状况 / 157

四、新殖民主义的文化 / 161

第十章　非洲：从奴隶贸易到合法贸易 165

一、非洲和美洲奴隶制的终结 / 166

二、非洲的探险 / 167

三、从奴隶贸易到合法贸易 / 169

第十一章　中东进入第三世界 173

一、"土耳其的曼彻斯特和利兹" / 175

二、土耳其进入第三世界 / 178

三、"埃及永远成不了工业品制造国……" / 181

四、埃及进入第三世界 / 186

五、波斯进入第三世界 / 189

第十二章　印度进入第三世界 195

一、征服印度 / 196

二、英国的统治策略 / 198

三、印度的传统经济 / 203

四、英国的冲击：财政和农业 / 205

五、英国的冲击：手工业 / 208

六、印度进入第三世界 / 211

第三编　第三世界：一个全球性体系（1870—1914）

第十三章　垄断资本主义和全球殖民主义的时代 217
　　一、第二次工业革命和西方的垄断资本主义 / 218
　　二、全球殖民主义在第三世界 / 223
　　三、西方的经济发展与第三世界的经济增长 / 232

第十四章　非洲进入第三世界 237
　　一、瓜分非洲 / 238
　　二、非洲人的反抗 / 241
　　三、控制的技术 / 244
　　四、纳入世界资本主义秩序 / 248

第十五章　中国进入第三世界 257
　　一、中华文明的连续性 / 258
　　二、有造反而无革命 / 260
　　三、战争和不平等条约 / 261
　　四、重演造反而无革命 / 265
　　五、纳入资本主义世界体系 / 269
　　六、帝国的瓦解 / 272

第十六章　俄国进入第三世界 277
　　一、亲斯拉夫派对亲西方派 / 278
　　二、俄国经济增长的第二个阶段（1856—1891）/ 279
　　三、俄国经济增长的第三个阶段（1892—1914）/ 282
　　四、"帝国主义锁链中最薄弱的一环" / 283

第十七章 日本的例外情况 291

  一、闭关自守的日本 / 292

  二、西方的干涉和明治维新 / 295

  三、自上而下的政治革命 / 297

  四、自上而下的经济革命 / 299

  五、日本帝国主义 / 301

  六、日本作为一个例外的意义 / 303

第十八章 第三世界反抗运动（早期阶段—1914年）...... 307

  一、美洲黑人的反抗运动 / 309

  二、亚洲发生的保守性反响 / 311

  三、古巴和菲律宾的反抗运动 / 314

  四、日本人的胜利和俄国革命 / 322

  五、"波斯被扼杀" / 326

  六、青年土耳其党人的革命 / 332

  七、中国革命 / 337

  八、墨西哥革命 / 341

  九、非洲反抗运动 / 350

  十、1914年以前各种运动的性质 / 354

作者前言

当为数众多的前殖民地在第二次世界大战后纷纷赢得独立时,第三世界的历史学家们便从各自的民族立场出发,着手编写本国的历史。这是对殖民时代历史的一种自然而然的反作用。因为那些旧历史都是站在伦敦、柏林或巴黎的立场上,而不是站在拉各斯、仰光或开罗的立场上编写的。新的民族历史确实需要,而且是期待已久的了。然而只有这些历史还是不够的,因为历史也同其他领域一样,整体大于部分之和。换句话说,第三世界的各国历史凑集在一起表明不了这个整体的结构和动态。第三世界所有民族的共同经验和利益——不管他们在历史、文化和政治信仰上有着多么大的差异——只有在整体的结构和动态中才能得以显示和澄清。

一部合成一体的第三世界历史或许为第三世界人民所急需,但它同美国人和其他发达国家的西方人士有何相干呢?过去的答案一向都是从屈尊俯就的同情角度去看问题,诸如:既然居住在第三世界的人类大多数都是地球上的不幸者,那么,我们这些发达世界的幸运儿便理应承担起照料兄弟的责任。因此,我们应该了解第三世界为什么这样困窘,然后向他们伸出援助之手。这就是为什么上几代西方儿童被告诫说"不可浪费粮食!想想那些挨饿的亚美尼亚人吧";也正是本着这种善心,现今的儿童在万圣节前夜纷纷向联合国教科文组织捐助小钱来周济那些身患疾病和营养不良的人们。

就现在来说,照料兄弟的人该比以往任何时候都更加需要,因为成人也好,儿童也罢,挨饿者的人数比以往任何时候都有相应的增长。然而如果考虑到美国人口只占全人类的不足 6%,而绝大多数人类都生活在第三世界——从这个关系上来看,这种慈善为怀的意义简直就太微不足道了。在现代科技空前强烈的冲击下,发达国家和欠发达国家的人民都发现他们今天"坐在同一条船上"(in the same boat),他们正在为一些相似的问题发愁,正面临着一同覆舟溺水的严峻而现实的前景。

如果认为这是无稽之谈的话,那就不妨想想越南战争的后果:直到现在美国社会还没能完全治愈这场悲剧在其政治经济上留下的创伤。也不妨想想我们日益依赖着的第三世界：那里既是我们产品的销售市场，又是我们的原料来源地，而且由于我们自产的原料日趋枯竭，那些地区对我们便显得格外重要。最后，请再想想一个不大为人所知的事实：越来越多的美国人正在陷入过去认为只有第三世界才会碰到的那些麻烦之中。我们的生活模式正在被第三次工业革命重新塑造；而这次工业革命威力之大、影响之广，实为前两次工业革命所望尘莫及。这次工业革命的冲击遍及全世界：它一方面提供共同的机会，另一方面又带来共同的问题。在这种情况下，如果放眼周围而又留心注视一下的话，我们就会发现，第三世界的许多问题都正在我们这个第一世界里突然发生。试看：

例一：失业。旷日持久的结构性失业一直是第三世界国家的一个特点。今天这种现象在第一世界也已然普遍。其根本原因是发达国家向欠发达国家既输出商品又输出产业。向海外低廉劳动力地区每移植一家工厂，便输出相应的工作机会，或者说，同时输入相应规模的失业人数。正是第三次工业革命的新技术才有可能使工业本身大规模移向廉价劳动力的国家，从而导致一个共同的全球性劳动市场正在形成。这样一来，原先享有优惠和高工资待遇的西方劳工，也就只好来分担第三世界工人的传统性失业和低工资了。联合汽车工人工会副主席马丁·格伯（Martin Gerber）对这一事实作出了反应，他警告工会工人说："今后几年我们将不得不从产业工会的规模转向国际性工会的规模……由于福特这样的跨国公司每年有三分之二的利润来自海外，加上零部件的通用化和'世界型汽车'这类产品的盛行，一国性的工会组织已经过时了。"[1]

例二：农民破产。资本密集的大型农业综合企业的技术先是摧垮了美国的农场主，继而又摧垮了第三世界的农民。取代劳动力的新农业技术把美国的家庭农场数目从1930年代中期680万的高峰锐减至1980年的280万，至1985年估计会降到100万。被淘汰的农业人口流入城市，于是，农业部1975年预算的三分之二便被拨作救济城市贫民的粮食费用，其实很多城市贫民都是农业部自己推行的农业综合企业技术把他们驱离土地而造成的。同样，第三世界的城市周围到处充斥着逃离农村的农民居住的贫民窟，所不同者，只是这些农民得不到像比较富裕的美国所实行的那种政府救济罢了。

例三：贫困。今日的世界，有5亿人患营养不良症，占总人口的八分之一。营养不良现象在美国蔓延得虽不太广，但却绝非丝毫没有或微不足道。就营养不良的美国人数来说，一个公认的数字是2000万。这个数字同全国经济机会咨询委员会（National Advisory Council on Economic Opportunity）1980年的报告是相符的。该报告认为，从1960年代中期发起"向贫穷开战"以来，"贫穷并无稍减"，即官方认定的贫穷美国人（一个四口之家全年总收入低于7450美元即为官方认定的贫困户）仍然多达2500万人。[2] "贫穷"一词在人类语言中究竟意味着什么，只消看看1980年9月巴尔的摩市2.6万人在酷暑下排成长队一连数小时等待申请那75个政府工作名额的情形，就不言自明了。"真不知道还有什么比这更触目惊心的了，"市政委员会主席沃尔特·奥尔林斯基（Walter Orlinsky）说。"你在美国其他任何正在老化的城市里都会遇到同样的长队。对此人们都已习以为常，毫不见怪了。"[3]

例四：政治犯。美国常驻联合国代表安德鲁·杨（Andrew Young）只因说了"美国同苏联一样也有政治犯"这样一句话，便在1978年8月掀起了一场轩然大波，结果被责令辞职。他在答辩时指出："有形形色色的政治犯。我倒以为，某些人之受监禁与其说是因为他们坏，不如说是因为他们穷。"[4] 为了支持这一观点，"拯救人类人民同盟运动"（People United to Save Humanity, PUSH）理事杰西·杰克逊（Jesse Jackson）牧师断言，美国监狱40万在押犯中，有30万是黑人或棕色人。"我的意思是说，美国全部犯人有四分之三是黑色或棕色皮肤，这一事实本身即反映着某种同我们对刑事犯罪的一贯看法完全不同的东西。既然是美国政治制度的缺陷导致那么多人饱受铁窗之苦，在这一意义上他们便纯属政治犯，那么，卡特总统为另一些人的行为大声疾呼的'人权'问题同样也该适用于他们。"[5]

例五：少数民族聚居区和殖民地。杰出心理学家肯尼斯·克拉克（Kenneth Clark）分析过美国城市少数民族聚居区的状况，认为这是"外界势力强行加入和贫弱无援、因袭成制的结果"。为了证实这一论点，克拉克指出：少数民族聚居区的政界领袖仰赖更大的权势集团，而它的社会机构则全靠外部力量来支持；该区经济中占优势的小商业多半属于在外老板，其住宅也多属在外房主所有，其学校也全由居住于该社区以外的人士所控制。克拉克的结论是："少数民族聚居区实际上是社会的、政治的、教育的殖民地，而尤其是经济的殖民地。那些被限制在这个区域的围墙之内的是贫困无告的各族人民……"[6]

例六：州与殖民地。第一世界国家内部的那种依附和剥削关系，并不只限于针对少数民族。这种关系已经超越了肤色界限而囊括了所有地区。这从下面科罗拉多州州长狄克·拉姆（Dick Lamm）反对露天采煤公司的呼吁中就可得到证实："我们已经看到了肯塔基、田纳西、西弗吉尼亚和其他几个州的遭遇——它们充当了全国的煤箱；我们决不会让这种情况再轮到我们头上……如果不是出于它们领导人的断然态度，某些做法简直就像对待殖民地一样，毫无差别，不论它们是科罗拉多还是刚果。我们决不想成为殖民地。"[7]

例七：文化帝国主义。第三世界各国都在抗议"文化帝国主义"——他们指的是第一世界通过其手中控制的全球性大众传播媒介硬塞给他们的那些货色。其实文化帝国主义在第一世界各国内部也照样猖獗。这从《基督教科学箴言报》(Christian Science Monitor)下面的一段分析中即可窥见一斑：

> 现今，八家公司控制着三家电视网、《时代》《新闻周刊》两家杂志、《纽约时报》《华盛顿邮报》《华盛顿明星报》(后两者是首都仅有的两大报纸)《华尔街日报》《洛杉矶时报》五家大报、至少占据电视观众总人数40%的许多电视台、独占鳌头的无线电广播电台、有线电视工业的主要市场、执牛耳的图书出版公司，以及一连串遍及全国各枢纽城市的报纸和一大群经营传播媒介和非传播媒介的企业。(8)

以上种种并非说明美国已经成为第三世界，而是说明富裕的发达国家和贫困的欠发达国家之间的那种传统差别已不再泾渭分明、互相排斥了。第三世界所独具的条件和制度正在向第一世界内部广泛蔓延。分界线模糊的重要原因就在于地球上所有各个地区都正在逐渐成为国际市场经济的更加紧密关联的组成部分。这种"全球性经济"(global economy)早于15世纪便已具雏形；那时西北欧的资本主义经济刚开始向外扩张：首先扩张到东欧，接着扩张到美洲、非洲和亚洲。这些海外的大片地区逐渐变成隶属和依附于那些工业化宗主国所形成的中心。换句话说就是，这些地区围绕发达的第一世界中心区而形成了欠发达的第三世界外缘区。

由外缘和中心构成的传统二分格局正在暗遭破坏。当前第三次工业革命的强大技术动力正在抹掉迄今为止第一世界特权民族同第三世界从属民族之间的种种差异。所有地区的居民现在都正在变成从属民族——即都将遵从全球性市场经济的指令。由于在那些工业化宗主国内部也产生了第三世界的种种景况，第三世界的历史也就不再只是那些与我们仅有偶然联系的远邦异国的历史了。现在它已成为我们自己历史的一个组成部分。因此，我们也就需要有"一种共同的认识"(A Common Vision)，这也是本书最后一章的主题立意之所在。

[注释]

1. Cited by D. Moberg, "Labor's Strategies for the Future," *In These Times*（Jan. 30- Feb. 5, 1980）, p.2
2. Los Angeles *Times*（Oct. 19, 1980）.
3. Los Angeles *Times*（Sept. 25, 1980）.
4. New York *Times*（July 13, 1978）.
5. Cited in column by William Raspberry, in Los Angeles *Times*（Jan. 4, 1977）.
6. K. B. Clark, *Dark Ghetto*（New York: Harper& Row, 1965）, p.28.
7. Los Angeles *Times*（Nov. 27, 1974）.
8. Cited by Washington *Spectator*（Sept. 1, 1980）.

[第一编]

第三世界的出现
（1400—1770）

美洲的发现及绕好望角到东印度通路的发现，是人类历史上最大而又最重要的两件事。其影响已经很大了。……通过为欧洲产品开辟一个用之不竭的新市场而给新的分工和工艺的进步提供了机会，这在古代商业的狭小圈子里是从不会发生的。……不过，对西印度及东印度两处的土人来说，这两起事件本来能够产生的一切商业上的利益却被它们所引起的不幸完全抵消了。

——亚当·斯密：《国富论》

第三世界是在近代早期由于西北欧发生的巨大社会变异而出现的。这场社会巨变就是生气蓬勃的资本主义社会的崛起。它分阶段地向海外不断扩张，逐渐控制了地球上愈来愈广阔的地区，及至19世纪更是在世界范围内建立起它的统治。本书导言部分将会概述"资本主义扩张"（capitalist expansion）及其后"资本主义收缩"（capitalist contraction）所经历的几个主要阶段，这些阶段也就构成了第三世界相应的扩张与收缩。

　　这种欧洲扩张主义的根源是什么？早期的探险者与殖民者为什么是欧洲人而不是非洲人、中国人或者中东人？第三世界历史中这一关键问题是第二章叙述的主题，同时还会分析欧洲扩张主义的动力。

　　尽管西方的扩张通常与海外事业紧密相关，但最早受到西方冲击的却是东欧，且远在哥伦布和达·伽马航海之前。在本书第三章中我们可以看到，正处于萌芽状态的西欧经济在和世界上任何其他地区进行贸易往来之前就首先和东欧建立了一种新型贸易关系。这指的是一种大众性必需品贸易，而非传统的奢侈品贸易。东欧向西欧出口粮食、矿产品和海军军需品以交换西欧的纺织品、小五金及其他制成品；在此过程中，东欧渐渐依附甚至从属于西欧经济。从这个意义上来说，第三世界产生于15世纪的东欧，因为所谓"第三世界"（Third World）这一名词指的是那些在不平等的条件下参与最终形成全球性市场经济的国家或地区。

处在西欧统治下的第二个地区就是"新大陆"（the New World）。第四章将会分析横跨大西洋的大众性贸易的发展，在这场贸易往来中，西欧的制成品再次出口，这次是为了换取新大陆的产品，如蔗糖、棉花、烟草和染料。就像原始大众性贸易深刻地影响了东欧社会的各个方面（其中包括它为与西欧进行贸易赚取最大限度的利润而强迫实施农奴制），新的横越大西洋贸易也使新大陆的社会受到深刻影响，例如奴隶制的建立，它和东欧农奴制出现的原因基本相同。

在从15世纪开始到18世纪结束的近代早期，西欧经济并未发展和强大到足以囊括全球的程度。奴隶贸易和各种黎凡特公司（Levant companies）仅略微渗透到非洲和中东。甚至这段时期内西欧在这些地区的影响大都仅限于沿海一些地带，因此第五章和第六章在分析国际市场经济时把非洲和中东称作"外缘地区"（peripheral areas）。曾给大西洋和地中海沿岸地区带来变化的萌芽中的大众性贸易，并未对南亚和东亚那些古老的文明中心产生什么实质性影响。故本书第一部分结尾的一章题为："亚洲：一个外缘以外的区域"，因为亚洲直至进入19世纪很久以后，依旧独立于早期市场经济所影响的范围之外。只是随着工业革命的到来，西欧经济才强大到足以支配全世界的各个大陆，由此第三世界也就扩展成为一个"全球体系"（global system）——这正是本书第二编所研究的主题。

> 自从5000年前人类文明刚刚透出第一缕曙光，人们就已经开始意识到，他们传统的生活方式有可能向更好的方式转变，而这种转变恰恰是由他们自己的行为造成的。如今，占世界人口四分之三的受压迫者心灵上和意识中的希望与目标都苏醒了，我以为，将来回顾往昔时，这一定会成为我们这个时代具有划时代意义的事件。相形之下，对原子能的开发及用其来制造武器和对外太空的探索都将显得微不足道。
>
> ——阿诺德·汤因比：《美洲和世界革命》
> （*America and the World Revolution*）

第一章　导言

"第三世界"一词起源于最近，第二次世界大战以后才刚刚开始使用。就在这样一个短时期中，这个词的用法已经发生了变化，由政治的内涵转变为经济的内涵。在1945年战争结束以后的"冷战"年代，以美国为首的资本主义世界和以苏联为首的社会主义世界之间划出了一条严格分明的界限。从外交上营垒分明的意义上来说，所有国家不是站在这一边，就得站在那一边。大多数国家的确如此，但也仍有少数国家还在坚守着不稳定的中立立场，其中有铁托的南斯拉夫、纳赛尔的埃及、尼赫鲁的印度、恩克鲁玛的加纳和苏加诺的印度尼西亚。这些自行其是的国家渐渐被统称为第三世界，以区别于西方集团的第一世界和苏联集团的第二世界。

随着1950年代"冷战"解冻，第三世界一词失去其政治含意的理论基础，逐渐被赋予经济内涵，并用于称呼世界上那些欠发达地区，以有别于发达的资本主义第一世界（如美国、日本、西欧和前大英帝国的诸自治领）和发达的社会主义第二世界（如苏联和东欧）。这一意义上的转变使第三世界成为一个含义更为广泛的范畴，包括了一百多个国家，人口约占世界人口总数的四分之三。特别是在今天，第三世界囊括世界上以下各个地区：整个拉丁美洲，除南非以外的整个非洲，除日本、以色列以外的整个亚洲。

第二次世界大战前，今天被称为第三世界的大部分地区都被划分为欧洲列强的殖民地。那时，用来修饰这些殖民地的形容词常是"落后的"（backward），而不是像今天这样带有外交辞令的术语"欠发达的"（underdeveloped），在联合国，甚至越来越常使用起一种更为婉转的说法："发展中的"（developing）——尽管这个用法容易让人产生误解。

在过去那些时代，殖民地人民的"落后"被视为理所当然，那些帝国的存续则被视为合情合理。当人们偶然考虑到殖民地的落后根源时，一般先进的理论也往往带有种族偏见和自我服务（self-serving）色彩。"土著"被认为生来就不同于并低劣于统治他们的欧洲人。"土著"未曾对改善其生活水平的种种机会作出反应；他们宁愿过着一种闲散自在的生活，满足于仅能维持生存的水平，他们拒绝对自己的未来作出计划和承担责任。如果对这种反常的态度加以解释的话，人们往往会将其归因于气候恶劣、种族低下或种种宗教清规禁忌。人们通常非但不会把殖民统治看成是普遍落后的原因，反而还会将其当成唯一可行的解决办法。

这种辩白，今天倒是很少听到了。从第二次世界大战以来，大批出版物专门讨论那些开始被称为"欠发达国家"或"发展中国家"的各种问题。对西方社会科学家来说，这并非"自发性的独创"，而是他们对自己所处时代的政治大动荡作出的反应，如第三世界的革命运动、帝国结构的迅速分崩离析，还有"冷战"——这些使得殖民地和前殖民地的命运成为华盛顿和莫斯科的政策制定者们关注的问题。

通过研究，人们开始认识到，第三世界的欠发达与第一世界的发达并非两个孤立而无联系的现象，二者在机体和功能上是互相联系的。"欠发达"并非与生俱来，而是由于追随以西方国家为先驱的工业化进程而追赶不上。后者如今的过度发达与外缘地区的欠发达，其程度是相同的。发达与欠发达状态不过是同一枚硬币的两面。这一看法是杰勒德·查连德（Gerald Chaliand）经过数十年观察和参与第三世界事务之后于近年提出来的：

> 欠发达不是由于第三世界国家的全局结构所造成的内在现象，而是世界资本主义制度的产物，并且是它的一个组成部分。如果不结束依附状态，不使自己摆脱依附关系的结构，欠发达是无法克服的。从这个意义上来说，我们便可更深入地领会：发展，不是一个依靠投入资本就能解决的经济问题，而是一个政治问题。[1]

为什么欠发达是"世界资本主义制度的产物"？答案可以从资本主义这种制度的独特性和动力中找到。资本主义的本质是通过私人占有资本和私人投资去追求利润，它决定着生产什么产品及如何进行分配。这个制度的独特之处不在于它使用货币，而在于它有史以来第一次将货币当作资本来牟取利润。

一切前资本主义文明，不论是印度文明还是中东文明，抑或是中华文明，都曾确立过从当地农民劳动中榨取农业剩余产品的行之有效的国家机器。但由此而积累的大量财富却被罗马的元老、印度的王公、儒家的士大夫、中东的君主及他们各自的教权势力在非生产性消费中挥霍一空；进而则建造了豪华的宫廷、庄严的大厦和气势磅礴的宗教建筑，并使目睹这一切的西方人为之倾倒。但这些西方人并没有认识到，正是这种铺张摆阔的靡费，使这些文明在西方的新社会面前变得不堪一击。反之，西方新社会积累的货币是用作资本促进再生产，而非用于提高消费。正是由于资本被有组织有计划地注入经济过程，得以发挥出生产潜能，才进而促使现代社会能够达到"起飞阶段"（take-off stage）而接连不断地扩张。

这种扩张主义是资本主义有别于它以前的各种社会制度的显著特征。后者的生产主要是为了满足地方性需求，因此无论是出口还是进口都比较有限。与此相反，资本主义的西方社会将其经济活动领域从地方性范围扩大到全国，进而扩大到全世界。

欧洲资本主义的海外扩张通过帝国主义的活动而导致第三世界的出现。历史学家威廉·兰格（William Langer）给帝国主义下过这样一个定义："一个国家、民族或人民对另外一些同样的集团所进行的政治或经济的、直接或间接的统治或控制……"[2] 根据这一定义，帝国主义与人类文明一样古老。显然，罗马人曾经征服和统治过大半个欧洲及地中海地区，他们是帝国主义的。埃及人在非洲、亚述人在中东、中国人在远东、阿兹特克人和印加人在新大陆，等等，也同样都是帝国主义的。到了近代，资本主义在追求利润的过程中从国内市场转向国外市场时，帝国主义就成为资本主义不可避免的副产品了。

几个世纪以来，帝国主义在其发展过程中显示出它凭借帝国主义中心国家的技术、经济和政治三个方面的力量进行活动的广度和深度。因此，公元前4世纪亚历山大大帝侵入印度与19世纪英国东印度公司侵入印度二者之间有着本质上的区别。这种区别正在于被征服的地区所受到的影响的性质不同。亚历山大和其他前资本主义的征服者通过勒索贡品（主要是粮食）和掠夺的形式，简单、直截地利用他们所占有的一切。这种利用未曾特别影响被征服领土的经济生活和经济结构。他们继续采用和过去一样的方法生产着几乎完全相同的粮食和手工制品。拿这种帝国主义与肆意蹂躏和重新改造整个大陆的现代帝国主义相比，无异于拿铁锹去比蒸汽铲。

著名法学家兼历史学家亨利·梅因（Henry Maine）爵士曾于1862—1869年间在印度工作过，从他所写的关于英国对印度的影响的著述中，可以窥见这两种类型帝国主义之间明显的差别：

> 正是通过间接的和大部分是不自觉的影响，英国［在印度］的力量使得它统治下的思想意识和社会形态发生了变形和解体的现象，却没有采取任何权宜的措施使英国能够借以逃脱把本来不愿摧毁的一切按照它自己的原则重新加以塑造的责任……我们并非仅凭一时的傲慢自大来进行革新或破坏。我们是因为没有办法才着手改革的。这种我们称为"进步"（Progress）的沉重影响，姑且无论其性质和价值究竟如何，再清楚不过，某个社会一旦接触到进步，这进步的势头就会像传染一样蔓延开来。(3)

亨利爵士的叙述阐明了近代帝国主义在重新塑造整个世界和在这一过程中产生第三世界时所表现出的独特之处。前资本主义时代的帝国主义虽然包含着剥削，但却未能使经济和社会发生根本变化。贡品不过是从一个统治集团手中转移到另一个统治集团手中。资本主义时代的帝国主义则与此相反，它迫使被征服地区发生彻底变化。正如亨利爵士所说的，这并不是一个经过深思熟虑而实行的政策，乃是蓬勃有力的西方资本主义强加于东欧、亚洲、非洲、南北美洲相对静态的农业社会的一种不可避免的"沉重影响"（bundle of influences）。其最终结果是否应定义为"进步"，则取决于这种判断是出于征服者抑或出于被征服者之口。但有一点则毋庸争辩，那就是资本主义入侵的直接影响是将传统的农业社会纳入了新的全球性市场经济中。这是一个总体的全面囊括的过程，因为在那些社会里，无论是文化或经济，为了符合全球性经济的要求，都遭到深刻的扭曲和重新塑造。

传统农业社会被纳入国际市场经济是不可避免的，这取决于资本主义商业独一无二的大众性特点。在近代以前的一千年中，贸易的主体必然是各种奢侈性消费品——量小而价高。这是因为路途遥远，运输全靠马、驴、骆驼和小帆船。交换的货物限于香料、珠宝、纺织品及其他古典时代和中世纪匠人制造的昂贵工艺品。这种传统贸易所满足的仅仅是有钱有势者（即帝国君王、封建酋长、教会显贵或巨商大贾）的要求，因此并不能实际影响它所到地区的经济。在中国出口丝绸、印度出口棉花、东南亚出口香料的漫长的数千年中，欧亚大陆广大群众的日常劳作与生活并未受到多大影响。

15世纪，当欧洲资本主义经济首先产生出在必需品方面的大众性贸易后，以奢侈品为主的规模有限的传统贸易在它面前相形见绌，便发生了历史性突变。新型贸易，正因它的大众性和全球性而牵涉到全体居民，无论他们愿不愿意，都在为新的市场经济而生产必需品，如来自东欧的粮食、木材和金属，来自南北美洲的金条、蔗糖、烟草、靛蓝和棉花，来自非洲而为美洲种植园劳动的奴隶，以及来自亚洲的橡胶、茶叶、咖啡和黄麻。这种大众性贸易不可避免地将许多社会都整个纳入一体化的新的全球性经济秩序中。

在这种全球性市场经济关系中，殖民地与宗主国之间的贸易几个世纪以来都被当作一种各方互利的"自然"（natural）关系。19世纪初，大卫·李嘉图（David Ricardo）在他的比较优势理论中就此问题论证了理论上的合理性。根据他的理论，一旦非个人的市场控制着全球经济事务，每个国家都将会集中生产对自己最为适合的产品，并都将会向其他国家购买那些对它们而言也是最为适合的产品；这样一来，每个国家都将会从参与新的世界性贸易活动中获得最大限度的利益。

这一理论符合逻辑，颇有说服力，但它却未能解释第三世界中已经发生或正在发生的一切。第一世界与第三世界人均收入上的差额之比，在1500年是3:1，到了1850年，相差至5:1，1900年是6:1，1960年是10:1，及至1970年竟达到14:1。事情远非参加贸易的各方均有利可图。全球性市场经济正在扩大穷国与富国之间的鸿沟，并且还在不断加快步伐。

尽管理论与现实之间存在着如此鲜明的矛盾，但是李嘉图的学说仍然是西方各大学所讲授的经济学课程中的理论基础。只是近几年来，新一代经济学家才在试图使理论与第三世界当前的实际情况相符。约瑟夫·熊彼特（Joseph Schumpeter）在他的《经济发展理论》（Theory of Economic Development，1949）一书中有这样一段话，反映了与传统的比较优势理论的决裂："所谓'发展'，根据我们的理解，只有经济生活中非由外力强加的，而是依靠来自内在的主动性产生的那种变化，才算发展。……倘若经济……是被周围世界的变化拖着前进……经济不断使自己适应外部变化，那我们就应当说，这样便没有什么经济发展。"[4]

熊彼特在此精辟地指出了，欧洲宗主国有机的自主型经济发展与殖民地外缘地区由外部强加的、受制于人的经济增长（并非经济发展）之间是有着根本区别的。欧洲的工业革命以农业革命为先导（下一章里将会提及），正是农业革命提高了农村的生产力，并为城市工业提供了原料、资本和被迫离家的劳动力。城市工业既包括满足消费者需要的轻工业，又包括生产不变资本的重工业。这个过程虽然伴有社会动乱与失业，却可以促成独立的工业化。这种工业化极大地提高了国民生产力，最终不仅使企业家也使工人的生活水平有所上升。

与此相反，在殖民地或半殖民地的外缘地区，资本并非产生于社会内部，而是宗主国投资者所引进的。自然，他们的目的是通过投资来攫取最大限度的利润。单靠促进当地工业是不可能实现这个目的的，因为外缘地区贫穷的居民缺乏购买力。因此，外国资本便被用来为满足世界市场需要而生产的农产品和矿产品提供资金。

这就需要修建港口、铁路和以出口原料为目的的其他基础设施。利润自然也就流入了宗主国的腰包；在宗主国，这些利润又使已经发展起来的经济更加发展。当地居民简直成了廉价的非熟练劳动力。于是，外缘地区的经济便成为宗主国经济的附庸或补充，并且只能在这种依附和从属关系所限定的范围内起作用。因此，宗主国的经济持续发展，而外缘地区的经济结果则欠发展。

除了熊彼特，还有其他一些经济学家也注意到了比较优势理论的荒谬性。诺贝尔经济学奖获得者冈纳·缪尔达尔（Gunnar Myrdal）说过："正常情况下，市场中各种力量的作用趋向于加深而不是减轻各地区间的不平衡。"[5]

缪尔达尔解释说，一体化的世界经济显然会导致全球性的不平衡，因为它将弱者和强者都纳入一体。正如下一章中即将提到的那样，西方的工农业新技术，与它的银行、股份公司、野心勃勃的新兴民族国家君主及进取的资本主义精神结合在一起，使原本发展迟滞的欧亚大陆的欧洲半岛在与世界上其他地区打交道时拥有优越的经济和军事力量。通过早期的重商主义规章、工业革命后的自由贸易政策和今天的新殖民主义，弱者的利益身不由己地屈从于强者的利益。

承上所述，第三世界的情况还不是简单的贫困问题。按人均收入画一条线，把第三世界放在下面，把第一世界放在上面，这还远远不足以代表真实情况。这种分界线本身就不适当。例如科威特除了日益减少的石油资源，别无任何经济资产，但我们并不能因为它拥有石油开采权而使本国人均收入高达美国人均收入的两倍多，就认为它是第一世界首屈一指的国家。几十年后，油井一旦枯竭，科威特（和其他暂时富裕的石油出口国）终将会因永久处于依附地位或者说是第三世界的地位而导致它落得一个悲剧的命运。

除了收入水平低，第三世界的地位还有第二个显著特点，那就是没有经济发展的经济增长——其增长取决于外国资本和国外市场，而并非由于本地的需求。经济增长，不同于经济发展，它是一种纵向经济联系，即与各宗主国中心经济的联系；而非横向经济联系，即国内各经济部门之间双方或多方的联系。纵向经济关系导致单一型经济，主要生产供出口的矿产品和农产品，注定不能促成全面整体的经济发展，并且决定了第三世界的状况直至今天还是依附于发达国家，而其失业率之高更是达到惊人的程度。简言之，所谓第三世界，既不是一组国家，也不是一组统计标准，而是一组关系——占据支配地位的宗主国中心与处于依附地位的外缘地区之间的一种不平等关系，这些地区过去是殖民地，今天则是新殖民地式的"独立"国。

这种对世界格局的看法，与国务卿小亚历山大·黑格（Alexander Haig, Jr.）的观点相一致，他在被提名任命的听证会上指出："所谓第三世界，如果说有这样一类国家的话，它也是一个容易让人误解的名词。"他进一步解释说："其中包含着共同的条件和共同的目标，而且就词义的外延来讲，这个名词还暗含着美国的外交政策，总之，第三世界是一个神话——而且还是一个危险的神话。"(6)

对美国来说，真正危险的倒不是"第三世界"这个概念本身，而是黑格对这个概念的解释。"共同的条件"（communality of conditions）显然不是构成第三世界的独特因素，第三世界国家中既包括物产丰富的巴西，也包括资源贫乏的海地；既包括丰衣足食的科威特，也包括债台高筑的土耳其。"共同的目标"（communality of purpose）也不是这个大集合体的特征，它的成员国既有资本主义的墨西哥，也有社会主义的北朝鲜；既有亲西方的埃及，也有反西方的古巴。"第三世界"这个概念的确是个"神话"（myth），但只有当这个概念建立在静态经济的标准和意识形态的标准之上时才是如此。这个基准把我们引回到下面这个基本观点，即只有在把第三世界看成是一组不平等关系时，它的性质和意义才能为人所理解。说得再具体些，"第三世界"可被定义为由一些在经济上依附并从属于发达的第一世界的国家和地区所组成。

"帝国主义"（imperialism）这一概念同样需要精心推敲。我们前面已经提到过，它是资本主义活动从本国一隅扩展到国际规模的产物，并包含改造殖民地社会使之适应全球性市场经济的需求。然而，帝国主义并不必然导致"殖民主义"（colonialism），殖民主义不过是帝国主义的一种特殊的、可供选择的形式。只有当宗主国的政策制定者预计直接的正式的控制比间接的非正式的控制更符合他们的利益时，殖民主义才能够实现。而后一种类型的统治方式，只有在宗主国的经济实力足以独立实现其对外缘地区的开发时（如19世纪自由贸易时期的帝国主义），或是当外缘地区的民族主义势力使得直接的对外统治行不通时才会被采用，从而需要实施今天流行的那种"新殖民主义"（neocolonialism）。

由于资本主义是一种具有内在能动性的制度，所以资本主义的特点在不断变化，它的范围也在不断扩大。来自外缘地区的利润投入宗主国中心的发展中，反过来又影响了外缘地区的增长。因此，第三世界并不是一个凝固不变的实体。随着西方经济实力的增强，它的统治范围在扩大，效率在提高，或者说是它的帝国主义程度在加深，或者从外缘地区来看，第三世界的范围和依附程度也在随之加深。

宗主国中心与其依附地区之间相互关系的演进

时期	中心地区	外缘地区
1. 1400—1770	商业资本主义	殖民主义，多限于南北美洲
2. 1770—1870	工业资本主义	渐趋衰落的殖民主义
3. 1870—1914	垄断资本主义	世界范围的资本主义
4. 1914—	防御性垄断资本主义	革命、非殖民化和新殖民主义

第一个阶段，从1400年至1770年，是商业资本主义和重商主义时期——这一时期的资本大都投入商业企业，商人们组织了股份公司并得到皇家特许状，准予他们在一定的海外领地上享有贸易垄断权和殖民特权。由于在那几个世纪中商业资本主义的技术力量和经济力量有限，殖民活动大都限于南北美洲，东欧、非洲和中东跨入正在形成中的世界市场经济的脚步都在不同程度上受到羁绊。

第二个阶段，从1770年至1870年，是工业资本主义时期。这一时期的海外利润为肇始于英国、后来扩及欧洲大陆的工业革命作出了贡献。在这一世纪中，竞争中的工业企业输出制成品而后从第三世界输入原料。由于英国作为工业化国家的先驱在所有竞争者中享有领先地位，所以英国的商家也就不再对特许状和垄断权感兴趣了。引起他们关注的是如何促进大势所趋的国际自由贸易，这对他们来说意味着在事实上垄断全球市场。因此，工业资本主义时期就是所谓自由贸易帝国主义取代垄断性重商主义的时期。其作用不仅仅体现于美洲，也体现于全世界，这应归功于工业资本主义较之它以前的商业资本主义具有无限强大的经济和军事力量。故1770—1870年这段时期也就成为对直接攫取殖民地失去吸引力的一个世纪。这是殖民主义在第三世界转趋衰落的一个世纪。

在1870年左右，工业资本主义和自由贸易帝国主义相结合被垄断资本主义和重整旗鼓的殖民帝国主义所取代。强大的垄断组织接替了从前独立的互相竞争的工业企业，与此同时也出现了一些新的工业化国家，它们对英国在工业、金融和世界贸易上的领先地位提出了卓有成效的挑战。随后发生的一系列冲突，伴随当年风行一时的社会达尔文主义，使得自由贸易帝国主义被19世纪末叶复兴的殖民帝国主义所代替。最终结果便是，出现了有史以来规模最大的土地掠夺。一小撮欧洲列强简直是把整个地球都瓜分成为它们的殖民地或半殖民地。复兴的和扩大了的殖民主义使第三世界真正成为一个全球性体系，唯独地处欧亚大陆东端的小小的日本王国除外。第三世界发展成为全球性规模，反映了西方资本主义在进入垄断阶段之后，其军事力量和经济力量都在加强。

由于殖民地人民的进步和觉醒，以及垄断资本主义内部矛盾和冲突的激化，垄断资本主义在 20 世纪不得不采取守势。矛盾和冲突的集中表现是第一次世界大战、大萧条、第二次世界大战，以及战后美国、西欧和日本的角逐，还有 1960 年代以后衰退中的通货膨胀和失业所反映出的共同的国内问题。国内的紧张形势与外部压力相结合，迫使垄断资本主义放弃了它对世界性帝国的政治统治。19 世纪重整旗鼓的殖民帝国主义在 20 世纪渐渐让位于新殖民主义，容忍了［原殖民地在］政治上的独立，但仍保持着对原殖民地领土或直接或间接的经济控制。这种经济控制随着第二次世界大战后广泛的跨国公司指数曲线的增长而显得卓有成效，它利用新技术将外缘地区更加彻底地结合在国际市场经济中。对第三世界来说，20 世纪是一个非殖民化与新殖民主义两者含混难分的世纪。

宗主国中心地区和第三世界外缘地区在历史演进过程中的四个阶段，在本书中分四部分加以分析，其中每一部分都包括一个序篇和若干章，序篇着重分析中心地区技术和制度的发展，其后各章则会详述第三世界各个不同地区所受的影响及其反应。

[注释]

1. G. Chaliand, *Revolution in the Third World*（New York: Viking Press, 1977）, p.12.
2. W. L. Langer, *Diplomacy of Imperialism, 1890-1902*, 2nd ed.（New York: Alfred A. Knopf, 1935）, p.67.
3. H. S. Maine, *Village-Communities in the East and West*（New York: Henry Holt, 1880）, pp.237, 238.
4. J. Schumpeter, *The Theory of Economic Development*（Cambridge, Mass.: Harvard University Press, 1949）, p.63.
5. G. Myrdal, *Rich Lands and Poor*（New York: Harper & Brothers, 1957）, p.26.
6. New York *Times*（January 10, 1981）.

> 美洲金银产地的发现,土著居民的被剿灭、被奴役和被埋葬于矿井,对东印度开始进行的征服和掠夺,非洲变成商业性地猎获黑人的场所:这一切标志着资本主义生产时代的曙光。这些田园诗式的过程是原始积累的主要因素。接踵而来的是欧洲各国以地球为战场而进行的商业战争。
>
> ——马克思:《资本论》

第二章　商业资本主义和新大陆殖民主义的时代

15世纪,西欧人以其伟大的海外扩张揭开了近代世界历史的序幕。为什么他们会如此积极地开创这项命运攸关的事业呢?为什么不是中国人"发现"欧洲呢?这并不是一个毫无意义的问题。如果中国人干了这番事情,并移殖于美洲、澳洲及大洋洲的其他地区,那么今天的世界人口中将会有一半人,而非五分之一是中国人。

要找到欧洲人领先的原因,应该追溯到早在哥伦布之前500年北欧的维京人就已偶然发现了北美洲这段史实,在整整一个世纪里,他们企图在北美洲定居,但却没有成功。然而,500年后,以哥伦布为首的欧洲各国人却以浩大的声势深入南北美洲。这一变化反映了10—15世纪500年中的某些发展,正是这些发展使得欧洲人愿意并且能够进行海外扩张。它们的内容实质就是:商业资本主义的出现,新生的和因袭的扩张主义的社会秩序刺激人们发现海外新大陆,在新大陆上开拓和占有殖民地,以及重商主义等一系列经济理论和实践的演变。

如果说资本主义促使欧洲成为海外开发事业的先驱,那么,为什么这一具有魔力的社会制度会首先出现在相对欠发达的欧亚大陆的西端呢?奇怪的是,我们恰恰从西欧颇欠发达的景况中找到了问题的答案。西方的罗马衰落之后,并未像情况相似的欧亚大陆其他地区那样一再出现帝国的复兴,而是反复长期地发生着蛮族入侵,最终无可挽回地摧毁了古典帝国的最后残余,从而为一场命运攸关的社会变异即资本主义的产生扫清了场地。

西欧经历的这场变异是由于它的落后,这是世界历史上反复出现的一个重要现象。早在公元前 2000 年，在当时还是外缘地区的欧洲、印度和中国，而不是在古老的核心地区中东，就伴随着早期的社会变异而出现过一些新古典文明的兴起。那次的原因恰恰也是由于中东古代文明幸免于公元前 2000 年的入侵。而那些外缘地区却遭此横祸，从而为一个崭新的开端即为新古典文明的出现扫清了道路。

从古典文明向中世纪文明和近代资本主义文明过渡的情况也是如此。这一次是既存的古典文明在除西欧以外的各个地区都保留了下来。恰恰由于这一原因，只有西欧才自由地闯出了新的方向，并在中世纪时期演化出新的技术、新的制度和新的思想——一言以蔽之，新的资本主义文明。

从古典文明、中世纪文明和资本主义文明在外缘地区的诞生来看，每当一种社会制度趋于腐朽且将被新的社会制度所淘汰时，转变过程多半不会在中心地区富裕的、传统的和板结的社会里，而是会在外缘地区原始的、贫困的、适应性强的社会里率先发生。这一模式的含义在 20 世纪的世界里表现得十分鲜明：与马克思所预料的相反，革命的大动荡恰恰在外缘地区方兴未艾，而中心地区则仍然保留着资本主义制度。

一、西方的商业革命和商业资本主义

孕育出富有生气的中世纪西方文明的罗马帝国，实质上与欧亚大陆其他古典帝国并无多大差异。但若细究起来，倒也还是有些不同，这是不同的历史背景和文化传统所造成的。但是，欧亚大陆所有古典文明的总的社会结构是基本相似的。社会的首脑都是国王或皇帝，然后依次是贵族、高级官吏、各级教会僧侣、商人、手工业者和高利贷者。由人口中绝大多数组成的金字塔底部是从事农业和手工业的劳动者。一些人是自由民，另一些人是农奴或奴隶，其所占比例则因时因地而异。

尽管欧亚大陆具有广泛的社会同一性，但到近代时期，文化类型上质的差异还是在西方出现了。这并不仅仅是罗马帝国的没落所造成的，因为欧亚大陆所有地区都重复出现过帝国的兴衰。例如，中国的汉朝帝国，大体上与西方的罗马帝国处于同一时代；与罗马帝国一样，在蛮族入侵时，汉王朝便崩溃了，但接踵而至的是隋朝［原文如此］。尽管一个个王朝兴衰相继，但是中华文明仍然保持相对稳定不变、繁荣昌盛的局面。然而在欧洲，罗马帝国衰落后，罗马文明却未能幸存，这也解释了西方为何会堕入分崩离析的状态。

中世纪西欧历史的独特经历便是未能复兴罗马文明，相比之下，中国和印度的传统文明却在一次次蛮族入侵之后又一次次地复活。有多种因素可以解释西方的这一历史性失败。罗马帝国的西部诸行省缺乏东部诸行省或拜占廷诸行省那样的财政资源、海上实力及足智多谋的外交家，还缺少中华帝国那样的农业生产力、行政管理的效率和文化的同一性。西方还因是东方游牧民族向西迁徙的终端而显得特别易受袭击。东方的游牧民族被欧亚大陆西部辽旷草原上水肥土沃的景象所吸引，因而，在那几个世纪中，这块地理上的草原大斜坡一直存留下来。主要入侵线路为横贯欧亚大陆中心的草原走廊，它始于北京近郊一带，止于中欧的匈牙利平原。4世纪和5世纪，日耳曼人和匈奴推翻原来的罗马帝国；6世纪，阿瓦尔人、斯拉夫人摧毁墨洛温帝国；以及9世纪马扎尔人、维京人和穆斯林结束加洛林帝国，都是循着这条路线。

蛮族长时间的相继入侵导致西方独特的历史结局。一次次的破坏使帝国复兴的一切可能都化为泡影，并为新的事物——具有多元制度的西方新文明——扫清了道路，这种新文明逐渐取代了以往帝国的单一结构。

有三种制度体现了这种多元体制——政治领域里的封建制、经济领域里的采邑制、政教关系上的教皇制。封建制意味着由敌对的封建国王和封建领主构成的聚合体取代了以往的皇帝的权威，教皇统治意味着独立的教会取代了皇帝支配一切的地位。于是，国王与贵族的斗争及国王与教皇的斗争便成为中世纪欧洲历史的特点。

最后，采邑制意味着出现了自治的地方经济单位，取代了以前的奴隶制种植园和一体化的帝国经济。随后，一个新的商人阶级成长起来，逐渐在政治上和经济上增强实力，向封建贵族（实则是向君主政体）发起了挑战。正是这种多元体制为西方社会提供了进行海外扩张所必需的动力。

这种动力的表现之一是中世纪西欧在技术上特别早熟。事实上，西欧取得的技术进步超过了整个古希腊罗马时代。一是因为已经不存在束缚技术革新的奴隶制度；二是拥有丰富的可供开发的边疆地区，因此促进了节省劳力的各种设施，并赋予体力劳动者以受人尊敬的身份和地位，这在奴隶社会是不存在的。横亘于哲人与匠人之间的传统鸿沟开始消弭。在这种情况下，脑力劳动与体力劳动相结合，推动西欧技术突飞猛进地发展到处于世界领先地位。最后，基督教的人道主义精神又进一步鼓舞了欧洲的技术进步。教会僧侣坚决主张体力劳动是精神生活不可分割的一部分。或者就像他们所说的那样："做活就是做祈祷"（*laborare est orare*）。这些僧侣的出现具有历史意义，他们是指甲里藏着劳作泥垢的首批知识分子，他们的行动有助于技术进步。

中世纪西欧的技术进步有两个明显的阶段。第一个阶段，从11世纪到16世纪，农业上发展了"三圃轮作制"，在一段时间内只有三分之一的休耕地，不再像从前"两圃制"时有一半土地休耕，这样就从根本上提高了产量。第二个阶段是带有锋利铁尖的重轮铧犁的发明，它能切入草皮下15—20厘米，甚至更深一些。这种犁使耕种中欧和北欧一带滞重潮湿的土壤成为可能。在地中海地区土地上使用的那种轻量抓扒式铧犁是耕不透这种土壤的。马蹄铁的发明和改良马具的使用也同样支援了农业，这种马具使牲畜可以驮起比以前多4—5倍的重量。在最后一个阶段，应着重引起注意的是水车和风车的利用。这在古希腊罗马时代几乎未曾用过，因为那时有足够的奴隶劳动并且缺少可以终年利用的河流。在北欧土地上，这两方面的障碍都不存在，因此几乎每座庄园很快便都有了磨坊和磨坊主。

起初，磨坊只被用来碾压谷物，随着11世纪以后城市的增加和制造业的扩大，水力和风力都开始应用于日益多样化的生产程序。其中包括用来锻锤、锻造风箱、锯木和推动车床，用于漂洗布匹的漂洗坊、造纸的纸浆坊、碾碎矿石的捣矿机。其他一些技术进步在中世纪晚期直接有助于欧洲向海外扩张。其中包括造船和制造帆缆方面取得的进步，罗盘和星盘日益得到有效应用，精确的新地图的测绘，以及海军舰炮的铸造，到16世纪初，这种舰炮射出的炮弹已可在270米外击伤船身。当时海上的战斗方式，已由过去在甲板上强行登船和白刃战转为距离越拉越远的舷炮轰击。新的船舰和海上火炮使得欧洲人取得了全世界海上霸权。1513年一度控制了印度洋的葡萄牙人阿尔伯克基（Albuquerque）夸口说："只要风闻我们来了，土人的船只就会立刻逃得无影无踪，甚至连鸟儿都不敢掠过海面。"

技术进步和人口增长与经济发展是相辅相成的。10—14世纪间，西欧人口增加了50%，这一比率现在看来无足轻重，在当时可是无与伦比。人口骤增推动了农业发展，从而又有助于人口增长，食物产量提高反过来也使人口的进一步繁衍成为可能。13—16世纪，英国每株黑麦、小麦、大麦和燕麦的平均总产量翻了一番。农民开始开垦他们周围的荒地，而后便向东欧地广人稀的区域移居，从而掀起了一场堪与后来美国的"西进运动"（westward movement）相媲美的中世纪欧洲的"东进运动"（eastward movement）。

与此同时，在中欧和北欧，新的采矿方法使得食盐、银、铅、锌、铜、锡和铁矿的产量都在提高。当时不列颠、斯堪的纳维亚和波罗的海地区丰富的木材和松脂，同样也都比以往得到了更加广泛的利用。北部的捕鱼业也同样发展起来，尤其是冰岛与挪威的鳕鱼和波罗的海的鲱鱼。

农业、矿业、渔业和林业产量的提高，刺激着商业和城市相应地成长。10世纪欧洲有了商人，但他们大多是做奢侈品交易。及至14世纪，商业由日常生活的外围深入到了中心。交易的货物变成从英国运来的羊毛、英国羊毛在佛兰德斯制成的毛料、德国的铁和木材、斯拉夫地区的毛皮、西班牙的皮革和钢材，以及来自东方的奢侈品。城镇的涌现推动了贸易的开展，首先是在意大利，后来则是沿着内陆贸易路线和波罗的海沿岸一带扩展。

就人口和贸易数量而言，中世纪西欧的城市与当时中国的城市相比，不啻小巫见大巫。但西欧城市却因其成长着的自治权和政治势力而独具特色。欧洲的政治结构重新开始处于四分五裂的状态，而不是一个单一结构的帝国，欧洲的城市可以从不同的君主手里取得特许状。这些文件允许它们成为一个社团法人，准许商人和工匠组织行会来统一规定制成品的标准、价格和劳动时间。市镇被承认为新的社会因素，其居民不受封建法律约束。在某些地区，一批一批的市镇联合起来，组成同盟，进而形成了强大的政治和经济实体。在这种情况下产生了意大利的"伦巴第同盟"（Lombard League），它公开蔑视霍亨斯陶芬王朝的皇帝；还有波罗的海的"汉萨同盟"（Hanseatic League），它强迫外国给予贸易特惠，实际上垄断了北欧的贸易。

这些发展变化，使欧洲商人的地位和权力在欧亚大陆上都是异常独特的。例如，在中国，商贾低人一等，不被尊重，在服饰衣着、携带武器、乘坐车辆和占有土地等方面都受到限制。往来于各地之间运输商品的工作，被认为是非生产性的和寄生的，商人屈居社会底层。相反，西欧商人始终拥有强大的势力和特权。在英国，他们当上了伦敦市长；在日耳曼帝国自由城市，他们成为参议员；在荷兰，他们是享受养老金的显贵。所有这一切都证明，欧洲商人必将会在未来的第三世界中具有头等重要的意义：它意味着国家必将会对重商主义的利益和海外冒险事业给予更多的重视和更加坚实的支持。

这就是商业资本主义的经济秩序脱颖而出的历史背景。从封建主义向资本主义的过渡，正如埃里克·霍布斯鲍姆（Eric Hobsbawm）所说，是"一个漫长的而且不统一的过程"(2)。例如，在地理大发现和商业扩张到美洲和东印度群岛之后，伊比利亚半岛仍旧保持着高度的封建制度。但就第三世界的历史而言，关键一点在于，资本主义的确在西欧获得了胜利，因此，也正是欧亚大陆的欧洲半岛，随即改变了世界上的其他地区。

资本主义新秩序的象征，就是对贷款利息的态度有所转变。早在中世纪初期，教士们就把利息斥为高利贷，视为不可饶恕的大罪，是"上帝眼中深恶痛绝的罪恶"。1548年，法国律师夏尔·杜摩兰（Charles Dumoulin）为认可这种"温和可行的高利贷"作了辩护。但这一新看法立刻就受到人们的嘲讽："接受高利贷的人进入地狱；不接受高利贷的人进入贫民院。"

认可贷款可以接受利息，反映了西欧社会在向一种崭新形态渐变。罗马帝国与同时代欧亚大陆上其他文明国家有着基本相似的社会结构，而此时，中世纪的西欧却在向资本主义进行命运攸关的重大转变。这也就意味着，从技术进步和欧洲内外日益发展的商业中积累起来的货币，已开始用作资本来牟取利润和进行无限的扩张。

过去，所有前资本主义文明都把从广大农民身上榨取的大量过剩资本用于供养皇宫、庙宇、宫邸和僧俗军政官僚机构之需，这一切也正是那些文明的标志。然而，仅仅是货币的积累，还无法必然导致资本主义的兴起；除了资本积累，还必须同时出现农民的无产阶级化。这就意味着传统封建关系的解体，进而把农民赶出村社，使其离乡背井，成为可以从事贸易和手工业的劳动力。

这样一场变化最早发生在英国，那里独特的地方因素加速了农村的转变。红白玫瑰战争（1455—1485）中，封建贵族大批战死，强有力的都铎王朝的君主制伏了幸存者。亨利八世没收教会的土地，分给他的追随者，由此产生了与当时主要的经济趋势更相适应的新的地主家族。英国的羊毛和食品的国内外市场的扩大，吸引着掌握资本的人们，他们已不把土地当作供养当地居民的一种手段，而是将其视为一项有利可图的商业投资。

这些企业家通过各种途径攫取利润。他们购置地产，施展纯粹暴力或合法诈骗的手段，从佃农身上榨取最大限度的租税，而无视其作为公簿持有农（copyholders，根据官册享有土地者，又译副本产业持有人）的合法权利。他们还借助各种合法及非法方式，追使佃农离开土地，然后将土地用来进行更为有效的大规模种植或作为养羊的牧场。养羊之有利可图，一如当时流行的一句谚语所说："绵羊的蹄子能把沙子变成金子。"

这些变化包括农民的流离失所和无产阶级化。一些农民能够在城里找到工作，另一些人转而以手工纺织一类的乡村手工业为生。有许多人两者都干不成，于是英国就出现了这样一种现象：身强力壮的流浪汉闲散在农村各处，随便采取什么手段来谋生活命。过去各个时代和社会都曾经历过由于其养家糊口者的老病和死亡所造成的贫困而习以为常。但是如今英国（及后来其他国家）在向资本主义转变的过程中，竟然面临着有劳动能力的年轻人失去家园和工作这样的新问题。这些"乞丐"的窘境在童谣中表现得十分明显：

> 汪汪汪，狗儿叫，
> 叫化子们进城了。
> 有人给他白面包，
> 有人给他黑面包。
> 有人狠狠一马鞭，
> 赶走他们出城堡。

从事"银钱业"（money business）的少数人和它的许多受害者之间富有刺激性的悬殊差别，最终导致阶级仇恨和阶级斗争。城市暴动和农民起义的一个明显特征就是，它们在同一时间发生于各个分散的地区，这表明农村中的压迫剥夺和城市中的生产过剩及失业状态同时存在。正是在这段时期内，佛兰德斯的农民爆发了起义，并得到伊普雷和布鲁日工人的支持；佛罗伦萨纺织工人夺取了政权；英国农民在瓦特·泰勒（Wat Tyler）的领导下占领了伦敦；加泰罗尼亚、日耳曼和波希米亚农民在走投无路的情况下举行了"扎克雷起义"（Jacqueries，即各式各样的农民起义）；瑞典、丹麦、挪威和芬兰的矿工和农民也爆发了叛乱。

欧亚大陆上的其他地区则没有发生这样的事情，这是因为那里的帝国政权一直坚固无损地保持了下来，即或稍有间断也能立刻重新恢复。中央政权因此能够抑制贵族和商人，从而预防了农民和工人的无产阶级化。西欧的阶级冲突和欧亚其他地区相对稳定的社会状况，以奥斯曼帝国和基督教欧洲之间漫长的共同边境为分界线，形成鲜明对比。当时的旅行者们曾多次报道，奥斯曼帝国农民的生活状况，要好过在他们西面土地上生活的邻居。就连马丁·路德（Martin Luther）也说："有人发现，德意志有些人向往能有土耳其人和土耳其政府那样的未来，他们宁愿这样，也不愿受制于皇帝和王公贵族。"(4)

资本主义的兴起显然是一个破坏性的和痛苦的过程。其之所以如此，恰恰出于其内在动力，而也正因如此它才能从地区性范围迅速扩展到国家和全球性范围。当苏莱曼大帝在1529年攻占欧洲的中心城市维也纳时，那些表面上信奉基督教的异教徒则远航到达新大陆并绕过好望角到达印度，从而成为世界的主人。由此，法国人、英国人和荷兰人，而非旅行于西欧的土耳其商贾，组织起了他们自己的黎凡特公司，并开始盘剥奥斯曼帝国。1788年，法国驻君士坦丁堡大使不无理由地吹嘘说："奥斯曼帝国是法国最富庶的殖民地之一。"(5)事实上，在下一个世纪里，整个世界都注定要跟随奥斯曼帝国一道成为西欧的附庸并遭到西方资本主义的盘剥。

二、第三世界的重商主义和殖民主义

在世界上各个地区开展贸易活动的欧洲商人与中国人形成了鲜明的对比。中国人在1405—1433年间进行了当时最为遥远的海上远征，而后就戛然而止。这些海上远征，就其规模和成就而言，都是卓越非凡的。第一次航海由62艘船和2.8万人组成，航行远至爪哇、锡兰和卡利卡特。后来几次航行到达的地方就更远了，一直到达非洲东海岸和波斯湾、红海的入口处。中国人走访了印度洋上30多个港口城市，他们在所到之处劝说或强迫当地的统治者承认明朝皇帝的宗主权。与此同时，葡萄牙人则以小于中国人的船只和次于中国人的航海技术，刚刚开始沿着非洲海岸摸索南下，直至1445年才到达佛得角！

中国人的航海壮举突然在1433年被明成祖下令中止。中止的确切原因和他们当初为什么开始航海一样令人迷惑不解。但若究其内因，则是中国社会与西方社会存在根本性的不同——双方在海外事业上迥然相异的性质与做法正好反映了这一点。中国人航海的组织者和领导者是个宫廷太监而不是一家股份公司。他所筹划的航海活动要得到天朝皇帝的准许，而不是为公司股东谋求红利。他们携带回国的是为宫廷提供消遣的斑马、鸵鸟和长颈鹿，而不是能在国内市场生利的货物。面对皇帝下令彻底结束海上活动，中国商人没有进行有效的反抗；这事要是搁在当时的欧洲，绝对是不可思议的。欧洲的各国君主之间和股份公司之间都在进行着激烈的角逐，力争从他们的海外事业中攫取最大限度的利润。

发现新大陆的为什么是哥伦布而不是中国人，这在当时欧洲人和中国人的著作中都讲得很明白。张燮于1618年在《东西洋考》中写道："问蜗左角，亦何有于触蛮。所可虑者，莫平于海波，而争利之心为险耳。[意为：与野蛮人接触不过就像碰碰蜗牛左边的触角一样，你根本用不着害怕。真正令人担心的事情只是要想办法去征服海浪，而最危险的事情则莫过于那些渴求私利和贪得无厌者的思想。]"(6)与此相反，横行于墨西哥的征服者埃尔南多·科尔特斯（Hernando Cortes）在1521年则这样写道："我们西班牙人，被苦恼折磨着的心灵只有黄金才能治愈……我是来寻找黄金的，不是来像劳工一样在地里干活的。"葡萄牙船长若奥·里贝罗（João Riberio）在1685年夸口说："从好望角前行，我们不愿放过任何东西，而听其逃脱我们的控制；从［莫桑比克的］索法拉到日本这三万公里辽阔领域内的一切，我们都急于染指，……没有任何一个角落我们没有占领，没有任何一个角落我们不希望归属于我们。"[7]

有两个原因可以解释中国人和西方人在向海外扩张这件事情上所采取的截然相反的态度。第一个原因是政治原因：欧洲各国君主的势力日渐强盛，彼此激烈争夺殖民地可以提供的财富以自足。因此，当西班牙和葡萄牙两国君主要求占有所有的海外领土时，法王弗朗西斯一世抗议道："我倒要看看亚当的遗嘱上什么地方写着他把世界分给了西班牙人和葡萄牙人。"

各国君王的海外领土之争最关重要，这意味着各国商人及其股份公司在其全球性行动中可以得到国家支持。事实上，欧洲几个强大的君主，如英王亨利八世（1509—1547）、法王弗朗西斯一世（1515—1547）、西班牙的斐迪南和伊莎贝拉（1479—1516）崛起的一个原因就是，他们与成长中的商人阶级结成了非正式联盟。各国国王从这个商人阶层既获得了必不可少的财政援助，也获得了配备资产阶级国家官僚机构所必需的干练有为的官员。反过来，王权的巩固也结束了频繁的封建战争和地方封建势力各据一方的破碎局面，它们各有各的习惯、法律、重量单位和货币。由于扫除了这种障碍，实施了皇家法律，恢复了秩序，商人也就得以在远较前几个世纪有利的状况下开展贸易活动。

那些新兴的大君主国对于第三世界的意义在于，它们，也只有它们，才能为大规模的海外事业动员其所需要的人力物力。朝廷给从事探险、贸易和殖民的股份公司颁发特许状，并派遣皇家海军和调拨皇家资金给公司撑腰。调拨的资金在今天看来固然微不足道，但在当时经济并不富裕的情况下，则可与今天动辄耗资亿兆进行太空探险相比拟。尽管大多数早期探险者都是意大利人，但他们的赞助者却是新兴的君主制的民族国家，而不是意大利国内那些小城邦，这样的情况并不是偶然的。西班牙和葡萄牙的朝廷资助了哥伦布和达·伽马，英国和法国朝廷随即迅速而热切地资助了卡博特（Cabot）、乔瓦尼·韦拉札诺（Giovanni Verrazano）和许多其他意大利航海者。

导致中国人和西方人对于海外事业采取截然不同态度的第二个原因是社会原因。资本主义将西方社会各个方面都货币化了。新经济秩序的实质就是越来越多地使用货币，到处通用的标准硬币的铸造，以及银行和信贷手段的发展。金融活动的激增，可以从欧洲一些主要银行家族资产的迅猛增长中获得明证。佛罗伦萨的佩鲁兹家族（the Peruzzi）在 1300 年控制的资本总额是 160 万美元（按 1958 年美元算）。到 1490 年，佛罗伦萨的美第奇家族（the Medici）拥有 1500 万美元；1546 年，奥格斯堡的富格家族（the Fuggers）则拥有 8000 万美元之多。未来的第三世界必然会感受到投资于海外商业投机、种植园和矿山的这些银行的影响。

我们已经看到货币化的进程如何把农民赶出家园，从而改变了农村的结构。资本主义在城镇手工业和商业行会中的影响也具有相同的破坏性。这些行会在产品质量、价格和贸易做法上都有严格规定，其目的并非创造利润，而只为维系传统生活方式。行会成员有义务共同承认"公平价格"的概念，如果损害同行的利益而牟取暴利，在道德上应受谴责，而且是明确违反基督教教义的行为。但"公平价格"的概念和种种做法最终还是由于承包商的出现而完全消失。承包商通过购买原料将其交给农村中半失业的农民，让他们在计件的基础上进行加工，从而躲开了行会的制约。这一新的"接洽"制度的理论基础是利润而不是"公平价格"。为了保障其资本投放后能获得最大限度的利润，承包商会尽可能地压低原料进价及劳工报酬，并会以尽可能高的价格出售其制成品。

新经济秩序的特征还表现在随着股份公司的出现而来的商业方面，近代早期的这些股份公司相当于今天的跨国公司。这种体制之所以独特，是因为其股份性质限定了投资者的责任，将投资与管理分离开来，并使调动大量专项投资成为可能。任何想投机的人只承担他在公司股份中所占数额的风险。具体管理事宜委托给根据责任心与经历选出的董事，这些董事也可以转而选择一些可靠的人去办理公司实际事务。这种安排吸引了各地各行各业的人，如伦敦的羊毛商、巴黎的店主、哈莱姆捞捕鲱鱼的渔夫、安特卫普的银行家或约克郡的地主，将他们的积蓄拿出来进行私人投资。利用这种方式，便可轻而易举地调动欧洲的资本，由此荷兰、英国和法国的东印度公司、各种黎凡特公司和非洲公司、莫斯科公司及迄今犹存的哈得逊湾公司，也就得以将其触手伸向全球。东方的商人，由于其个人与同伙财力有限，无一能够企望与如此强大的合营股份公司相竞争。

欧洲海外事业扩大的结果，引起 1500—1800 年间一套经济理论与实践的发展，这就是众所周知的重商主义。重商主义的目的是加强新的君主政体的统一和力量，这一目标的实现有赖于积累金银以支持频繁的战争和日益庞大的官僚机构的费用。这样就要力求维持贸易顺差，并尽量攫取为母国生产所需原料的殖民地。这样也就有了皇家授予的特许状，准许股份公司在指定的海外领土上进行殖民和贸易时拥有垄断的特权。由此一来，殖民地的利益也就自动从属于母国的利益。开辟殖民地的目的是为制成品提供市场，提供战时所需的商船，提供母国所不能生产的原料，以及在殖民地繁衍大量人口为母国提供人力。无论是葡萄牙在东印度群岛攫取香料，西班牙在南北美洲榨取金银，荷兰建造环行全球的商船，还是英国制定航海条例而与荷兰人的贸易相对抗，并强制推行英国东印度公司的茶叶垄断权（由此引起了波士顿倾茶事件），所有这些西欧国家都遵循重商主义者的做法。

西欧人首先到达美洲和东印度群岛这一事实，并不能解释为什么他们的后代在以后几个世纪中能够成为整个世界（包括远比西欧富裕和人口稠密的亚洲文明古国）的主宰。西方人船坚炮利，控制着大洋也控制着全世界的商业，这是的的确确的。但控制贸易路线本身并不意味着就能在经济和政治上统治整个大陆，也不意味着从此就要把世界空前地分成发达而富足的西方和欠发达而贫困的第三世界。几个世纪以来，阿拉伯人和意大利人就控制了欧亚大陆周围西起不列颠群岛东至香料群岛和中国的商业并从中获得利润。但这却既未使他们成为世界的主宰，也未使他们幸免于西方的统治和剥削。

看来，西方人统治世界的根源并不能从西方全球范围的商业活动中寻找出来，而应溯源于它所独具的特点。欧洲资本主义产生了以经营必需品为目的的大规模贸易，它很快就取代了传统上有限的奢侈品贸易，这在历史上是前所未有的。空前未有的贸易量，使得这种新型贸易扩大到所有国家和大陆，然后把它们统统纳入一个新的国际市场经济中。亚当·斯密在18世纪后期发现了这一历史性转变的意义所在，当时他便指出，海外的地理大发现"给欧洲一切商品打开了一个新的无穷无尽的市场"——这个市场囊括了"亚洲、非洲和美洲几乎所有不同的国家"。[8]亚当·斯密不仅洞悉资本主义海外事业产生了新的全球性市场经济，而且还注意到这项事业给当地居民带来了不利影响：

> 通过某种手段，将世界上相隔最遥远的一些地区联合起来，并使它们能够满足彼此的需要，增进彼此的享乐，促进彼此的工业，它们总的趋势看上去是有益无损的。但对东印度、西印度的土著而言，从那些活动中所能得到的全部商业利润都已在它们造成的巨大的灾难中损失殆尽。……欧洲人野蛮的不义之举使得那本应让所有人都能受益的活动竟给一些不幸的国家带来了毁灭性和破坏性的厄运。[9]

由于亚当·斯密把"巨大的灾难"归结为"欧洲人野蛮的不义之举"，由此引发了一场持续至今的争论。有些人同意这位苏格兰经济学家的观点，并认为，西方几个世纪以来的帝国主义剥削，仍应对今天第三世界的"灾难"承担责任。另一些人则认为，这种观点是把海外的原始社会视为"具有道德风尚"的乌托邦而加以历史地传奇化了，实际上当地本已存在着土著的统治者和精英分子，其剥削程度至少与后来的欧洲行政官员和商人不相上下。这两种观点各有道理，因为欧洲对当地社会的影响所产生的效果，取决于这些迥然相异的社会的性质。

在欧洲人入侵之前，海外一些地方的确存在一些"具有道德风尚"的社会。来自各大陆的早期探险者和观察家都提供过大量的证明。澳大利亚的土著，无论是携回野味的猎手，还是采掘终日而归来的妇女，都必须将其获得的东西按照严格的规定分配给全体亲属，由此保障了整个部落成员的生活所需而相安无事。均分均享的传统在欧洲人到来之后还保持了很长时间，因此，一位人类学家这样写道："如果你给了某人一件衬衫作为劳动报酬，第二天你可能会发现……[衬衫]穿在他朋友身上。"[10] 19世纪人类学家刘易斯·摩尔根（Lewis Morgan）同样报告说："美洲土著所遵循的好客规矩有助于最终形成生存平等的准绳。在一个印第安人的村子里，不可能在村子的一端饥饿贫穷……而同一村子的其他地方却很丰裕。"[11] 比这段话更早一点，有耶稣会会士雅各布·贝吉特（Jacob Baegert）神父提供的证明，他曾在18世纪中叶与南加利福尼亚的印第安人共同生活了17年。回到德国后，他叙述了自己的经历，其中这样描述了加利福尼亚土著的斯巴达式生活："他们将自己一生中的日日夜夜都消磨在户外，他们以天空为屋顶，以硬土为卧榻。"在详细描述了这些人的艰苦生活之后，他又总结道：

> ……由此人们可能会认为，他们是亚当所有儿女中最不幸的、最可怜巴巴的一群。然而这个推断却完全错了。我能向读者保证……他们的生活比起开化的欧洲居民来无疑要幸福得多。……一年到头没有什么事情能引起一个加利福尼亚人的烦恼或不安，没有什么能使他感到生活讨人厌或是活着没意思。……他的生活并不苦于羡慕、妒忌和毁谤，他也从不表现出患得患失的情绪，……加利福尼亚人不知道什么是"我的"（*meum*）和"你的"（*tuum*），据圣·格雷戈利说，正是这两个概念给我们的一生平添了无数的苦痛和数不清的罪孽。
>
> 尽管加利福尼亚人看上去像是一无所有，但他们却拥有他们所向往的一切，因为他们从不觊觎他们贫穷不幸的社会以外生产的东西，他们所希求的往往都在其力所能及的范围以内。所以毫无疑问，他们总是显得高高兴兴，经常纵情于欢乐和嬉笑声中，从而表现出他们心满意足。归根结蒂，这才是幸福的真正源泉。[12]

所有这种关于尚停留在采集阶段的"原始人"的叙述都是很有意义的。这就提出了第三世界全部历史中的一个关键问题：为什么这些欧洲探险家航行至全世界的各个角落时，所发现的生活在各种极其不同的发展水平的人们——从采集食物的澳大利亚土著、火地岛居民和非洲的布须曼人到高度文明的中国人、印度人和中东人——都使得当时的西方人感到既敬畏又羡慕？据人类学家弗朗兹·博厄斯（Franz Boas）说，如此悬殊的重要原因并非种族上的差别，而是地理上的差别——也就是在地理上与外界接近的程度各不相同：

> 人类历史证明，文化进步程度取决于一个社会集团所能获得的向其邻居们的经验学习的机会的多寡。一个集团所发现的种种东西会传播给其他集团，所以彼此接触的方式越是多样化，互相学习的机会也就越多。文化最低级的部落，总的来说，正是那些长期与外界隔绝的部落，由于与世隔绝的缘故，它们也就无法从其邻居们的文化成就中获益。(13)

换言之，如果其他地理因素是相同的，人类进步的关键就在于与外界接近的程度和相互间的影响。那些最易与外界接近而且最有机会与其他人群发生相互影响的人们是最有可能走在前头的，至少在技术领域里能够跻身前列，对这一点我们可以作出客观的评估。而那些与世隔绝以致未能接受外部刺激的人们，很可能就会继续在原地踏步。

欧洲的探险者们的确在与世隔绝的程度和技术落后的程度两者之间找到了一种联系。食物采集社会恰好存在于与世隔绝的地区，如澳大利亚和南北美洲的某些地方（北美北部和南美南部），以及非洲地区（沙漠地带和雨林地带）。因为必须过游牧生活，靠采集食物为生的人便不能积累大量财富并建立复杂的阶级分化社会。相反，他们形成了由几个家庭组成的流动群体，其公有制形式的社会组织对欧洲观察者们颇有吸引力。

但是，技术落后既产生了"具有道德风尚"的公社体制，也让土著居民在欧洲人入侵面前变得脆弱可欺。技术发展水平越低，抗拒外来侵略的能力就越弱。技术落后首先意味着武器落后，意味着用梭镖、弓箭和回飞镖来对付钢矛、利剑和滑膛枪。其次，技术落后意味着人力致命地奇缺，道理很简单，在较好的自然环境中每平方英里只能有一两个猎手，在干旱地区或山地，每三四十平方英里才有一个猎手。在欧洲人到达澳大利亚时，那里的男人、女人和小孩的总数为30万人——要想守住一个差不多和整个欧洲一样大的岛陆，这么多人显然是不够的。最后，技术落后在另一些地区将个别群体从人类社群中隔离了出来，这种隔绝状态使他们面对外来人的疾病缺乏免疫力。当欧洲人带着他们的天花、麻疹、斑疹伤寒和其他疾病到来之际，结果就使澳洲土人和同样处于隔绝状态的美洲印第安人都大批地染病死亡。

以上情况表明，海外处于采集食物阶段的人们的确遭受着亚当·斯密所说的"巨大的灾难"。一部第三世界的历史不应无视部落民迄今仍在遭受"巨大的灾难"这一事实。就在本书作者撰写本书的时候（1980年），还有如下令人心酸、惨无人道的典型事例见于新闻报道中：

- 在澳大利亚土人的土地上发现了铀、铝和锰之后，土人正进一步被赶出家园。
- 在菲律宾北方高地，八万部落民的生存正在受到大型水电站工程的威胁。
- 在巴西，原有的600万印第安人如今只剩下20万，他们还将继续被高速公路、成排的市镇、矿山、伐木活动和向前推进的定居者赶尽杀绝。
- 据宾夕法尼亚大学研究，阿拉斯加的爱斯基摩人由于大量酒精中毒"实际上在自杀"，巴劳族所有成年人的酒精中毒率高达72%。[14]

与此相反，那些技术更先进的民族却自动抛弃了他们社会的公社体制，同时也获得了抗拒外来侵略的力量。在那里，农业达到相当高的水平，生产的粮食有余，这些余粮被用来供养一个由行政、宗教和军事首脑组成的阶级。他们聚居在一些中心地点，然后发展为城市，再逐渐扩大形成国家和帝国。于是，停留在采集食物水平上的无阶级公社制社会，也就让位于以农业为基础的文明的阶级社会。后者一点也不像贝吉特神父笔下的印第安人社会那样"具有道德风尚"。

早在公元前3000年，一位埃及父亲就在劝说他的儿子去学校接受教育，他提出的理由是，高居社会上层的一小撮人生活富裕，而处于社会底层的大多数人则生活悲苦，二者相差悬殊。他生动地描绘了石匠的窘困——"他的两臂已经精疲力竭……他的膝盖和脊骨都快累断了"；还有理发匠——"他从早到晚给人剃头刮脸，除了吃饭时间根本没法坐下来歇上一会儿"；还有农夫——"他一年四季都穿着同样的衣服，他的嗓音像乌鸦一样粗哑，他的双手总是忙个不停，两臂被风吹得干瘦如柴"。而书吏"却从体力劳动中解脱出来，发号施令的正是他这种人"。鉴于这些理由，父亲请求他的儿子："好好学习吧，这样你就能使自己免于去干各种苦活了。……"[15]

这种因袭的不平等现象在所有阶级分层的文明中持续了上千年之久，欧洲商人开始到海外航行时发现了这种现象。他们报道了与古埃及相类似的剥削和不公正的情况。例如，马克思在给纽约《每日论坛报》（*Daily Tribune*，1853年6月25日）的电讯中就谴责了英国在印度肆虐的行为，然后他又补充道："我不同意那些相信

印度斯坦有过黄金时代的人的意见……我们不应该忘记：这些小小的公社身上带着种姓划分和奴隶制的标记。"(16)

然而我们也决不能认为，土著的种姓制度下的剥削与西方资本主义的剥削是相似的。如上一章所述，二者具有本质上的不同。"英国业已打碎印度社会的整个结构，"马克思在谴责印度的种姓制度与奴隶制度镣铐的同一电讯中这样写道，"印度失掉了它的旧世界而没有获得一个新世界，这就使它的居民现在遭受的灾难具有了一种特殊的悲惨色彩，并使不列颠统治下的印度斯坦同自己的全部古代传统，同自己的全部历史，都断绝了联系。"(17)

印度"同自己的全部历史"断绝联系的原因在于，它已被纳入全球性市场经济中，这在它生活的一切方面都产生了深刻影响。一个原本一体化的和基本上自给自足的社会被推向依附性的第三世界的深渊——成为从属于宗主国中心的附庸。鉴于这种从属地位，印度商务部长莫汗·德哈利亚（Mohan Dharia）于1977年8月指出，在6.2亿印度人中，有2亿人正处于失业或不充分就业状态。拉丁美洲劳动力中有三分之二、非洲劳动力总数1.04亿人中有6000万人，也都处在同样不幸的境况中。这些统计数字表明，在加尔各答、雅加达、开罗、拉各斯和波哥大能够看到人类今天的"污水池"。它们反映了第三世界国家与生俱来的社会结构已经作为依附与从属的部分被纳入全球性市场经济中。

[注释]

1. Cited by C. M. Cipolla, *Before the Industrial Revolution* (New York: W. W. Norton, 1976), p.209.
2. E. Hobsbawm, "From Feudalism to Capitalism" in R. Hilton, ed., *The Transition from Feudalism to Capitalism* (London: NLB, 1976), p.162.
3. R. H. Bautier, *The Economic Development of Medieval Europe* (Harcourt Brace Jovanovich, 1971), p.228.
4. Cited by H. Pfeffermann, *Die Zusammenarbeit der Renaissancepapste mit den Turken* (Winterthur, Switzerland, 1946), p.14.
5. Cited in *Encyclopaedia of Islam*, Vol.III, p.1187.
6. Cited by J. Needham, *Science and Civilization in China*, Vol.4, Pt. III: *Civil Engineering and Nautics* (New York: Cambridge University Press, 1971), p.533.
7. Ibid., p.534.
8. A. Smith, *The Wealth of Nations* (New York: Everyman's Library, 1910), Vol. I, pp.393-94; Vol.II, pp.121-22.
9. Ibid., Vol. I, p.394; Vol. II, pp.121-22.
10. B. Spencer, *Native Tribes of the Northern Territory of Australia* (New York: Macmillan, 1914), p.36.
11. Lewis Morgan, *Houses and House-Life of the American Aborigines* (New York, 1881), p.45.
12. Cited by C. S. Coon, *A Reader in General Anthropology* (New York: Henry Holt, 1940), pp.65, 77, 78.
13. F. Boas, "Racial Purity," *Asia* XL (May 1940): 231.
14. New York *Times* (Jan. 22, 1980, and Oct. 18, 1980).
15. V. Gordon Childe, *Man Makes Himself* (New York: Mentor Books, 1951), p.149.
16. S. Avineri, ed., *Karl Marx on Colonialism and Modernization* (Garden City, N.Y.: Anchor Books, 1969), pp.89, 94.
17. Ibid., p.90.

> 如果说"殖民地的"这一形容词与中世纪末的东欧状况已有不解之缘的话，其原因就在于［东欧的］谷物出口几乎是一项或许也是唯一的一项贸易，而且当时的贸易可以想象的分类情况如下：它只限于出口像原粮一类未曾加工的农产品，至于麦芽、啤酒、面粉一类稍经加工的产品都不包括在内；出口农产品大都是用进口制成品来抵付；这一经济实际上操纵在外国人即西欧商人和运货人的手中，东方经济的一切财产、经济组织和社会结构全都服从于西欧市场的要求。毫无疑问，这种性质的贸易发展到中世纪末期和近代的最初几个世纪时，曾给东欧经济状况和社会关系带来了冲击，这种冲击比得上现代国际贸易对输出初级农产品的欠发达国家的那种冲击。
>
> ——迈克尔·波斯坦（Michael Postan）

第三章　第三世界在东欧的开端

人们往往认为第三世界只包括海外那些领地，其实它最早出现在东欧。经济和社会组织首先被迫从属于并被改造得适应于西北欧市场需求的就是东欧一些地区。造成这种从属和改造的原因是西北欧经济及技术的空前大发展，这一大发展产生了新型的大众性必需品贸易，取代了传统的奢侈品外缘贸易。于是这一大众性贸易体系中依附性的外缘地区便首先由邻近的东欧，而非远隔重洋的海外领地来充当了。

一、西北欧的主导地位

东欧之所以会在近代时期退居从属地位并成为欠发达地区,往往被解释为是因为它采取了规避政策。按照这一理论,当西北欧抢先向海外扩张,把商业重心从地中海转移到大西洋之际,东欧却因地处内陆而未介入这一命运攸关的发展。结果,持这一理论的人认为,欧洲的经济中心首先移至西北欧,最终,全世界的经济中心也都移至西北欧,而东欧则又沉陷在几个世纪的晦暗和停滞之中,不能自拔。

事实上,事情的经过恰恰与上述顺序相反。东欧的退缩并非"规避",而恰恰是由于"卷入"而造成的。这应该看成是经济发达的西方与欠发达的孱弱的贸易伙伴之间那种因果关系的第一个例证。这种关系产生了深远影响,其影响所及已经大大超越了东欧和西欧地区的范围。

近代早期贸易渠道由地中海转移到西北欧,应当归因于地理大发现和由此而引起的新的贸易路线的开辟:横越大西洋而至新大陆;沿大西洋南下好望角而后东至印度。然而早在地理大发现开始以前的中世纪末叶,欧洲的商业中心就已经从地中海转移到了西北欧。造成这一划时代转移的根本原因是,波罗的海一带的大众性必需品贸易的蓬勃发展,无论在贸易量价值还是社会经济影响方面,都远远超过了地中海一带和世界上其他地方的奢侈品传统贸易。

地中海贸易起源于南亚和东亚,那里的香料、丝绸、精美棉织品和其他少数昂贵的东方手工艺品由穆斯林商人运至地中海东部各港口。在那里货物被转手给意大利商人,运往意大利北部威尼斯、热那亚等城市,然后再或者是走陆路翻过阿尔卑斯山,或者是走海路经由直布罗陀海峡转运至欧洲其他各地。西欧用来交换这些东方商品的少数几种产品是亚麻布、武器或马匹,不过多半都是金银。

地中海贸易的主要特点是它的奢侈性。它满足了王公贵族、高级僧侣、富商巨贾这班有钱有势者的需要。但它孤立于经济活动的主流之外,因为它对中世纪广大居民或者说整个经济都无影响。这种东方式的传统贸易,用波斯坦的话来讲:"无法刺激劳动或其他资源的大规模支出,因而也就不足以对西欧乃至东欧的经济和社会进程造成压力。"[1]

沿波罗的海发展起来的经营大众消费品的东西欧之间的贸易则与此根本不同。东部沿波罗的海各国向西欧主要提供两类基本商品:一是木材——多是供西欧建筑业和造船业用的未经加工的原木,当然也有船壳这类半成品,或是已造成的船只出口,只是为数较少;二是谷物——谷物在价值上及其对东欧社会经济的影响上后来都大大超过了木材。

就西欧这方面来说,出口东波罗的海诸国的大部分是纺织品。最初是北意大利的精纺呢料，后来被佛兰德斯生产的较粗劣、较便宜的呢料所取代，再后来则由荷兰和英国出产的一种更为便宜的"新粗呢"独占了市场。值得注意的是，直至1500年，西班牙的羊毛还全部向意大利出口，到16世纪则一半运往意大利、一半运往佛兰德斯；迨至17世纪，则全数运往佛兰德斯。同样，英国的羊毛历经15世纪和大半个16世纪，也大都销往佛兰德斯。不同于西班牙的是，英国不久便自行纺织以供出口，这样一来，生羊毛的出口量便因而减少，而从伦敦出口的毛纺品则从1500年的5万匹猛增至1550年的13万匹。

这一东西之间的波罗的海贸易在大约1500年以前一直被控制在汉萨同盟商人手中，到了1500年以后则逐渐为荷兰人所取代。荷兰人以渔人起家——向欧洲各地出口北海鲱鱼（腌制或熏制），由捕鱼业扩充为运输业、造船业，进而制造专供运输大宗物品的交通工具。很快他们就成了全欧洲的货运商：从比斯开运来鲱鱼和盐，从地中海运来酒，从英国和佛兰德斯运来布匹，从瑞典运来铜和铁，从波罗的海运来谷物、亚麻、大麻和木材。

过去是意大利人控制着地中海的奢侈品贸易并将其商业活动扩展至北欧，而现在则是由荷兰人控制着必需品的大众性贸易，然后将其活动向南扩展。促成欧洲经济中心北移的根本原因并非来自外部（并非海外的地理大发现和海外事业），而是来自内部；是由于当时的工商业活动更多地聚集在北欧，而南欧则已望尘莫及。

二、东欧沦为第三世界地区

正是北欧新兴的大众性贸易使得东欧沦为第三世界。说得更确切些就是，其根源是14、15世纪英荷两国在纺织业和金属工业中用接活制代替行会制这一变革。接活制，如前章所述，把这两大工业从无数令人窒息的清规戒律中解放了出来，从而大幅降低了成本，提高了生产率，也提高了对市场需求的适应能力。为时不久，地方市场和全国市场都已饱和，于是英荷两国的工厂主就把目光转向国外，来为他们过剩的产品寻找销售市场。

恰好东欧最符合他们的需要，因为那里的地方手工业生产极不发达，无力与西方的纺织品和金属制品展开竞争。加之东欧出产的某些原材料又正是西欧所短缺的，所以东西之间的贸易便自然而然地迅速发展起来。波兰和立陶宛主要输出黑麦、家畜、毛皮、木材、钾碱和大麻，而匈牙利则提供家畜和铜。

在整个14、15世纪期间，从西方进口的纺织品和小五金的价值远远超过了以上输出品的价值，所以贸易的逆差额也就只好用金币和银币来弥补。至16世纪中叶，双方贸易的逆顺差明显地颠倒了过来，部分是因为当时发生的"价格革命"致使农产品价格直线上升。加之当时西欧城市人口猛增，而大片土地则由可耕地变为牧场来适应纺织工业对羊毛日益增长的需要，所以西欧对东欧粮食的需求量也在急剧增加。其最后结果便是，进出口贸易的比差明显地有利于东欧各国。1565—1585 年间，波兰海运出口商品的年平均值是 115.8 万塔利尔（thaler），而进口值则仅有 40 万塔利尔。匈牙利 1542 年的年出口值为 32.3 万弗罗林（florin），而同年的进口值则仅为 14.1 万弗罗林。

16 世纪和 17 世纪这 200 年对东欧来说是一个关键时期，因为当时的市场形势有利于东欧经济的全面发展，而且可与西欧发展的势头相比。但东欧并未抓住这个机会，这主要是因为东欧占主导地位的各种政治力量对这一经济发展起了阻碍作用，这一点与西欧恰好形成对比。如前章所述，西欧新兴的君王都能与商业中产阶级通力合作，互利互助。君王保证商业活动的安全和秩序，为海外冒险事业提供财政支援和海军保护；商人则以金钱充实国库，并向行政、财政、军事等方面输送可靠的人才。这种两全其美的密切配合，也就必然产生出一批由生机勃勃的民族经济支撑起来的强大的民族国家。

东欧的政治方针则正好相反，其经济政策亦复如斯。东欧的君王一向轻商人而重权贵，其各级军政人员完全仰赖普鲁士容克地主、波兰的大地主和其他封建领主为之网罗补充，国家等于自动放弃了对地主—农民关系的干预，致使农民完全受制于地主、只知有领主而不知有国家，进而从自由人的地位沦为奴隶。起初，地主还没有滥用权威过分限制农民的劳役或迁徙自由，这主要是因为地主尚未遇到特殊利益的刺激促使他们去这样干。每年只需农民给他们服几天劳役就已足够，因为即使让农民多服劳役亦无大利可图。但到 16、17 世纪，对西方的贸易日益频繁，带来了谋取巨额利润的绝好机会，于是贵族们立即争相利用其对商人和农民的权威，尽量榨取厚利。

对于农民，领主首先便是扩大自己的领地或保留的专用地，采取的手段多种多样：或强行占用公地、生荒地、撂荒地，或通过法外及非法手段吞并手无寸铁不能自卫的农民祖传的小块土地。随着领主产业增多，所需劳动力也必然增加，于是，领主便利用他们在国家机构中左右一切的势力，炮制出限制农民迁徙自由的法律。由此一来，领主也就能够强迫被束缚在土地上的农民提供越来越多的无偿劳动，为他们伺弄可赚大钱的作物。以波兰为例：1500 年前，农民每年只需服劳役 1—6 天，1550 年增至每周 3 天；1600 年这种劳役竟然增加到每周 6 天。与此同时，已经完全剥夺了农民迁徙的自由。这样一来，自从 13 世纪以来状况在不断改善而且已与西欧农民状况不相上下的东欧农民，此时完全被迫下降到农奴的地位，身家性命悉听领主摆布，国家法律形同废纸。到 1600 年，领主已经成了主宰东欧农奴的政府。

"他是他们的法官、警察局局长、典狱长、收税官，就连他们教堂的牧师有时也要由他来选派。"(2)

东欧的商人和城市也同样得服从领主的意志和利益。16世纪以前，波兰和立陶宛的一些城镇已经获得了能与封建贵族分庭抗礼的地位，那时商人靠经营原料出口，获利颇为可观。但是16世纪以后，城市和城市商人的命运便同农民一样急转直下。起初，波兰贵族把农产品趸卖给商人，由他们运到但泽港向西方出口。可是贵族享有自古以来的免税权，这是商人所没有的，所以他们绕过商人直接把农产品装运出口就更为有利。不过贵族不胜其装卸转运事务之烦，于是就雇用非波兰人（德意志人、犹太人、荷兰人、亚美尼亚人）代办，而免税的特惠一仍其旧。这些外国中间商把货物运到但泽，在那里转卖给其他外国人（多半是德意志人），然后由他们用荷兰船只运往西欧。

结果是贵族确实谋得了较高的利润，但却给民族经济造成严重损失。1565年通过的一项禁止波兰商人出国买卖货物的法律，既反映了贵族的权势，也反映了他们的鼠目寸光。他们的目的是把垄断波兰国际贸易的全权委托予外国人，踢开本国的中间商，从而以最高的出口价卖出他们的农产品，以最低的进口价买入西方的工业制成品。虽然这项法律从未生效，但是它的通过和目的却都是昭然若揭的事实。波兰贵族连同外国商人要的是自由贸易，由此一来也就如愿以偿可以为所欲为了。

他们固然可以为所欲为，自得其利，但却破坏了波兰的城市，损害了城市的商人和工匠，使得他们无法参与16—17世纪有利的商业活动，分享其益。西欧的城市和手工业之所以能在规模和效率上有所增长，部分得益于东欧市场。但与此同时，东欧的城市却在贵族的扼制下沦落为寂静偏僻的城镇。贵族运用政治权势谋得的几许利润，只不过是肥了他们自己和若干外国人而已。

总而言之，东欧在16、17世纪整整200年间也曾一度有过在经济上可以迅速和独立发展的独特机会，然而它非但没有抓住这个机会，反而在同西欧的经济关系上衰落到附庸地位。17世纪期间，国际贸易形势已向不利于原料生产者的方向逆转，于是这一附庸地位也就固定下来而长久如此。此时，东欧的地方手工业已趋凋敝，它只好完全依赖进口西方的工业制成品。尔后大规模地继续进口西方工业制成品，遂使早先的贸易顺差变成长期的逆差。

东欧就是这样被正在扩张中的西欧资本主义体系紧紧包围，东欧的经济组织和社会结构都被扭曲来适应这一体系的需要。正如伊曼纽尔·沃勒斯坦（Immanuel Wallerstein）指出的那样："波兰在16世纪期间变成欧洲的世界经济中欠发达的国家。"(3)结局是欧洲大陆一分为二：一方是富有活力的、工业化的西北欧，另一方则是农业的、依附性的东欧——这一区隔一直持续到20世纪中叶。(4)

三、俄国仍居第三世界之外

　　表面上看，俄国似乎已与东欧各国同时变成第三世界。俄国农民也处于农奴地位，俄国的经济也完全以农业为主。尽管两两相似，但俄国的经济并未从属于西方，俄国的社会也未为迎合西方市场的需要而改变结构。因此，俄国在近代初期并没有像东欧那样变成第三世界的一个地区。

　　俄国能够独立发展的根本原因是，它的领土一直在大规模地、不间断地扩张。倘若俄国只是东欧另一个普普通通的国家，领土仅仅局限于乌拉尔以西，面积也只有波兰或匈牙利那样大，恐怕要想在经济上独立发展将会相当困难，甚至未必可能。

　　在蒙古统治（1240—1480）的那200多年间，当莫斯科大公国已被压缩进蒙古帝国以内、局限在莫斯科周围一小块地盘中时，它的对外经济关系也同波兰和立陶宛一样受控于汉萨同盟。设若大公国此后仍局限在乌拉尔以西并发展成另一个东欧国家的话，俄国的经济也会紧步东欧其他国家的后尘而陷入汉萨同盟、荷兰、德国和英国的控制之下。

　　但是莫斯科大公国却一举扩展为从波罗的海伸向太平洋的欧亚大帝国。伊凡三世（1462—1505）把边疆向西推进到波罗的海，向北推进到北冰洋。伊凡四世（1505—1584）征服了喀山和阿斯特拉罕的诸鞑靼汗国，取得了广阔的伏尔加流域并把领土向南延伸至里海，向东延伸到乌拉尔。此时，横越西伯利亚广袤之地而指向太平洋的长驱直入之路已经敞开了。由于有地势平展之利、河流交错舟楫畅通之便，加之土著部落无力抵抗，俄国向东扩展的步伐之快，远胜于美国的"西进运动"。哥萨克开始跨越乌拉尔山脉之时，大约正是沃尔特·雷利（Walter Raleigh）爵士1584年在罗阿诺克岛登陆之日。及至1637年，在不到半个世纪的时间内，俄国人已经到达鄂霍次克海，推进的距离相当于美国从大西洋岸到太平洋岸之间距离的一倍半。而同一个时期内英国的殖民者都还未及越过离大西洋岸仅160多公里的阿勒格尼山脉。

　　横跨西伯利亚的大规模扩张，使俄国从一个东欧国家，变成一个幅员辽阔可与一个洲相埒的大帝国。帝国内不同区域之间发展起来的贸易，使得它没有变成西欧的一个经济附属体，反而成就了一个各个地区具有专业化特点、可以进行地区间贸易、从而大体上可以自给自足的经济单位。

　　这一过程与若干年后面积不相上下的美国的开发过程很相像。大批移民向南涌入乌克兰、向东涌入西伯利亚时，农业和其他经营也随之发展起来，那些原先设防的军事前哨变成地方贸易中心，成为民族经济生活的组成部分。美国以东北地区生产工业制成品、南方生产棉花、西部生产粮食和其他原材料而形成地区的专业化,俄国当时也恰有类似的地区专业化在各地发展起来:西伯利亚生产毛皮、林业产品和金属;乌克兰生产粮食;帝国原先的中心地区则一直提供工业制成品和粮食。

除了国内的地区间贸易之外,俄国的领土扩张还开辟了沿伏尔加河至高加索和中亚诸汗国及中东若干国家的贸易渠道。俄国商人很快便同伊朗、奥斯曼帝国、诺盖(NoGai)游牧部落、乌兹别克各汗国乃至中国做起了生意兴隆的买卖。他们出口毛皮、武器、皮革制品、五金器皿和其他工业制成品(有一些是西方制造的),进口棉布、丝织品、珠宝、香料、马匹和羊。俄国商人往往一方面经营这些东方贸易,一方面又充当出使东方君主国家的外交使节的随员,有时他们自己就是沙皇的使者。

对俄国来说,它同东方的贸易的重要性胜过同西方的贸易,不过领土的扩张也促进了后者的发展,并通过波罗的海沿岸各港口和北部的阿尔汉格尔开辟了同西方的直接贸易路线。在同西方的贸易中,俄国进口的是五金器皿、军火、奢侈品;出口的是原料如大麻索具、亚麻、沥青、钾碱、毛皮、鬃毛、腌肉。谷物很少出口,因为出口谷物须经沙皇批准,但往往不能获准。

从以上情况可见,几个世纪以来,资本主义的西方对俄国经济的影响微乎其微。俄国与西方的贸易极其有限,比它同东方的贸易要少得多,因此西方贸易对俄国决没有像对东欧各国那样的决定性影响。西方商人在波兰国内的商业活动可以畅行无阻,而在俄国却不允许他们左右其国内贸易,他们被禁止零售商品,也不得直接与生产者打交道,而在波兰这些都是得到鼓励的。波兰的法律旨在排挤本国商人,与此相反,俄国1667年颁布的法典则明文规定:"外国人不准零售任何货物……不准进入集市,不准携带货物或款项进入任何城镇,不准委派推销人员。"(5)

尽管有法律保护,俄国商人阶层却从未发展到像西欧商人阶层那样强大。原因之一是,俄国各阶层普遍参加买卖活动而造成过分激烈的竞争。小本经营的零售小店铺、小货摊随处可见,多是农民或手工业工人出售自制产品或趸购来的商品。中等商人经营食盐、毛皮和谷物生意,有时也会开办面粉厂、酿酒厂和盐场。像斯特罗加诺夫家族(Stroganovs)那样财力雄厚的企业家为数极少,这个家族的商业活动范围北起阿尔汉格尔,西至莫斯科,中贯伏尔加河流域,东贯西伯利亚全境。就连沙皇本人也大事参加交易活动;16世纪期间,像谷物、大麻、生丝、鱼子酱这类"禁货"皆为沙皇垄断。除了这些"禁货",凡是进口的外国商品都要先送到内臣或沙皇本人面前任其挑选,他们中意的物品或以低价买下,或无偿没收,然后由没收者留作已用,或高价转售。

难怪奥地利大使冯·迈尔贝格(von Mayerberg)1661年从一个贵族普遍看不起

经商的国家初入莫斯科时，不免在报告中咋舌称奇："一切有身份的人，甚至连奉派出使外国君王的大使都在公开经商。他们买进卖出或进行交换而毫无愧色，使他们那令人肃然起敬的显赫声威拜倒在贪欲的脚下。"(6)尽管民族经济任由国内权贵控制，但应指出的是，俄国的商人却是老老实实地一仍旧例与东方通商，去西方经营买卖的人寥寥无几，而且实际上也不会雇用俄国商船运送俄国货物去西方。

俄国和东欧的农奴制几乎是在同一时期出现的，原因却大不一样。东欧之所以承受农奴制度，一是因为统治者不依靠中产阶级而依靠封建贵族；二是因为封建贵族为从西方的贸易中尽量谋取高利而把农奴制强加给自己的农民。在俄国，情况则完全不同，农奴制的出现是俄国特有的各种历史条件与力量所造成的。市场的需求也是一个因素，但这种需求是国内地区与地区之间的贸易需求，并非对外贸易。而且一向是与东方而不是与西方进行贸易。农奴制也是贵族强制施行的，那是因为随着市场经济的发展和由此引起的货币使用量的增加，贵族不得不向人高利告贷，以致债台高筑。

出现农奴制的最后一个原因是，国家对贵族的时间和收益的需索有增无已。与那些世袭大地主相比，乡绅地主尤其首当其冲。乡绅地主与国家的命运息息相关，他们必须担任行政、军事、财政和地方政府的官员。国家把农奴赐给乡绅地主作为效力的报酬，也好使他们享有充足的供养而无后顾之忧，可以尽心竭力地报效国家。

1580年伊凡四世颁布了第一道"禁年"（forbidden year）诏——首次禁止农民离开故土去开发无主的边陲之地。不久，"禁年"便成了常规，而不再是特例。1603年以后每一年都被宣布为"禁年"，这样一直延续了两个半世纪，直到亚历山大二世颁布了"解放农奴诏"为止。由此看来，到了17世纪，俄国农民也已屈服在农奴制下，虽然不像东欧那样是因为在经济上已沦为西方的附庸。

彼得大帝（1689—1725）大力推行的工业化显示出俄国经济独立的地位。他创办了铸铁厂、兵工厂、船坞和织布厂来补给军需。他引进有精湛技能的外国技术人员来经营管理这些企业。他以补助金、贷款、免税、保护关税和强迫农奴去矿山和工厂劳动等办法来鼓励私人企业家。彼得身后留下了近200个大工业企业，其中包括69个冶炼厂、23个木材厂、17个火药厂、15个纺织厂、14个皮革厂、10个玻璃厂、9个缫丝厂、8个帆布厂和6个造纸厂。

彼得逝世之后，俄国仍在继续努力推行工业化，至18世纪末，俄国已经成为一个主要的工业强国。它的生铁产量至1785年已超过所有其他国家，至19世纪蒸汽机普遍使用以前，乌拉尔地区可以算得上是世界上最大的工业中心之一。

因此不难理解，斯大林何以会对彼得大帝有那样高的评价，竟至把彼得一世所推行的工业化与他自己的"五年计划"相提并论。这两位领袖都在力求确保自己国家的经济独立，而与不断扩张的资本主义西方相抗衡。斯大林对彼得大帝宏图远略的历史意义有正确的理解，他说："彼得大帝在同西方发达国家打交道的同时，狂热地兴建作坊和工厂以供养军队、巩固国防，这是为摆脱落后状态所做的最初尝试。"[7]

斯大林所提到的这种"尝试"，到 18 世纪末叶便在一定程度上见出了成效，那时一直处于第三世界地位的贫弱的波兰已被其邻国瓜分一尽，而完全从欧洲的地图上消失了。俄国便是当时参加瓜分的列强之一，结果是，它的疆界西起华沙东至太平洋岸。俄波两国这种截然不同的历史经历，至少要归因于彼得为工业化的奋斗和叶卡捷琳娜的外交手腕。

从另一方面来讲，彼得领导下的工业化在一定程度上也是表面性的，因此无法持久。绝大多数工业工人都是农奴或是因各种原因而被强迫的劳动者这一事实，意味着工人的工资极其微薄，因而工业制成品的国内市场相应也大受限制。同时，工艺技术也极为缺乏，因为全俄国才只有一所大学开设技术课程。因此，布莱克韦尔（W. L. Blackwell）断言："整个 18 世纪俄国都依旧是一个专制的农业国，它的军事工业化只是虚有其表——就整个社会来讲，根本未发生变化。它既无内在的社会力量或思想力量，亦无来自外部的推动，足以刺激起资本主义和技术发展。"[8]

俄国的工业发展也因缺乏邻近的煤铁资源而受到严重阻碍。这在彼得时代还无关紧要，因为乌拉尔丰富的铁矿石可以通过从当地的森林中伐木烧炭来进行冶炼。但在森林面积缩小之后，俄国人方才发现他们不像英国钢铁工厂主那样有就近的矿藏可以采煤炼铁。1785 年俄国的铁产量还在世界上遥遥领先，然而仅仅几十年光景，就已远远落在他国之后，而且其他工业，如纺织、小五金，以及用于运输和工业机器的蒸汽动力的程度，也都相继落伍。简而言之，随着西方工业革命的到来，俄国经济已不可能再与西方并驾齐驱，相反，就像我们将会在第十六章中看到的那样，而是要屈从于西方经济之下。

[注释]

1. M. M. Postan, *Eastern and Western Europe in the Middle Ages*（New York: Harcourt Brace Jovanovich, 1970）, p.127.
2. J. Blum, "The Rise of Serfdom in Eastern Europe," *American Historical Review* LXII（July 1957）: 826.
3. I. Wallerstein, "Three Paths of National Development in Sixteenth-century Europe," *Studies in Comparative International Development* VII（Summer 1972）: 98.
4. S. P. Pach, "Favourable and Unfavourable Conditions for Capitalist Growth: The Shift of International Trade Routes in the 15th to 17th Centuries," *Fourth International Conference of Economic History*（1968）, p.68.
5. P. I. Lyashchenko, *History of the National Economy of Russia to the 1917 Revolution*（New York: Macmillan, 1949）, p.227.
6. Cited by J. Blum, *Lord and Peasant in Russia*（Princeton, N. J.: Princeton University Press, 1961）, p.129.
7. Cited by L. J. Olivea, *Russia in the Era of Peter the Great*（Englewood Cliffs, N. J.: Prentice-Hall, 1969）, p.115.
8. W. L. Blackwell, *Beginnings of Russian Industrialization*（Princeton, N. J.: Princeton University Press, 1968）, pp.37-38.

> 那时的印第安人没有疾病,他们没有骨疲、胸灼、腹痛之感,没有结核病,没有头痛症。那时人的德性的进程井然有序。外人来到这里后,一切都改观了。
>
> ——17世纪末叶丘马耶尔(Chumayel)的
> 《契伦·巴伦之书》(*The Book of Chilam Balam*)

> 我们在任何一块西印度群岛殖民地的甘蔗种植园里所获取的利润,一般都远远超过在欧洲或美洲已知的任何一块耕地。
>
> ——亚当·斯密(1776)

第四章 第三世界在拉丁美洲的开端

继东欧之后成为依附性第三世界一部分的另一个重要地区就是拉丁美洲。这里与盎格鲁美洲形成鲜明对照,盎格鲁美洲很快就赢得了政治经济双重独立,实际上更是成为发达世界的领导。在新世界,这两种历史发展基本趋向的分歧似乎有悖常理,因为拉丁美洲从一开始就享有天赋的一切优越条件。正是拉丁美洲出产了数量空前的金银,生长着北欧人梦寐以求的热带作物,并且拥有大量可供矿山和庄园之需的土著劳动力。然而盎格鲁美洲却自殖民地时期以来便稳步向前发展,而拉丁美洲则显现出天生的依附和发展不足的缺陷,直至今日,情形依然如此。新大陆这两个地区历史发展进程中巨大分野的根本原因与演化过程就是本章的主题。

一、征服

阿兹特克帝国的征服者科尔蒂斯，安葬在距离墨西哥城中心广场几个街区远一座默默无闻的教堂里。壁上一枚黯淡无光的青铜徽章镌刻着他的姓名、生卒年月及下葬日期，别无其他。科尔蒂斯在他所缔造的国家里没有什么荣誉。最近有人提议在墨西哥城一条主街——改革路上为他树立一座纪念碑，但却没有得到公众的支持。一位墨西哥工人告诉一位美国记者："他们就算真树起一座碑来，也一定会被炸毁。"另一位墨西哥公民则尖锐地指出："没有哪个国家会为它的征服者树碑留念。"[1]

这种情绪是可以理解的，虽然当年的事情已经过去了400余年，但是科尔蒂斯和追随他的征服者们在新大陆所犯下的暴行却是仍难被人淡忘。哥伦布首次在巴哈马群岛登陆时，曾亲自报告过这里温和的阿拉瓦克人表现出"一片挚爱，倾心相待……他们与我们保持着好朋友的关系，这真是个奇迹。"但与此同时，哥伦布又很快给西班牙去信说："以圣父、圣子、圣灵三位一体的名义，我们可以从这里送回所有可以出卖的奴隶。……倘若陛下允准，可以把这里所有的居民都带回卡斯提尔，或叫他们在岛上当奴隶，……因为这里的人全然不善刀兵。……"[2]

1495年，哥伦布用船运送500名"印第安人"回到西班牙，他之所以这样称呼他们，是因为他认定自己身在东印度群岛。经过海上航行抵达西班牙时，只剩下300名幸存者。这300人在此后几年内也大多死于欧洲的疫病，因为他们对此毫无免疫力。由于这种无法改变的生态法则，贩卖奴隶无法实施，哥伦布便转而把找到黄金当作为他自己及其王室赞助者发财致富的手段。

在伊斯帕尼奥拉岛（今海地和多米尼加共和国），他要求每个14岁以上的印第安人每三个月须将金砂带到他的寨垒填满他的一只鹰铃。他制作了铜标记，每当印第安人前来缴纳贡物，就给他（或她）一只打有当月印记的铜标记，挂在脖子上作为证明。有了这个，在以后三个月里搜集下一批金砂时就可保太平无事。不管是谁，如果发现他没有铜标记，就会被剁去双手处死。西班牙留存的一些古老的印刷物中，有关于印第安人悲惨场面的生动描绘，他们跌跌撞撞地奔跑着，盯着自己被砍断的残肢上不断涌出的鲜血。这种事情发端于伊斯帕尼奥拉岛，以后也在巴西和刚果相继出现，那里的葡萄牙和比利时的殖民地企业家在土著居民未能交足野生橡胶的摊派定额时，就会割去他们的耳朵，砍掉他们的双手。

事实证明，在伊斯帕尼奥拉岛，黄金的缴纳定额是不可能完成的。岛上没有金矿，印第安人交出了仅有的几件黄金饰物之后，唯一的希望就是整日待在河里淘洗颗粒微小的金砂，但是洗出的数量远远不够，那些企图逃入深山的印第安人被猎狗追捕而遭到杀害。绝望的阿拉瓦克人只好集体自杀，用毒药来了此一生。在两年时间内，岛上有一半人口（12.5万—50万）都死掉了。到了1515年，仅有1万印第安人幸存，25年后，除了还有几个其父是西班牙征服者的混血儿梅斯蒂索人以外，整个种族都从地球上消灭了。

西班牙人为其没能找到他们所渴望的东印度的黄金和香料而大失所望。他们渐渐认识到，加勒比群岛并非东方的香料群岛，他们偶然发现的陆地是一个"新大陆"，它挡住了前往亚洲的通路。因而16世纪头20年便成为探险家的时代，这一时期大批航海家都在探测整个南北美洲，寻找前往东方的通道。与此同时，也有数以千计的冒险家从这些岛上蜂拥而出，都想去寻找不断传闻的黄金矿藏。

兵士中一个名叫科尔蒂斯的幸运儿，终于发现了墨西哥伟大的阿兹特克帝国。关于此事已有许多报道长期流传开来。他于1519年3月率领600人的小股部队，携带16匹马、13支滑膛枪和几尊加农炮在大陆的海边上岸，得以在短期内迅速占领一个拥有上百万人口的富庶帝国。更为大胆猖獗的弗朗西斯科·皮萨罗（Francisco Pizarro）于1531年以一支180人的队伍、27匹马和两尊加农炮，征服了秘鲁具有高度社会组织性的印加帝国。

在墨西哥和秘鲁出人意料的胜利，鼓舞了其他征服者穿越南北美洲大陆的辽阔地区，寻找更多的战利品。与科尔蒂斯和皮萨罗的远征不同，这些征服并不是有组织的军事行动，战斗也仅局限在很短的时期内。在阿兹特克和印加帝国之外，那些印第安社会大多人口稀少，组织松弛，不足以进行大规模的抵抗。所以此后这种扩张的一般方式都是摸索性侦察在前，继而也仅会在遇见土地或矿藏都有吸引力的地方，偶尔进行武装冲突和零星的殖民。

到了16世纪末，西班牙人通过这种方式渐渐熟悉了从西印度群岛以南至火地岛、北达加利福尼亚湾的整个南美洲海岸线。同样，在北美洲，弗朗西斯科·德·科罗纳多（Francisco de Coronado）和埃尔南多·德·索托（Hernando de Soto）领导了穿越美国南部从佛罗里达至科罗拉多大峡谷的大规模探险。与此同时，法国探险家如罗贝尔·拉·萨莱（Robert La Salle）、英国探险家如大卫·汤普森（David Thompson）、美洲探险家如刘易斯（Lewis）和克拉克（Clark）则探寻了北美洲的北部地区，这时的葡萄牙人根据教皇圣谕中所界定的西班牙和葡萄牙的海外疆土，正在占有广阔无垠的南美洲巴西高原。

这里应当注意的是，西班牙人在美洲，就像后来英国人在印度、欧洲人在非洲一样，向被征服者索取征服的代价。西班牙王室满足了哥伦布第一次航海的需求后，西班牙商人和贵族便纷纷为他以后规模较大的探险提供资助。及至1506年，西班牙殖民者得到了足够的黄金以资助征服古巴、牙买加和波多黎各的费用。从这些大的岛屿上攫取的东西转而又资助了以后在大陆上的征服活动，最后在阿兹特克帝国和印加帝国得到了意想不到的神话般的收获。这样看来，西班牙人在南北美洲的活动有十年多时间都是在母国的支持下进行的。此后，美洲的资源便被用于西属美洲帝国的建设上。到了 16 世纪中叶，单靠这里获取的充分收益，就足以支持西班牙王朝在"旧大陆"的事业了。

二、征服者与被征服者

为什么具有密集的人口和高度发达帝国的美洲印第安人会如此轻而易举地屈服于一小撮欧洲冒险家呢？主要原因就在于他们千百年来与人类其他民族相互隔绝，使他们无论在生理上还是军事上都孱弱至极，无法抵御外来侵袭。几乎所有印第安人的祖先都是从西伯利亚东北部渡过白令海峡来到美洲的。我们说"几乎所有"，是因为近年来的研究表明，还有少数人可能是在早于哥伦布的几个世纪前从西非和（或）南太平洋一些岛屿上来到美洲的。

然而，欧洲人在美洲发现的印第安人的的确确几乎完全是那些渡过白令海峡种族的后裔，他们血型的明显一致便是佐证。首批渡海而来的时间约在 5 万—10 万年前之间，随后陆陆续续直至 3000 年以前，那时爱斯基摩人在白令海峡两岸定居，封锁了他们的移民之路。早期印第安移民越过海峡抵达新大陆可谓轻而易举，因为地球表面的水大面积结冰，有一条 208 公里宽的陆桥连接着亚洲东北端和北美洲西北端。冰期过后，海平面升高，白令海峡变窄，两大块陆地便分离开来。不过移民们仍能乘坐小船渡过，陆地并未曾从视野中消失。

渡海抵达阿拉斯加的人，大都是通过育空高原中部冰层上的一道裂隙移入北美腹地。驱使他们移民到美洲的动力是一样的，即寻找新的猎场和逃避来自其背后一些部落的不断追逼。这样，亚洲和美洲两个大陆很快就成了以狩猎为生的分散部落的栖身之所。这些部落发生了很大的变异，最早抵达美洲的人在外形上全然不同于蒙古利亚种人，他们早在我们今天所知的已经完全演化了的蒙古利亚种人之前就离开了亚洲。而且，这些最早到达美洲的人分散居住，结成小规模的近亲集团定居在气候不同的一些地方，这就继续促进了他们体质类型的演化。因而，扁平脸的西北印第安人与长鼻子、青铜肤色的美国西南部印第安人就有很大不同，前者有着明显的蒙古利亚式眼皮，而后者眼皮上的折皱则相对较细。

在文化上，美洲印第安人之间的差异比生理类型上的差异还要大得多，人类学家给新大陆上约 22 个文化区域下过定义，如大平原区、东部林地、西北沿海区等。根据取得食物方式所做的更简单些的分类有三：渔猎采集文化，中级农耕文化，高级农耕文化。这种研究方法不仅简便，而且从第三世界历史的观点来看具有重大意义，有助于解释印第安人面对欧洲人的入侵表现出种种不同反应的原因。

高级农耕文化位于中美洲（墨西哥中部和南部、危地马拉、洪都拉斯）和安第斯高原地区（厄瓜多尔、秘鲁、玻利维亚、智利北部）。中级农耕文化大致位于其毗邻地区，而渔猎采集文化则位于更远一些的地区：南美洲南部及北美洲的西部和北部。

玉米是大多数印第安人的基本粮食，它在公元前7000年墨西哥中央高原半沙漠的河谷中首先被人类培育。原先它只不过是一种带穗的野草，穗也只有人的拇指指甲大小。印第安人把它培育成了一种长棒上排列着种籽的植物。他们把玉米完全培育成人工栽培的植物，以至于如果人们不再种植，它就会绝种，因为经过人工培育，它就无法自行散播种子（即果实）。印第安人在利用大量有毒植物的技术方面也同样引人注目，如木薯，去毒之后可以制成木薯淀粉。印第安人培育的其他重要植物有倭瓜、土豆、番茄、葫芦、胡豆、胡椒、苜蓿、鳄梨、烟草、棉花和豆类，豆类是蛋白质的重要来源。印第安人在培育植物方面更是取得累累硕果，以至于今天世界上人们的所有食物中几乎有一半都是发源于此。

印第安人发展了最高级农耕文化的地区，也是那些建立起强大帝国和高度文明的地区。因此，美洲印第安人的三大主要文明就是：位于今天尤卡坦、危地马拉和伯利兹地区的玛雅文明，位于今天墨西哥地区的阿兹特克文明，以及囊括从厄瓜多尔中部至智利中部4800公里地区的印加文明。

玛雅文明以其艺术和科学的高度发达而举世瞩目。其成就有独特的石头建筑物、居于各时代伟大艺术品之列的雕塑、以文字或符号为形式表达思想的表意文字，以及关于天体运行的知识，这足以证实玛雅人是优于同时代欧洲人的天文学家和能干的数学家。比起工于艺术和富有智慧的玛雅人来，阿兹特克人则鲁莽好战；这让人想起旧大陆上罗马人与希腊人之间的不同。阿兹特克人更注重发展军队，他们把所有身强体壮的男子都训练得能够作战，要求他们承担起服兵役的义务。他们的国家组织也较完备，有发达的司法系统，有救济贫困的措施，也有自己的首都特诺奇蒂特兰，其人口约有二三十万，数倍于1500年左右的伦敦。

印加人在物质成就方面比阿兹特克人更为先进。他们建造的颇为不凡的道路、堡垒和庙宇，都是由大块石头镶嵌而成，在将近500年后的今天看来也还是十分严实，石缝之间连刀刃都插不进去。有一个庞大的水利灌溉系统，超过了罗马帝国当年的任何水利系统。它浇灌的土地比现代秘鲁的农业专家们所能浇灌的土地还多40%。1978年美国科学基金会资助芝加哥田野博物馆进行了一次考察，以期解开这样一个谜：究竟是什么样的技术秘诀使得公元1000—1400年间的印第安人能够在秘鲁荒芜的海岸上种出比今天还要多的粮食来。印加人还在美洲组织起一个一体化

80 的富有活力的国家——它适于向外进行无限的扩张，对内实行严密的组织管理和父权制的统治。其控制国家的措施是：土地、矿产和牲畜都归国家所有，强制人民皈依官方的太阳教，进行缜密的人口普查以便于收税和征兵，废黜地方上的世袭酋长，强制人民重新定居以便同化被征服者，实行国家保护下的集体结婚制。印加帝国的国家极权主义可能是有史以来最成功的一例。

尽管这些成就令人刮目，但事实仍然是：一小撮西班牙征服者便轻而易举地摧毁了这三大文化。究其根本原因，还是千百年来的孤立隔绝所造成的恶果。当随着西班牙人到来而引起的冲突发生时，这种孤立隔绝到底意味着什么呢？它意味着，首先，最重要的一点是，印第安人在新来的欧洲人和非洲人带来的疾病面前毫无免疫能力。这比欧洲人野蛮的剥削还要严重得多。据早期观察者指出，最致人死命的首批疫病发生在横征暴敛能够置人于死地之前。死亡率高到墨西哥的印第安人发现自己连死尸都无法掩埋了。"他们将房子推倒盖住尸体，"当时的一个西班牙人报告说，"为的是使尸臭不再弥漫，所以家宅就成了他们的坟墓。"(3)

印第安人试图进行反击，他们把感染了病毒的血揉和到主人的面包里，但却未能奏效。据估计，在17世纪征服时期，西属美洲的人口从5000万下降到400万。在进行过最微弱抵抗的印第安人死亡之后，人口逐渐有所恢复。身强体壮的幸存者互相婚配，并与欧非移民通婚。到了19世纪早期殖民时代结束之际，西属美洲的总人口增加到1700万，其中有750万印第安人、320万白人、75万黑人和550万各种混血人——白印混血的梅斯蒂索人，黑白混血的穆拉托人，黑印混血的桑博人或称科约特人。

不用说，英国人也和西班牙人一样是传染力强的带病者，1611—1617年间疫病就蔓延于新英格兰，用科顿·马瑟（Cotton Mather）的话来说，这些疾病清除了森林里"那些有毒的家伙，好腾出地方来生长些较好的东西"(4)。俄国人是到达美洲的最后一批欧洲人，他们在新大陆的另一端起到了同样致人死命的作用。成千上万的阿留申人、爱斯基摩人、特林吉特人在阿拉斯加被推入墓穴，成了天花、麻疹、斑疹伤寒和其他疾病的牺牲品，这些疾病与几个世纪以前拉丁人带到加勒比地区的一模一样。

81 数千年来的孤立隔绝使印第安人在军事上与在生理上一样不堪一击。1500年时美洲印第安人的技术水平，仅相当于公元前1500年的西欧人和公元前3500年的中东人的技术水平。尽管他们在培育植物方面取得了辉煌的成就，但是除了仅能最低限度地保证远远少于旧大陆居民的食物需求之外，他们从未发展过耕作技术。他们仅有石制、木制及骨制工具，还不能熔炼矿石，因此也就没有西班牙人那样的刀剑和火器。起初，美洲印第安人被西班牙人的火器发出的声响和射杀效果吓得魂不附体，那些冲锋陷阵的骑兵也令他们胆战心惊，以为人和马是合为一体的可怕动物。

孤立隔绝还养成美洲印第安人心理上的脆弱。一种带有宗教狂热的天真，使阿兹特克人的统治者蒙特祖玛，像对待神祇一般虔诚地迎接科尔蒂斯，表示他们效忠，并奉献出自己的王位和财产。"我主……您来到了您的城市墨西哥……我注目于神秘的王国，感到万分痛苦。现在，您从云雾中走了出来，再次登上您的宝座。"[5]

最后，过分的中央集权，使得人口最多、组织最完善的两个印第安国家：阿兹特克帝国和印加帝国，变得最为脆弱不堪。一俟蒙特祖玛和阿塔瓦尔帕落入西班牙人之手，他们的阿兹特克帝国和印加帝国就变得群龙无首。相形之下，组织形式较为原始、松散的印第安部落却能在西班牙人的进攻面前从容退却，从而逃脱了染上疾病和遭受剥削的命运。墨西哥北部的奇奇梅卡人和智利的阿劳坎人成为西班牙人难以征服的对手。为了对付西班牙人的战术，他们一改传统战斗方式，转而采用敌人的一些战术和武器。他们既仿效骑马，又学着使用火绳枪和滑膛枪，二者的结合使他们对西班牙殖民者定居地的袭击令人望而生畏。不过虽有这些孤立的小块地区进行抵抗，南北美洲还是很快就屈服于欧洲人的统治之下，这与非洲大不相同——在那里，欧洲人控制的地区直到19世纪还仅局限于沿海一带。

阿兹特克帝国和印加帝国固有的脆弱性着重表现在内讧方面，尤其是在西班牙人到来时表现得格外尖锐。阿塔瓦尔帕为了夺取王位，刚刚打败他的同胞手足瓦斯卡尔，并且残酷地报复那些策划反对他的部族，这样一来，印第安人就分成了敌对的两派。皮萨罗到来时，他正在前往庆祝胜利大会的路上。他甚至在成为西班牙人的阶下囚之后还能发布具有约束力的命令，其中之一就是要将瓦斯卡尔处死。而也正是因为这一"罪行"，皮萨罗把他也处死了。阿兹特克人的情况是，他们刚刚征服了以前一直保持独立的几个城市，这些城市对新的帝国统治深为不满。因此，阿兹特克人是被数百西班牙人和数以千计的印第安人联盟打败的。这些联盟中最重要的是特拉斯卡兰人，他们认为这场战争是为了摆脱阿兹特克人的统治的解放战争。特拉斯卡兰人未能预见到他们只不过是将老帝国的统治改换成新帝国的统治，而后者将会比前者还要糟糕。

征服一告完成，西班牙人就开始面临着如何治理这片地广人稠的疆土问题。由于缺乏行政管理人员，西班牙人不得不像英法两国在非洲那样实行间接统治。西班牙人是天生的地位崇拜者，在刚结束征服的一段时期，他们对待土著统治阶级还比较尊敬，允许他们保留一些传统特权，如收取贡赋和保有部分世袭土地。作为交换条件，西班牙人希望土著贵族能够适应基督徒和西班牙人的生活方式，让其子弟接受传教士按照基督教上层人物的标准进行的训练，甚至还要学习复杂的拉丁文。

然而，从一开始起，印第安贵族就遭到赢得西班牙权贵青睐的印第安暴发户的排挤，更为普遍的是被西班牙官员和移民逐渐剥夺了土地和职权，地位也降低到拉平的程度。与此同时，印第安贵族也和印第安百姓一样，大批死于疫病，因此在半个世纪中，印第安人上层除了少数几个家族逐渐被吸收进西班牙贵族阶层之外，大部分人都平民化了。

随着印第安居民阶级差别的消灭，展开了关于印第安人的性质和权利的长期争论。传教士是印第安人的保护者，他们从基督教的两项原则中找到了支持其观点的理论基础：一是在上帝面前人人平等；二是每一个基督徒都应为其兄弟的幸福承担责任，哪怕他们是非我族类或地位低下。

上述原则引起的争论是能否认定印第安人具有人的基本特性这一问题。他们是否生来就能按照西班牙文化和基督教信仰的原则生存？在这个问题上所处的不同立场，将西班牙人分成对立的两大阵营：一派认为土著是"高尚的印第安人"，而另一派则蔑视他们为"脏狗"。多明我会的教士巴托洛梅·德·拉斯·卡萨斯（Bartolome de Las Casas）是"高尚的印第安人"一派最直言不讳的维护者。"上帝创造了这些无罪无邪的纯朴人民。他们对自己的造物主和所侍奉的基督徒再顺从再忠诚不过。他们最最驯顺、隐忍、平和、善良。……他们既未拥有也不想拥有尘世的财富。"与此观点针锋相对的是御用历史学家贡萨洛·费尔南德斯·德·奥维多（Gonzalo Fernandez de Oviedo），他认为印第安人"天生就懒惰、邪恶、忧郁和怯懦，总之，是撒谎和无能的乌合之众。……他们的主要愿望就是吃、喝、拜异教的偶像、干野蛮下流的事。"(6)

这绝非只是抽象的泛泛之争，这场争论与西班牙人的利益休戚相关。印第安人是应该为了西班牙国王和移民的利益而遭受剥削呢？还是应将印第安人的皈依和康乐置于母国物质方面的发展与利益之上？在理论与利益发生冲突的压力之下，西班牙国王起初举棋不定，最后还是当地的人占了上风。当一位教士指责皮萨罗过分虐待印第安人而未能使他们皈依上帝和信仰基督教时，他回答说："我不是为这些事情而来，我来是为夺走他们的金子。"(7)

这些征服者及其追随者截至1550年为数约10万计，往往都能各行其是，他们强迫印第安人在田地里和矿山上干活。为了支付殖民地的行政经费，以及欧洲王朝战争和宗教战争中所需的更大费用，国王自然也分享了一些收益。

至于教会的势力，也并非全然毫无效果。教会劝导印第安人改掉了吃人肉和人祭的习俗；用裤子取代了缠腰布；接受了基督教教义中的某些内容，例如印第安人把耶稣被钉死在十字架上具有献身精神的含义毫不费力地纳入了自己的思想观念中。当基督教的教士们侵入他们的家庭生活和道德观念的领域时，则遇到了较大的困难。西班牙人试图使他们接受基督教反对乱伦的概念、一夫一妻的婚姻制度，以及采用基督教的结婚仪式，他们则对此设法逃脱和规避。对大多数印第安人来说，皈依基督教不过是一种外表虚饰，以掩盖旧的传统信仰和新的异族信仰的调和。他们丢掉的只是土著神祇的名称，却把它们的属性分配给了圣母玛利亚及诸圣者，希望天主教诸神仍能像他们从前的神灵一样具有祛病消灾、调风顺雨的功能。因此，尽管皈依天主教的人数十分可观，但其实际意义却要小得多。

教士们对此负有部分责任，因为他们对待印第安人就像对待永远被监护的孩子一样。所以他们从不委派印第安人为教士，从不认为印第安人同他们在精神上是平等的。教士人数有限，语言不通，而且其中有太大一部分人对印第安人残酷剥削，这也极大地阻碍了他们顺利开展工作。1579年，一位西班牙官员向菲利普二世报告说，印第安人虽跪下祈祷，承认自己的原罪，但却并非出于自愿，真正信奉基督教的印第安人并不比征服时期多。同一时期另一名官员则断言："大多数印第安人都不是基督徒。"[8]

总之，西班牙人的征服对大多数拉丁美洲的印第安人来说，显然意味着生活条件的恶化。事实上，在哥伦布到来之前，阿兹特克人和印加人也曾被强迫劳动，但从前是在中央帝国政权的命令下劳动，而今却是在为当地的移民劳动，这些人更加专横，更让人摸不着头脑。矿山上的沉重劳动同样让印第安人感到陌生，那里的条件无论对肉体还是对精神都是灾难性的。尤其是，征服时期以前在劳动中还有些典礼和仪式使得沉重的劳动尚可忍受，而在新的制度下这些都被取消殆尽。欧洲人关于工资和工时的劳动观念和每逢星期日必须强迫休息的规定，与印第安人的传统完全格格不入。新的制度使印第安人精神空虚、风纪破败，加之疫病造成的创痛，逼得他们烂醉如泥，趋于绝望。他们大量地记叙了自己可怕的处境，感人至深。玛雅人写道：

> 在那些日子里一切都好。……没有什么罪恶。……那时没有疾病，没有骨疼，没有天花，没有胸灼、腹痛，没有消瘦衰竭。那时他们都直起腰板走路。
>
> 白人老爷们来到我们土地上，所作所为大不一样。他们带来恐惧，他们使花儿凋零。为了让自己的花朵开放，他们摧残了别人的花朵。
>
> 生活凋散，鲜花凋零，……他们的君王虚伪，暴君僭位，爱财如命……他们是白日的强盗，黑夜的罪犯，世界的凶手！
>
> 我们的贫穷开始了，纳贡开始了……还有洗劫，还有负债为奴……无休止的战乱开始了，受苦受难开始了。[9]

下面是阿兹特克人同样令人心碎的呐喊：

> 断剑残枪，弃置路旁，
> 揪断我发，我心悲伤。
> 如今屋屋没顶，血污殷红
> 染在墙上……
> 我们只落得灰心绝望，
> 一双双手猛捶着土墙，
> 因为我们的遗产，我们的城池，
> 一片死寂，丢个精光。(10)

三、拉丁美洲和盎格鲁美洲

　　西班牙人和葡萄牙人似乎具备了在美洲成功地开拓垦殖的一切先决条件：丰富的矿藏，肥沃的土壤，驯良的劳力。在早期殖民时代，他们似乎已经顺利地走上了实现这一愿望的道路。几十年间，西班牙人就从加勒比海的一些岛屿开始向大陆进行大规模扩张，而与此同时，英国人正在弗吉尼亚忍饥，法国人则在魁北克挨饿。西班牙人的拉丁美洲殖民地［的优势］远远超过他们的英法伙伴，这里人口较多，城市较大，大学及其他文化机构较多，而且远为富有。尤其是西班牙运宝的大帆船和有利可图的种植园，更是让北欧人和盎格鲁美洲人分外眼红。然而，正是这富裕而早慧的拉丁美洲，最终却沦为一个依附性的第三世界地区，而资源贫乏的不吉利的盎格鲁美洲反倒成为发达世界的心脏。

　　怎样解释这个自相矛盾的结局呢？这并非由于伊比利亚半岛的殖民地政策比英国、法国或荷兰的政策愚昧无知。那几个世纪所有的殖民强国都将当时盛行的重商主义原则奉为圭臬，将其认作安邦富国的主要法宝。根据这些原则，建立殖民地的目的就是为母国的制造业和海运业提供市场，同时满足母国对原料和金银的需求。在这种情况下，竞争性的工业是不容许在殖民地出现的，它们即或有了立足之地，也仅仅是因为远隔重洋，母国鞭长莫及，难于监督，但却终归会被无情地摧毁掉。在墨西哥就是这么做的。1794年，墨西哥总督报告了摧垮地方纺织工业的措施：

　　……它们［本地纺织工艺］在没有任何协助的情况下取得了很大进展：某些种类的制成品，主要是棉布和作披巾的布料进展之迅速，令人惊诧。……在这些地区很难禁止本地生产的各类制品，……摧垮当地制造业的唯一途径就是从欧洲运来同样的或类似的产品并低价出售。这正是以前制造各种丝织品的大工场和行会中发生过的事情，现在犹在依稀记忆之中，而生产印花布的工厂也已面临着完全相同的命运。……(11)

其他欧洲殖民强国推行着完全同样的重商主义政策。1763年从伦敦发给魁北克总督默里（Murray）的如下训令，与发自马德里和里斯本关于同样问题的其他无数训令并无二致：

……此乃帝国之明确旨意和愿望：汝等不得以任何借口，有违国家最高的愿望，去同意建立和从事危害或有损于我王国的任何制造业和任何贸易；对于建立此类制造业或此类贸易之任何企图，汝应竭尽全力阻止、反对并予以限制。(12)

既然不能用不同的殖民政策来解释拉丁美洲与盎格鲁美洲截然不同的经济发展道路，那么我们或许可以从殖民时代各宗主国内部经济发展的不同水平去找到答案。根据这个假设，是落后的母国将它们自己的落后性传给了它们的殖民地后代。

毋庸置疑，到了15世纪末叶，在经济发展方面，伊比利亚两大国家已经落后于西北欧。在西班牙，由于哈布斯堡王朝进行了整整一个世纪的王朝战争和宗教战争浪费了极大的人力物力，搞得民穷财尽。此外，古老的封建体制和轻视体力劳动与工商业经营的价值观念，也使得西班牙裹足不前。丹尼尔·笛福（Daniel Defoe）在1726年说道："英国的贸易造就绅士，并已经使这个国家充斥了绅士。"对西班牙贵族来说，这简直是十足的诅咒。这种观点在西班牙议会里得到了反映，那就是与英国国会相反，重养羊业而轻工商业。英国在中世纪曾出口生羊毛，此时国会则立法阻止生羊毛出口，而鼓励发展国内的毛纺织业。1500年，伦敦出口5万匹毛布，及至1550年就已增至13万匹。但在西班牙，却是势力强大的牧羊主组成的牧主团取得了胜利，于是羊毛出口和毛布进口得到了鼓励，到了地理大发现时代，西班牙已成为北欧制成品包括纺织品、小五金的进口国，同时也是羊毛、酒类和铁矿石等原料的出口国。总之，半封建的西班牙已经成为资本主义的西北欧经济上的附庸。葡萄牙亦复如此，它进口小五金、纺织品、谷物和腌鱼，而出口的则是酒类、食盐和非洲的黄金。

伊比利亚半岛上两个国家这种依附性的意义就在于，事实证明了它们无力利用它们的探险家通过地理大发现而打开的世界市场。西班牙、葡萄牙率先进行了海外扩张，这应归功于各种情况的偶然汇合——优越的地理位置，传统的十字军进取精神，以及采用了北大西洋和地中海上最先进的造船技术和航海技术。于是哥伦布到达了新大陆，达·伽马驶入了卡利卡特港，从而在欧洲和全世界的经济发展史上开创了一个新阶段。

然而，伊比利亚半岛这两个开拓性的国家，囿于其落后的经济结构，并未能充分利用其前所未有的新机遇。例如，由于驱逐犹太人和摩尔人及从美洲输入大量金银，致使西班牙物价高涨，在国际市场上没有了销路，西班牙的工业因此深受其害。于是，尽管有各种规章在理论上保证了西班牙人在帝国贸易中的垄断地位，结果却是外国人实际上控制了西班牙及其殖民地之间的贸易往来。由于西班牙的工业无法满足西属美洲殖民地居民的需求，所以垄断制未能奏效。于是也就出现了这样的怪事：从新大陆得来的意外经济横财，反而起到了巩固而不是破坏衰落的西班牙社会的作用。历史学家尤金·吉诺维斯下过这样一个结论："对殖民地的掠夺在不小的程度上支撑了一个正在没落中的西班牙贵族阶级。"[13]

早在 1619 年就有一个西班牙人抱怨说："90% 的西印度群岛贸易都是外国人经营的。"据 1691 年法国的一份有关此类贸易的报告分析，各国人所占比例分别如下：法国人 25%，热那亚人 21%，荷兰人 19%，佛拉芒人 11%，英国人 11%，汉堡人 7.6%，西班牙人 3.8%。[14] 虽然这些数字的精确性已无据可考，但事实却证明了外国人控制着贸易，西班牙的垄断徒有其名。运送白银的大帆船从美洲到达后仅仅几个星期，那些白银在塞维利亚就已所剩无几。帆船运来的银子大都用于购买西班牙半岛及其殖民地所需的谷物、铁器、纺织品、海船用品、纸张，偿付银行与运输船只的劳务。当时表示惋惜的最典型的一句话就是："西班牙人千里远航历尽艰险从西印度群岛带回的一切，以及流血流汗得来的全部劳动果实，都被外国人轻而易举、舒舒服服地拿到他们的家乡去了。"[15]

葡萄牙人更是苦于经济落后。南部诸省从穆斯林手中夺得后便被贵族所占据，他们从非洲进口奴隶，用来耕种他们的大庄园。黑奴在 1441 年首批抵达葡萄牙，但是最后每年都要输入一万人之多；如此大量地输入黑奴，严重地降低了农民的生活水平和购买力。葡萄牙缺乏一个国内市场和一种工业来吸收它在亚洲和新大陆猝然获得的广阔的殖民地上自然增长的财富。

17 世纪，葡萄牙在东印度群岛上的属地，落入了经济力量和海军力量都比较优越的荷兰人之手。于是，葡萄牙人只剩下了在本国、西非和巴西之间建立起的三角贸易系统。葡萄牙将小五金、纺织品和其他制成品运往非洲换取奴隶，用船将奴隶运住巴西种植园种植甘蔗，葡萄牙人再在欧洲出售蔗糖从中获利。这种贸易倒是刺激了葡萄牙本国制造业的发展，但却并未持久到足以使葡萄牙的工业站稳脚跟然后完全独立发展起来。

1580年葡萄牙隶属于西班牙的统治之下，并一直持续到1640年为止。葡萄牙恢复独立之后，英国趁机利用它的软弱无力，强令签订1654年条约，向英国商人开放三角贸易。一俟三角贸易成为四角贸易，其控制中心便由葡萄牙转移到了英国，因为后者有着超级强大的经济实力和海军实力。1703年英葡签订《梅休因条约》，葡萄牙完全从属于英国，根据该条约，葡萄牙削减了英国纺织品的进口税，英国也相应削减了葡萄牙酒类的进口税。这个条约断送了一息尚存的葡萄牙工业，并确保在巴西发现的金矿所开采的黄金中有50%—75%都要花在英国。巴西的黄金支撑了英国对拿破仑的战争，而葡萄牙则成了英国工业品的第四大主顾。1763年英国驻里斯本公使的报告反映了葡萄牙所付出的代价："在巴西的贸易中，葡萄牙人在大多数情况下一直都在充当他人的军需官。"(16)

伊比利亚经济的从属性只能说明为什么拉丁美洲是被北欧人而非被伊比利亚人所开发剥削，而并未能说明拉丁美洲为什么首先会成为依附的和可以开发剥削的地区。我们无法论证这种依附状态是从伊比利亚半岛转输到拉丁美洲的，因为英法两国在加勒比海的殖民地当时也同样处于依附状态并遭受剥削，事实上，西班牙的波多黎各和古巴，英国的特立尼达和牙买加，法国的马提尼克岛和瓜达罗普岛等地区经济发展的相似性，要比母国转输的假设更能说明拉丁美洲欠发展的根本原因。

西班牙、法国和英国在加勒比海的属地值得注意的共同特点是，它们都是从具有多样化经济的白人农垦社区开始起步的，继而突然变为经营甘蔗种植园的单一经济，其基础乃是非洲奴隶的劳动，并且完全依赖母国接受其单一的输出品和予以多样化的输入品。例如，巴巴多斯是英国人1627年首先在那里定居的地方，到1640年其人口总数就已达到三万，其中包括白人农场主及其契约奴，另有少量政治犯、宗教避难者和流放罪犯。定居地的骨干是在先前授予的小块土地上耕种并经营各种小手工业的身体健壮的自耕农。早年主要的农产品和畜产品是烟草、棉花、靛青、胡椒、柑橘、牛、猪和家禽。这种自给自足的农业与盎格鲁美洲大陆，或者说是北部盎格鲁美洲是同一模式，这与经营棉花种植园的南部有着根本上的不同。

大约在1640年，巴巴多斯由于引进甘蔗，几乎是在一夜之间就发生了变化。这种新作物需要大片土地和大量廉价劳动力方能盈利。只有几亩地和少量资金的独立农民，既无力购置额外的土地，也无法购买奴隶。到1667年，约有1.2万名这样的农民迫不得已移居到英国在加勒比海的其他岛屿或北美13州，到1786年，仅剩下16167名白人。巴巴多斯变成一座蔗糖工厂，拥有745个种植园，在那里劳动的是从非洲运来的82023名奴隶。之所以运进这些奴隶，只不过是因为用付给一个白人的十年工资，就可以买到一名终身劳动的奴隶。

虽然古巴在西班牙统治下所发生的变化在具体细节上不同于英属巴巴多斯，但是拉丁美洲欠发达的含义却是相近似的。在 16 世纪后半叶占领了古巴之后，西班牙官员为了吸引大量移民，实行授予小块土地。这一政策颇为成功，因此在 16—18 世纪，岛上住满了农民和牧人，他们耕种着仅够维持生计的小块土地，饲养家畜，偶尔也会贩卖皮革、腌肉和各式各样的农产品。贩卖的途径是通过每年一两次来到哈瓦那的西班牙商船或者是偶尔露面的外国走私商。正当英属及法属岛屿向盈利甚巨的蔗糖工厂转变之际，古巴还在西班牙限制贸易的孤立隔绝状态下沿着原先的道路缓慢而稳步地发展着。

在 19 世纪，古巴也渐渐地采取了其他岛屿的方式。原因之一就是圣多明各（后来的海地）发生了黑人暴动，蔗糖生产不景气。另外，新技术的应用也使古巴少数小的甘蔗种植园已经过时。到 19 世纪下半叶，出现了一些卓有成效的大糖坊，或称制糖中心，它们加工蔗农送来的甘蔗，从成品中抽取几成作为报酬。到 19 世纪晚期，铁路建成使得长途运输甘蔗成为可能，从而加剧了各糖坊之间为了获得蔗源而进行的竞争。为了确保甘蔗供应源源不断，一些相互竞争的糖坊还购买了大片土地，让依附于土地上的蔗农按照收获物分成的办法租佃下来，或者通过签订合同，使蔗农完全沦为附庸，他必须交出全部收获物。这样一来，原来那种独立的小农阶级就慢慢地被榨干了，尤其是在美西战争之后，那时随着铁路的增建和投资的增多，以及美国在关税上对古巴蔗糖给予 20% 的优惠而为它开创了一个广大的美国市场，独立小农衰落的过程更是大大加快。

来自海地和牙买加的雇佣劳动力顶替了来自非洲的奴隶劳动力，美国的投资又取代了英国的投资，这时的古巴经历着和两个半世纪以前的巴巴多斯同样的情况。糖坊的数量从 1877 年的 1190 家下降到 1899 年的 207 家，到 1927 年只剩下 185 家，其中大都为美国人所有。古巴历史学家拉米罗·格拉－桑切斯（Ramiro Guerra y Sanchez）直言不讳地指出了这一变化给这个岛屿带来的破坏性社会影响：

> 大庄园制……将数以千计的小农场并入了庞大的农业生产单位之中，它将农民逐出自己的土地；它破坏了农村的土地所有制及国家的骨干——独立的农业阶级；最后，它把社会变为给外国势力服务的一个附庸、一名仆从、一座作坊，从而结束了民族经济的独立性。它正在消灭四个世纪以来成长起来的古巴，正在使古巴降低成一个为满足外国消费者利益而生产蔗糖的巨大种植园中。[17]

综上所述，我们可以得出这样的结论：拉丁美洲之所以落后，还不能仅归因于伊比利亚半岛的转输，而是应该从其内部殖民地经济的特性中去寻找答案，那就是：

它究竟是一种多样化的能够独立发展的经济,还是一种单一的种植园经济,依附于宗主国中心,从而只有单一的经济增长而不可能出现全面的经济发展。下一节,我们将会把建立在加勒比海地区历史经验之上的这一命题应用于整个拉丁美洲。

四、拉丁美洲欠发达的根源

盎格鲁美洲北部和拉丁美洲当地的条件及制度上的根本区别,乃是拉丁美洲欠发达的根源。盎格鲁美洲的经济(指新英格兰和中部诸殖民地而非南部诸殖民地)从一开始就是独立而具有广泛基础的,组成这一经济结构的是一些主要为国内消费而生产的单独的业主。他们既缺少矿产来充塞运宝船,也没有建立大庄园和大种植园所必需的劳动力,以及适宜的土壤和气候条件。新英格兰虽然也出口毛皮,但当移民的定居点不断扩大,吓跑了那些生产毛皮的动物之后,这种买卖就萧条了。每逢非常时刻,新英格兰的木材也曾作为方便的备用物资受到母国的欢迎,但若不惜千里迢迢地从大西洋彼岸运送木材到母国,用以替代波罗的海地区正常供应的木材,则运费未免太高,殊不合算。谷物和鱼类是盎格鲁美洲的主要物产,但因英国本土的农夫和渔民已可充分满足其市场需求,故不受英国欢迎。

于是,盎格鲁美洲人只好走自己的道路。他们不顾帝国的种种限制,开发自己的资源,多方寻求市场。他们将鱼类、乳酪、牛肉、面粉用船运往西印度群岛的种植园,换回蔗糖和糖蜜,然后制成甜酒,连同鱼和谷物一道运往非洲,换取奴隶和黄金。他们还创建了本地的工业,如铸铁、制作毛毡和纺织品,直接与伦敦抗衡,与英国的进口货物竞争。他们建造并经营颇有效率的商船队,不仅把自己的货物运往母国和其他英属殖民地,还违反"航海条例"规定将其运往外国殖民地和外国。新英格兰和中部殖民地之所以能够无视帝国的限制,发展起相对独立的经济,是因为它们与南部殖民地和拉丁美洲不同,没有被一些诸如甘蔗种植园那样赢利特大、由外国投资者为外国的利益而投入资本和指挥的企业捆住手脚。[18]

与此相反,拉丁美洲当地不同的条件产生了不同的物产,因此与母国的关系也随之而异。首先,那里有大量土著居民,在征服时代,估计秘鲁的土著总共有350万至700万,墨西哥的土著高达2500万。这里的印第安劳动者比较温顺,习惯于从事农业劳动和接受他们印加与阿兹特克社会中特权阶级和教士们的统治。因此,西班牙人在摧毁了当地的统治之后,能够迫使印第安人为拉丁美洲三个主要经济支柱中的两个:矿山和大庄园提供劳动力。第三个支柱系由沿海一带的种植园所组成,但因沿海地区印第安人稀少,也就不得不依靠从非洲输入的奴隶。

将印第安劳动力动员起来为矿山和大庄园服务的制度是"监护区制"

（encomienda，又称监护征赋制、大授地制、托管制或恩康米恩达制），其渊源可以追溯到西班牙人反对穆斯林统治的"光复时期"。基督教骑士们通过监护区制获得对穆斯林的土地和人民的管辖权，这种制度后来被征服者们引入新大陆，在伊斯帕尼奥拉总督奥万多（Ovando）1503年奉行的国王训令中，这种制度的根本目的显而易见："由于对印第安人管理不严，他们得以逃离基督徒，拒绝工作，因此必须强迫他们工作以使王国和西班牙人都能致富，使印第安人能够基督教化。"[19]

监护区制意味着监护人有权要求他所"监护"的印第安人缴纳贡物和提供劳役。反过来，监护人则有责任在印第安人暴乱时（这只是担心，并未成为现实）为国王尽到军事义务，并教化他所监护的印第安人皈依基督教。大多数监护人都履行了后一项责任，给前来常驻或巡视的教士支付工资及其他费用。起初，原则上监护人只能监护几年或以本人的终生为限。但实际上，首批监护人就把他们的领地遗赠给了其遗孀及其子女，对这份遗产也没人提出异议。母国政府害怕世袭的监护区最终会发展成为独立的殖民地贵族统治，故在16世纪中叶曾时常力图终止这种遗赠的办法。这在西属美洲激起了强烈反对，秘鲁甚至发生了武装叛乱，最终母国政府不得不放弃这种努力。当时（1560—1570年左右）新西班牙的监护区约有480个，秘鲁的总督辖区有695个。

在印第安劳动力可以听任西班牙人自由使用的情况下，西班牙人起初只专注于一种当时在欧洲颇有销路的美洲商品，即金银。获取金银的过程可以分为三个阶段：第一个阶段是在征服时期直接掠夺印第安人积存的金银财宝，第二个阶段是在印第安人经常开发的金砂矿床上利用土著劳动力淘取冲积黄金；16世纪中叶以后，西班牙人开发的银矿生产了新大陆的大部分白银，尤其是在引进汞齐法之后，较劣的矿石也能得到利用。在此过程中高强度地使用印第安劳动力，给他们带来了巨大的灾难性后果；有人亲眼目睹了每年由丘吉托省迁移到波托西矿上的印第安人的生活状况，描述道：

> 他们［印第安人］通常带着妻子儿女一道走，我见过他们两次，因此能够说出他们总共是7000多人。每个印第安人都带着8—10只羊和几只羊驼以备食用；有些人阔气一点，能带上三四十只羊。路上他们吃印第安玉米和土豆粉，他们睡觉时盖着粗糙扎人的席子御寒，常常在露天地里睡觉，寒气逼人。牲畜总计有三万多头，有时近四万头。……用这种方式携带着这些财富并要在去波托西的途中走完近千里路程，需要两个月时间。那些牲畜和他们携带的五六岁的孩子都不能走得很快。所有的人和从丘吉托带来的共同财富（牲畜），能回到家的超不过2000人，剩下5000人中，

一部分死掉了，一部分留在了波托西矿上。还有些人走进了附近的山谷，因为他们想要回家的时候，既没有了牲口，也没有了路上吃的口粮。

所有这一切，再加上六个月过度的劳累，其中有四个月是在矿上，每天得干12个小时的活，下到126米有时甚至是210米深的矿井里去，那里永远都是黑夜，永远需要靠烛火照明来劳动，因为地下不通风，空气混浊污秽，上下极其危险，他们爬上来的时候都要在脊背上绑着一小袋金属，需要花四五个小时一步一步走到地面，万一不小心踏空一步，就会跌进210米的深渊；侥幸爬上地面，已是上气不接下气，即或找到一个矿主在那里暂且栖身喘息一会儿，矿主也会恶言相加，骂他们上来得不够快、背得不够多，或是找一点鸡毛蒜皮的茬儿让他们再下矿去……[20]

采矿业逐渐兴盛起来的时候，大庄园也需要印第安人的劳动力，庄园会向矿区提供猪肉、羊肉、小麦、玉米、豆类、粗布、马、骡、驴。这些农业和畜牧庄园原先在理论上与监护区有别，要求与印第安人社区的位置保持一定距离，不得以任何形式损害印第安人社区。但实际上，殖民地的律师们想方设法将印第安人的土地并入他们当事人的庄园。印第安人口的急剧减少更是加速了这一过程。墨西哥的人口从1519年的2500万下降到1548年的630万，及至1605年只剩下105万。秘鲁人口最多时是700万，到1580年只有180万。人口的大幅度下降威胁着大庄园的生存，使得国王和移民在如何控制其仍能得到的劳动力和贡物的问题上发生了尖锐的冲突。17世纪中叶，庄园取代了监护区，这意味着西班牙人正在把除已划归教会的土地以外的大多数印第安人的土地都自行征用。这一转变使印第安人从国家强加的贡物和劳役下解放出来，但在大庄园里，他们又很快下降到同样沉重的以劳役偿债的境地。由于庄园主连续垫付平日饮食、洗礼圣餐、婚丧嫁娶等费用，这种奴役遂变为永久性的。大庄园就此成为西属美洲内地土地所有制的最主要形式，每个庄园都拥有数千亩土地，印第安偿债农既是牧人又是苦力和工匠。印第安人相应也得到了一定程度的安全保障，用劳役换来每日的口粮、原始的医药治疗和宗教安慰。

随着17世纪中叶以后白银产量下降，拉丁美洲经济最活跃最多产的部分，开始从内地的采矿业和大庄园转变为沿海地区的种植园。与那些趋于自给自足并将剩余产品正常地卖给邻近消费者的大庄园不同，种植园的经营方向是商业，致力于生产可以贩运到海外去的单一作物如蔗糖、烟草、棉花，后来则是橡胶、咖啡和香蕉。大庄园与种植园的另一重要区别是劳动力来源不同，庄园使用的劳动力大多是印第安人，而种植园使用的则是进口的奴隶。甘蔗从种植、收割到运往糖坊、滤汁去渣、精炼加热的糖浆,再到最后滤出含糖的白兰地,这一连串工序都需要大量的劳动。葡萄牙人在美洲大陆的巴西建立起第一批甘蔗种植园时就发现,为数不多、半游牧的印第安人根本承担不了种植园的劳动,因此便从非洲输入奴隶。等到蔗糖种植园从巴西扩展到加勒比海诸岛,又重复了这一过程,并同样引起前面提到的社会影响。1700 年由于加勒比海诸岛的蔗糖运输成本较低并受到各自母国市场的优惠保护,以致在欧洲的销价较低,而使巴西蔗糖经济发生严重危机。

巴西的甘蔗种植园仅仅是开启了将奴隶大批引入新大陆这一潮流。他们很快就遍布拉丁美洲和英国在南部的殖民地。这些奴隶既被用于采矿、垦荒,种植棉花、烟草和靛青,也被用来在甘蔗种植园里劳动。最后,奴隶制已经推广到整个南北美洲,北起圣劳伦斯河,南至拉普拉塔河,按照菲利普·柯廷(Philip Curtin)的估计,1451—1870 年间输入新大陆的奴隶数目如下表所示,但根据后来有些人的研究,总数要比他估计的多 20%,即近 1200 万(参见第五章第二节)。

1451—1870 年间新大陆输入奴隶的估计数

英属美洲	39.90 万
西属美洲	155.21 万
加勒比诸岛(英属、法属、荷属、丹属)	379.32 万
巴西	364.68 万
总计	939.11 万

Source: P. D. Curtin, *The Atlantic Slave Trade* (Madison: University of Wisconsin Press, 1969), p.268.

五、欠发达的拉丁美洲经济

拉丁美洲的矿山、庄园和种植园曾为北欧和盎格鲁美洲所羡慕。然而,恰恰是拉丁美洲最终成为一个依附性的第三世界地区,其根本原因就在于,来自矿山、庄园和种植园的利润给北欧和盎格鲁美洲带来的财富,要远远胜于给拉丁美洲带来的收益。从 15 世纪末到 17 世纪中叶,西属美洲的主要出口货物是金银,其中白银占多数。1594 年金银占出口总量的 95.6%,其他物品如胭脂红(一种颜料)占 2.8%,皮革占 1.2%,靛青占 0.3%。金银是西班牙的富源,而强迫印第安人劳动所付出的代价则微不足道。西班牙所获金银的价值四倍于它出口到殖民地商品的价值。但就拉丁美洲而言,采矿业不过是一种"飞地工业",与当地经济的其余各个部门都联系不大。从拉丁美洲海运至母国的大量金银,对于拉丁美洲经济的全面发展很少有什么帮助。就连西班牙在这方面也没得到什么好处，因为向拉丁美洲出口的制成品90%来自工业较发达的北欧。所以新大陆的金银最终还是在伦敦或安特卫普，而不是在马德里全部花光了。

在17世纪，矿产量下降，大庄园的经济意义随之相应减少，因为大庄园产品的主要市场是矿区。于是，拉丁美洲经济中最活跃最多产的部分就是种植园了。它为欧洲市场生产了大量的热带作物。横渡大西洋的贸易首次成为一种大众性贸易，而且与北欧原先的大众性贸易相比还要大得多。它是通过三条路线进行的，或称三角贸易，给这三角的三个顶点的欧洲中间商带来了可观的利润。第一程是从欧洲的本国港口出发，船上满载食盐、纺织品、火器、小五金、串珠和甜酒运往非洲，用这些商品直接交换奴隶，再将其卖给新大陆的种植园主。最后一程是仍由海道返国，带回种植园的农产品，如蔗糖、糖蜜、烟草、稻米和棉花。

历史上，三角贸易的受益者是北欧人，还有盎格鲁美洲人——前面说过，他们在这来往交换的三个阶段都是广泛的参与者。当时的观察者清楚地看到了为什么盎格鲁美洲人会比其他参与者受益更多。一个姓名不详的英国人在1749年声称："……我们之所以能够广泛地开展我们的航运业、往来于美洲，之所以能够大批雇用所需的海员，我们不列颠大部分制造商之所以能够获得其每天的面包，主要都应归功于黑人的劳动……由此而产生的一切自然的结果，都可以公正地评价为我国财富和海军威力取之不尽的源泉。"[21]

这段话在那个时期是具有代表性意义的，它反映了正在形成中的全球性市场经济最关键的因素，即，这种关系是"关联的"亦即"横向的经济联系"，而非"纵向的经济联系"。北欧人和北盎格鲁美洲人作为中间商提供着各种商品和劳务，包括工业制成品、农产品、鱼类、航运、资金和专门技术，他们不仅积累起大部分利润，更有意义的是还发展出一种有自生开发能力而具备广泛基础的经济。[22]

这种能力可以用来解释为什么当今世界上会有一小部分地区成为"发达地区"而其余地区却仍旧是"欠发达"的第三世界，这种能力是北美人多方面经济活动所造成的经济"关联性"或曰"横向经济联系"产生的直接结果。在别处，例如西印度群岛，由于是单一作物经济，出口的是蔗糖——仅仅是蔗糖，但它们在18世纪必须进口的商品却是包罗万象："羊毛制品、亚麻布、丝绸、铁、黄铜、铜、皮革、玻璃、瓷器、钟表、珠宝、精制盘、金银花边、药品……火药……砖、颜料、油、绳索、糖罐、檐瓦、裙撑、蜡烛……烟斗……纸牌、剑、手枪、手杖……磨石、铺路石、书籍、玩具、文具、刀叉一类餐具、伯明翰服饰杂货、各种家用百货、家具、衣服、细木制品、马车、轻便马车、钢器……总之一切生活用品，几乎是所有消费品……都是不列颠制造的。"所有这些进口的东西都是供给一小撮在经济上和政治上统治着那些岛屿的英国人使用的。此外，为了满足奴隶的需要，还要进口一些完全不同的商品，如"大量的方格亚麻布、条纹荷兰麻布、粗斜纹布和床上用的毯子、缝制寒衣的长布、粗质礼帽、毛织便帽、棉质和丝质手帕、小刀、剃刀、带扣、纽扣、烟斗、钓鱼工具、小眼镜、针线、别针，以及不计其数的英国出产物或制成品。"(23)

迟至 1807 年英国商人博赞基特（C. Bosanquet）还在强调与西印度群岛的贸易要比与印度和中国的贸易更为有利可图，这倒不足为怪。据他说："西方不仅是在同自己没有制造业的那些人进行贸易，而且还在国内进行贸易，两头都是不列颠的，在所有交易中获得的利润也都集中在大不列颠。"(24)

如果将北欧与北美殖民地基础广泛、有自生力的经济与拉丁美洲单一作物制种植园经济加以比较，后者之所以会处于第三世界地位的原因也就显而易见了。种植园经济的性质正是依附性的、无力自行产生联动和达到全面的经济发展。只种植一种作物，而它又受到宗主国市场价格的支配，与本地经济及人民的需求无关。例如，对英属圭亚那的移民，母国明令禁止栽培除以赢利为目的的甘蔗之外的任何作物，所以他们就不得不砍掉自己种的果树，甚至也不许去河里或沿海捕鱼。如果说这些限制曾使甘蔗产量增加的话，那么付出的代价则是牺牲了移民们日常饮食所需的东西和殖民地全面的经济发展。

在北部殖民地，帝国的这种限制并不严苛，那里没有促使母国实行严格监督的极为有利可图的像甘蔗一类的作物。但是在南部，无论拉丁美洲还是英属西印度群岛或南部殖民地，情况完全不同。这就是英国经济史学家坎宁安（W. Cunningham）如下结论的意义所在：

> 南部殖民地［今美国境内］和西印度群岛的发展是由英国的有钱人促成的，他们把种植者的精力引导到种植出口作物上。这些买卖人并不特别关心是否要扶植一些应当能够自给自足的社区；他们宁愿那些种植者抱着一种专供外地市场需要来经营自家产业的观点。(25)

除了帝国的限制，种植园经济本身缺乏弹性，又无适应能力，故不能充分利用当地各种资源。巨额投资都集中到一种作物的种植和加工上，这样就难以相机转变或多样化。例如，一座糖坊就无法进行自我调整以适应蔬菜加工工艺。专为运输一种产品建造的船只，也无法用来运输其他货物。

单一经营还意味着每年的大部分时间都有人失业，而在工作繁忙的季节里，工作效率也并不高。由于没有什么奖励性报酬来刺激劳动积极性，无论是奴隶劳动还是佃户劳动的生产效率都不很高。最后一点，单一经营对自然资源和人力资源都不能加以充分有效的利用。种植园公司往往会买下比它们实际上能够利用的多得多的土地，这有几个原因：一是在产品需求量提高时，可以保证产量具有弹性；二是为了保证种植地块具有连续性；三是排除竞争者；四是等待土地涨价时好做投机生意；五是因为在以种植园为主体的社会中，政治权势与土地占有量密切相关。不管有什么原因，事实就是这样：人力与地力资源都未能得到充分利用，尽管这对增进公司的利益大为有利，但却有害于本地区的利益。

以上种种因素说明了为什么种植园经济的社会能够带来经济增长，或者能够提高某一特殊产品的产量，但却无法带来经济发展，即本地经济的全面进步——除非它能成为独立而有自生力的经济。用历史的眼光来看，对所有殖民地命运起决定性作用的独立的可变因素在于，殖民地提供宗主国开发利用的人力资源和自然资源的可供利用程度。这种可供利用的因素具备得越多，开发利用的程度越高，那么经济增长而非经济发展的程度也就愈大。由此来看，过去最为有利可图的新大陆殖民地现在成为第三世界中最欠发达的成员（如西印度群岛、巴西的东北部），而当初最无利可图的殖民地则变成发达国家的领袖（如加拿大和美国），这并非出于历史的偶然。

[注释]

1. Los Angeles *Times*（Oct. 31, 1974）.
2. H. Konig, *Columbus: His Enterprise*（New York: Monthly Review Press, 1976）, p.53.
3. Cited by A. W. Crosby, Jr., *The Columbian Exchange: Biological and Cultural Consequences of 1492*（Westport, Conn.: Greenwood, 1972）, p.57.
4. Cited ibid., p.41.
5. M. Leon-Portilla, ed., *The Broken Spears: The Aztec Account of the Conquest of Mexico*（Boston: Beacon Press, 1969）, p.64.
6. Cited by L. Hanke, *The Spanish Struggle for Justice in the Conquest of America*（Philadelphia: University of Pennsylvania Press, 1949）, pp.1-13.
7. Cited ibid., p.8.
8. Cited by N. Wachtel, *The Vision of the Vanquished*（New York: Barnes & Noble, 1977）, p.154.
9. Ibid., pp. 31, 32.
10. *The Broken Spears*, pp. 137-38.

11. Cited by A. G. Frank, *Lumpenbourgeoisie, Lumpendevelopment*（New York: Monthly Review Press, 1972）, p.24.
12. Instructions to Governor Murray（Dec. 7, 1763）, in W. P. M. Kennedy, ed., *Statutes, Treaties and Documents of the Canadian Constitution 1713-1929*（London: Oxford University Press, 1930）, pp.421-22.
13. E. D. Genovese, *The World the Slaveholders Made*（New York: Pantheon Books, 1969）, pp.57, 58.
14. Cited by J. C. Vives, "The Decline of Spain in the Seventeenth Century," in C. M. Cipolla, ed., *The Economic Decline of Empires*（New York: Methuen, 1970）, p.144.
15. Cited in *New Cambridge Modern History*（Cambridge: Cambridge University Press, 1957）, Vol. I, p.454.
16. Cited by S. Sideri, *Trade and Power: Informal Colonialism in Anglo-Portuguese Relations*（Rotterdam: Rotterdam University Press, 1970）, p.21.
17. *Sugar and Society in the Caribbean: An Economic History of Cuban Agriculture*（New Haven, Conn.: Yale University Press, 1964）, p.86.
18. David Macpherson, *Annals of Commerce*（London, 1805）, Vol. III, p.568.
19. Cited by R. Davis, *The Rise of the Atlantic Economies*（London: George Weidenfeld & Nicolson, 1973）, p.43.
20. Cited by Salvador de Madariaga, *The Rise of the Spanish American Empire*（New York: Macmillan, 1947）, pp.90-91.
21. Cited in *The Cambridge History of the British Empire*（Cambridge: Cambridge University Press, 1960）, Vol. I, p.437.
22. R. B. Sheridan, *Sugar and Slavery: An Economic History of the British West Indies, 1623-1775*（Baltimore, Md.: Johns Hopkins University Press, 1974）, p.475.
23. Cited by J. B. Williams, *British Commercial Policy and Trade Expansion 1750-1850*（London: Oxford University Press, 1972）, pp.9-10.
24. Ibid., p.7.
25. W. Cunningham, *The Growth of English Industry and Commerce*（Cambridge: Cambridge University Press, 1925）, p.342.

> 尽管伊斯兰教与基督教的思想风尚不同，然而14世纪廷巴克图的一个市民来到14世纪的牛津城时却会有如归故里之感。到了16世纪，他依然会在这两座大学城中找到很多共同点。及至19世纪，两者之间的鸿沟才大大加深。
>
> ——托马斯·霍奇金（Thomas Hodgkin）

第五章 非洲：一个外缘地区

现代的欧洲人总是把非洲同野蛮、嗜杀、落后联系在一起。这是一种有意或无意的文过饰非，目的是为欧洲人在非洲的所作所为——欧洲人对千百万非洲人的奴役，欧洲传教士对野蛮的异教徒所进行的基督教化和文明化的工作，欧洲人把非洲分割成无数殖民地进而对非洲人力资源和自然资源的掠夺——进行自认有理的辩护。本章开头那段出自一位当代英国历史学家之口的引文，清楚地显示出所谓"血流成河，骷髅成山"一派学说之荒谬。

葡萄牙人出现之前，非洲总的来说是与旧大陆其他各洲齐步并进的，这一情况也部分说明欧洲人在南北美洲开发和殖民之后何以好长一段时间竟被拒于非洲之外。晚至1865年美国内战已近尾声之际，非洲沿海一带和内陆若干零星地区才为世人所知。甚至到了1900年尚有近四分之一的非洲内陆无人考察。然而，如本章标题所示，非洲最终还是成了从属于新兴的资本主义西方利益的一个外缘和附庸地区。

这就提出了本章试图回答的两个基本问题：为什么15世纪以前非洲的发展一直能与其他大陆并驾齐驱？为什么在欧洲人出现之后便降到从属的、外缘的地位？

一、葡萄牙人到来之前的非洲

非洲人之所以能够久拒欧洲人于咫尺之外，当归功于地理环境之利。低平的沿海地区的湿热气候，以及相伴而生的热带疾病，直至 19 世纪末叶防治热带疾病的药物有所进步以前，一直在给欧洲人制造大批的死亡。那里有传播疟疾、黄热病、黑水热和象皮病的蚊子，也有饮水传染的各种瘟疫如几内亚蛲虫病、住血吸虫病或血吸虫病。虱子和跳蚤也是各种传染病如鼠疫、回归热的传播者。欧洲人首先光顾的沿海地带恰恰就是大多数这种疾病的渊薮。1805 年不列颠非洲协会（British African Association）曾派遣苏格兰医生芒戈·帕克（Mungo Park）博士赴非洲考察尼日尔河。探险队成员在抵达目的地之前的长途跋涉中陆续死亡几尽。据帕克博士报告："说来惨痛，45 个欧洲人离开冈比亚时还安然无恙，而眼下活着的却只剩五人，其中包括三名士兵（一人已精神错乱）、马丁中尉和我……即使我的欧洲队员全部死光，倘我达不到此行的目的［找到河口］，也至少要死在尼日尔河畔。"[1]帕克果然死在尼日尔河畔，后来前去寻找父亲的他那 18 岁的儿子也葬身于此。

非洲的地势也非常难以通行。海岸线没有被大小海湾或内海分割，所以非洲虽有三倍于欧洲的土地面积，但其海岸线却远远短于欧洲，遂使非洲没有类似地中海、黑海或波罗的海的内海，这就意味着非洲内陆天然地不能对外界开放。横亘北部的撒哈拉大沙漠和沿东、西海岸绵延几千公里的沙洲，更是格外增加了这种难以通行的严重程度。即便克服了这些障碍，还有另一种险阻横陈眼前：从沿海地区到气候宜人的内陆高原之间，沿途多有激流瀑布，航运阻绝，令人有行路难之叹。

还有一个因素常使试图进入非洲腹地的人大为气馁：与美洲的金银和东印度的香料相比，非洲腹地的财富资源缺乏方便的开采条件。不过非洲倒是为新兴的市场经济生产了一种很有价值的商品，那就是新大陆的种植园所急需的奴隶。不过想要得到奴隶并不需要深入内陆，非洲当地的奴隶主自会把奴隶带到沿海一带来出售；这些奴隶主也百般阻止欧洲人向内陆涉足，怕的是被抢去作为奴隶捐客可以获得的利益。

人也同地理环境一样，是阻止欧洲人深入的一大因素。首先要问：谁是非洲人？他们绝不是一般人想象的那样属于同一类型。刚果的俾格米人与肯尼亚的马赛人之间的差异绝不小于西西里人与瑞典人之间的差异。人数众多的非洲人的起源和分布情况在很大程度上还是个谜。迄今遇到反对意见最少的分类法是将非洲人划分为以下四大部分：（1）说科伊桑语的布须曼人；（2）俾格米人，其母语不详，因已全部改说征服者的语言；（3）说尼日尔－刚果语的黑人；（4）高加索种人，也称卡普萨人、库希特人和含米特人，这些人都讲亚非语系的语言。[2]

这些非洲民族都具备美洲印第安人所不具备的一项优越性，即比较开通，易于接近，比较有更多的机会同欧亚两洲的民族和文化进行交往。这种自人类有史以来便已开始的交往，给非洲人带来了数不清的好处。最重要的一点是，使非洲人获得了对欧洲疾病的免疫力，而这种疾病却使美洲印第安人深受其害（详见第四章第二节）。事实上，反倒是欧洲人在生理上比较容易在非洲感染疾病。16世纪一位葡萄牙编年史家写道："好像是由于我们的罪孽，抑或是出于不可思议的天意，上帝在我们逡巡欲入的伟大的埃塞俄比亚的各个入口处都加派了一位可怕的天使，她手执传播瘟病的喷火利剑不许我们进入这座花园的内部去染指那清泉的源头……"(3)

与欧亚大陆的长期接触，也使某些技术在非洲传播开来，尤其是农业和炼铁方面的技术。考古学家对于技术究竟是传播而来的还是自动发展起来的颇多争议，换句话说就是，究竟哪些东西是外部传入的、哪些东西是在本乡本土独立产生的？一些人相信，农业先是由西亚传入尼罗河谷，然后又从那里传到西非；另一些人则认为，世界四大农业发祥地之一便是非洲，其他三个是西南亚、中东和中美洲。西非当地确实也出产一些适于人工栽培的耐旱谷物，如高粱、粟子，还有一种名叫光稃稻（*Oryza glaberrima*，又叫非洲栽培稻）的早稻。

同样，某些考古学家相信，炼铁技术得自迦太基和尼罗河上游的库什王国；而另一些考古学家则认为是西非一些社区独立发明而学会的炼铁。不过也有第三种可能，即外界传入和独立发展兼而有之，只是因地而异——具体要看某个民族距欧亚大陆文明的传播路线远近而定。

不论起因何在，可以肯定某些作物确是从外部引入，如小麦和大麦来自中东，香蕉、亚洲薯蓣、古柯蓣（即芋头）来自东南亚。后一类作物的引入十分重要，因为它使农业推广到热带非洲的潮湿地区。还有一种瘤牛（一种短角驼背牛）的传入，不但给非洲人提供了高蛋白食品，而且也是美洲印第安人所没有的一个动力来源。

新的铁制工具和新栽培的植物提高了非洲人开发自然资源的效率，人口也相应地增加了。能够最有效地利用这些工具和植物的民族便对其邻居占有优势，显然也会牺牲邻居来扩充自己的地盘和势力。属于尼格罗语的班图族之所以能够那么迅速地散布南撒哈拉大部分地区，原因正在于此。班图人从一个迄今不详的发源地向四方推进，同化或排挤了俾格米人、霍屯督人和布须曼人。在欧洲人到来时，说班图语的黑人在非洲已占有优势，而在此一千年前，班图人、高加索种人、布须曼人和俾格米人在非洲大陆上的分布还是大致相等的。

非洲人不仅得益于外来技术，而且也颇得力于外来文化的传播。第一例便是穆斯林阿拉伯人的影响。7世纪时，阿拉伯人已驰骋于整个北非，后来作为商人和殖民者将其影响沿非洲东海岸向南扩展。阿拉伯人从东海岸的基地出发对非洲各民族产生了深远影响。阿拉伯人较罗马人更多地使用骆驼，他们用骆驼推进穿越撒哈拉的贸易，把食盐、布匹、串珠运往西非，从那里再把黄金、象牙和奴隶载回北非沿岸一带。大部分黄金最后都流入中世纪的欧洲，遂使欧洲人能够用黄金来购买他们从亚洲进口的香料和绸缎。穿越撒哈拉的主要贸易路线有三条：西路从摩洛哥到尼日尔河的北部河曲，再到尼日尔河以西地区；中路从突尼斯到尼日尔河与乍得湖之间的地区；东路从的黎波里到乍得湖地区。

阿拉伯人在东岸同内陆的非洲人做买卖，换取他们手中的黄金、象牙、奴隶，后来还有铁矿砂。铁矿砂从这里装船运往印度南部，在那里冶炼成钢，再运至波斯和小亚细亚，加工成著名的大马士革钢刀。从东方运来交换这些非洲产品的货物有中国和印度的布匹及中国的瓷器，至今在非洲沿海一带仍能发现中国古瓷的残片。

这些商务接触导致穆斯林文化深入非洲。伊斯兰教沿海岸向南传播，远达桑给巴尔，偶及更远之处。从地中海沿岸则向南经过撒哈拉而入苏丹。随着宗教的传入，生活习俗也深受影响，包括人的姓名、服饰、家庭设备、建筑风格、节日，等等，莫不如此。古兰经学校传授读写知识，有文化的人更可以在非斯、突尼斯、开罗等地苏丹人所办的大学中深造。

苏丹各王国由于接受伊斯兰教也加强了其政治内聚力。苏丹历代国王传统上只要求同族部落或同氏族效忠；此外，也要求同一个伟大的始祖下来的亲族效忠。但是随着诸王国不断扩大而成为庞大的帝国，这种亲族关系显然已经不再适合于作为帝国的组织基础。帝国的版图越大，大部分臣民也就愈是会把皇帝视为外人。各地方部落的酋长已无法倚为忠实的臣属，他们倒是更时常率领本族人来对抗帝国的统治。在这种情况下，伊斯兰教恰可用来强化帝国的行政统治进而解决这一建制上的难题。穆斯林学校和学院造就了一个受过教育的新阶层，这些人组成了一个有效率的帝国官僚机构。这些人不受亲族联盟的支配；他们本身的利益与帝国的权威紧密地联系在一起，一般来说，可委以重任以期为帝国的至高权力尽忠效力。不过就建立国家而言，伊斯兰教并不是必要条件，这一点可见于以下事实：加纳帝国早在伊斯兰教于该地区扎根之前就已兴盛起来并开始衰落；西非的约鲁巴人和埃多人也是在远离北撒哈拉贸易影响的情况下发展出自己的国家组织。

农业与冶炼业进步的互相结合，经济生产力的相应发展，地区间贸易的繁荣，以及伊斯兰教的刺激——这便构成了自从 8 世纪以来非洲建立国家的过程的诸因素。建立国家的诸因素如何结合的确切情况，一个地区不同于另一个地区。那些最完备的政治机构恰巧出现在远途贸易极度发达的苏丹地区，这是不足为怪的。这个地区相继出现了三个伟大的帝国；加纳（700—1200）、马里（1200—1500）、桑海（1350—1600）。桑海帝国版图之大可从大西洋海岸向内陆延伸 2400 公里，该帝国在其辽阔的版图里，以法制和统一的行政制度统辖着形形色色的臣民。

南撒哈拉大部分地区由于仍处于明显的分散隔离状态，地区与地区间的一般发展水平差异极大。热带草原、雨林和沙漠所形成的天然屏障，阻隔着这些地区之间互通消息、互相往来，故不可能有统一的发展。其政治单位既有只承认本地酋长领导的各个单独的村社，也有苏丹地区的各大帝国。经济活动也同样悬殊：从布须曼—霍屯督—俾格米式的采集经济，直到地区间乃至大陆间使用货币（包括金属钱币、黄金、黄铜、盐巴和贝壳）进行交换的贸易。

葡萄牙的拓殖者最先接触的是西非高度发达的民族。他们这样做也很自然，因为这里的人口密度和经济发展状况都使他们的贸易有利可图。由于有香蕉和薯芋的食粮保障，不仅西非的苏丹地区，而且南部如几内亚的森林地带，也都有了蓬勃发展的经济活动。繁荣的农业支持着相对密集的人口和兴旺的贸易。在这个地区，葡萄牙人与之进行贸易的居民都足够老练，他们在与葡萄牙人打交道时并不感到害怕或惊异。当然，那些未曾与阿拉伯人接触过的森林地带的居民，一旦看到皮肤晢白的欧洲人，听到他们震耳欲聋的枪声，想到他们是被沿海居民敬之如神的海上新来客，还是会感到惊恐。不过有一点却是可以肯定的：非洲大陆不可能再出现征服者一夜之间便能把那么些美洲印第安大帝国夷平的那种胜利了。

一位黄金海岸的荷兰代理商在 1700 年警告他的雇主说："欧洲还有不少人以为金矿是掌握在我们手中，我们……只需靠奴隶把这些金矿开掘出来就得了，其实你完全知道，我们根本无法接近这些宝藏。"(4) 一位英国官员于 1795 年讲清楚了欧洲人"无法接近宝藏"的原委。障碍的根源"主要来自沿海居民对白人的猜忌而不愿白人在他们的土地上穿行，至于穿行过程中的艰难险阻倒在其次"。他把这种猜忌归因于土著中间商害怕"他们同欧洲的贸易得到的利益将会减少（并）从他们手中转到邻近的别处"，或是害怕那些内陆王国由于得到了武器"将会成为他们危险的对手"。(5)

综上所述可以看到，撒哈拉贸易给有关各方都带来了好处，其中包括南面的非洲人、北面的阿拉伯人、地中海对岸的南欧人。通过地中海沿岸阿拉伯中间商经营的跨越印度洋的东非贸易也同样如此。这些远距离贸易活动对撒哈拉以南非洲尤为重要，因为当地的农业和手工业技术都是很原始的。那里尚未达到使用犁和轮的水平，相当稀少的人口靠着尽管不太肥沃但却绰绰有余的土地，不必花费多大气力便可自给。在这种情况下，与当地以物易物的交换完全不同的对外贸易便产生了极有价值的效果：一来刺激了以交换为目的的生产和剩余产品的积累；二来通过向地方首领提供武器、马匹、铜条、铁条而促进了政治上的集中趋势。葡萄牙人到来之前的一段时期内，非洲人是作为平等的一方来参加远途贸易的，并能利用这一贸易来满足自身的需要。当时的阿拉伯账簿就可以证明这种贸易的平等性质和非洲贸易伙伴的独立自主地位。

所有这一切都随着葡萄牙人于15世纪中叶在非洲西海岸灾难性的出现而发生了根本变化。这代表着欧洲贸易中心从地中海移向大西洋的历史性转变又迈出了新的一步。穿越撒哈拉的古代贸易路线终于中断了，通过埃及和红海直至印度和香料群岛那条更古的贸易路线也未能幸免。世界贸易关系中的一个新纪元正在开始——贸易伙伴间的独立自主关系已不复存在。一个由西北欧为其本身目的而开创、支配和操纵的全球性贸易的西方商业资本主义时代开始了。为此而付出代价的不仅有东欧的农奴和新大陆的印第安人，还有地中海的意大利诸城邦及中东的阿拉伯人和直到撒哈拉以南的非洲人。

二、奴隶贸易与大西洋经济

从地中海到大西洋的历史性经济重心转移的根本原因是中世纪西欧社会在技术上的早熟。我们已经指出，这里以农业经济为主方面的进步，水力和风力在多种生产项目上的应用，以及造船业、航海业、海军军械制造技术的发展等技术上的成就，刺激了人口和经济的相应增长。同时发生的农民的无产阶级化则造成了一批离乡背井正适合于从事贸易和手工业需要的劳动力，同时也为资本主义的兴起创造了条件。这是一个内在地具有扩张性的社会制度，它带来了大众性必需品贸易并逐渐发展成囊括世界各大洲的国际市场经济。

非洲没有经历过使西方彻底改观的这种社会变动。非洲农民固守着公社制下划分的小地块和传统的栽培方式，非洲的手工业也同样没有经历由机械的发明和新能源的发现所带来的革命性变化。不过这并不意味着非洲就没有"制造业"，这里所说的"制造业"是名副其实的"手工制成品"，从这个意义上讲，非洲确实有很多手工艺行业，它们生产了大量实用的有技艺的"手工制品"。

著名的红色"摩洛哥皮革"实际上就是经尼日利亚北部和马里的豪萨和马丁加工匠之手鞣制染色而成。早期的葡萄牙人在刚果王国就发现过当地以树皮和棕榈纤维织成的布料，据说其精美华丽并不稍逊于天鹅绒。几内亚海岸出产的棉布比从曼彻斯特进口的还要结实。伊费和贝宁两地生产的用来贡奉国王和酋长的高级铜器，作为艺术品来说，实堪与任何一种文明的珍品相媲美。

然而，这些产品一直都是沿用手工制作方式，从未有过类似欧洲那样的机械发明。除少数地区如埃塞俄比亚和尼罗河谷一带以外，未曾有过非人力的能源。绰绰有余的土地和公社的社会组织，产生不了足以引起技术革新进而增加生产效率的社会压力或刺激。加上非洲大部分地区到处有萃萃蝇，使挽畜濒于灭绝，这也阻碍了耕作和运输的车轮化。这种情况使得非洲无任何条件可与积极扩张的西北欧商业资本主义相较量。因此，只能是欧洲人来到非洲，而不可能是非洲人去到欧洲。也只有欧洲人来利用非洲的人力资源和自然资源以满足他们自己的需要，而不是相反。

正是在1442年，仅早于哥伦布横渡大西洋半个世纪，一位年轻的葡萄牙船长沿大西洋冒险南行直至今日摩洛哥的最南端，返航时带回了12名奴隶，那是他一路上在沿岸袭击中俘获的。他把这些奴隶献给了亨利亲王，亲王立即派专使觐见教皇，宣布他进一步袭击黑人的打算和更大的征服计划。对这一新的十字军式的远征计划，教皇极为欣赏，并允准："凡参加出征者，其一切罪过均予赦免。"[6] 葡萄牙人对这一鼓励表示衷心的响应，当他们发现可以从中获得多少潜在的利益时，尤为如此。就这样，一场肮脏的交易开始了，它将以约计5000万人的生命作为可能代价，来为正在兴起的资本主义世界秩序提供基本劳动力，并把非洲大陆变成这个世界秩序的外缘部分而非其组成部分。

葡萄牙船长们最初的目的是沿非洲海岸南下去叩探好些世纪以来一直通过撒哈拉运送的黄金的发源地。关于这一古代贸易的情况，是葡萄牙人1415年占领了与直布罗陀隔海相望的休达之后从穆斯林战俘那里听说的。一得此讯，亨利亲王便立刻向南派出远征队，企图使黄金北流的路线改道，即中断那条沙漠古道而另辟海路，以便把黄金贸易掌握在自己手中。但在葡萄牙人找到金矿之前，他们却从沿岸袭击中捕获的非洲奴隶身上发现了另一条生财之道。奴隶是当时急需的家庭劳动力，又是刚从摩尔人统治下解脱出来的西班牙南部和葡萄牙所迫切需要的农田劳动力。大西洋诸岛也感到劳动力奇缺，尤其是马德拉群岛，那里的移民正在把种植谷物转向收益更高、需要劳动力也更多的甘蔗生产。

为了满足这一需要，葡萄牙人由原来直接捕捉奴隶改为同当地的中间商进行贩奴交易。葡萄牙人向非洲运送纺织品和马匹，返航时则满载着奴隶、黄金和胡椒。然而，奴隶运出的数量达到年均3500人时便已是最高极限。当时利比亚的奴隶市场已趋饱和，而欧洲其他地方又无可以估计到的销路。由此可见，这种奴隶贸易在根本上还未脱离已经在地中海区域进行了好几百年的旧奴隶贸易的窠臼，而且依旧是它的一个组成部分。这种贸易总是有节制的，而且从未带有种族特点，因为贩运的奴隶既有非洲的黑奴，也有来自亚得里亚海沿岸和波罗的海沿岸的欧洲奴，还有来自中东的阿拉伯奴。然而到了16世纪，当传统的地中海奴隶贸易变成横渡大西洋的黑奴贸易，专为满足新大陆上各个种植园几乎没有止境的需要时，就在数量和种族性质两方面发生了重大变化。

第一批非洲奴隶早在1501年，即在哥伦布首航成功仅九年之后便到达了西印度群岛，他们那时走的是一条绕经西班牙和大西洋诸岛的迂回路线，到了1518年便改由几内亚海岸直航而来。甘蔗种植园率先开辟于西印度群岛，后遍建于大陆各地，奴隶的需求量随之猛增，奴隶贸易的利润也因而飞涨。西班牙王国政府出售一种贩奴合同，用于在非洲收买奴隶和在美洲售出奴隶。1592年，戈麦斯·雷纳尔（Gomes Reynal）以近100万杜卡特（ducat）的价格买得一张特许状，获准每年贩运奴隶4250名，为期九年，贩运总数可达38250名。巨大的红利也使外国冒险者趋之若鹜，如英国普利茅斯的约翰·霍金斯（John Hawkins）甚至使用武力强行攻入西班牙人一处"合法"的垄断地区。沿西非海岸设置着近40座欧洲人的要塞，用以防范在贩奴贸易上相互竞争国家的袭击，并在这里收藏等待渡过大西洋向国外运输的奴隶。只有少数奴隶来自东非，多数都是取自从塞内加尔到安哥拉之间长达4800公里的沿海一带和深入内陆几百公里的西非地区，其中很少有沿海居民。

与非洲进行交易的货物有好几个来源。东印度公司提供贝壳、琥珀和各种棉织品，其他商品有爱尔兰的亚麻布和牛脂、德国的斜纹布、瑞典的铁、威尼斯的串珠、法国的白兰地、牙买加的甜酒和弗吉尼亚的烟草。从英国运来毛线、武器、火药、铜、黄铜制器皿和酒。例如1787年从利物浦向非洲出口的商品36%是外国货物，其中更有三分之二来源于东印度。

沿海的非洲统治者欢迎欧洲的奴隶贩子，因为奴隶贩子给他们提供了发财的机会。他们把土地出租给欧洲人来建造设防的贸易栈，主要是防范其他欧洲人的袭击，而并非针对非洲的地主。实际上，白人奴隶贩子与非洲地主往往勾结起来共同牟利。地主保护租户的安全和利益，又在贸易中充当中间人，他们排挤内地人参加这种贸易，内地人只好向沿海的中间人付给他们索取的佣金。在交易中，欧洲人先把货物交给由地主的下属充当的代理商，代理商将货物运往内地，最后从内地带回奴隶和其他土产。一旦代理商违约，则由地主如数赔偿，后者则会把违约者的家人或邻居卖掉来抵偿自己的损失。

西非沿海大部分地区都盛行这种白人贩奴者和黑人统治者互相勾结。当年尼日尔河河曲统治集团的办法就是严防外国人闯入内地威胁他们在穿越撒哈拉贸易中作为中间人的有利可谋的地位；现在沿海的统治者也同样坚定而成功地将欧洲侵入者排斥在外，以免其在奴隶贸易中可以同样大得其利的中间人身份受到影响。但在赤道以南，葡萄牙人征服了安哥拉并间接地控制着刚果王国。这样一来，他们就可以任意进入内地，煽动部落间的战争，趁机把夺得的战俘当作奴隶卖掉。在美洲登陆的奴隶中，约有40%来自葡属安哥拉和葡属刚果。

至于在美洲登陆的奴隶总数究竟是多少，历史学家们对此还有争议。据菲利普·柯廷估计，在近400年间，奴隶进口总数为956.6万。他的结论是："进口的奴隶总数绝不可能少于800万，也不可能多于1050万。……"[7]后来，罗杰·安斯蒂（Roger Anstey）和约瑟夫·英尼柯里（Joseph Inikori）[8]的研究认为应比这个估计多出20%，总数在1200万左右。贩卖奴隶令人触目惊心之处在于，从非洲内陆最初劫掠的奴隶，几乎是最后在南北美洲登陆奴隶的四倍。算来一共糟蹋了4800万，而且几乎全是生产力旺盛的青壮年。

先是从内地跋涉到沿海的旱路，继而则是惊涛骇浪漂洋过海前往新大陆的"中程转运"（middle passage）[又译"中间通道"，指奴隶贸易船从欧洲、非洲到美洲再回到欧洲的"黑三角"航行中从非洲西海岸横渡大西洋的那段旅程]，几经折腾，就断送了3600万条生命。非人的拥挤、窒息的炎热、恶劣的饮食，结果在横渡大西洋途中造成了惊人的死亡率。每隔24小时供应一次玉米和淡水——这就是每天的粮食定量标准。如果奴隶们拒绝进食，就会对其施以毒打，倘仍无效，更以红铁炮烙，强其进食。每遇天气恶劣，时有瘟疫发生，染病的奴隶便被抛入大海，以防瘟病蔓延。奴隶们不堪其苦，往往蹈海自尽。这是极其常见的事，故甲板周围都钉上罗网，以防奴隶自杀。下面一个奴隶自述他在"中程转运"时经历的情况极为典型：

> 到了岸边，第一眼看到的就是大海和一艘停泊在那里等待装载的运奴船。这一切都使我惊奇，但是很快就转为恐惧。我一被带上船，几个船员立刻走过来对我连拍带揉，甚至把我抛在空中，看我是不是结实；这时我确信我已陷入恶魔世界，看来他们非把我弄死不可。加上他们那副和我们完全不同的肤色——那长长的头发和他们讲的语言（跟我听到过的任何一种语言都不一样）——这一切凑在一块儿，更使我觉得我想的没错儿……
>
> 我浑身难受，无精打采，简直一口东西都咽不下……但愿我那最后的朋友——死亡——能来解救我……可是，很快更倒霉的事儿发生了：几个白人拿来东西硬让我吃；一看我不吃，其中的一个把我两手牢牢抓住，将我硬按在一个我想是起锚机的上面，捆住我的双脚，另一个人就狠狠地鞭打我。我从来没受过这样的活罪……
>
> 终于，巴巴多斯岛遥遥在望了……很快，我们就停泊在……布里奇顿的岸边。许多商人和种植园主登上船来……他们把我们分成几堆儿，仔仔细细地检查一番。他们还强迫我们跳跃，并指着陆地示意那就是我们要去的地方。这些人的模样本来就叫我们觉得狰狞可怕，这一下，大家都以为一定会被那些丑鬼吃掉了，我们心里都非常恐惧，不禁颤抖起来，彻夜只听到一片出于担心害怕的凄惨的啼哭声。……

最后,白人从岸上带来一些老奴帮忙劝慰我们。他们对我们说,我们不会被吃掉,而是要去干活的。……(9)

曾经有人提出无数文饰的理由来支持这种贸易,然而它之所以会延续400余年之久,主要还是因为既得利益者拒绝放弃他们的利益罢了。这些既得利益者包括美洲的大种植园主,他们在经济上和政治上都可谓是神通广大。譬如巴巴多斯的种植园主18世纪在英国议会里就有一个占有重要席位的政治集团。欧洲的既得利益集团也全力支持贩奴贸易,其中一些人本身就经营贩奴贸易,有的则是在国内提供甜酒和工业制成品的各种各样的商人。为数相当可观的一批酿酒商为运奴船提供甜酒;毛纺和棉纺工业提供交换奴隶用的纺织品;冶炼业提供锁链、锁子、铁条、枪械;船坞也生意兴隆,因为单拿英国来说,仅18世纪末叶就有200多艘船专门运输奴隶。最后,非洲也有了既得利益集团,那里的一些酋长每卖一名身强力壮的奴隶就可得到20英镑或30英镑。一位酋长听到要禁止他的买卖时说道:"什么!能叫猫不捉老鼠吗?一只嘴里衔着老鼠的猫能不拼命?我嘴里衔着奴隶,我就非拼命不可。"(10)事实上,非洲的中间商曾在非洲的土地上组织了多次骚乱和示威来抗议欧洲的废奴运动!

三、非洲对大西洋奴隶贸易的反应

非洲人居然鼓动继续维持奴隶贸易的奇观给我们提出了一个问题:为什么非洲的人民甘心容忍这种痛苦和屈辱达400年之久?岂止是甘心容忍,他们中间有些人还积极合作,遂使欧洲人一度几乎没法单凭武力来推行奴隶贸易时,这种贸易竟有存在下去的可能。有一种解释认为,奴隶制早在欧洲人涉足非洲以前就已盛行于非洲,因此非洲人对奴隶制度早就习以为常,视其为天经地义之事。这种假设是站不住脚的。

在欧洲人来到非洲以前,非洲固然已经有了奴隶制度,但当时在得到奴隶的手段、奴隶本身的地位和作用,以及释放奴隶的方式等方面,地区与地区之间却是千差万别,不能一概而论。而且不论地区间的差别如何,有一点总是可以肯定的:15世纪以前在非洲盛行的各种类型的奴隶制,同引起横渡大西洋贩奴贸易的美洲大种植园所实行的奴隶制之间有着根本的不同。其所以不同的原因是,欧洲人的贩奴贸易和奴隶制度加强了他们的洲际市场经济。蔗糖市场、棉花市场、烟草市场的不断扩大,为这些行业的经营提供了无限的赢利机会,奴隶也就必不可免地被看作这个生产过程中的一项投资。因此,唯一关心的是如何确保最大限度的利润,而对人的死活则毫不介意。与此相反，非洲传统奴隶制的商业性质要少得多，因为它只在地方或地区的小范围内起作用，而尚未成为全球性市场机制中的一个组成部分。

来源和动因上的差别，导致新老两种奴隶制度在性质上的相应差别。首先是数量上的差别。传统奴隶制所需要的奴隶比较少，因为它缺乏那种为了满足新大陆种植园无止境的需求并实现其随之而来的利润必须动员大批劳动力时所应有的商业性的刺激力。

两种形式的奴隶制度在对奴隶的待遇上又有质的差别。在传统的非洲，奴隶被用来充当工人、士兵、买卖人、家庭工人、妾和官吏。尽管其地位的确低下，但他们往往同家庭成员联系在一起，也就享有公认的个人权利。奴隶同自由的男人或女人之间的婚姻是不被禁止的，婚后第三代便被看成是其所在社会中平等的成员。相反，美洲种植园里的奴隶则被看成是生产过程中的一项成本消耗。市场指令（如前章所述）决定着种植园的生活方式，无论是拉丁美洲还是盎格鲁美洲，概不例外。仅凭黑色皮肤这一标志即可推定一个人必然处于奴隶地位，要想获得解放，不说绝无可能，起码也是万分困难。究竟是在少许若干年内驱使奴隶拼命干活以至累死为止，抑或是考虑让其多活几年——这要根据现行的市场价格来看哪种政策在收益上更为有利。

现在，我们可以把以上千万不幸者的生命为代价的横渡大西洋贩奴贸易之所以能延续几百年之久的原因归结为如下两点：一是新的世界市场性经济的指令；二是西方军事力量对毫无组织、争谋私利的非洲沿海王国和酋长国所占的绝对优势。早在1526年，刚果国王就曾有一封致葡萄牙国王约翰三世的信："我们不需要别的什么人，只需要〔贵〕王国派来牧师和能在学校里执教的人；我们也不需要别的货物，能够领到圣餐时用的酒和面粉也就足够了……我们的愿望是〔刚果〕诸王国中不要再有贩卖奴隶的贸易和市场。"(11) 葡萄牙人对此请求的答复是：进入非洲后的头一百年就从刚果掠走了50万奴隶，从毗邻的安哥拉更是掠走了整整100万。

在1720年代，今天几内亚境内的巴加人在一个叫托姆巴（Tomba）的人的领导下曾有过联合抵制奴隶贸易之举，但却不幸终为常驻此地的英国奴隶贩子会同黑白混血儿和参与奴隶贸易的非洲人所挫败。同一时期的达荷美国王阿嘎加·特鲁多（Agaja Trudo）在这上面做得则要更为成功，正是为了驱逐奴隶贩子，他曾把国土由内陆一直扩充到海滨，并洗劫和焚毁了欧洲人的要塞和奴隶营，从这个地区贩走的奴隶人数在那几年里因此急剧下降。欧洲奴隶贩子多次试图推翻特鲁多的政权，均以失败告终，但是特鲁多最终也未能发展起一种能够取代奴隶贸易的经济活动，来为他的人民换取此时已不可一日或缺的欧洲进口品。到了1750年，特鲁多发现，非恢复奴隶贸易不可了，否则便无法得到欧洲货物，更重要的是无法得到能够使他在海岸的权力角逐中生存下去的火器。菲利普·柯廷的结论是:"……由于有了火器可用而引出一个从火器到奴隶的恶性循环,即一个非洲国家使用火器捕获更多的奴隶然后购买更多的火器,这样往复循环下去,就迫使非洲所有国家都竞相捕掳奴隶以求自保。因为火器是只有用奴隶才能买到的。"(12)

奴隶与枪械之间这种必不可免的联系,迫使沿海地区那些相互倾轧的统治者都竞相在他们同胞身上做起了这桩罪恶交易,而置他们个人的好恶于不顾。没有一个统治者能够单独向这一盘根错节的制度发起成功的挑战;非洲人民尚未做好联合抵抗的准备,而只有非洲人民的联合抵抗,才能战胜欧非两方既得利益集团的内外勾结。

四、东非的奴隶贸易

如果把大西洋的奴隶贸易与同时发生在东非的奴隶贸易两相对照,前者的性质和意义自会更加清楚。达·伽马绕过好望角之后发现,非洲大陆东海岸港口船来船往,那里的一些大城镇为其具有特色的斯瓦西里语书写文化而自豪。

东非文明的基础有两种成分,即非洲文明成分和阿拉伯文明成分。非洲文明的缔造者是铁器时代的内陆古国,这些国家已有冶炼和锻造铁的技术、铁制的农具,又能开采铜矿和金矿,建筑石质宫殿和庙宇,最负盛名的有津巴布韦宏伟的建筑群。这些内陆古国至少从10世纪起便与沿海交往频繁,当时信奉穆斯林教的阿拉伯移民已经沿着海岸线从肯尼亚的马林迪向南推进到莫桑比克的索法拉。阿拉伯人在漫长的海岸地带和附近奔巴和桑给巴尔等岛屿上建立起数十个定居地,以这些定居地为基地,渡过印度洋,与红海沿岸、阿拉伯南部、波斯湾、印度、锡金、东南亚乃至中国各城市展开了十分得利的贸易活动。阿拉伯人作为中间人输出内地的象牙、铜、黄金和奴隶,换回东方精致的纺织品、珠宝和瓷器一类的货物。

东非贸易中关键的一点是,奴隶只占交换中的一项,而且并不十分重要;原因很简单:东方各国有充足的廉价劳动力,对奴隶并不迫切需求。因此,贩运奴隶在这一远洋贸易中是次要因素,情况也与葡萄牙人到达非洲以前穿越撒哈拉的贸易相仿佛。只有注意到东非这些情况,才可能理解巴兹尔·戴维森(Basil Davidson)何以会在东非发现所谓"两种文化真正的、果实累累的密切结合"(13)。例如,斯瓦西里语在结构和词汇上主要是班图语,却又掺杂相当多阿拉伯语的成分。这反映了一种调和的文明:是文化的调和发展了这种语言,这种语言又转而推动了文化的调和。今天,这一根深蒂固的语言又从英语中借入大量外来成分并继续扩散着和发展着。

东非创造性的文化融合从19世纪起逐渐为文化的分离所取代,原因是东非重蹈几个世纪以前西非沿海地区走过的老路，即由于奴隶贸易成为国际市场经济的一部分以后，数量和利润大大增加，于是一跃而居于重要地位。由于多种原因，东非之卷入国际市场经济迟至 1840 年代方才开始。在此以前，因为有印度和东南亚的丝绸、香料、宝石、纺织品，以及赢利颇丰的对远东方面的运输贸易，葡萄牙人也就忽视了这块东非殖民地。加上几经尝试之后，证明从东非运奴隶去巴西极不合算，因为绕经好望角的路线较之从西非渡过大西洋的路线既漫长又危险。而且印度洋以东沿途也没有较大的奴隶交易可做，否则葡萄牙人定会像过去对待大西洋方面的奴隶贸易那样参加东面的贸易。迟至 1753 年，葡属印度的奴隶总共不过 4399 人。赢利机会稀少，可以说明何以在最初几百年里葡萄牙人在长达 3200 公里的东非海岸线上配置的文武官员从未超出 100 人。

到了 1840 年代，随着东非逐渐被纳入世界贸易，这种形势才开始有所改变。由于快速航船建造成功和西非海岸奴隶储备量锐减，从东非海岸向美洲运送奴隶渐渐具备了商业可行性。据 1836—1838 年间曾在东非近海率领英国战船的库克船长估计，仅从克利马内和莫桑比克两港每年运往巴西和古巴的奴隶就有 15.6 万人。这样规模的贸易一直持续到 1880 年代古巴和巴西颁布废奴令为止。

与此同时，东非沿海的若干地区，尤其重要的是在马达加斯加、留尼汪、毛里求斯、塞舌尔、桑给巴尔这些岛屿上，相继建立起大种植园，从事甘蔗、香料作物、水稻的栽植，这就给东非奴隶贸易开辟了新的获利极丰的市场。这些岛屿因为作物产量甚丰，遂有"印度洋上的西印度群岛"之称。它们也像原先西印度群岛那样需要源源不断地输入大批奴隶放在种植园里劳动，满足这一需要的大半是在桑给巴尔和阿拉伯半岛上的马斯喀特两地进行转手买卖的阿拉伯奴隶贩子。1840 年代和 1850 年代，每年就有四万奴隶被运往桑给巴尔，其中一些奴隶被当地的丁香和水稻种植园留下，剩下的则转运到其他岛屿和印度及中东各国。法属留尼汪岛早在 1820 年代每年就已输入 2.4 万奴隶，而马达加斯加直到 1870 年代每年才输入 1 万奴隶。

在西非赤道以北，土著的奴隶贩子仍然控制着陆地上这一段的奴隶贸易；在东非，实则是由阿拉伯奴隶贩子把北部地区的奴隶收罗到一块儿，在南半部，葡萄牙冒险家和欧亚混血儿也同样这么干。控制着东非大部分奴隶贸易的阿拉伯人都有一套赢得当地部落成员信任和合作的手段。独个经营的奴隶贩子伪装成一朋友进入某个村庄，伙同他的随从者定居下来，然后安排修建一座比村子里其他房屋都精致的小屋，室内按照东方习俗铺上阔气漂亮的波斯地毯，他每天坐在上面朝向圣地麦加祷告。他本人的服饰——一袭素白长袍，一副穆斯林缠头和一柄弯弯的镶珠嵌宝的佩剑——引得当地土人敬羡不已。他提供交易的物品，如枪械、火药、丝绸、串珠之类，使他俨然成为来自外国的一位显要的代表人物。多数酋长都以异乡嘉宾能择其村寨而居为无上光荣。本身就混合了多种语言的斯瓦西里语便一步一步地向内地深入传播，从而也大大方便了社会和商业的交流。

酋长们开始穿起可作上等人标志的长袍，姓名前面开始加上阿拉伯语的前缀，或者干脆改为阿拉伯姓氏。新来外商的一部分物品被酋长们用象牙进行交换，而枪械和火药则是求之不得的最高奖赏。阿拉伯人乘机要求用奴隶来交换，于是乎奴隶贸易便开始活跃起来。其他酋长也马上争相把男人、女人和儿童带来交换布匹、串珠和垂涎已久的武器。短短几个月工夫，换得的奴隶攒够了一队便会派人押往海滨。贩卖奴隶所获的收入又用来购进一批新货，运往内地再做一轮贩卖奴隶的生意。一个阿拉伯奴隶贩子很快就会成为支配他所在区域的人物。他所选定的用武器支持的某一部落，准保能打败邻近其他部落，他分得一部分俘虏作为报酬，于是，这些战俘就成为他的奴隶。最后，他就可以独立地组织武装，洗劫村寨，捕获奴隶，不把个别酋长和小的部落放在心上。

就这样，阿拉伯奴隶贩子和南部的葡萄牙同行肆意劫掠东非内陆的广大地区。一位观察者写道："阿拉伯的制度有如章鱼触角向四处伸张，不放过每一个毫无保护的村社，致使整个地方变成战场，走到围栅外面的人，没有一个是安全的。"(14) 同样，著名传教士探险家大卫·利文斯通（David Livingstone）博士在他所著的《赞比西河及其支流探险记》(Narrative of an Expedition to the Zambezi and its Tributaries, 1865) 中对奴隶贩子把尼亚萨地区洗劫一空的情形也有一段描述。他遇到"一长串戴着手铐的男人、妇女和儿童，由几个黑人押解着，押解的人都带着滑膛枪，他们的衣服上挂着五光十色的饰物……几个人扬起长长的锡喇叭，吹出一阵欢快的曲调。……根据我们的所见所闻，在贩奴贸易的牺牲者中，能够活到目的地而成为奴隶的还不及五分之一。"(15)

利文斯通曾劝诫过非洲酋长们不要贩卖自己的同胞。他们的回答反映了一个无论是东非酋长还是西非酋长一经陷入便不能自拔的同一基本难题。阿拉伯人和欧洲人都利用他们手中垄断的火器挑动一个部落去反对另一个部落，遂使亟待组成的联合战线不能实现。"如果某某放弃贩卖奴隶，"酋长们对利文斯通回答说，"我们也会这样做。他是这个国家的罪魁祸首……阿拉伯人用精美的布匹、火药和枪械……来诱惑我们，这是他们的罪过。……我倒是愿意让我的人都种地，可是我的近邻却让他的人来劫掠我的人。……我必须有充足的枪支弹药来防御他们。"(16) 这不折不扣地表达了在整个非洲起着作用的所谓"枪支—奴隶循环"。凡能接近欧洲奴隶贩子的人都能从他们手中搞到枪支。枪支使他们能以军事上的优势压倒内陆其他部落，把他们的人劫持来作奴隶，然后再把奴隶拿去换取更多的枪支，从而进一步增强其军事优势。桑古人（the Sangu）就是从阿拉伯奴隶贩子手中搞到枪支以后，袭击周围所有部落,把它们的人掳来做奴隶,而逐渐在中南坦桑尼亚强大起来的。尧族人(the Yao)也是用同样的办法在 1860 年以后不断扩充自身力量,深入到马拉维和坦桑尼亚的。

某些酋长为了扩张其个人势力,不惜践踏传统的法制——这种腐化现象的破坏作用并不亚于部落间的混战。正常时期绝少见到有什么罪犯受到削籍为奴的惩罚,通常只是判处犯罪的一方对受害的一方给予某种补偿即可了事。但是,对奴隶的需求日益增长,使得很多酋长都开始滥用起这类惯例,以期达到把自己治下的人民当作奴隶出卖的目的。探险家理查德·伯顿(Richard Burton)在 1860 年就曾指出过:"同边界战争一样妨害公众利益的就是奴隶贸易所引起的内部混乱。它使人们对乌查维(Uchawi)即黑色魔法的邪恶迷信永恒化;一需要俘虏,罪犯的亲属就会被卖为奴。这便给某一酋长提供了施行暴政的机会,他如果有足够的权力,就会把自己治下的人民零卖或整卖出去以肥私囊。"[17]

对东非奴隶贸易的最新最缜密的研究成果表明,整个 19 世纪向美洲、印度洋岛屿和中东各国输出的奴隶至少有 200 万。如果按照利文斯通的估计确有 80% 的奴隶损耗在途中,同时考虑到东非人口一向比西非稀少且上述数字系指一个世纪而非四个世纪,则可想见,19 世纪东非社会的人口损失与西非不相上下。爱德华·阿尔珀斯(Edward Alpers)得出的如下结论〔在道德上〕是并不光彩的:

> 非洲人用象牙、奴隶和非洲大陆出产的其他原料交换来的是一些奢侈品、廉价消费品和永远低劣于欧洲人留作自用的西方破坏性工具。……东非中部欠发达的历史根源应该从国际贸易的体制中去寻找,这一体制由阿拉伯人创建于 13 世纪;16 世纪和 17 世纪被葡萄牙人接过去并加以扩大,18 世纪为印度人所控制,及至 19 世纪则听命于印度、阿拉伯和西方资本主义这一错综复杂的混合体。[18]

五、非洲奴隶贸易的后果

历经四个世纪的奴隶贸易这笔账究竟该如何结算呢?爱德华·雷诺兹(Edward Reynolds)的结论是:"它对各个地区的影响并不一致。"对刚果和安哥拉这样一些国家的影响"完全是破坏性的",而对另外一些国家则恰恰相反。"奥约、达荷美、阿散蒂依靠从内地抢劫或购买奴隶来进行交易,得以把奴隶贸易的负担和破坏性影响转嫁给他人。"[19]

尽管地区之间存在这些差异,但从整体来看,非洲大陆在某些方面还是有其共同性的。首先是非洲的政治制度和实践受到了有害的冻结凝滞影响。奴隶贸易倾向于使专制独裁的社会变强，而使组织松散的社会变弱。在奴隶贸易中充当中介的各王国和酋长国，都依照专制独裁的路线组织起来，以确保他们自己的有利可谋的地位。最后的结果便是冻结了现状，遏制了新生的更有效率的政治制度和领袖人物的发展。这就是爱德华·雷诺兹所指出的那种奴隶贸易的结果。"奴隶贸易大部分都控制在统治阶级和酋长手中。与欧洲人合伙进行剥削勾当的正是他们：他们制造战争，纵容掳掠，然后利用传统的合法权势把被指控犯有某种罪行的人宣判为奴隶。"(20)

贩奴活动也阻碍了非洲内部地区间的传统贸易。在内地劫掠奴隶引起多次战争并造成土地荒芜，以及把奴隶运往沿海，这就破坏了旧有的贸易渠道，从而使葡萄牙人得以把长期存在的沿海贸易路线完全控制在自己手中。其实，葡萄牙人原先不仅为黄金所吸引，而且早就对将当时的地方贸易网控制在手中这一机会垂涎欲滴。在上几内亚沿岸，葡萄牙人早在1470年代就已插手于非洲各村社之间来回运输皮棉和靛蓝染料。葡萄牙殖民者在佛得角群岛建立了生意兴隆的棉花种植和棉花加工业，并向南至阿克拉的整个非洲沿岸出口制成品。葡萄牙人同时还控制了安哥拉海岸的食盐贸易，以及南北安哥拉之间的优质棕榈布贸易和刚果及近海诸岛的贝壳贸易。此外，葡萄牙人还在阿克西姆建立了一截拦的碉堡，停止象牙海岸和黄金海岸之间靠薄皮舟往还的旧的贸易活动，目的在于切断旧的贸易路线，使两个地区成为孤立的经济实体，只能完全与欧洲联系在一起。所有这一切已经演化成今日第三世界依附性和欠发达的这种典型征候的雏形：取消地方间的横向经济联系，以利于与宗主国中心发生纵向经济联系。

纵向经济联系取代横向经济联系在商业和手工艺方面也表现得十分明显。欧洲人当然无意于推动非洲地方工业的发展，恰恰相反，他们一向都是非常积极地反对这种发展。头几个世纪他们最感兴趣的是攫取奴隶，后因禁止奴隶贸易，他们又设法鼓励原料出口，但却从来也不鼓励生产制成品以供地方消费。这种人为的依附型经济早在1520年便已十分明显，当时埃塞俄比亚宫廷由于对葡萄牙生产的利剑、滑膛枪、纺织品和书籍等这类产品的质量有良好印象，曾经要求过对方输入生产这类产品所必需的技术，而且一直到19世纪都有人断断续续提出这样的请求，但却都被拒绝了。

提出这一类要求又屡遭拒绝的事在西海岸更是屡见不鲜。1720年代达荷美的特鲁多就曾试图终止奴隶贸易，设法组织可以取而代之的经济活动。他曾派特使到英国去招徕外国工匠。1720年代末，一位访问达荷美宫廷的欧洲人被告知："无论是裁缝、木匠、铁匠或其他任何行业自由的白人，只要本人自愿到这里来的话，一定会受到很好的鼓励。"没有外国人响应这种邀请也不足为奇，因为当时已明令严禁手艺人向邻近的欧洲各国或美洲殖民地移民,以防技术外流,更不必说去遥远的完全陌生的非洲诸王国了。18世纪中叶,阿散蒂国王奥波古·韦尔(Opoku Ware)征聘欧洲技术人员来阿散蒂建立酒厂和其他工厂,也同样无人应聘。19世纪早期,尼日利亚东部的卡拉巴尔(Calabar)国王曾聘人建立糖厂,达荷美国王阿丹多赞(Adandozan)曾要求建立武器厂,这两人也都同样遭到拒绝。非洲人承认技术的重要性见于达荷美的一句俗话:"造火药者战无不胜。"不过,欧洲人对于技术转让究竟意味着什么同样十分警觉,所以自然也就会采取相应的举措。[22]

奴隶贸易使贩奴地区迟迟未能开始种植专供销售的农作物,因为在这种地区决不允许有任何一种经营来分散用于搜寻奴隶这一主要行当的力量。英国商务部曾于1751年命令卡斯尔角的总督制止芳蒂人(the Fante)栽种棉花,理由如下:

> 向黑人引进农业栽培技术和工业的做法是违反这个国家的既定政策的,因为不知道将会引进到什么限度为止,很可能会扩展到引进烟草、蔗糖和目前我们从殖民地取得的其他每一种商品。这样一来,目前靠战争讨生活的非洲人就会变成种植园主,而他们的奴隶则必然会被用来在非洲栽种这些东西,结果便是奴隶在非洲被派上了用场。[23]

美洲印第安人栽培的粮食作物在非洲的土地上得到传播是奴隶贸易带来的一项重要而有益的副产品,实际上,这种说法是值得争议的。玉米、花生、木薯和其他作物在整个非洲的确是十分迅速地传播开来,并成为非洲的主要粮食作物。有人争辩说,最终增长的粮食产量恐怕至少也能养活损失在奴隶贩子手中那样多的人口。但在另一方面我们也必须看到,奴隶贸易决不是传播这些作物的根本因素。比如,花生和甘薯在遥远的中国也传播得很快,却与奴隶贸易毫不相干。进而言之,1650—1850年间,欧洲人口占世界总人口的百分比从18.3增长到22.7,即增长了24%,而同期的非洲人口却从占世界人口总数的18.3%下降到8.1%,即减少了56%。详见下表:

世界人口统计表					
百万					
	1650年	1750年	1850年	1900年	1950年
欧洲	100	140	266	401	593
美国和加拿大	1	1	26	81	168

拉丁美洲	12	11	33	63	163
大洋洲	2	2	2	6	13
非洲	100	95	95	120	199
亚洲	330	479	749	937	1379
总计	545	728	1171	1608	2515
百分比					
欧洲	18.3	19.2	22.7	24.9	24.0
美国和加拿大	0.2	0.1	2.3	5.1	6.7
拉丁美洲	2.2	1.5	2.8	3.9	6.5
大洋洲	0.4	0.3	0.2	0.4	0.6
非洲	18.3	13.1	8.1	7.4	7.9
亚洲	60.6	65.8	63.9	58.3	55.4
总计	100.0	100.0	100.0	100.0	100.0

Source: A. M. Carr-Saunders, *World Population* (Oxford: Clarendon Press, 1956) , p.42; *United Nations Demographic Yearbook*, 1957, p.123.

六、非洲：一个外缘地区

第三世界的历史涉及的一个重要问题是：在奴隶贸易的影响下，非洲是否已步东欧和美洲的后尘，成为国际市场经济的一个组成部分？抑或像俄国所做到的那样仍然独立于这一经济之外？初看起来，似乎非洲大陆已经完完全全被纳入这一体系。奴隶贸易的确给非洲的人口、经济、政治都造成了深远影响，它在这一时期内有力地支持了世界资本主义秩序，为东非各岛提供了劳动力，更重要的是为美洲种植园提供了劳动力，致使一个赢利极其巨大的三角贸易网得以形成，从而把西欧、非洲和美洲组成了近代早期的基本经济集团。因此，在那几个世纪里的国际市场经济中，非洲的奴隶贸易较之东欧的粮食和原料贸易是一支更重要的力量。18世纪一位深知非洲情况的英国经济学家写道："英国的贸易是一个建立在非洲基础之上、由美洲商业加海军力量组成的宏伟的上层建筑。"[24]

然而看起来，非洲大陆作为一个整体却又并未像东欧和美洲那样成为国际市场经济的一个组成部分。首先，非洲大陆的绝大部分仍然未受影响，因为在正常情况下，奴隶贩子只在伸向内陆几百公里的范围内而不是在整个大陆上活动。即便是牵连到的地区，所受的影响也不是根本性的，因为奴隶贸易基本上是"富人贸易"，并不触及广大群众。以奴隶换入的商品只是些火器、酒精饮料和各色各样的"小摆设、手镯脚镯、串珠"之类的物品。这些商品的销售范围只达到当地酋长、商人及其扈从们这一流人物。绝大多数非洲人民，无论是生产者还是消费者，都与奴隶贸易毫不相干，除非他们不幸被掳为奴，固然又当别论。在非洲大陆以内，其居民并没有像东欧农民那样下降到奴隶的地位，也没有像美洲印第安人那样遭到灭绝或被排斥于一隅的厄运中。

所有这一切并非是想尽量缩小奴隶贸易带来的恐怖和破坏作用，而只不过是想要表明，非洲的土地和人民仍然处于国际市场体系的外缘。因为奴隶贸易毕竟不是密切触及广大群众日常生活和工作的必需品一类的贸易，这种根本性的影响尚有待于19世纪的到来，那时工业革命和废奴运动将会一道打开非洲大陆对其进行深度开发。在这个时期到来以前，非洲只在国际经济中起到一个外缘区域的作用。非洲的地位恰恰处在两大极端的中间：一端是已被纳入国际经济体系以内的东欧和美洲，另一端则是独立于这一体系之外的俄国和亚洲。

[注释]

1. Cited by J. H. Plumb, "The Niger Quest," *History Today* II（Apr. 1952）: 247.

2. P. Bohannan, *Africa and Africans*（New York: Natural History Press, 1964）, pp.67, 68.

3. Cited by C. M. Cipolla, *European Culture and Overseas Expansion*（Harmondsworth, Middlesex: Pelican Books, 1970）, p.105.

4. Cited by B. Davidson, *The African Slave Trade*（Boston: Little, Brown, 1961）, p.10.

5. Cited by K. O. Dike, *Trade and Politics in the Niger Delta 1830-1885*（New York: Oxford University Press, 1956）, p.7.

6. Cited by Davidson, op. cit., p.10.

7. P. D. Curtin, *The Atlantic Slave Trade: A Census*（Madison: University of Wisconsin Press, 1969）, p.87.

8. R. Anstey, *The Atlantic Slave Trade and British Abolition, 1760-1810*（London: Macmillan, 1975）; J. E. Inikori, "Measuring the Atlantic Slave Trade: An Assessment of Curtin and Anstey," *Journal of African History* XVII（1976）: 197-223; "Discussion: Measuring the Atlantic Slave Trade," *Journal of African History* XVII（1976）: 595-627; and E. Reynolds, *Stand the Storm: African Slavery and the Slave Trade*（London: Oxford

University Press, forthcoming), Ch. XII. This chapter estimates that over a period of thirteen centuries, the trans-Saharan and East African slave traders bled Africa to the tune of another 14 million persons.

9. *The Life of Olaudah Equano, or Gustavus Vassa, Written by Himself* (Boston: Beacon Press, 1969), pp.27-32.
10. Cited by H. Russell, *Human Cargoes* (London: Longman, 1948), p.36.
11. Cited by Davidson, op. cit., pp.147, 148. Emphasis in the original.
12. P. D. Curtin, "The Slave Trade and the Atlantic: Intercontinental Perspectives," in N. Huggins et al., *Key Issues in the Afro-American Experience* (New York: Harcourt Brace Jovanovich, 1971), Vol. I, p.89.
13. Davidson, op. cit., p.172
14. Cited by R. M. Beachey, *The Slave Trade of Eastern Africa* (London: Rex Collings, 1976), p.186.
15. Ibid., p.95.
16. Cited by T. Jeal, *Livingstone* (London: William Heinemann, 1977), p.304.
17. Cited by E. A. Alpers, *The East African Trade* [Historical Association of Tanzania Paper, No. 3] (Nairobi: East African Publishing House, 1967), p.19.
18. E. A. Alpers, *Ivory and Slaves: Changing Patterns of International Trade in East Central Africa to the Later Nineteenth Century* (Berkeley: University of California Press, 1975), pp.266, 267.
19. Reynolds, op. cit.
20. E. Reynolds, *Trade and Economic Change on the Gold Coast 1807-1874* (London: Longman, 1975), p.13.
21. Cited by W. Rodney, *How Europe Underdeveloped Africa* (Washington, D. C.: Howard University Press, 1974), p.107.
22. Ibid, p.108.
23. Cited by A. Adu Boahen, *Topics in West African History* (London: Longman, 1966), p.113.
24. M. Postlethwayt, *The African Trade* (1745), cited by Rodney, op. cit., p.75.

> 凡欲领略这个时代的鼎盛气象者，当以土耳其为最佳去处。

——英国旅行者布朗特（T. Blount，1634）

> 奥斯曼帝国是法兰西最富庶的殖民地之一。

——法国驻君士坦丁堡大使舒瓦瑟尔 - 古菲尔
（Choiseul-Gouffier，1788）

第六章　中东：一个外缘地区

当非洲大陆在 19 世纪以前的时期内就已成为全球性市场经济体系一个外缘地带之际，亚洲大陆却能完全置身这一体系之外而不受其影响。像印度和中国这样的庞大帝国、朝鲜和日本王国，以及东南亚的大陆部分，对当时已是无所不在的西方人还都抱着漫不经心、无动于衷的态度。

然而这种与世隔离的一般亚洲模式却有一个例外，那便是由地处欧亚非三洲汇合处的一片土地构成的中东。历经 19 世纪以前的数百年时间，中东大部分地区都已囊括在向外伸延的奥斯曼帝国的疆界之内。帝国在建立之初是一派自给自足、满怀自信、积极进取的气势，土耳其帝国的近卫兵团所向披靡，是基督教欧洲的一大祸患；其令人瞩目的行政制度也为西方来访者赞叹不已。但 16 世纪末叶以后，奥斯曼帝国的效率和实力皆急转直下。技术占优的欧洲军队横行于帝国的边陲省份，同样占据优势的欧洲贸易公司（黎凡特公司）更是赢得了对帝国其他省份相当大的经济控制权。令人生畏的奥斯曼庞然大物，在它与欧洲世界秩序的政治和经济联系中，已经变成一个从属的边缘地带。中东也同非洲一样逐渐处于介乎两者之间的中介地位：一边是业已完全成为西方世界组成部分的东欧与拉丁美洲的依附地区，另一边则是完全处于西方世界之外的独立的亚洲大陆。

一、"蒙受上帝的全部恩赐……"

大苏丹苏莱曼于 1538 年命人把下面一段话镌刻在本德尔要塞的碑文中，借以说明他的王权受之于上帝：

> 我是上帝的奴仆和这个世界的苏丹。承上帝之恩惠以我为穆罕默德社会之首领。上帝的万能与穆罕默德的奇迹时时与我为伴。我是苏莱曼，麦加和麦地那的呼特巴［*hutbe*，伊斯兰教古尔邦等节日的祷告］，以我之名为诵。我是巴格达的沙赫［波斯语，意即国王］，拜占廷的恺撒，埃及的苏丹。我的舰队游弋于欧洲、马格里布［阿拉伯语，指西北非］和印度诸海。我是取得了匈牙利王冠和王位的苏丹，并把它们授予我恭顺的奴仆。彼得鲁将军昂起了他反叛的头颅，但我的马蹄已将他踏成齑粉，摩尔达维亚的土地已被我征服。[1]

当时苏莱曼帝国的现状也确实无愧于这种宏辞伟论，苏莱曼的奥斯曼帝国囊括了从阿尔及利亚到高加索、从匈牙利到阿拉伯半岛南端广袤的土地。这些土地上居住着各种血统和各种信仰的民族约 5000 万人，而当时的英国则只有 500 万人。

在 16 和 17 世纪，凡是去过奥斯曼帝国的欧洲人无不为它的行政效率所折服；它的行政管理人员都是原先的基督徒，是经过遴选和训练之后委以各项政府职务的。他们虽然名义上是苏丹的"奴仆"，但却执掌帝国的全部官僚机构，甚至包括地位仅在苏丹之下的宰相衙门。官员的委任和升迁主要是凭功绩，这与基督教欧洲通行的惯例适成鲜明对照。且看哈布斯堡王朝驻君士坦丁堡大使在 16 世纪中叶的一段报告：

> 苏丹委任官员时并不重视其财产或社会地位等条件……他考虑的只是官员的功绩，对计议升迁者的品行、能力、性格皆一一详加考查。一个人仅凭功绩升迁职务，这种制度可以确保各项职位只授予才堪胜任者。……因此，在土耳其人当中，荣誉、高位和法官职务是对才高绩优者的奖赏。凡不诚实或怠惰或玩忽者即应置之下僚，遭人鄙视。……然而，这些都不符合我们的思想。对我们来说，并没有立功考绩的机会，一切均以出身门第为准绳；出身显赫是直通升迁之路的唯一管钥。[2]

同时代的观察家对奥斯曼帝国占人口绝大多数的农民的境遇也有所报道，且多赞美之辞。事实上，奥斯曼统治下的巴尔干的基督教农民，确实要比多瑙河对岸匈牙利和德国土地上的基督教农民富裕一些。在多次战争中，基督教农民都站在土耳其人一边来反对他们自己的统治者和贵族。平时也有大批农民渡过多瑙河跑到土耳其这一边来，尤其是在16世纪前半期中欧发生过一系列农民暴动后，过河投奔土耳其的农民就更多了。这两个情况说明农民是倾向于土耳其人的。

农民何以宁愿接受土耳其人的统治，其根本原因就在于奥斯曼的土地租佃制比基督教国家通行的那种土地租佃制能使农民的生活更富裕一些。土耳其人在15、16世纪平定了帝国之后，就把富饶的土地分成采邑或曰"蒂玛尔"（timar）赐给那些最该受赏的武士及高官。"蒂玛尔"的拥有者"斯帕赫"（spahi）均受君士坦丁堡方面的严格控制，他们的义务都有详明的规定，而他们属下的基督教农民"拉雅"（raya）的权利和特惠也同样有明确的规定。后者享有土地的继承和使用权，且不能被任意驱逐，除非是连续三年不耕不种，听任土地荒芜。农民所负担的义务包括向斯帕赫缴纳的什一税、向国家缴纳的赋税和有限的强迫劳役（corvee），总的说来都比基督教欧洲的农民所负担的要轻。而且帝国法律（kanun）对不同地区可能附加的赋税和劳役也都作了详明的规定，保护农民免遭勒索之苦。

由于自然物产丰富，加之早期几位苏丹推行开明政策，奥斯曼帝国鼎盛时期经济的健康发展也颇令人瞩目。那几位苏丹的目标在于实现帝国经济自给自足，这主要是因为威尼斯和热那亚在奥斯曼以前的拜占廷帝国衰落的年代，在东地中海一带实行经济扼制政策之故。几位苏丹采取了各种措施以使君士坦丁堡成为亚欧非三洲的洲际贸易中心。他们的措施大都取得了成功，商人和手工业工人发达起来了，主要是因为这个庞大的帝国给他们的经营提供了相应的丰富的资源和广阔的市场。城市的规模飞速扩大，而外国人则从他们原先控制的领域（如大有赚头的黑海贸易）中被排挤出去了。

帝国大体上可以做到自给自足：有匈牙利、罗马尼亚、小亚细亚和埃及肥沃的平原生产用之不尽的粮食和原材料；有君士坦丁堡、萨洛尼卡、大马士革、巴格达、开罗和其他古城手艺精湛的工匠生产大量的手工艺品。除了帝国的战略地位推动的运输业大发展，进口商品多半限于一些奢侈品，如欧洲的毛织品、印度的纺织品和香料、俄国的毛皮和波斯的丝绸。

当时的西方人惊畏地注视着不断扩张的奥斯曼帝国，那是不足为怪的——"日见猛烈的火势正在依次吞没迎面遇到的一切，并且无休止地蔓延开来。"[3] 1525年威尼斯驻君士坦丁堡代表皮耶罗·布拉加丁（Piero Bragadin）向国内报告："我不知道有哪个国家能比这个国家更为得意。它蒙受上帝的全部恩赐。它操纵着对所有国或战或和之权，它富有黄金、人力、舰船，并使世人都听命于它。没有哪个国家

能够与它相比。祈求上帝保佑所有皇帝中最公正的皇帝。……"(4)

二、"旧秩序与和谐已经分道扬镳……"

　　人们写下了备极颂扬之辞的那个光辉世纪尚未结束，堂堂的奥斯曼帝国大厦的根基就已动摇，倾圮之势似已迫在眉睫。很多人曾经预言世界末日来临之期当在回历第 1000 年，即基督纪年 1622 年。当时的历史学家塞兰尼基（Selaniki）曾哀叹基督教臣民已不再俯首听命，各省百姓也苦于当地的暴政与不公而纷纷向伊斯坦布尔逃窜。塞兰尼基警告道："旧秩序与和谐已经分道扬镳，更必有大难接踵而至。"(5)
　　外国观察家们也对帝国的未来抱悲观态度。1626 年，即布拉加丁对奥斯曼帝国的威力与公正深表赞颂之后的 101 年，驻阿勒颇荷兰副领事向阿姆斯特丹的东印度公司董事会报告说："现在此地情况已达到人人为所欲为的程度，其有权有势者尤甚，从这一点便可窥见该国的状况。现在已不是一根柱子折断或削弱的问题，而是国家的四根支柱，即宗教、法律、政治、财政全都崩溃……每个人不妨扪心自问，长此以往，是否还能维持下去。"(6)
　　帝国的命运出现了这样触目惊心的江河日下之势，部分是由于其内部存在多种弱点，但更基本的原因还在于急剧膨胀的西方资本主义的冲击，面对这种冲击，毗邻的奥斯曼帝国相对静止的经济格外显得招架不了。奥斯曼帝国面对西方的压力之所以如此脆弱，就在于这个帝国始终未能达到政治上的一体化，而与之抗衡的却是以民族主义和民族国家为基础的政治上一体化的西欧。君主专制政体的发展、渴望统一和秩序的中产阶级的出现、识字的普及、开展群众性宣传及教化的新技术的发展——凡此种种都有助于西欧出现高度一体化的国家结构，其统治者与被统治者具有空前亲密无间的关系。然而奥斯曼帝国却恰恰相反，它只是沿着神权政治的路线形成的松散组织。它那形形色色的民族是按照宗教归属（穆斯林教、东正教、天主教、犹太教）而不是按照民族（土耳其人、阿拉伯人、库尔德人、阿尔巴尼亚人、亚美尼亚人、罗马尼亚人、希腊人和斯拉夫人）来区分的。
　　以宗教归属关系为主，这意味着帝国内部缺少一个统一的效忠观念。奥斯曼帝国的一个普通臣民，如果住在城市里，便会首先自认为是某个行会的成员；如果住在农村，便会自认为是某某村社的成员。即或他有更广阔一些的效忠观念，很可能也只是效忠于他那个宗教团体的首脑，而决非苏丹本人。由此来看，奥斯曼帝国仍旧是许许多多在相当大程度上自我中心、自给自足的分散群体的摇摇欲坠的聚积体。这种组织上的涣散性削弱了帝国对外国的思想上政治上入侵的抵御能力。由于没有一个共同的奥斯曼民族主义，便留下一个思想上的真空地带，结果这一真空就被从西方其他民族主义的胜利中得到鼓舞的巴尔干和阿拉伯的民族主义填满了。不仅如此，欧洲列强之所以能够在奥斯曼帝国的统治下并吞某些全省，显然不光是凭借优越的军事力量，主要还是因为那些省份的居民对君士坦丁堡没有什么特别的向心力。于是多瑙河沿岸土地、整个巴尔干半岛及北非各省便被接二连三地肢解殆尽。

奥斯曼帝国不仅在政治内聚力方面，而且在科学进步方面也落后于西方。至 15 世纪和 16 世纪，当土耳其人正致力于建设他们的帝国之际，伊斯兰教已退化成一套仅供演习的仪式和仅供记诵的天书。因此，奥斯曼的麦德莱塞（medresseh）即学院，自始只重神学、法理学和修辞学，而排斥天文学、数学和医学。苏莱曼大帝在位期间（1520—1566）正是帝国的鼎盛时代，当时人们对文学的兴趣浓厚得有些反常，对科学则极为冷漠。土耳其人对巴拉塞尔士（Paracelsus，又译帕拉塞尔苏斯）、维萨里（Vesalius，又译维萨利）、哥白尼、开普勒和伽利略这些人在医学、解剖学、天文学上划时代的成就竟一无所知。他们对地理学也同样无知，常常造成难堪的后果。1770 年一支俄国探险队从波罗的海绕道欧洲大陆驶入地中海，在小亚细亚海岸附近击沉了奥斯曼帝国的一支舰队。土耳其人断定在波罗的海和亚得里亚海之间有一条水路可通，于是便向威尼斯人提出强烈抗议，指责他们不该允许俄国人假道驶入亚得里亚海。

奥斯曼在科学知识上的落后，不可避免地让它在技术和生产上也相应落后。中东在发展和利用非人力能源方面尤为落后。例如，曾经发明了一种新式挽具，使马在拉车时不至于窒息，从而能够更有效地使用畜力。原先是把挽具套在马颈上，新发明的挽具则是放在马的肩胛上，结果使马的有效能力提高了好几倍。这是欧洲中世纪早期的一项发明或曰改进，然而在中东却完全拒绝采用。类似情况还有风磨和水磨，尽管中东早有所闻，但却从未像西方人在中世纪和近代早期那样大规模地建造和有效地利用过。几个世纪以来，中东在冶金、造船、海军装备、航海技术等方面也都落在后面。这种技术差距的后果便是，欧洲的经济中心从地中海东部移向了中欧和北欧。

科学和技术的落后在军事上也有所反映。奥斯曼武装力量的核心是地方封建骑兵，又名"斯帕赫"，他们的兵力取决于所辖家丁数目，而家丁数目又依采邑多寡而定。他们配备的都是传统的中世纪武器：弓箭、剑和盾牌，而拒绝使用火器，认为与骑士风度不相称。步兵近卫军团是 15 世纪发展起来的，主要目的是让他们使用封建骑兵不屑于接受的火器。1548 年苏莱曼好不容易才说服了 200 名正规骑兵使用卡宾枪和手枪，但是他们却遭到其伙伴们的冷嘲热讽，弄得他们也都对新式武器大为反感，致使这次实验告吹。直到 16 世纪末，土耳其骑兵才普遍装备上轻便武器，不过这些武器已经远远落后于边界那边的哈布斯堡军和俄军。至于火炮则更落后，因为无论是铸造还是炮手，都得依靠西方雇佣军。奥斯曼海军在单层甲板桨划船向多帆战船过渡方面同样落后，甚至1607年就有一位西方观察家指出，一艘西方军舰足可击败十艘土耳其桨划船。土耳其人作为陆地居民向无航海传统，所以要靠意大利海军设计师为他们设计舰船，靠希腊造船工替他们建造，更要雇用那些品流复杂往往又不太可靠的信奉基督教的船员负责驾驶。

奥斯曼帝国的上述弱点，使它在17世纪和18世纪对外军事失败，对内一片混乱。有识之士都被迫承认形势不佳，必须实行某种改革。他们专门编订了一套统称为《纳西巴特文献》的著作，详陈改革之必要。文献包括若干部"资治宝鉴"，然而，这些宝鉴无一例外都基于一种假定，认为所有内忧外患的根源都是因为抛弃了久经考验、行之有效的价值观念和制度。这些作者都认为，出路唯有重新恢复苏莱曼大帝的光荣时代。他们唯独忘记了这一事实：奥斯曼帝国的衰微是同西欧的新潜力与新技术相关联的。根本问题不在内部，而在外部。必受其害的不独是奥斯曼帝国，所有的非西方文明，包括伟大而古老的亚洲文明，概莫能外，只不过是时间上或迟或早而已。

这些国家的问题并非放弃了旧有章法，而是墨守成规。当时正值经历了科学、技术、政治三大革命而空前强大的西方文明不断扩张的时代，抱残守缺意味着必败无疑。这也说明为什么所有的非西方文明，不论其如何庄严灿烂，都经历了停滞、衰微乃至最终灭亡的历史过程，如19世纪印度的被征服，1911年清王朝的覆没和1922年奥斯曼王朝的结束。唯有日本人逃脱了这一厄运，因为他们没有像《纳西巴特》的作者和中国士大夫那样，只知留恋苏莱曼或孔夫子那种往日的美好时代。恰恰相反，他们是向前看，深知唯有采用或适应至少是一部分西方技术和制度，方能抵御西方的入侵。

三、以近招损

17世纪以后奥斯曼帝国的遭遇是全球性的范式，它代表了那个具有决定性的全球性唯一例外必然会产生的反响，这个唯一例外就是现代资本主义西方文明的兴起和扩张。奥斯曼的经历唯一特殊即与众不同的地方乃是它所处的时间的特殊性。这是亚洲诸文明第一次面临"衰落"的问题，而这一"衰落"则是与西方相关联的，因为它邻近西方，因而无论在思想、政治、经济或军事上都最易受到西方扩张主义的侵袭。这也部分说明，为什么在两个世纪之后，遥远的中国和日本也会感受到奥斯曼帝国在17世纪所遭受的入侵和破坏。

最明显和最富有戏剧性的是西方的军事入侵。哈布斯堡和俄国陈重兵于奥斯曼帝国的边疆,威尼斯、俄国、英国、法国的海军经地中海、亚得里亚海、爱琴海、里海和红海随时可以直趋奥斯曼的各个港口。随后,17 和 18 世纪多瑙河沿岸各省全部为哈布斯堡王朝所兼并;黑海周围的土地并于俄国;19 世纪北非各省并于西方列强。土耳其的海军也连遭败北,如 1517 年在利潘托败于基督教国家的联合舰队,1770 年在切斯麦败于俄国舰队,1827 年在纳瓦里诺败于英国舰队。

从四面八方而来的意识形态入侵也同军事入侵一样难以抵挡。这主要是因为各个民族集团往往分布在奥斯曼帝国边界的两边,如罗马尼亚人、塞尔维亚人和克罗地亚人就地跨哈布斯堡和土耳其的边界;罗马尼亚人、库尔德人和亚美尼亚人则分布在俄、土边界的两方。同样,还有大批希腊人和保加利亚人在敖德萨、那不勒斯、的里亚斯特、威尼斯、布达佩斯、维也纳和欧洲其他城市建立贸易团体。在这种环境下,已经为欧洲各国所吸收的革命民族主义思想,也就不可避免地渗入奥斯曼帝国,从而唤醒了巴尔干半岛信奉基督教的各民族,最终也激起了信奉穆斯林教的阿拉伯人,甚至是土耳其人本身的民族意识。在这个摇摇欲坠的多民族帝国中,由于各个不同的种族集团都受到了外来民族主义病毒的传染,形形色色的民族主义所起的作用就像定时炸弹一样,使奥斯曼帝国大厦的各个部分相继崩颓。不用说,外国列强自会毫不犹豫地利用这些定时炸弹进一步扩大他们的利益。例如,拿破仑曾于 1797 年特令让真蒂利(Gentili)将军利用希腊人的民族主义感情来征服爱奥尼亚群岛:"如果居民们倾向于独立,那我们就设法助长他们这种情绪,并毫不迟疑地谈论希腊、雅典和斯巴达。"(7)

领土接近也大大便于西方对奥斯曼帝国施加政治压力。这方面的一个典型例子便是通过所谓"外侨权益条款"制订通商管理制度。土耳其人于 1453 年占领君士坦丁堡后,同基督教各国签订了一些这样的通商条约以促进贸易往来。这时的奥斯曼领导人认为,鼓励工业制成品进口有利于繁荣国内市场,并能增加税收以充实国库。进口税相应地限制在 3%—5%,从而使奥斯曼帝国成为西方工业制成品盈利的销售市场。进口货物的大量涌入,在最初几年内并未使奥斯曼的经济蒙受过度的破坏,因为进口商品只限于毛织品、矿产品和纸张这少数几种项目。但是随着西方工业力量的不断加强和奥斯曼帝国抵御外国压力的能力相对减弱,外侨权益制度便整个遭到歪曲和滥用,西方开始强行控制奥斯曼的对外贸易,并破坏奥斯曼本国的工业。

这种贸易制度有四个特点可谓是奥斯曼帝国不堪承受的限制。一是准许住在帝国的外国商人享有只在其本国领事法庭根据其本国法律受审的特权。二是土耳其警察不得逮捕或拘留任何外侨,除非有其本国领事馆的一位官员在场。这两条限制遂使奥斯曼官员对外侨所犯的轻罪只得视而不见,以免与外国当局发生冲突,一些不法的外国商人则乘机利用这种情况，恣意进行在其本国内不能容许的不正当活动而大获其利。

外侨权益条款还豁免了外国商人的内地捐税，于是他们便可以在经营地方商业时比当地公民承受较轻的负担。外侨权益条款的另一条抑制性规定则是对进出口商品只能征收 3%—6% 的进出口税。这一规定限制奥斯曼政府不能对本国工业施行保护关税，遂使本国工业在西方技术突飞猛进的情况下日渐凋零。

外侨权益制度最后竟然越出法律规定范围滥用到千百万奥斯曼国民身上，他们也享有外国人同样的特权和特惠。为此而专门制订了一种称作"巴拉特"（*barat*）的文件，任何外国领事出于某种考虑都有权把该文件批签给某一奥斯曼公民，只要得到这一文件，该公民便具有该领事所属国国民可以享有的一切协定权利。某些肆无忌惮的领事甚至私售文件或护照以自肥，所售对象一般是希腊人、犹太人和亚美尼亚人，他们经营着帝国大部分的国内贸易，因为统治阶层的土耳其人认为经商是低人一等而不屑为之。仅 1808 年，奥斯曼帝国国内持有俄国巴拉特的希腊人就不下 18 万。这样一来，一个被滥用的外侨权益制度，再加上成千上万持有巴拉特的"被保护者"，虽然实际目的各有不同，但却一致把奥斯曼的经济置于外国商人、外国领事及其在当地的被保护者的控制之下。外国的控制至关重要，下面的事实即其明证：日本之所以能够在独立的经济发展中成为独特的成功的旗帜，主要原因之一就是它无论在 19 世纪中叶门户开放以前或以后，都始终保持着不受外来经济影响或支配的自由。

四、贸易路线的转移

奥斯曼帝国之所以特别易于受到西方扩张经济的侵袭，还不单是因为地理上的接近，同时也是因为它过分依赖转运贸易；而转运贸易从近代早期开始就已转向新渠道。整个中东地区是亚欧两洲之间古代贸易交流的水陆通道：陆路经过中亚，水路则经地中海、红海或波斯湾、印度洋、马六甲海峡而抵中国海。中东向以扼此枢纽之地而得利。贸易往来以关税形式给政府提供收入，同时又是千百万商人、公务员、水手、造船者、骆驼脚夫、码头装卸工，以及其他一切与此贸易直接或间接有关者维持生计的来源。

依赖距离遥远的地区间的贸易必不稳固，因为鞭长莫及之地每有政治或军事变故便会使贸易中断或转移方向。例如，13 世纪蒙古大帝国的兴起曾为跨越欧亚大草原提供保护，促进了陆路贸易，但当这个大帝国在 14 世纪迅速分裂之后，陆上路线遂告阻绝，又使贸易必经之路的波斯和小亚细亚的经济受到破坏。然而此时的海上转运贸易却是畅通无阻，这使埃及和叙利亚大获其利，因为必须在这两个地方几度装卸货物，然后才能越过横亘在亚历山大港和红海，以及叙利亚各个港口与波斯湾之间的陆上障碍。

但是，自从 1498 年 5 月 22 日，即达·伽马绕过好望角驶入印度的卡利卡特港的那一天起，上面这种经过海道的贸易也就变得岌岌可危。绕道好望角的路程虽然较长，但比起经过中东的老路线要节省得多。这条路线省去了多次装卸的费用和沿途各港口的关税，也避免了遭受贝督因强盗的勒索。昂贵的运费、关税及强盗勒索等开销加在一起，竟把亚历山大港的香料价格抬高到超过印度香料成本的 20 倍。到达黎凡特各港口的香料再转运到中欧或北欧的用户手中，还要依靠一向以此为业的意大利商人，他们的索价也远非低廉。难怪航线改变以后，1502—1505 年间，威尼斯人平均每年只能在亚历山大港获得价值 100 万英镑的香料，而在 15 世纪最后几年内，他们每年平均却能购得价值 350 万英镑的香料。相反，葡萄牙人进口香料的年平均值则由 1501 年的 22.4 万英镑猛增到 1503—1506 年间的 230 万英镑。

贸易转向好望角新航线，损害了叙利亚和埃及的经济。苏莱曼苏丹采取的对策是派遣几支远征舰队前往印度洋力图驱逐抢买卖的葡萄牙人，而把贸易恢复到旧的航线上来。威尼斯人也暗中协助筹备远征舰队，因为意大利的中间商也和阿拉伯人一样受到了贸易从红海—地中海的旧航线转移到好望角新航线后所造成的损害。但是奥斯曼舰队尽管有威尼斯人的支持，却仍然无法与在绕道非洲的长途航行中久经锤炼且有优越的海军炮舰的葡萄牙人相匹敌。

苏莱曼几次远征均告失败，这对整个中东都产生了深远影响，它标志着黎凡特公司在世界商业中的支配地位已开始接近尾声。我们必须对"开始"一词加以强调。因为旧航线并非一夜之间便被完全废弃，在受到葡萄牙人干扰的首次冲击之后，也还逐渐有所恢复，甚至有几年，通过中东各港口的贸易量还超过了好望角航线的贸易量。实际上可以说，在整个 16 世纪，两条航线同时并用，只不过是此起彼伏，各有兴衰。从全程均为水路的天然优势来看，旧航线竟能保存下来是出乎意外的。直到 17 世纪效率更高的荷兰人在印度洋和东印度群岛取代了葡萄牙人以后，好望角航线才占据决定性优势。其原因将在下一章讨论。这种转移一经巩固，中东便非达·伽马以前的景象，它不复是世界贸易中心，而是变成一潭死水。直到苏伊士运河凿通以后，中东才重新恢复它的地位。

五、黎凡特公司

黎凡特公司的出现，与贸易航线的转移具有同等破坏作用。组织这种大型股份公司来同西欧进行贸易的并不是奥斯曼商人，反倒是法国人、英国人和荷兰人，他们各自组织黎凡特公司，并就地开发奥斯曼帝国的资源。首先是法国人于1535年签订了一项协定，取得了居住在奥斯曼帝国经商而不受奥斯曼政府纳税和不受奥斯曼帝国法庭审判的权利。这些特权，或曰外侨权利，1583年又进而授予了英国人和荷兰人。结果是西方商人从16世纪以后便在原先被意大利人垄断的地中海东部的贸易中取得了越来越大的份额。

西方人成功的秘诀之一是，他们利用股份公司作为经济调动和经济渗透的工具发挥了相当大的效用。采用限制投资人的责任并把投资和管理这两项职能分开的办法，西方商人得以调动大量资本在黎凡特或非洲或东印度群岛几个特定地区从事商业冒险活动。奥斯曼商人则与此相反，他们不组织这样的公司，而是宁愿从事个体经营或私人合伙经营。之所以会采用这种经营方式，一部分是由于他们的保守主义和个人主义，另一部分则是由于奥斯曼的官员在帝国日趋衰微和腐化之风盛行的几百年间，倾向于认为过度富有的臣民都是被勒索与充公财产的好对象。奥斯曼的商人几乎全是亚美尼亚人、犹太人和希腊人，他们从未有任何组织足以同西方公司进行有效竞争，因此西方公司很快便控制了规模宏大的对外贸易，而只把一些微不足道的地方贸易留给奥斯曼人去经营。甚至就连地方贸易，实质上也是任凭西方领事摆布，因为我们已经看到，西方领事把大批的"巴拉特"颁发给地方商人，将他们置于外国法律的保护之下。

黎凡特公司的商业优势，也是以其国内工业的技术优势为基础的。就其利用不断改进的机器和非生物能源来说，飞速发展的西方工业在中东（或世界上其他任何地方）是绝无对手的。奥斯曼的工业不仅在技术上停滞在手工业阶段，在组织上也保留着行会的形式。奥斯曼官员都支持这种传统行会结构，担心革新会造成混乱并减少国库收入。奥斯曼的军政官员宁愿同旧式行会打交道，以保证物价稳定和商品质量。因此，到17世纪末叶，行会在西方经济中所起的作用已经减小，而奥斯曼帝国的工商业却仍在继续为行会所控制。当地的手工业工人和商人在沿着曲曲弯弯的窄狭街道盖起的小店铺里干活儿和做生意，有时他们还会当街搭起一些低矮的小棚子，凌乱无章地占满整个一条街，形成了所谓"八杂市"（bazaar，即集市）。这倒不失为一幅别有情趣的风俗画，然而在严格的控制下，再加上生产和经营上那套一成不变的方法，这种"八杂市"岂能是瞬息万变、一日千里的西方工业和贸易公司的对手。其不可避免的结局，在1803年访问君士坦丁堡的一位英国旅游者的记载中有如下描述：

设若一位经过长途跋涉之后来到此地的异国人想买几件合身的衣服，

添几件布置住房的家具，选购几册书籍或几张地图作为旅游指南或消遣之用，或者买些纸张、钢笔、墨水、餐具及鞋帽之类的东西，总之，想在君士坦丁堡买些在世界上任何城市几乎都是随处可见的那些物品，他将会所获甚少甚或空手而归，除非是一些根本就派不上用场的劣等货。稀稀落落的几件摆在当街出售的商品，要么是在其他市场上都不适销对路的英国出口货，要么就是质量更糟的德国、荷兰假冒英国货的仿制品。……如果这位外国人再观光一下集市的话……他所看到的只有拖鞋、皮质低劣笨重的长筒靴、粗糙的平纹布、烟斗、烟叶、咖啡、食品原料店、药材、花根、旧手枪、匕首及世界上质量最低劣的一些工业制成品。……从外观来看，君士坦丁堡似乎是欧洲最富裕繁荣的城市；但若仔细考察一下内部，其悲惨匮乏之程度实属惊人，应该把它看作世界上最低劣、最贫穷的都市。(8)

新大陆的金银源源而来，引起了16世纪中叶西欧物价猛涨，这更加突出了黎凡特公司的影响。到1580年代，奥斯曼的经济也出现了通货膨胀——这是它邻近西方因而招损的又一例证。由于黎凡特公司已经开始部分使用金银来支付它们从奥斯曼各地买到的粮食和原料，所以据说1584年"运往土耳其的主要贸易项目之一是成箱的西班牙银币"(9)。其他欧洲银币也充斥着奥斯曼市场，从而引起了严重的通货膨胀。1550—1600年间，西方商人大批购货的爱琴海沿岸地区物价猛涨高达十倍，而中央安纳托利亚的安卡拉地区的小麦价格也涨达将近五倍，由此可见通货膨胀之重要意义所在。凡向西方发运的货物，也同样有价格上涨趋势。

然而，金银并没有在苏丹的国土上存留下来，它们还是被用于交换成东部边界外的香料和精纺织品而流出去了。因此，奥斯曼帝国也同西班牙一样，发现自己在国际贸易中处于一个并不值得羡慕的地位。它仅仅是变成一个漏斗，来自西方的金银通过它流向中东，再流往远东。帝国政府显然缺少西方那样的经验和重商主义传统，因此迟迟不能采取行动。只有当首都和军队都已感到越来越难于得到食物供应时，政府才于16世纪末下令禁止金银向东方出口，并禁止各种原料向西方出口，其中包括棉花、棉纱、铅、火药、马匹和某些粮食，但是奥斯曼官员在贯彻禁令方面甚至比西班牙官员还要松懈。所以奥斯曼帝国金银的继续流失，就如西班牙一样；西方的船长们可以轻而易举地在地中海东部各国港口把合法或非法的货物装船外运，也恰如他们在西班牙诸殖民地一样的方便。无怪乎奥斯曼政府不管多么努力，仍然难于为本国工业、军队和城市消费者筹措到足够的供应品。

用近代土耳其一位历史学家的话来说，新大陆的金银和西方的工业制成品双管齐下的冲击，是"大西洋经济的高压"侵入"奥斯曼经济低压区"(10)。这种侵入引起了不可控制的连锁反应，不仅破坏了奥斯曼的经济，也几乎破坏了奥斯曼帝国社会中的其他各个部门。

首先是欧洲列强不断壮大的军事力量阻遏了奥斯曼进一步向中欧扩张。一直到 17 世纪中叶，土耳其征服者始终都在依靠战利品和新占领省份的税收来充实国库，同时还不断向封建骑兵加赐采邑。但到 19 世纪末，土耳其的扩张不但被阻，而且已开退却之端。根据 1699 年签订的《卡洛维茨条约》，土耳其的边界被推回到多瑙河沿岸。更有甚者，土耳其虽然很不情愿但却也只得力图赶上西方飞速发展的军事技术。迫于这种形势，他们不得不采用新式火器，并组织由中央统辖的常备军以代替旧有的自筹粮饷的斯帕赫骑兵。当时正值帝国通货膨胀、国库空虚之时，却需要大量开支。

斯帕赫也同样被搞得很穷，他们靠祖传的采邑所得的实际收入也随着通货膨胀而急剧下降。1586 年，一位威尼斯代表报道说："一位武士尽管可以把采邑典当出去若干年而获得一笔现金，但光靠这些钱来购置一次战役所需要的全部装备却是根本办不到的。"(11) 不难理解，斯帕赫也自有对策，那便是：逃避对中央政府所应履行的义务，并把附有规定义务和强制性条件的封地完全占为己有。

君士坦丁堡政府对付这种势头的办法是，用包税商来替代不再能当作军事力量来依靠的斯帕赫。包税商都是城镇里的名人，或称"阿扬"（ayan），既有广泛的政治关系，手中又不乏现款。他们也看出，在通货膨胀时期，包税是一项有利可图的投资。承包收税（iltizam）最后变得与私产（mulk）毫无差别，而阿扬（有些地区称 derebey）则介于政府和农民之间，把从农民那里榨取的大部分税收作为个人进项而中饱私囊。

斯帕赫当然要抵制其采邑的剥夺者，他们往往得到很多农民的支持，农民也都在阿扬接管他们那些小块土地之后丧失了土地的继承权。结果便出现了一段时期的无政府状态和武装斗争，斯帕赫与农民联合起来反对阿扬和支持他们的政府官员。混乱的局面相当严重，蔓延甚广，以致 17 世纪初期被称为"大逃亡"（Big Escape）时期，因为这一时期有大批农民移居城市。到了 18 世纪，阿扬已经成了整个省份的实际统治者。1808 年，他们又迫使徒有虚名而无实权的苏丹正式以国王的名义承认他们篡夺的特权，这些特权就此变得合法化了。

从西方引起奥斯曼帝国的分裂中得到实惠的其他一些人主要是参与对外贸易的奥斯曼臣民。尽管官方多方限制和严加禁止，但是不断扩张的西方经济依然从各省搞到了它所需要的原料，包括小麦、玉米、棉花、羊毛、生丝、烟草和染料。法国、荷兰和英国的黎凡特公司掌握着这种国际贸易的大部分，但在某些地区如叙利亚和巴尔干则由当地商人和海员参与经营，而且生意兴隆。拉古扎人和希腊人的商业船队发展迅速，希腊和马其顿的商人控制着多瑙河流域上游直至中欧的大宗陆上贸易。18世纪和19世纪早期英法之间爆发的多次战争，使得在奥斯曼各港口的西方商人宣告破产，地方商人立即取而代之，希腊和拉古扎的商船挂着中立国奥斯曼的旗帜接替地中海上的运输业务，赢得战时暴利。

正当奥斯曼的一些商人和水手经营对外贸易财运亨通之际，千百万农民却是苦不堪言。就像波兰和匈牙利的情况一样，在西方市场赚得的财政盈余诱发其强制推行农奴制以提高生产率，所以奥斯曼的某些专门种植西方所需谷物的省份也同样形成了旨在最大限度地增加出口量的农奴制。例如，巴尔干半岛平原在地理上是种植玉米和棉花的典型地区，便实行了一种按地理特点划分的新型制度，即契伏里克制（*chiflik*），以代替原先的蒂玛尔制。巴尔干农民在蒂玛尔制下还能享受土地的继承和使用权，他们缴纳的租税，即什一税和其他义务，相对来说还比较轻微，而且是由帝国官员严格规定的。但在阿扬接管了蒂玛尔后，他们一心向往外国市场的厚利而对他们本来就认为碍手碍脚的蒂玛尔的两个特点当然也就完全置之不顾了。这两个特点，一是采邑不能作为遗产来继承；一是农民的义务有法律的限制。

原先的采邑就这样从17世纪初期以来转变成了自由的、可以继承的财产，即所谓"契伏里克"。不管规定的承租条件如何，农民若不接受，便会被逐出这块土地。契伏里克的租金比蒂玛尔要高得多，在缴纳了租金和国家的赋税之后，农民所剩的农产品只有三分之一左右。更有甚者，农民虽然在理论上有迁徙自由，但实际上却受到严格限制。由于农民从总产量中只能得到很低的份额，所以他们普遍都要被迫向契伏里克地主告贷，赖以养家糊口，购置驮畜、农具。只要农民债务缠身，就不可能迁徙，又因很少有人能还清贷款的本息，所以农民实际上是被束缚在了这块土地上。由此可见，在契伏里克上劳动的农民，名为佃户，实属农奴，他们沦为农奴的根本原因无异于北方命运相同的匈牙利和波兰农民。

奥斯曼与西方的贸易往来不仅使农民深受其苦，同时也损害了手工业工人的地位。如上所述的一个原因是外侨权利限制了进口关税率，政府无法保护传统手工业，这方面尤其明显的是毛料工业。奥斯曼生产毛料的手工业者要承受双重压榨：一方面是西方国家的商人大量收购巴尔干羊毛，以致奥斯曼帝国羊毛的价格大大高于英国的售价；另一方面则是英国黎凡特公司在奥斯曼市场上削价倾销英国毛料，因为该公司把奥斯曼的货物（丝绸、安哥拉山羊毛织品、绒线、山道年、无核小葡萄干、茴香子）运入英国，英国颁发给公司的特许状又准许它们垄断贸易，故可通过任意高价出售赚得大钱。把英国国内和奥斯曼市场上英产毛料的售价加以研究可以看出，1620年代伊斯坦布尔的英国毛料价格虽然还要加上运费，但却仍比伦敦的价格低20%—30%。[12] 奥斯曼国内市场上价格昂贵的羊毛加上廉价倾销的英国毛料，使得奥斯曼的毛纺工业横遭扼杀。外侨权利又使政府不能实行保护关税，即便官方有意干涉也无济于事，更何况通常都是从不过问。

除此之外，外国大使和领事还会利用他们举足轻重的影响来阻挠那些可能会同他们的进口商品展开竞争的当地工业的发展。例如，希腊商人萨兰多·帕帕多波罗（Sarando Papadopoulo）曾于1760年代计划在科隆和纳瓦里诺开办几家肥皂"工厂"，遭到驻在该地的法国领事的阻挠，由于奥斯曼官员的配合，这一干涉获得成功。结果便是，从马赛和普罗旺斯进口的肥皂没有遭受可能遇到的竞争。与其相似，法国官员巴隆·托特（Baron Tott）1779年特别视察黎凡特各地的法国领事馆，回国后建议政府继续执行阻挠奥斯曼帝国地方工业发展的政策。这种预防性战略之所以奏效，是由于奥斯曼官员的贪污腐化；成千上万持"巴拉特"文件的"被保护者"的合作；萌芽期的企业家往往都是希腊人、犹太人或亚美尼亚人，而土耳其当局对这些人的切身利害通常漠不关心。

六、奥斯曼的外缘状态

苏丹穆拉德四世的谋臣科贾·贝格（Koja Beg）于1640年提交了一份分析帝国危机的备忘录。他再三强调：由于蒂玛尔制解体，那些有功的武士和官吏都大权旁落，得势的却是一些雇佣军和高利贷者。贪污腐化之风已经蔓延到社会生活中的各个部门，受压迫的百姓则被逼为盗。但在解释到国势日下的原因时，科贾·贝格作为一个地道的保守派，将其一概归咎于人事之过：自苏莱曼以下的历代苏丹都不勤国事，不亲临国务会议，只听信宫廷谣诼与后宫密谋；宰相无不参与阴谋贪污以求自保，致使帝国更趋衰微。近代一位土耳其历史学家在分析这一历史问题时，则把帝国的衰微与几个更广泛的世界问题联系起来加以考虑：

> 基础巩固的奥斯曼社会和经济制度之所以开始衰微，乃是完全在土耳其政府统辖地区以外的某些因素发展的结果，尤其是活力旺盛、实力雄厚的"大西洋经济"在西欧建立起来的结果。帝国经济制度的衰败，既不是其政治上的固有缺陷所造成，也不是某种基本大法使然，而是由于巨大的历史变化破坏了它的平衡，阻止了它自然的经济演化，使得它的一切制度都蒙受了不可弥补的创伤。……
>
> 经过16世纪后半期……有坚强的商业组织为支柱和强大的民族国家为动力的欧洲商业开始成为地方工业的威胁。……欧洲新型民族商业的策略是：一方面向国外销售最大限度数量的货物，另一方面则限制任何制成

品入口。因此，奥斯曼的地方出口工业也就没有任何销售市场。黎凡特的商业于是就变成一种"殖民地商业"，土耳其则变成西方工业的主顾，它只能向别国提供初级原料，自己却再也不能出口制成品。⁽¹³⁾

同时代的观察家中，有些人已经察觉奥斯曼经济的这种从属性及其对帝国和帝国各族人民所造成的危害。其中一位名叫沃尔尼（C. F. Volney）的观察家，大概要算是19世纪以前在中东游历的掌握材料最多、看问题也最深刻的欧洲人。他在1785年游历了埃及和叙利亚之后，曾得出下面一段结论：

> 就土耳其帝国的利害关系而论，可以断言，土耳其与欧洲和印度的贸易害多而利少。只因出口的物产全系未经加工的原材料，所以帝国先就自行剥夺了可以由自己人民的劳作中获得的利益。再者，从欧洲和印度进口的商品纯属奢侈品，徒然助长富人和政府职员靡费之风，而加深百姓及耕者的困苦境遇。⁽¹⁴⁾

法国驻君士坦丁堡大使舒瓦瑟尔－古菲尔在1788年曾称奥斯曼帝国为"法兰西最富庶的殖民地之一"⁽¹⁴⁾，也算表达了同样的结论。这个评价基本是正确的，只不过奥斯曼殖民地当时尚未被完全纳入世界性市场经济。下列事实反映出这一情况：16世纪末叶奥斯曼帝国已占法国对外贸易总额的50%，而到1780年代这一比例竟降至5%。同样，17世纪大部分时间内奥斯曼帝国承担了英国对外贸易的约10%，而到1770年代，其承担的数额却降至1%。这些数字表明，西方经济对中东的渗透还只停留在表面上。而其经营规模之小则表明，尽管一些特定的手工业品和某些平原地区的农民已深受其害，但就整个奥斯曼帝国来说，被纳入世界性市场经济的还只是一部分而已。

更具体地说，地中海沿岸省份（埃及、叙利亚、小亚细亚西部和巴尔干）实质上已经受到黎凡特公司的影响，而较远的波斯湾—红海各地区（伊朗、伊拉克、苏丹和阿拉伯半岛）则仍多半未受影响。由此可见，在19世纪以前的几百年间，就其对世界性市场经济的关系而言，中东始终介乎两类地区之间：一类是已完全纳入世界性市场经济之内的、从属性的东欧和拉丁美洲地区；另一类则是完全处于世界性市场经济之外、独立的亚洲大陆。中东之完全被纳入世界性市场经济还有待以下几件大事来促其实现：19世纪向私人和政府贷款，修筑铁路，开凿运河，以及20世纪在这里发现石油。

[注释]

1. Cited by H. Inalcik, *The Ottoman Empire: The Classical Age 1300-1600*（New York: Praeger, 1973）, p.41.
2. C. T. Forster and F. H. B. Daniell, eds., *The Life and Letters of Ogier Ghiselin de Busbecq*（London, 1881）, pp.221-22.
3. Cited by Mehmed Pasha, *Ottoman Statecraft: The Book of Counsel for Vezirs and Governors*, ed. and tr. by W. L. Wright（Princeton, N. J.: Princeton University Press, 1935）, p.21.
4. Cited by N. Steensgaard, *The Asian Trade Revolution of the Seventeenth Century*（Chicago: University of Chicago Press, 1974）, p.75.
5. Cited by Inalcik, op. cit, p.46.
6. Cited by Steensgaard, loc. cit.
7. Cited by E. Kuran, "The Impact of Nationalism on the Turkish Elite in the Nineteenth Century," in W. R. Polk and R. L. Chambers, eds., *Beginnings of Modernization in the Middle East*（Chicago: University of Chicago Press, 1968）, p.109.
8. E. D. Clarke, *Travels in Various Countries of Europe, Asia and Africa*（Cambridge, England, 1810）, Vol. I, pp.689-91.
9. Cited by Inalcik, op. cit., p.49.
10. O. L. Barkan, "The Price Revolution of the Sixteenth Century: A Turning Point in the Economic History of the Near East," *International Journal of Middle East Studies* VI（1975）: 7.
11. Cited by Steensgaard, op. cit., p.79.
12. B. Braude, "International Competition and Domestic Cloth in the Ottoman Empire, 1500-1650: A Study in Underdevelopment," *Review* II（Winter 1979）: 442-51.
13. Barkan, op. cit, pp.5, 7.
14. C. F. Volney, *Travels Through Syria and Egypt*（London, 1787）, Vol. II, p.431.
15. Cited by *Encyclopaedia of Islam*, Vol, III, p.1187.

> ……奇珍异宝,并无贵重……[天朝]无所不有,尔之正使等所亲见。然从不贵奇巧,并无更需尔国制办物件。
>
> ——乾隆帝致英王乔治三世(1793)

第七章　亚洲：一个外缘以外的区域

在19世纪以前,亚洲仍是处于全球性市场经济之外的一个区域,它既没有像东欧和拉丁美洲那样被纳入全球性市场经济成为其中一部分,也没有像非洲和中东那样成为全球性市场经济的外缘地区。地理位置是造成这种差别的原因之一,在电报、轮船、洲际铁路、运河出现以前,南亚和东亚与西欧之间的遥远距离造成了一个有效的缓冲地带。地理因素的重要性从下面这一比较中能够明显地表现出来:中国、日本与西方列强相隔万里,鞭长莫及,而与它们毗邻的奥斯曼帝国则极易受到它们的军事、经济、文化侵略。亚洲隔绝于世界经济之外的另一个原因是它的经济发展水平较高,这使它自己的诸古老文明能够自给自足,而对西方商人提供的相对微不足道的物品不感兴趣。此外,地域辽阔的印度莫卧儿帝国和中国的明清王朝拥有强大的军事力量,西方商人和冒险家想要像在美洲那样靠武力开路,或者像在非洲和中东那样把不平等的贸易关系强加于人,都是不可能的。相反,西方人只能是局限于在沿海一带建立少数商站,作为从事贸易活动的据点。

欧洲人固然是在亚洲海域享有决定性的海军优势,这使他们支配了新开辟的环球贸易通道。但是由于亚洲的自给自足,亚洲产品在国际贸易中的地位远远落后于新大陆种植园的产品,除了印度一些沿海地区和东南亚一些岛屿之外,亚洲国家和民族还没有受到日益扩张的西方的影响。在工业革命给19世纪欧洲带来所向无敌的经济和军事力量之前,亚洲作为一个外部区域保持了自己的独立性和固有特点。

一、达·伽马到来之前的亚洲

在达·伽马出现在印度洋之前的几千年里,这里的商业一直是按照季候风的变化规律进行的。从东非至东印度群岛的广阔海洋上,大约从10月到第二年3月刮东北季风,从5、6月到9月刮西南季风。因而,从9月到5月是从古吉拉特前往亚丁贸易的季节,从10月到来年2月则是从亚丁到马拉巴尔贸易的季节。从古吉拉特东航到马六甲,印度的船只在1月起航,5月底返航。利用季候风,来自印度洋西部地区的商人与随着贸易风来自东北方或中国海的商人在马六甲会聚。来自东北方的商人大都是中国人,而西方来的则大都是阿拉伯人、印度人、波斯人及土耳其血统的商人。印度商人中只有一小部分是非穆斯林,即来自古吉拉特的印度教徒和耆那教徒。

西方历史学家很强调香料贸易。香料产于东印度群岛,经过穆斯林和意大利中间商之手运到欧洲,成为家用必需品。但就总的亚洲贸易甚至是就总的亚洲香料贸易来说,同欧洲间的贸易量相对来说并不占太重要的位置。更大量的贸易是通过其他路线,即波斯湾与印度之间、东非与印度之间、波斯湾与东非之间、印度与马六甲之间、马六甲与东印度群岛之间,以及马六甲与中国之间进行的。

几千年来,这些路线上的贸易一直由中东、南亚、东南亚和东亚的许多国家和地区的商人操持。随着15世纪末达·伽马绕过好望角的历史性航行,这一传统格局受到了挑战。为了正确评价葡萄牙及后来的荷兰和英国入侵者的破坏性影响,有必要先了解一下传统亚洲贸易进行的方式。实质上,亚洲商人无论其民族和宗教背景如何,在各个印度洋港口从事贸易时都享有充分的自治权,无论是在东非的索法拉、马林迪、蒙巴萨,还是在红海的亚丁,波斯湾的霍尔木兹,印度的坎贝亚、苏拉特、果阿、卡利卡特,锡兰的科伦坡,或者东南亚的马六甲,情况都一样。

在这些城镇中,外国商人一般是按国籍住在一定的区域。通常,他们会选出一个首领代表他们同所在口岸的统治者打交道。由于这些口岸大部分从内地几乎得不到什么经济益处,他们的财源主要依靠外国商人,因此这些统治者小心翼翼地避免采取任何可能疏远商人或将这些商人赶往其他口岸的措施。他们尽力为贸易活动提供各种有利条件:合理的税收,宗教宽容和免于武断而不公正的待遇。除此之外,当地统治者还允许商人享有充分自治权。

作为回报,商人则有义务缴纳关税,通常相当于商品价格的6%,外加一些礼物,这是由商人所属集团的首领摊派的。大部分印度洋口岸的财政来源都靠关税收入,为了确保税收来源不致中断,商人在其活动中一般都被允许享有人身财产安全和自治权。1442年,即葡萄牙人来到亚洲的半个世纪以前,一位访问过卡利卡特的波斯旅行者写道,这里存在着一种理想的自由放任主义的统治:"安全和公正是如此坚固地建立起来了,商人们从遥远的沿海国家运来大量货物,他们卸下货物,毫不犹豫地送往各个市场或集市,无须考虑核对账目和看守货物……每只船,无论其来自何方或开往何处,当它开进这一港口时,都会受到同其他船一样的待遇,不会遇到任何麻烦。"(1)

有关达·伽马到来以前的亚洲情况,最后一点应该谈到的是,15世纪中叶中国人退出印度洋的举动至关重要。在15世纪前半期,中国多次派出远航船队进入印度洋,其规模之大、工艺水平之精湛,令人印象深刻。中国的海船比那一时代穆斯林或西欧的海船大得多,但这些非凡的远航突然在1433年被皇帝下令停止。无论导致作出这一至关重要决定的直接原因是什么,它都反映了中国商人缺乏西方商人所拥有的政治权力和社会地位。中国商人和手工业者组成地方行会,每个行会都有自己的领导人,但这些行会的领导人都由政府批准,政府要求他们对行会每个成员的行为负责。官方还控制着诸如盐、铁这样一些关系国计民生的商品的生产和分配。这种种限制剥夺了中国商人自由发展的机会。当西方城市已经成为商人势力活动的基地时,中国城市却由皇帝的军事和官僚机构所控制。西方商人在他们的君主参与下积极从事海外扩张,而中国商人却无力反对皇帝作出的停止辉煌的远洋航行的决定。

中国人的退出在印度洋上留下了权力真空。因为往来于各个港口的穆斯林商人,既不是正在离开的由天朝财源所支持的中国人的对手,也不是即将到来的里斯本宫廷所装备和委派的葡萄牙人的对手。葡萄牙人很快就控制了从东非到马六甲的巨大贸易区域,甚至还在中国海岸上的澳门建立起商业据点。由葡萄牙人打开通往中国的贸易道路,而不是由中国人前往欧洲,这一事实标志着第三世界历史进程的根本转折点,它决定了地球上哪些部分将会组成依附于他人的第三世界,哪些部分将会成为扩张和发达的第一世界。

二、葡萄牙的海上帝国

15世纪初,航海家亨利亲王第一次派遣他的船长们沿非洲海岸南下时,他的目标并不是东方的香料群岛。相反,他的明确目的是想在离本国较近的地方获得所需的商品,如附近海域的鱼、大西洋诸岛的谷物和糖、非洲的黄金和奴隶。但当这些冒险家们继续向南在沿岸建立港口,从事早先由北非的阿拉伯人所经营的黄金和奴隶贸易时,葡萄牙人的眼光逐渐扩及包括印度和非洲在内的广大地区。

葡萄牙人闯入印度洋是1487年一起偶然事件造成的。当巴塞罗缪·迪亚斯

（Bartholomeu Dias）沿非洲海岸探险时，一场大风暴将他们的船队往南刮去，13天不见陆地，风暴减弱时，他向东观察大陆，意识到风暴已经将他吹过了这一大陆的极南端。他在印度洋边的莫塞尔贝登陆，本想继续探险，但那些疲惫不堪的被风暴吓坏的船员们强迫他返航。在返航途中，他第一次看到了巨大的海角，并给其取名"风暴角"，葡萄牙国王曼努埃尔因为迪亚斯安全返回，又将这一海角更名为"好望角"。

由于政治上和财力上的困难，曼努埃尔没有立即继续迪亚斯所开拓的航行。直到哥伦布向西航行宣布已经到达东印度群岛时，曼努埃尔才急于想使葡萄牙获得往东方去的海角航路。1497年7月8日，达·伽马率领四艘船从里斯本出发，绕过海角，停泊在东非的马林迪。在那里，他偶然结识了一位著名的阿拉伯领航员艾哈迈德－伊本－马德吉（Ahmad-Ibn-Madjid），并在后者的引导下横渡印度洋，于1498年5月底到达卡利卡特。由于这次航行所带来的结果，伊本－马德吉后来对自己的行动十分后悔，至今他都还在遭到他的穆斯林兄弟的痛骂。

达·伽马回到葡萄牙后，国王曼努埃尔给他加上了这样的头衔："埃塞俄比亚、阿拉伯、波斯和印度诸地征服、航行、贸易的勋爵。"这并非一些空洞的辞藻，实际上每一个用词都经过郑重推敲。葡萄牙采取进一步措施垄断了沿新开辟的海角航路和印度洋上的商业，在这些地方许多亚洲人早已自由地贸易了数百年。没过几年，葡萄牙人就实现了他们的目标，作为一个小国能够把自己的势力扩张得这么远，这是一个很了不起的成就。

前面已经谈到葡萄牙人成功的原因之一是中国人早在半个世纪前偶然地退出印度洋，造成印度洋上的权力真空，让葡萄牙人立即填补上了。他们之所以能填补这一真空，在于他们的海军实力强大。这部分是由于他们善于实行整体战术，而不是靠船队中每艘船单独行动，更重要的是葡萄牙人船上的枪炮。葡萄牙人同其他西欧人一样，正在发展一种新式有效的海军大炮，这使他们能够将船变为浮动炮台，而不是作为运输船队。大炮而不是步兵成了海战的主要工具，大炮被用来攻击敌人的船只而不是用于对付船上的人。穆斯林不具备与葡萄牙人相匹敌的力量，他们的船只设计不是为了装载重武器，他们的水兵习惯于靠近海岸作战，在那里击退来自海上的攻击。此外，穆斯林统治者大都不懂航海，他们感兴趣的不是船，而是船上运载的战士能随时投入战斗。古吉拉特的巴哈杜尔苏丹宣称："海战是商人之事，无关国王之尊严。"[2]

葡萄牙人获得成功的另一个原因是他们具有无与伦比的冒险性与侵略性，这使人回想起摧毁阿兹特克和印加帝国的一小撮西班牙征服者。阿尔伯克基也同西班牙人一样，为了打败穆斯林对手，曾想出各种各样荒谬和冒险的计划，如让尼罗河改道流入红海，袭击麦加、劫持先知的遗体以勒索赎金等。16世纪末叶，一位当事者在如下一段话中这样描述早年葡萄牙人在东方横冲直闯的劲头："安德烈·弗尔塔多·德·门东萨（André Furtado de Mendonça）是那些第一批船长中最坏的典型。这些船长在傲慢与虚荣的贵族、贪婪的瓦尼亚（古吉拉特印度教和耆那教商人）、挥霍无度的莫卧儿官员，以及粗鲁、狂热、嗜血的武士中建立起印度领地。他们像凶狠的野兽一样杀得穆斯林和异教徒尸骨成山，他们也将以挥霍金银财宝时同样兴奋的心情，准备为任何任务和危险不惜舍弃自己的热血和生命。"[3]

宗教狂热助长了这种强烈的侵略性，尤其是当具有十字军传统的葡萄牙人遇上他们的世仇穆斯林时尤其如此。正是这种追求财富的欲望和宗教狂热两相结合，使西班牙人和葡萄牙人在他们的海外事业中变得如此有成效。在16世纪的南亚大陆上，葡萄牙人的侵略性和有意制造的暴行吓坏了印度当地人。果阿总督若奥·德·卡斯特罗（João de Castro）在给国王的信中骄傲地写道：在主力舰队之前，他"已派曼努埃尔·德·利马（Manuel de Lima）带领20艘船控制了整个海湾，在海岸到处烧杀。他很出色地显示了自己的勤奋和豪侠风度，因为他给沿岸地区造成了前所未有的和想象不到的破坏，甚至要毁灭从达曼到布罗奇的每一个地方，永远把它们从记忆中抹去。他屠杀所有被他抓走的人，对有生命的东西不表示任何怜悯。他烧毁了20艘大船和150只小船……城镇的广场上堆满了尸首，在整个古吉拉特造成了巨大的震惊和恐惧。"[4]

最后，葡萄牙人之所以获得成功，很大程度上是由于印度洋各国社会处于毫无希望的分裂状态中。在穆斯林中，逊尼派与什叶派之间存在着鸿沟，使葡萄牙得以与什叶派的波斯建立联盟反对逊尼派的土耳其。穆斯林与印度教徒之间也存在敌对情绪，在印度和印度尼西亚，葡萄牙人利用这一矛盾谋取利益。导致亚洲分裂和脆弱最根本的原因是那个时代亚洲的社会结构的弱点。例如，古吉拉特的苏丹，更不用说德里的莫卧儿皇帝，本可以在任何时候轻而易举地将葡萄牙人赶走，但他们却并没有这么做，因为他们很少关心也不知道沿海各港口正在发生的一切事情。

印度商人在各个港口与葡萄牙人无论作出什么安排都是他们自己的事，商人自己并不要求苏丹出面干涉或以武力赶走葡萄牙人，因为如果那样做，他们自己就会因被卷入战争而蒙受物质上的损失。同其他地方的商人一样，古吉拉特商人感兴趣的主要是利润。通过承认葡萄牙的海上优势，向葡萄牙人交付他们所征收的税款，以及避免内地统治者的干涉（这种干涉会导致战争和破坏），他们的利润就能得到最好的保障。其结果，葡萄牙人并不是非得应付苏丹或皇帝不可，他们只需和当地商人打交道即可，而这帮人则是很容易被吓住和被剥削的。

葡萄牙人在印度洋上获得绝对优势的基本原因是，他们所打交道的这一类社会内部起作用的纽带是横向而不是垂直的。广大群众是某个或某些自治体的成员而不是行省或帝国治下的臣民，这些自治体有宗教团体，分门别类的手工业行会，设有潘查雅特［Panchayat，乡村自治委员会］和柴明达尔［Zamindar，村长兼包税商］的村社，还有在印度居住的外国商人：葡萄牙人、英国人、荷兰人、土耳其人、亚美尼亚人和波斯人，他们都住在各自的区域里，选举自己的领导人，解决他们自己的纠纷，在他们自己的墓地里埋葬死者。甚至莫卧儿骑兵，陆上武装的主要组成部分，也是由较低级的首领招募的，这些低级首领及其随从依附于更高级的首领。每个士兵仅追随自己的直接首领，很少关心整个军队的利益，没有他们的贵族起码的默许，无论是苏丹还是皇帝都不能调动他们。

在这样一种由横向联系所维系的社会中，统治者与被统治者之间的纽带不可避免是脆弱的。各式各样的下层集团与上层统治集团（包括莫卧儿皇帝、各省苏丹、官僚和军事首领）之间接触甚少。印度社会，就像印度洋区域其他国家的社会一样，是分裂的，人们只是对某些社会团体而不是对地区或者帝国政权效忠。因此，葡萄牙人能够建立据点，征收税款。如果那里的社会具有当时西欧新兴君主国一般具有的社会内聚力的话，他们本来是很容易被赶走的。我们只需设想一下，如果印度海军也像卡斯特罗总督的舰队在古吉拉特海岸所做的那样洗劫葡萄牙的海岸将会引起什么样的反应，就很好明白这一点。

以上这些因素结合在一起，使得葡萄牙人能够在整个印度洋上确立他们的统治体系。他们是这样为自己的行为辩护的，即把海洋归所有人所有的习惯法，说成仅仅适用于受罗马法管辖的欧洲基督徒。印度教徒和穆斯林在罗马法治之外，正如他们在耶稣基督的法治之外一样。甚至还说，印度教徒和穆斯林无权要求在亚洲水域航行，因为在葡萄牙人到来之前，没有人将海洋宣布为自己的世袭产业或征服的产业。官方编年史学家若奥·德·巴洛斯（João de Baros）说："航海是一种公共权利确实是存在的，在欧洲，我们承认这种权利，而别人也正是依据这一权利来对付我们；但这种权利不超出欧洲范围，因此，葡萄牙人作为大洋海的主宰，没收所有那些未经许可擅自在这里航行人的货物是完全正当的。"[5] 这样一来，印度洋也就从数千年来的公海变为葡萄牙人专有的禁区。为了行使这种权利，葡萄牙人采取无情的恐怖主义手段，特别是当他们碰到可恨的穆斯林时。在达·伽马较晚的一次航行中，他碰到了一些从麦加返航的非武装的商船。他捕获了那些船，用葡萄牙一名船员的话说："在搬光船上货物后，禁止任何人放摩尔人出船，然后下令纵火烧船。"[6]

经过最初这一杀人放火阶段，葡萄牙人获得了"大洋海的主宰"的特权。他们组织了一整套帝国统治机构来行使和利用其垄断权，最上层是住在里斯本的国王，辅助他的是印度事务署,用以监督与东方的贸易。"印度邦"的首脑是总督,驻在果阿,在军政和民政事务上拥有最终决定权。历任总督中,最伟大的要数阿尔伯克基,他在任期内(1509—1515)获得了进出印度洋的狭窄海洋通道的控制权。

他占领了索科特拉和霍尔木兹两个岛,这两个岛分别是进入红海和波斯湾的门户。在印度,他在占领卡利卡特的企图失败后,占领了位于马拉巴尔海岸中段的果阿,并将果阿作为他的主要海军基地和总司令部,葡萄牙人占领果阿直至1961年。再往东,他占领了马六甲,控制了这个通往远东的全部贸易必经的海峡。两年后,即1513年,第一艘葡萄牙船到达中国广州港,这是马可·波罗之后第一次有史籍记载的欧洲人访问中国。葡萄牙人一开始与中国政府交往就遇上了麻烦,因为马六甲的统治者一直承认中国的宗主权并逃往北京控诉欧洲人的残暴行径。但过了一段时间,葡萄牙人还是获准在广州下游不远的澳门建立货栈与定居点,从这里进行他们在远东的活动。

每年葡萄牙船队都会沿非洲海岸而下,沿岸有许多补给站为船只供应物品并负责整修。在绕过好望角后,船队在位于东非的葡萄牙另一个属地莫桑比克停泊,然后驶往印度,通常是去果阿。离开葡萄牙时是二三月,到达果阿时已是年底,季风要求在新年伊始就尽快开始返航。远征队从葡萄牙带来了加强要塞的人员、准备购买返航货物的钱,以及用来交换的商品如铜等。返航带回的货物则有香料,主要是胡椒,这是由王国政府垄断经营的,其他货物特别是棉织品则由私商和驻东方官员经营。国库财富来源于垄断香料贸易所得的收入和对其他商品征收的税款。

16世纪早期的远航队由皇家船队组成,虽然船上所载货物大都是私商的。到1540年代,由于这种制度在船只和其他附属开支上占用了王室太多资金,所以将航海许可证卖给最高投标人。以后数年间,大批葡萄牙人永久定居在亚洲,娶了当地妇女,在亚洲人之间的贸易中充当中间商或从事运输业,这种贸易在量上比葡萄牙人与东方的贸易更大。荷兰总督范·戴蒙(van Diemen)后来评论说:"大多数住在印度的葡萄牙人都将这一地区当作自己的祖国,不再有思乡之感;他们很少或不再从事与葡萄牙的贸易,而是满足于从事亚洲各国间的转口贸易,就好像他们是本地人,心目中再也没有自己的祖国。"[7]

葡萄牙人的主要税收来自被称作 cartaz 的通行证制度。这种通行证是从1502年起由葡萄牙要塞的主管当局颁发的,只收取卢比费用。一位16世纪穆斯林作家这样描述这一制度的作用:

> 应当看到的是,佛郎机人在科钦和坎纳诺尔站住脚并在这些城镇定居后,当地居民及其所有家属都成了这些外国人的臣民,他们担任各种航海

技术工作，或受雇为海员，在佛郎机人颁发的通行证保护下从事贸易航行。每艘船再小也要有一张通行证，据说这是为了确保所有船只的安全。每一张通行证都有一定的价格，交了钱才能发给船主，有了证才能出海。现在，佛郎机人在强征通行费时力图使当地人相信这样做最终是有利于他们的，并引诱当地人服从这一规定；而为了实行收费制度，当他们偶然遇上没有带特许证或通行证的商船时，就会毫无例外地连人带船和货一并没收。[8]

实行这一制度的目的并不在于收取通行费，这种钱是微不足道的，而是要保证每个船主缴纳占货值 6% 的税款。无论是基督徒、印度教徒还是穆斯林，也无论是长途贸易还是当地邻近港口间的商业往来，所有印度洋上的商人均需挂有通行证。在 17 世纪，为了支付同新闯入的荷兰人的战争费用，税收增加了好几倍：1607 年税率为 8%，1639 年是 9%，1659 年则是 10%。

葡萄牙人进入印度洋，刚开始时就使通过传统的中东商道输入的香料急剧减少（参见第六章第四节）。但在几年之后，旧渠道又成功地与新的海角航线展开竞争。据估计，1560 年前后从亚历山大港向欧洲输出的香料数量不少于达·伽马以前的年代。在一些年份里，从印度洋到红海的商船的载货量还超过了经海角航线的葡萄牙船的载货量。中东通道的继续使用表明，尽管理论上葡萄牙对所有欧洲与东方间的贸易享有垄断权，但事实上却也有相当多的漏洞，而且随着时间流逝这种漏洞也是日益增多。到了 17 世纪，荷兰人和英国人的东印度公司已经能够渗入葡萄牙人的禁区，并接管了海角航线的控制权。

对全球性经济力量上所发生的这一急剧的、关系重大的变化，有过各种各样的解释。一种解释是，葡萄牙人建立的基地太多，这些基地需要大量人力和资金，使它难以应付。阿尔伯克基满足于其对红海（索科特拉）、波斯湾（霍尔木兹）和中国海（马六甲）的进出口的控制权，但他的后继者们却抵制不了诱惑，想通过建立新碉堡将自己的名字刻在碉堡大门上方使自己青史留名。最终，葡萄牙建立了一连串 50 多个碉堡，从而严重地耗干了它有限的财力和人力。

葡萄牙人衰败的另一个原因是官员贪腐，他们通常都是在拍卖场上以高价购得自己的官职，必须在短短几年任期内收回老本，并尽可能搜刮到更多钱财。因此，这些官员也就愿意让本地人的船只溜进红海和波斯湾。他们还强迫本地商人用极高的价格购买他们的商品，这种做法促使商人尽力逃避葡萄牙人的垄断。

使葡萄牙力量削弱的同样重要原因是人力短缺现象一直在加剧，仅有 100 万人口的葡萄牙远远无法弥补由于人们涌向巴西金矿和远征亚洲而造成的人力短缺。疾病和海难造成很高的死亡率，如 1571 年船队在里斯本起航时是 4000 人，而几个月后到达果阿时只剩下一半人。葡萄牙船上越来越多的是缺乏训练的欧亚混血儿，以致航行事故日益增多。在达·伽马第一次远航（1497 年）和西班牙与葡萄牙王室合并（1580 年）之间的 83 年里，93% 的船只都能从葡萄牙安全到达印度，但在其后 32 年里（1580—1612 年）却只有 69% 到达目的地。这些损失并不仅仅是由于水手技术水平低下，也是由于在航海技术和战船的建造上葡萄牙已经落后于英国和荷兰。当北欧人出现在印度洋上时，他们船只的船体比较轻便、建造比较优良、更易操纵、武器装备也较强。

最后，葡萄牙人衰败的最基本原因可能是欧洲经济中心从地中海转移到北欧国家（参见第三章第一节）。这种转移对亚洲海洋上的贸易和战争有重要影响。北方人拥有优越的商船、战船，有价廉物美的工业制成品一类的商品，还有规模庞大的东印度股份公司这样优越的组织。这一切都比葡萄牙私人经营者有利得多，就如同今日世界性经济中跨国公司优于地方性小企业一样。

荷兰和英国公司优越的海军力量可以保护他们免遭海盗和葡萄牙人之害，而他们优越的经济力量则可以保护他们免受市场波动之苦。他们的财力使他们能够影响市场，不仅是为了谋取最大量的直接收入，也是为了减少价格波动进而有可能实行长期计划。例如，当丁香的价格在 1620 年代初降到每磅 3 弗罗林时，荷兰公司立马削减进口，直到价格回升到 1627 年的每磅 6 弗罗林。当英国利用高价增加进口量时，荷兰则以倾销相对抗，使价格再次下降到将近 3 弗罗林。英国无利可图就减少进口，价格重新回升。这样，各公司都认识到必须承认最高价格和最低价格。总的作用是更经济地利用资源，因此，整个 17 世纪的香料价格持续下跌。

东印度公司的高效率使得旧有的中东商路失去了作用。事实上，如下表所示，中东已经成为亚洲商品的主要市场，亚洲商品由船载运，绕过海角到西北欧，然后再由船运往中东，过去中东也曾由于转运同样货物到西北欧而一度繁荣。

1626—1627 年英国转运出口的亚洲货物						
输往地点	胡椒（磅）		靛青（磅）		白布（匹）	
	1626	1627	1626	1627	1626	1627
地中海	801347	1799693	268889	145735	3709	24232
尼德兰	62926	210603	23697	37550	66	6348
德意志西北部	145775	414214	23340	8224	0	927

法国西部	89705	37684	19055	3050	2084	0
波罗的海地区	11379	33476	0	0	0	0
其他地区	7198	1945	1050	3453	1295	277
无确定目的地	46207	16780	4150	0	0	1724
合计	1164537	2514395	340181	198012	7154	33508

Source: N. Steensgaard, *The Asian Trade Revolution of the Seventeenth Century*（Chicago: University of Chicago Press, 1974），p.174.

当时的土耳其观察家奥马尔·塔利布（Omar Talib）清楚地认识到了世界贸易改组的历史意义，他说：

现在，欧洲人已经学会认识整个世界，他们将船派往各地，占据重要港口。过去印度、信德、中国的货物通常都是先运往苏伊士，再由穆斯林分配到全世界。但现在这些货物却是由葡萄牙、荷兰、英国的船只运往弗兰吉斯坦［欧洲］，再从那里散布到全世界。他们将自己不需要的东西运到伊斯坦布尔和其他伊斯兰教国家，以六倍的价格卖掉，发了大财。由于这一原因，伊斯兰国家的金银也就变得越来越稀少了。(9)

三、东印度公司赶走葡萄牙人

东印度公司的优势地位标志着一种新型商业企业的胜利。亚洲的葡萄牙人从一开始就充当里斯本的工作人员，而各种东印度公司则是作为独立的商人组织处理自己的事务，可以充分利用他们各自母国的新的世界领导地位所提供的有利条件。(10)虽然他们是在政府的特许状基础上成立的，但他们却成功地抵制了政府的干涉而保持了自己的独立性。当1600年10月财政大臣推荐某一个曾在私掠船上工作过的绅士充当英国公司组织的第一次远航的"首席指挥"时，公司直截了当地回答说，他们"不喜欢雇用任何代理人担当任何负责的或指挥的工作"并吁请"阁下……允许他们用自己品类的人去处理自己的事务……"(11)

这就是荷兰人和英国人损害葡萄牙人利益进入亚洲海域的背景，这一过程始于弗朗西斯·德雷克（Francis Drake）爵士著名的环球航行（1577—1580），这次航行反映出葡萄牙已不能再称霸东方。面对许多敌人，它正忙于防卫它那极长的贸易航线和极其分散的据点。葡属东印度群岛看上去已经不再是坚不可摧的了。1580年西班牙和葡萄牙王室的合并，使得信奉新教的国家以恐惧和仇恨的心情看待葡萄牙，这种心情过去则是针对西班牙的。现在，葡萄牙在欧洲和海外都被当作敌人，她的帝国成了新教国家攻击的对象。随后，尼德兰的反叛也干扰了殖民地商品在北欧的分配，因为荷兰人不再能在伊比利亚各港口获得货物了。有一段时间，英国一直在地中海东部诸港口得到东方的产品，但当西班牙和葡萄牙军舰封锁了通往直布罗陀海峡的通道时，这一贸易便停止了。在这些压力下，英国和荷兰决定，既然他们不再能在里斯本和亚历山大得到香料，他们就应从东印度群岛直接取得这些商品。

首要任务就是收集绕过海角航线可靠的导航资料。葡萄牙人对此采取了极其严格的保密措施。1504 年，国王曼努埃尔一世下令禁止在任何地图上画出刚果以远的航海路线，披露这类资料的早期地图一律被收集、销毁或修改。尽管有这种保密制度，葡萄牙的航海秘密还是逐渐泄露了出去。对北方人来说，最重要的资料是《旅行记》(*Itinerario*)，这是由荷兰人范·林斯豪滕（Jan Huyghen van Linschoten）撰写，于 1595 年出版的一部世界地理的著作。他曾作为果阿的葡萄牙大主教的仆人在印度生活了 37 年，所以能在其书中详述有关海角航线的航海指南。

就在范·林斯豪滕的书出版当年，它就被用于指导荷兰船队的东印度群岛的首航。在历时两年半的远航中，损失是巨大的，最初出发时的 289 人仅 89 人生还。尽管有人员和装备上的损失，但是贸易非常赚钱，依然获得了丰厚的利润。第二次远航更为幸运，净赚了四倍的利润。荷兰人现在开始蜂拥到东方海域，仅 1598 年一年里，就有不少于五支船队包括 22 艘船参加远航。从一开始他们就超过了葡萄牙人。荷兰人是更好的水手，他们的船被称作"飞船"，是世界上最好的商船。宽阔的横梁、平展的底部，以及有限的舱室，使它拥有最大限度的空间，并能节省大量建筑材料。这种缓慢、形象难看而便宜、容积大的船只是荷兰商人在东方及全世界海上运输的主要依靠。最后，荷兰还具有能够提供价廉物美商品的有利条件，因为它的工业比伊比利亚半岛诸国都要先进。

这时出现了一种出人意料的复杂情况：印度尼西亚统治者和商人利用荷兰人与葡萄牙人之间的竞争，力图提高价格和港务税。1602 年，荷兰人将各式各样的私人公司合并为一个全国性商业组织：荷属东印度公司，以应付这一情况。根据公司从国会得到的特许状规定，它享有从好望角到麦哲伦海峡之间的贸易垄断权（就荷兰而言）。它还被授予宣战、媾和、夺取外国船只、建立殖民地、建筑堡垒和铸造货币等权力。公司充分利用这些权力与本地统治者打交道，并成功地进行了驱逐虚弱不堪的葡萄牙人的斗争。两年前，即 1600 年，英国也已组织起自己的东印度公司，但他们不是荷兰人的对手。英国公司的认购资本小得多，而且要不断地征股，因为英国股东只愿分次资助航行，每次航行一结束就会把利润和资本一齐分光结清账目。此外，英国公司从斯图亚特王朝君主那里得到的支持很小（既然英国仍然主要是一个农夫的国家，这是可以理解的），而荷兰商人则有重视贸易的政府作为强大的后盾。最后，英国公司由于自己职员不正当的私人交易而受到损害，荷兰公司虽也为这类问题所苦，但却程度较轻。

尽管荷兰人所处的地位极其有利，但在刚开始时他们还是容忍了英国人在东印度群岛的竞争，因为他们仍在为反对西班牙以求得独立而斗争，故不能树敌。但当1609年与西班牙订立了安特卫普停战协定后，荷兰人便开始与英国展开斗争。这一争夺霸权斗争的结局是明摆着的，荷兰人的船只是英国的五倍，他们已经建立了一连串的堡垒，从而控制了印度尼西亚群岛上的一些关键地点。此外，荷兰总督简·皮特斯佐恩·科恩（Jan Pieterszoon Coen）才华出众，他为荷兰做了阿尔伯克基为葡萄牙所完成的事业。在其任期内（1618—1629），科恩将葡萄牙人赶出了东印度群岛，使其后继者有可能将他们再赶出马六甲（1641年）和锡兰（1658年）。他还不断袭击英国人，迫使他们退出印度尼西亚群岛，回到印度居留地去。同样重要的是科恩扶持和发展了亚洲之间的贸易，这项贸易的规模大大超过了经海角到欧洲的贸易。葡萄牙人也曾从事这一贸易，但科恩走得更远，他在台湾建立了一个基地，并从那里控制了通往中国、日本和东印度群岛的商业通道。

最初，荷属东印度公司有意识地避免占有领土。阿姆斯特丹的理论家和政治家们将葡萄牙力量在东方的衰微归之于其在领土征服上分散了精力和财力，因此警告荷兰公司不要重蹈这一覆辙。但在努力树立贸易垄断权的同时，公司却也一步一步地走上了它原想避免的领土扩张之路。只有建立一整套军事堡垒网才能巩固垄断权，而要建筑堡垒就必须与当地统治者签订条约，条约导致结盟，结盟又导致建立保护国关系。但直至17世纪末，荷兰实际上直接统治的仅是一小块地方，然而它却拥有地域辽阔、数量众多的保护国。然后在18世纪和19世纪，荷兰人彻底吞并了这些保护国，建立起了一个领土庞大的帝国。

大约在1700年以后，出口到欧洲的香料价值减少了，但是科恩发展起来的亚洲间的贸易却弥补了这一差额。大约也是在那个时候，荷兰人由于把咖啡种植引进东印度群岛而发展出一种新的经济资源。1711年，咖啡产量是100磅；到了1723年，已有1200万磅咖啡上市。当咖啡成为欧洲人的饮料时，荷兰人就成了这种外来饮料的主要供应者。通过这些手段，在整个17、18世纪，荷兰人平均每年赚得18%的红利。在采集产品和积累利润的过程中，荷兰人用最残暴的手段剥削当地居民。科恩这样露骨地表述当时流行的殖民主义者的种族主义："一个欧洲人不是能够随心所欲地对待他的家畜吗？甚至主人也可以这样对待他的奴隶，因为无论在什么地方，这些人连同其财产如同尼德兰的无知畜生一样都是主人众多财产的一部

分。国王的意愿就是这块土地上的法律，谁最强大谁就是国王。"(12)

最初，荷兰人是间接剥削他们的"畜生"。他们承认当地苏丹为"统治者"，只要苏丹们对公司履行了一定义务，就让他们自由地相互残杀和压迫自己的人民。苏丹对公司承担的义务包括：交纳规定数量的实物如稻米、糖、胡椒和咖啡，不是作为无代价的贡品，就是以极低的固定价格出卖；还要为公司提供劳动力，去制盐、伐木、疏浚渠道和港口、修筑道路和建造桥梁。这种间接剥削破坏了统治者的地位，使其失去了人民的支持，公司先是被迫扶持他们，后来则诉诸吞并。只有在东印度群岛，这种吞并才比较容易进行。亚洲大陆上当地的专制君主国和帝国太强大了，而这些分散的小岛在政治上则不团结，并且印度教徒与穆斯林之间的宗教隔阂也使其变得更加分裂。

这时的英国东印度公司是荷兰东印度公司可怜的翻版，并已被迫从香料群岛退回印度，在那里主要从事胡椒贸易。这种贸易大部分不得不用金银支付，在重商主义占统治地位的时代，这使得公司不受欢迎。最后他们终于找到了一条解脱之路，即购买印度的棉纺织品，运往印度尼西亚销售，那里急需棉纺织品。然后他们又将其销往欧洲，由于这些棉织品与欧洲毛纺品相比具有质轻、色彩鲜明、价格便宜的优点，因此找到了一个适销对路的市场。1613 年运销欧洲 5000 匹棉布，1620 年增至 10 万匹，1625 年则达到 22.15 万匹（合 250 万码）。到 1700 年，英国人已在印度获得三个主要基地：西海岸的孟买、东海岸的马德拉斯和加尔各答，在这些地方他们生意兴隆。

同吞并和统治印度尼西亚群岛的荷兰人相比，英国人只能在强大的莫卧儿皇帝的容许下活动。公司在乔赛亚·蔡尔德（Josiah Child）爵士这个才华横溢、想象力丰富但却傲慢而狂暴的人的指导下，错误地决定在印度推行侵略政策，甚至达到向莫卧儿帝国宣战的地步。结果是灾难性的，在一次短暂的战役中，公司丧失了在孟加拉的全部据点。乔赛亚爵士被迫屈辱求和，在英国人付了罚金并允诺"将来不再做这种见不得人的事"以后，奥朗则布皇帝同意媾和。实际上，英国人除了履行这些条件也别无选择。例如，1712 年，威廉堡的总督，奥利弗·克伦威尔的孙子约翰·拉塞尔（John Russell）在其致莫卧儿皇帝的请愿书上用如下谦卑的话开头："最小的沙粒，英国东印度公司总裁约翰·拉塞尔，以一个奴隶应有的尊敬，叩首恭请……"(13) 直到 18 世纪末，英国人才强大到能够利用莫卧儿帝国瓦解的颓势，开始征服印度的领土。

随着英法势力（法国势力较小）在印度的增强，以及荷兰在印度尼西亚的统治的建立，葡萄牙失去了他们 16 世纪在东方所享有的优势地位。下表反映了 17 世纪头几十年葡萄牙人衰微的程度。

1590—1630 年间从亚洲返回欧洲各国的船只			
年份	葡萄牙	荷兰	英国
1590	4	0	0
1595	3	0	0
1600	6	8	0
1605	0	8	1
1610	3	1	1
1615	1	5	2
1620	2	6	2
1625	3	4	4
1630	1	9	4

Source: N. Steensgaard, *The Asian Trade Revolution of the Seventeenth Century*（Chicago: University of Chicago Press, 1974）, p.170.

四、欧洲人在东亚

在中国和日本的欧洲商人完全像克伦威尔的孙子在印度那样恭顺谦卑，而且受到更加严格的限制。葡萄牙人的船只于 1513 年开到广州，这是西方人第一次由海路到达中国。由于在这之前承认中国为宗主国的马六甲统治者早已来到中国，带来了关于这些野蛮的欧洲人在印度洋上所犯暴行的报告，葡萄牙人受到了冷遇。直到 1557 年，葡萄牙人才获准在广州下游不远的澳门建立货栈和定居点。条件是他们应当缴纳地租（中国派出一名行政官员驻在澳门），并接受中国的民事与刑事管辖。葡萄牙人购买中国的丝绸、木刻品、瓷器、漆器和黄金；作为交换，他们出卖东印度群岛的豆蔻、丁香和肉豆蔻干皮，帝汶的檀香木，爪哇的药材、染料，印度的肉桂、胡椒和生姜。其中没有任何一样欧洲商品。理由很简单，在中国没人会买欧洲的洋货。葡萄牙人纯粹充当了亚洲国家之间贸易的转运者和中间商。

西班牙人跟随葡萄牙人之后，从菲律宾来到中国。1571 年他们攻占了马尼拉城，占领了菲律宾。四年后，两名西班牙修道士从马尼拉旅行到中国，在中国受到了欢迎，因为西班牙的海军击溃了中国的海盗，这些海盗是随着明朝衰微而大批出没于中国南海一带的。葡萄牙人从西方、西班牙人从东方汇聚在中国，这是数百年来欧洲人在海外扩张的劲头的集中体现。伊比利亚人的冒险精神如同在美洲和印度洋一样，在东亚表现得也很明显。1584年，在西班牙王室和葡萄牙王室合并之后不久，一个西班牙人从澳门写信说："至多只要5000个西班牙人就可征服这个国家[中国]，至少是征服沿海各省。"⁽¹⁴⁾

虽然事实证明中华帝国并不像阿兹特克和印加帝国那么脆弱，但是西班牙人确实成功地发展了有利可图的贸易，尤其是因为马尼拉成了同中国航运的中心，大批中国人都住在那里。装着中国物产的海船从福建各港口开到马尼拉，再从马尼拉装船横渡太平洋运往墨西哥；某些货物甚至会再装船横渡大西洋，运往西班牙。这种贸易很快就达到相当规模，但却为马德里所阻挠，因为它完全违背了重商主义原则。西班牙殖民地宁愿与外国也不愿与母国做生意，因此大量的美洲白银都花费在中国而不是在西班牙。尽管官方三令五申，但是直到18世纪末叶，美洲矿山出产的白银还是继续横渡太平洋用来购买亚洲的香料、瓷器、丝绸和棉织品。

继葡萄牙人和西班牙人之后，荷兰人也开始出现在中国沿海。1622年，一支由15艘船组成的荷兰船队试图将葡萄牙人赶出澳门。此举失败后，荷兰人便驶往台湾并在那里建立了一个堡垒，发展同中国、日本、菲律宾之间获利丰厚的贸易。荷兰人从1624年到1662年一直盘踞在台湾，直至被郑成功（西方人称他为Koxinga即国姓爷）赶走。郑成功是一位效忠明朝的官员。明朝被北方来的满族入侵者推翻后，郑成功流亡台湾，赶走荷兰人，统治着这个岛。他死后，由儿子继承他的事业。直到1683年他儿子死后，满族人才最终将台湾并入清帝国的版图。

最终，1685年，英国东印度公司才被允许在广州建立一个商馆，贸易是通过叫做"行商"的中国商人的垄断行会进行的，行会由北京政府授予全权，作为政府的代理人。行商受帝国海关总署署长的管辖，只有海关总署署长有权发给贸易许可证，从而通过管辖行商以控制全部商业。英国人在广州商馆的生活由中国人严加约束：中国妇女不许进入商馆，英国人不准坐轿子，不准进城，不准在河上划船游玩，只有通过行商才能与帝国海关总署署长联系。

茶叶是英国东印度公司在中国的主要贸易项目，18世纪末以前，茶已成为英国家家户户的饮料。为了支付从中国进口的大宗茶叶，公司鼓励从印度贩卖鸦片，结果引发1839—1842年间的鸦片战争。同时，像其他国家一样，英国也力图与北京建立外交关系。1793年英国派出了马戛尔尼使团，它举着一面旗子，上面用中文写着"英使朝贡"。虽然马戛尔尼受到了极高的礼遇，但中国政府拒绝在商业和外交上作出任何让步。英国人不得不等到19世纪，那时他们的军事技术已经大大超过中国，依靠它才打开了通往天朝的道路，并强迫天朝对西方开放通商港口。

到达日本的欧洲商人发现他们受到了在中国曾经受过的同样严密的限制。最先来到的西方人是一帮葡萄牙水手，他们是1542年遇上海难后来到日本的。日本的地方官员对葡萄牙人的火器印象极为深刻并学会了如何制造枪炮和火药，这正是日本人的特点。当时，名义上日本天皇是国家元首，但实际权力则掌握在幕府将军手中，幕府将军统率全国所有军队，负责国内外的防务。

日本人初次与葡萄牙水手接触之后，一批批定期来到日本的葡萄牙商人便发现，经营中日之间的贸易能获厚利。由于日本海盗频频骚扰，明朝皇帝明令禁止与日本之间的一切贸易，葡萄牙人乘虚而入，用中国的黄金、丝绸换取日本的白银、黄铜，一本万利。这种转手贸易的规模和获利程度从澳门和长崎这两个中日贸易港口的突然兴起上就可看出。16 世纪中叶，葡萄牙人初次到达这里时，这两个地方都还是偏僻的渔村，而到 16 世纪末，它们都已跻身亚洲最繁荣的港口之列。

葡萄牙人将传教事业与商业活动结合在一起。1549 年，方济任·沙勿略（Francis Xavier）和耶稣会其他教士在日本登陆，经准许在人民群众中传教。他们获得非同一般的成功，显然是由于在内战连绵时期，传教士劝诱日本人改信宗教的方法满足了被践踏的农民感情上的要求。幕府将军织田信长准许弘扬新的宗教，希望它能成为当时正在给他自己制造麻烦的不受约束的佛教团体的一种抗衡力量。到 1582 年，丰臣秀吉接替织田信长时，已有 15 万日本人改信耶稣教，这些人大都分布在日本西部。

丰臣秀吉以忧虑的心情注视着这种新的贸易和新的宗教的发展。例如，葡萄牙人要求掌握长崎城的行政权，并表示如果遭到拒绝，将会以抵制贸易相威胁。同样，外国传教士的军事活动在新将军看来，就像是要颠覆传统的日本社会。1587 年，丰臣秀吉命令所有传教士都离开日本，但因担心有利可图的贸易会受到影响，这一命令并没能得到认真执行。

随着 1603 年德川家康就任幕府将军，荷兰商人、少数英国商人及葡萄牙商人在日本都积极活动起来。欧洲人相互之间激烈的竞争，给了日本一次新的行动自由。他们当时能够对传教士采取行动而不必担心商业上的损失。而且，欧洲人为了从日本统治者那里得到更多的优待和让步，相互捣鬼。例如，荷兰人向幕府将军德川家康报告葡萄牙人阴谋把对将军心怀不满的封建主大名武装起来，以图推翻他的统治。结果，1614 年，德川家康命令所有传教士都必须离开日本，所有改信基督教的日本人都必须放弃自己的信仰，此时这种人已经达到 30 万。这一命令被无情地执行了。作为一种控制措施，改宗者都被迫归属一个佛教寺庙，许多人抗不从命遂遭杀害，教士也成为殉教者。但要将商业和宗教活动区别开来往往很难，因此日本采取了更进一步的措施。1624 年，幕府下令禁止任何西班牙人进入日本，因为他们被认为是富于侵略性和桀骜不驯的。1637 年，所有葡萄牙人也被迫离开日本，只有荷兰人被许可留下，因为荷兰人从未表现出对传布基督教有任何兴趣。

因此，后来除了中国人之外，只许荷兰人进行贸易，但也仅许在极其严格限制的条件下在长畸港外一个小岛出岛上进行。荷兰商人和水手在这座岛上居留不得超过一年。不许欧洲妇女在岛上居住，日本妇女除妓女外也不准上岛。每年荷兰人都须当面请求将军允许他们继续在这座小岛上贸易。1636年，这种孤立主义的措施也扩及日本国民，禁止日本国民出国，否则处以死刑。为了加强禁令，只许建造用于从事沿海贸易的小船。自此日本便开始了长达两个世纪的闭关锁国时期。

制定这种排斥一切外国影响和冻结国内现状的政策，旨在使德川幕府的统治永存不替。实践证明，这一政策非常有效。日本重新统一起来，服从中央政权的统治，其彻底与有效的程度不逊于法国革命前欧洲任何一国。但日本也为这一安全稳定局面付出了极高的代价。日本没有经历过这一时期西欧所经历的改革和再生的种种历史性运动，没有结束封建主义，没有改革和反改革，也没有海外扩张和商业革命。日本也同中国一样，两个世纪安享闭关自守的代价是在体制和科技上落后于西方。19世纪中叶欧洲人强行闯进东亚这一世外桃源时，这种落后性的弊病也就在日本比在中国更快地显露出来。

五、亚洲：一个外缘以外的区域

考虑到香料在中世纪贸易中占有突出地位，令人吃惊的是，在欧洲人最终实现了他们从海路直接到达东方的梦想后，他们与东方之间的贸易竟大大少于其与新大陆的贸易。之所以会出现这一局面，基本原因是：在19世纪以前，亚洲还没有被纳入资本主义世界体系，因而还不是地区间大规模贸易的参与者。

当时对美洲种植园生产的商品需求的伸缩性很大，因此它拥有广大的市场。当巴西和西印度群岛大种植园以低廉的成本生产出蔗糖时，糖就成了普通的消费品。同样，弗吉尼亚广阔的烟草种植园则造成了下述可能性，即1600年在英国销售的烟草数如为一磅的话，那么在1700年这一数字可以达到一吨。相反，对亚洲商品的需求则比较缺乏弹性，并且有局限性。以香料为例，它主要是用来腌制肉类，而肉类则并不是广大群众的日常食物。对其他亚洲商品，如瓷器、丝绸、珠宝和糊墙纸等的需求，更是缺乏弹性。

仅有纺织品、咖啡和糖是例外。就纺织品而言，亚洲输入品的流行，从下面这些布的名称上就可以看出：gingham（意即英语的 striped，有条纹的），源于马来语，为条格平布；chintz 源于印度斯坦语，为印花布；白布（calico），因来自卡利卡特（Calicut）而得名；平纹细布（muslin），因来自摩苏尔（Mosul）而得名。到17世纪初，从亚洲进口的纺织品数量特多，以致除荷兰之外的欧洲各国强大的纺织行业都争取到了政府禁止进口。对进口咖啡和茶叶的反对则较少，因为这两种饮料被认为是防治肥胖病和忧郁症的特效药，遍布欧洲的咖啡店成了社会活动的中心，在那里，工人和商人可以看到当天的报纸。在创办《旁观者》(*Spectator*) 杂志时，艾迪生（Addison）的希望是将哲学带进"俱乐部、茶座和咖啡馆"。爪哇是咖啡的主产地，茶叶则主要来自中国，直到 19 世纪印度茶叶才开始与中国茶叶进行竞争。

欧洲与亚洲的贸易远远少于其与新大陆贸易的第二个原因是，亚洲缺乏对欧洲商品的需求。欧洲能用自己的制造品来支付购买非洲奴隶和美洲种植园产品的费用。但是，亚洲人对欧洲商品不感兴趣。这是一个老问题，可以一直上溯到古典时期，那时的罗马帝国为购买中国丝绸和印度棉织品花费了大量黄金。16、17、18 世纪事情依然如此，亚洲仍对欧洲商品不感兴趣，而欧洲人则不得不用金银支付他们所想要的亚洲物产。西方商人有时也会竭尽全力，想要寻求摆脱这一绝境的出路。阿姆斯特丹公司向泰国出口"数以千计的荷兰雕版印刷品，在帕塔尼的市场上出售。这些印刷品中有圣母像（由加尔文派商人订货卖给佛教徒和伊斯兰教徒）和圣经故事画；有专为古典派泰国人印制的描述李维所讲罗马故事的版画；此外还有投合一般人爱好的版画：裸体画册和不太高雅的插图。"[15] 事实上，直到 18 世纪末欧洲研制成动力机械时，才解决了同亚洲进行贸易的这一问题。而后，情况开始倒转过来，欧洲廉价的机制纺织品像洪水般涌进亚洲。但即使到那时，东西方贸易还是由于亚洲人只愿从欧洲人那里得到金银而不愿得到其他东西而受到妨碍。1700 年，英国东印度公司向亚洲出口货物的 75% 都是贵金属，荷属东印度公司出口到亚洲的贵金属所占比例甚至更高。

这种状况说明了为什么在 19 世纪以前亚洲在同国际市场经济的关系上仍是一个"外缘以外的区域"。1600 年，亚欧双方来往的贸易总量仅各达 1 万吨左右，每年贸易额约为 100 万英镑。1751 年，英国仅从一个牙买加岛的进口就等于从整个亚洲进口的四分之三。亚洲这种隔绝性从中国乾隆帝的态度上就可以看得一清二楚。1793 年，他在答复英王乔治三世要求建立外交和商业关系时说："天朝抚有四海，惟励精图治，办理政务，奇珍异宝，并无贵重……[天朝]无所不有，尔之正使等所亲见。然从不贵奇巧，并无更需尔国制办物件。"[16]

中国皇帝对"奇器淫巧"的极度冷漠，清楚地表明了几乎整个亚洲对西方资本主义都是拒而不纳。除了印度沿海几个地区和东印度群岛的一些岛屿外，亚洲没有受到西方扩张主义的影响，亚洲各不同民族继续过着已经延续数千年的传统生活。西方冲击对其他地区的影响则与此大不相同：在东欧，它造成了广大农民的农奴化；在非洲和美洲，它导致奴隶贸易和使用奴隶劳动的种植园的产生，结果整个改变了美洲大陆的种族结构。

[注释]

1. Cited by G. B. Sansom, *The Western World and Japan*（New York: Alfred A. Knopf, 1950）, p.91.
2. Cited by M. N. Pearson, *Merchants and Rulers in Gujarat*（Berkeley: University of California Press, 1976）, p.91.
3. Cited ibid., p.31, fn. 3.
4. Cited by Pearson, op. cit., p.96.
5. Cited by K. M. Panikkar, *Asia and Western Dominance*（New York: John Day, 1953）, p. 42.
6. Ibid.
7. Cited by J. B. Harrison, "Europe and Asia," *The New Cambridge Modern History*（Cambridge: Cambridge University Press, 1970）, Vol. IV, p.646.
8. Cited by Pearson, op. cit., p.40.
9. Cited ibid., p.173.
10. Ibid., pp.7, 10.
11. Cited ibid., p.115.
12. Cited by Panikkar op. cit., p. 111.
13. Cited by R. Pearson, *Eastern Interlude: A Social History of the European Community in Calcutta*（Calcutta: Thacker, 1954）, p.64.
14. Cited by G. F. Hudson, *Europe & China*（Boston: Beacon Press, 1961）, p. 234.
15. B. H. M. Vlekke, *Nusantara: A History of the East Indian Archipelago*（Cambridge, Mass.: Harvard University Press, 1943）, p.198.
16. Cited by F. Whyte, *China and Foreign Powers*（London: Oxford University Press, 1927）, p.38.

[第二编]

第三世界：一个全球性体系
（1770—1870）

> 在现行管理体制下，大不列颠对殖民地的统治于其自身有害无益。
>
> ——亚当·斯密（1776）
>
> 只有当我的蒸汽机能为全世界而不是仅为三个国家所用时，我所做的努力才是值得的。
>
> ——马修·博尔顿（Matthew Boulton，1769）

167 　　当西北欧发展起一种资本主义经济，使大众性必需品贸易能够取代传统上有限的奢侈品贸易时，第三世界就出现了。正如第一编中已经谈到的，这种大宗贸易在1400—1800年间逐步发展起来并形成一个洲际市场经济。它包括的地区有：提供粮食和海军补给品的东欧；提供金银和如糖、烟草等种植园作物的南北美洲；作为种植园奴隶劳动力来源的非洲；而西北欧则是首创这一经济体系的中心发源地，并且是资本、海运和工业制造品的提供者。

　　19世纪前，欧洲尽管已经控制了亚洲海域，但却还未能征服亚洲大陆，所以亚洲尚未成为这一经济秩序的一部分，其他诸大陆也仅仅是表面上由欧洲人控制。非洲仍是一个"黑暗大陆"，既不为人知，也没有被征服。而南北美洲的腹地，尽管已不再是一个陌生的地方，但其大部分地区都仍处于无居民和未开发的状态。

168 　　19世纪前欧洲的洲际资本主义秩序由于不能囊括亚洲大陆而缺乏全球性，又因无法渗入海外大陆的腹地而缺乏深度。工业革命的历史性作用就是为欧洲建立全球统治提供克服这些缺陷所必需的经济动力和军事力量。从商业资本主义产生出来的工业资本主义，远比商业资本主义强大并更富于扩张性。"黑暗大陆"和亚洲的大门就是在这时被欧洲的探险家和商人打开的。如果说商业资本主义时代的标志是开设在西非沿海港口的皇家非洲公司和活动于南亚海域的一些东印度公司，那么，工业资本主义时代的标志就是大卫·利文斯通横贯非洲大陆的探险和英国战船以自由贸易神圣权利的名义炮轰中国的多处海岸。

> 整个世界就在你的面前。为了最有效地利用英国资本去打开新的渠道吧,让英国人从每一个有廉价面包出售的人那里去买面包,把英国变为用蒸汽机制造产品的世界工场。
>
> ——爱德华·韦克菲尔德(Edward Wakefield,1834)

第八章　工业资本主义和渐趋衰落的殖民主义的时代

马修·博尔顿是瓦特制造第一台有商业价值的蒸汽机的合作者,他在1769年宣称,只有当他能向全世界出售蒸汽机时,他的冒险事业才是有利可图的。仅仅24年后,即1793年,中国皇帝则告诉乔治三世:"[吾]从不贵奇巧,并无更需尔国制办物件。"[1]然而历史很快便证明,博尔顿需要世界市场的欲望,战胜了中国皇帝不愿中国成为世界市场一部分的心理。这是不可避免的结局,正如熊彼特所说:"不可能有静止不动的资本主义。"因此,就像韦克菲尔德所主张的,19世纪初期历史的实质就是英国成为"世界工场"。

在1770年至1870年的100年间,英国的"世界工场"地位始终不容挑战。因此,没有什么能刺激英国去再扩大它的殖民地,它宁愿采取一种双重政策:一方面允许外国货物自由进入英国市场,因为这些货物实际上很少有什么竞争能力;另一方面,作为交换,则强迫弱国对英国制造品开放市场。在这100年里,英国先后同希腊(1837年)、土耳其(1838年)和波斯(1836、1841、1857年)签订了有利于自己的通商条约。通过鸦片战争和克里米亚战争,又用武力迫使中国和黑海地区敞开通商门户。总之,在英国,这是工业革命和工业资本主义统治的世纪;而在第三世界,这则是"自由贸易的帝国主义"而非殖民主义的世纪。

一、西方第一次工业革命与工业资本主义

英国由于成了"世界工厂",自然就会以全世界作为它的制造品市场。以数百年的商业革命和商业资本主义为基础发展起来的工业革命,和随之而来的工业资本主义,为英国取得这一前所未有的成就提供了可能性。工业革命的先决条件之一是需要有足够的资本,为了求得其企业所必需的财力支持,苏格兰的发明家和企业家相继来到英格兰就是一个例子。英国的资本在很大程度上来源于它早先在南北美洲、非洲和印度进行的海外活动。

经济学家欧内斯特·曼德尔(Ernest Mandel)总结说:"1760—1780年间,仅来自印度和西印度群岛的利润就比可用于兴办工业的货币积累多一倍以上。"[2] 历史学家谢里登(R. B. Sheridan)指出:"大不列颠的经济增长主要不是来自内部,大西洋是最活跃的贸易区域,1776年以前的一个多世纪里,在宗主国以外,这一地区经济增长的最重要因素是以奴隶为劳动力的种植园,主要是加勒比海岛屿上的甘蔗种植园。"[3] 还应指出的是,从奴隶贸易中得来的巨额利润大都流回英国,因为英国商人控制了大部分奴隶贸易。

一些历史学家因为缺乏有关西印度群岛财富投资于英国新办工厂的记载而否认三角贸易与工业革命之间的重要关系。这种看法过分简单化,正如经济史学家奇波拉(C. M. Cipolla)所指出的:

> 欧洲人的海外扩张是为工业革命开辟道路的条件之一。根据在欧洲开办工厂的企业家中没有西印度群岛商人或西印度群岛冒险家这一点来否认这种关系,就如同根据伽利略和牛顿没在曼彻斯特开办纺织工厂而否认科学革命与工业革命之间的关系一样。人类历史上事物的相互关系,并不都是表现得那么简单明了的。[4]

最近的研究已经揭示出大西洋贸易与英国制造业之间的联系。例如,烟草贸易在很大程度上由格拉斯哥商人控制,但他们的贸易由于缺乏本地工业提供的可以运往弗吉尼亚种植园的货物而受到损害。后来,这些"烟草大王"建立了自己的制革厂、印染厂、铸铁厂、制瓶厂、肥皂厂,他们还投资于煤矿、亚麻布工厂和棉纺织厂。1812年,格拉斯哥商会表示感谢那些从事美洲贸易的人,因为他们不仅"扩展了商业",而且"不惜花费大量时间支持创办我们这个城市的制造业,这些制造业现在为整个王国带来很大好处"。[5]

印度经济学家巴格奇(A. K. Bagchi)强调说,英国从海外攫取的资本,不仅

资助了其自身的工业革命,还资助了西北欧大陆国家的工业革命。在 1820 年代和 1860 年代,仅从印度攫取的资本就占这一时期英国每年资本输出的 50% 多。对印度的掠夺"并不是通过竞争法则(我们总是自觉不自觉地把它与欧洲和北美的资本主义全盛时期联系在一起)"[6],而是通过垄断特权、种族歧视和赤裸裸的暴力方式进行的。在拿破仑战争刚结束后的最初几年里,英国输出的资本大都用于帮助英吉利海峡彼岸的法国、荷兰、普鲁士和俄国建立纺织工业。[7]

二、殖民主义在第三世界渐趋衰落

工业革命从多方面增强了西方的力量和扩张主义,最根本的是它引起了技术革新和经济生产力相应提高的连锁反应。一个工业部门的发明,引起了其他工业部门相应平衡的发明。首先实现机械化的是棉纺织业,新的棉纺机要求有比传统的水车和马所能提供的更多和更稳定的动力。这促使对现有的原始蒸汽机进行不断的改进,直到瓦特依靠马修·博尔顿的财力支持,成功地制造出他那具有历史意义的成功的模型为止。它必定要先为英国,而后则为全世界的矿山、纺织厂、炼铁炉、面粉厂、火车头和汽船提供动力。

新的棉纺机械和蒸汽机增加了对铁、钢和煤的需求,这种需求由于采矿和冶金方面有了一系列的改进而得到满足。纺织业、采矿业和冶金业三者相结合的发展,反过来又要求改进运输以利于转运数量巨大的煤和矿石。因此,陆续出现了开凿运河、修建全年使用的硬面公路、铺设横贯大陆的铁路和开辟沟通各大洋的轮船航线的繁荣景象。

人们逐渐把技术和经济的发展看作一种正常的而不是特殊的和断断续续的现象。自从 1770 年左右开始第一次工业革命后,在 1870 年又有了第二次工业革命,而我们今天进行的则是第三次工业革命。[8]

新的技术提高了生产力,加之医学进步,使 19 世纪欧洲人口急剧增加,由此造成的人口压力在海外移民中找到了出路。数十年来,移民浪潮不断扩大,到 19 世纪末,移民浪潮已非人类历史上任何时代所能比拟。1820 年代共有 14.5 万人离开欧洲。到 1850 年代约有 260 万人,1900—1910 年间达到顶峰,共有 900 万人,年均约 100 万人。1885 年以前的移民大都来自北欧和西欧,在那以后的移民则多来自南欧和东欧。

工业革命也为大批移民提供了漂洋过海和深入内陆所必需的轮船和铁路的便利。移民到达目的地后,他们拥有的技术上的方便条件使他们能够开发大陆腹地。轮船往返于沿海水域和内河;运河连接各水道;公路和铁路则形成陆上交通网;电报和邮政系统则加速了通讯联系；机械能够用来在草原切割草皮和平整森林；最后，医学成果可以用来对付曾使早期移民大批死亡的热带疾病。

工业革命还以连发步枪和机关枪武装了欧洲移民，使他们锐不可当。1878年，一个阿根廷人说了如下一段同样适用于非洲和亚洲的话："[印第安]野蛮人的军事力量整个被消灭了，因为雷明顿单响枪教训了他们。一个营的陆军兵力就能横穿整个南美大草原，让那些敢于抵抗的人横尸遍野。"[9] 欧洲人在世界各大洋享有同样的军事优势。达·伽马最初出现在亚洲海域时，精良的海船和大炮使他处于极为有利的地位。由于海军技术的迅速发展，这种优势与日俱增。尽管当地统治者也曾不断地力求追上，但是随着帆船转变为汽船，以及后来炸弹、厚铁板、高度机动的鱼雷艇、油质燃料、潜水艇和无畏战舰接连出现，他们远远落在欧洲人后面。

最后，工业革命为开发各个大陆并利用它们的自然资源和人力资源提供了经济刺激。由新工厂的机器大规模生产出来的产品与亚非传统的手工制品相比价廉物美。这样，欧洲就克服了达·伽马所遇到的困难，当年他到达卡利卡特时，所带的衬衫同当地产品相比价高质劣。现在，欧洲不仅生产出了有销路的产品，而且欧洲厂商们也有了强烈的紧迫感，必须不断增加他们产品的销售量。因为昂贵的以蒸汽为动力的机器和庞大的原料库存占去了他们的巨额投资，企业的成败取决于资金能否大量而又稳定地周转。欧洲工业生产出的产品越多，寻找市场并力保销路畅通就显得越发重要。因此，最早的英国工业家们都强烈反对在海外扶植任何有强烈竞争力的当地工业，无论是对美国还是对德国的关税同盟或是穆罕默德·阿里（Mohammad Ali）的埃及，莫不如此。

不过，工业革命所产生的经济动力和军事力量却出人意料地减弱了对建设大英帝国的兴趣，原因是英国在工业上已将其他所有国家都远远甩在后头，不再需要殖民地作为它的工业产品的受保护的市场，或是用于其他任何目的。到19世纪中叶，英国煤的产量已占世界总产量的三分之二，铁和棉布的产量则均占50%，这些产品行销各地。

在这种条件下，英国将国际劳动分工和商品自由交换看作天意也就是可以理解的。鼓吹这些原则的是亚当·斯密和李嘉图，他们的自由放任主义的基本点是想把生产力从限制性的国家干涉主义的束缚下解放出来。他们反对重商主义的一切表现，无论是航海法、谷物法，还是任何其他关税或限制。他们将所有这些都归之为以前若干世纪殖民地种植园和垄断贸易惯例遗留下的时代性错误。理查德·科布登（Richard Cobden）甚至宣称：自由贸易"按照道德秩序行事，如同宇宙万有引力定律一样，将人们吸引在一起，将种族、信仰、语言的对立抛在一边，把我们团结在永久和平的纽带中。"[10]

自由贸易派成功地促使英国政府从根本上改变了重商主义政策。其中包括：1813年终止英国东印度公司的贸易垄断权；1807年禁止奴隶贸易；1833年禁止英国属地的奴隶制度；1835年取消了对机器向外国出口的禁令；1846年废除谷物法。为了推动这些基本改革，自由贸易派构想出这么一个世界：英国作为工业中心输入原料，输出制造品，在进出口方面都不设置障碍。1832年，一位无名氏政论家宣称全球性的劳动分工注定将会造福于全人类，他说：

> 现在看得很清楚，我们可爱的国家大不列颠已经被分配了承担为她的姐妹国家制造商品的崇高使命。海洋彼岸的亲人将用我们的船只从密西西比河流域给我们运来他们种植的棉花；印度将贡献它的黄麻；俄罗斯将为我们的工厂和作坊贡献它的大麻、亚麻和铁矿石。我们熟练的机械工和技工制造必要的机器，把这些原料织成精美的布匹销往各国。所有的布匹都按我们的款式制造，并使之符合人们的需要。我们的船只满载着原料归来，又将满载着制成品返回地球上的各个角落。这种按照自然法则用原料交换制成品的办法使各个国家相互服务，显示人类的兄弟之情。和平与善意将统治世界。一个接一个国家都将以我们为榜样，商品的自由交换必将盛行于各地。我们对他们的原料敞开大门，同样，他们的港口也将对我们大大敞开。(11)

这段有关自由贸易世界的幻想没有谈及政治和经济上的障碍。殖民地被认为是蒙昧无知旧时代的遗物，只会给母国制造靡费和麻烦，却不能使贸易有所增长。在1846年的谷物法辩论中，一个辉格党人在下院公然宣称自由贸易是"一种有利的原则，通过这一原则，外国将会成为我们有价值的殖民地，而我们则无需承担治理它们的责任"(12)。1853年，迪斯累利（Disreli）同样轻蔑地将殖民地视为"徒增我们外表上的富丽堂皇而实则是沉重无比的附属物，无助于改善我们的贸易差额。……在进行了巨大的革命之后，我们不能紧抓住保护性制度的破衣烂衫不肯放手。"(13)

这种反殖民主义论调并不意味着在维也纳会议后的半个世纪里英国和其他列强就没有再取得殖民地。尽管"反对英帝国政策的英国人"说得冠冕堂皇，但是客观形势却常常使政府有干涉的必要。"土著"人的政府有时被认为对欧洲人商业利益抱敌视态度，或不能维持进行贸易时必需的治安；或者在某些时候，帝国需要扩展版图，以便获得一个更有利的边界线等。1826—1875年间，英国在非洲进行了阿散蒂和祖鲁战争；镇压了印度的兵变；在中国挑起了鸦片战争；与俄国进行了克里米亚战争；还发动了两次缅甸战争，以及轰炸阿克和兼并亚丁。

但是，为了帝国的商业利益更常见的是采用兼并领土以外的其他措施。这方面一个突出的例子就是，英国鼓励并公然帮助新大陆西属各殖民地的革命。下一章将会指出，这一策略致使从格朗德河到麦哲伦海峡的广大地区从西班牙重商主义的束缚下挣脱出来。不出所料，在随后100年里，脱离西班牙束缚的拉丁美洲各国成了英国工厂主和投资者的"黄金国"。

在地球上的其他部分，促进商业通常采用的有效手段是通过签订友好和自由贸易条约。这些条约的性质及其对第三世界国家如中国和奥斯曼帝国等的影响将在以下各章分析。条约一般都会规定，对进出口货物只能征收3%—5%的有名无实的关税；英国商人免缴各式各样的内地税（其他外国商人也按最惠国条款享受这一特权），但本地商人却要缴纳这些税。这些条约产生的直接结果，严重损害了本地纳税商人同实际上免税的外国商人竞争的力量；更为重要的是，它使本地传统手工业面临欧洲新兴机器动力工业具有毁灭性的无限制的竞争。当地手工业遭受潮水般涌来的欧洲廉价商品，如纺织品、小五金、武器、玻璃制品和钟表等的严重摧残，甚至毁灭。

这就是19世纪初殖民主义渐趋衰落的背景。英国历史学家加拉赫（J. Gallagher）和鲁宾逊（R. Robinson）将此时英国的政策贴上"自由贸易帝国主义"的标签。他们认为在那几十年里，英国政府"尽力通过最适合于其在各地利益的手段建立和维护了自己的霸权"，旨在促进和保障英国的贸易与投资。为了实现这一目标，必要时，英国政府不惜兼并他国领土，尽管这几十年里并无需采用此法，因为能够以更为便利的缔结友好和自由贸易条约的方式而赢得最高权力。加拉赫和鲁宾逊最后说："通常将帝国的自由贸易政策总结为'是贸易而不是统治'，其实它应读作'如果可能，是非正式控制下的贸易，如果必要，则是统治下的贸易'。"[14]

[注释]

1. Cited by F. Whyte, *China and Foreign Powers*（London: Oxford University Press, 1927）, p.38.
2. E. Mandel, *Marxist Economic Theory*（London: Merlin Press, 1962）, Vol. II, p. 445.
3. R. B. Sheridan, *Sugar and Slavery: An Economic History of the British West Indies, 1623-1775*（Baltimore: Johns Hopkins University Press, 1974）, p.475.
4. C. M. Cipolla, *European Culture and Overseas Expansion*（Harmondsworth, Middlesex: Penguin Books, 1970）, p.108.
5. Cited by T. M. Devine, *The Tobacco Lords*（Edinburgh: John Donald, 1975）, p.34.
6. A. K. Bagchi, "Some International Foundations of Capitalist Growth and Underdevelopment," *Economic and Political Weekly*（Aug. 1972）: 1561.
7. L. H. Jenks, *The Migration of British Capital to 1875*, cited by Bagchi, ibid.: 1563.
8. W. Lippmann, *Preface to Morals*（New York: Macmillan, 1929）, p.235.
9. Cited by S. Zavala, "The Frontiers of Hispanic America," in *The Frontier in Perspective*, ed. W. D. Wyman and C. B. Kroeber（Madison: University of Wisconsin Press, 1957）, p.40.
10. Cited by B. Porter, *The Lion's Share: A Short History of British Imperialism 1850-1970*（London: Longman, 1975）, p.6.
11. Cited by L. C. A. Knowles, *The Industrial and Commercial Revolution in Britain During the Nineteenth Century*（London: Routledge & Kegan Paul, 1921）, p. 128.
12. Cited by B. Semmel, *The Rise of Free Trade Imperialism*（Cambridge: Cambridge University Press, 1970）, p. 8.
13. Hansard, Third Seies, CXXIV, 1036（Mar. 3. 1853）. Cited by F. Clairmonte, *Economic Liberalism and Underdevelopment*（London: Asia Publishing House, 1960）, p.21.
14. J. Gallagher and R. Robinson, "The Imperialism of Free Trade," *Economic History Review* VI（1953）: 1-15.

> 钉子拔掉了,西属美洲自由了,只要我们在处理事务时不出什么差错的话,它就是属于英国的了。
>
> ——外交大臣坎宁勋爵(1824)

> 两国[英国与巴西]之间的贸易是靠英国的资本、在英国船上、由英国公司来进行的。利润……资本利息、保险费、佣金和营业红利统统落入英国人腰包。
>
> ——巴西驻伦敦大使塞尔希奥·德·马塞多
> (Sergio de Macedo,1854)

第九章　拉丁美洲的新殖民主义

在北美13个殖民地赢得独立半个世纪后,拉丁美洲除加勒比海少数几块殖民地外也全都独立了。但对拉丁美洲新的国家来说,政治上的独立并没能结束经济上欠发达的状况。19世纪末叶以前,美国迅速上升为世界头号工业强国之时,拉丁美洲却依然是第三世界国家的一员,"新殖民主义"这一概念就是用来表示至少在名义上获得了政治独立之后经济上继续处于依附地位的这种状况。19世纪初叶始于拉丁美洲的新殖民主义,如今依然是第三世界大多数国家的现状和苦境。为什么在多次独立战争胜利之后新殖民主义却成了拉丁美洲的命运呢?这就是本章讨论的主题,这个问题与第三世界的各个民族最有关系。他们在第二次世界大战以后大都赢得了政治独立,但如今却在自思自问:他们怎样才能逃脱像拉丁美洲在殖民主义统治正式结束一个半世纪后仍然处于新殖民主义铁蹄下那样凄凉的命运?

一、赢得独立国家的地位

1762 年 8 月英国人攻下哈瓦那这座重镇并直至 1763 年 7 月方才撤离。这在西班牙及其殖民地人民中都引起了极大的震动。从军事上来说，哈瓦那一直被视作坚不可摧的堡垒，扼守着运宝船出洋必经之路。在经济上这也同样是一个巨大的震动，因为原先每年仅有 11 艘船驶入哈瓦那，而在英国人占领的短短 11 个月中竟有 700 艘商船，满载奴隶、英国工业制成品和由北美 13 个殖民地运来的粮食、木材和小五金驶入该港。

这一戏剧性的插曲使西班牙帝国重商主义的反常情况显得更为突出，即，便宜的外国产品被排斥于西属美洲之外、便宜的西属美洲产品被排斥于外国市场之外。这种殖民制度竟然整整持续了 300 年之久，这种持久性的根本原因在于殖民地的可渗透性。原则上它严格排外，实际上却易于渗透。由政府指派的贸易署，1503 年设立于塞维利亚，1777 年迁至加的斯，它强制实施种种贸易限制，从而在理论上将殖民地贸易置于一个自我保护的商业行会的垄断之下。但是，驻塞维利亚的非西班牙商人通过给商业行会中的西班牙人贷款并向他们行贿，从而借用他们的名义来出售属于外国人的商品，借此得以控制贸易。这种腐化之风从上到下弥漫于殖民地的贸易活动中，牵涉到海员、码头工人、海军军官、海关官员、商人，甚至包括马德里的高级官员和大臣。遍地行贿之风使原本滞涩的帝国机器如同涂了润滑油一般，又重新运转起来，直至 19 世纪初。

腐化现象不仅使得殖民地的重商主义体制持续下来，而且在此过程中也造成了强有力的反对进行任何实质性改革的既得利益者。当西班牙波旁王朝试图抵消 1713 年英国人强迫签订的《乌得勒支条约》带来的不良影响时，这一点便得到了证明。该条约给英国人以广泛的经济特惠，包括贩奴合同（asiento），即垄断奴隶贸易和每年运送一船一般的货物与西班牙殖民地的大西洋沿岸各港口进行交易的权利。但英国人却远远超出了这些特惠的范围，运送的货物大大多于约定的一船限额，并且还在各殖民地港口设立办事机关和货栈，表面上是管理奴隶进口事宜，实际上却在扩张商业活动范围，直到控制西属美洲大部分经济的地步。

18 世纪，波旁王朝作出种种努力，试图修补体制上的漏洞，以便提高君权，打击英国人的得寸进尺。波旁王朝的统治者废除了给予英国人的贩奴合同及其他商业特惠，派出多半选自军官团的训练有素的官员；允许 13 个西班牙港口与殖民地通商，从而结束了加的斯的垄断；并允许殖民地之间相互买卖殖民地的产品，但不许贩卖从欧洲再出口的进口货。

这些措施取得了一定成效，提高了西班牙工厂的生产力和出口量，1740—1803

年间新大陆的矿产量也增加了两倍。这反过来又刺激了大庄园的生产和总的商业活动，政府来自关税和营业税两方面的岁入随之增加便反映出这种情况。但是，希望通过改革以消除西属美洲抱怨情绪的设想却未能实现。西班牙内部传统的既得利益者否定了许多改革措施。加的斯的商人寡头集团仍然控制着殖民地贸易的85%，竭力阻挠殖民地之间的商业活动，宁愿和更有效率的英法厂家打交道，也不愿和效率较低的西班牙人谈生意。这是一个欠发达的社会中国民的典型反应，他们已经适应了对于较发达国家的从属关系，宁肯继续保持这种关系而只得到微薄的利润，也不肯铤而走险去从事可能推翻现行秩序的种种改革。

在西属美洲范围以内，波旁王朝进行改革以后，经济状况有所改善，结果使得两个对立营垒之间的冲突变得更为激化。一边是受益于赞成现行重商主义体制的矿主、出口商及帝国官僚们等既得利益者；另一边则是那些坚持开拓一个国内市场借以谋利而反对依附外国的人们，包括新兴工业家、外省商人、大庄园主和教会。教会是殖民地最重要的一支经济力量，它拥有许多生产力最高的庄园，并向地主、工业家和小商人提供大量贷款。随着时间推移，殖民地经济愈发达、愈多样化，处于帝国限制和勒索下的这一社会集团就愈加不满。从这个意义上说，哈瓦那1762—1763年的插曲就不仅是对现存体制的一大震撼，而且还预示出许多未来的可能性。

另一次震撼和预示就是英属北美13个殖民地革命活动的进程。北美革命者的成功颇有感染力，而且闻名于拉丁美洲的具有颠覆性的"费拉德尔菲亚哲学"（philosophy of Philadelphia）也有感染力。启蒙主义学说也有同样的感染力，它从法国翻过比利牛斯山传播开来，然后又越过了大西洋。由于显而易见的原因，法国重农主义者及亚当·斯密的自由经济理论尤其有吸引力，于是在1780年代至1812年间在拉丁美洲建立起了12个经济社团。其成员是商人、农业家和官僚，他们随即便在独立运动和新政府中成为重要角色。

在法国大革命和拿破仑战争的漫长岁月里，西班牙忙于欧洲事务，只好听任其殖民地自行变化，所以也就激发了革命思想和力量。拿破仑统治着西班牙，并于1808年把他哥哥约瑟夫安顿在马德里的王位上，这都是引起拉丁美洲革命的直接原因。西班牙的效忠派和西属美洲的人们都拒绝承认约瑟夫为国王，认为被废黜的国王、"敬爱的"费迪南才是合法统治者。但问题是谁应在费迪南被监禁期间出任摄政王，西班牙王党分子坚持认为只有他们才有合法的摄政权，而市政会则认为王位虚悬期间统治权应当回归每个地区，待国王复位时再行奉还。市政会这种主张内含的前提就是，西属美洲从来就不是西班牙的殖民地，而是国王治下若干个总督管辖区的一种联盟。正是在这种背景下，自由派在帝国统治的主要中心城市（墨西哥城和利马）以外的地区开始要求完全独立。到1809年，王党与爱国派之间终于普遍爆发战争。

与西班牙决裂的另一个推动力量来自拿破仑1807—1808年的入侵葡萄牙。葡萄牙王朝和宫廷的人员在英国战舰的护卫下逃到了里约热内卢。葡萄牙统治者将巴西的全部港口向友好或中立国家开放准予通商，从而破坏了若干世纪以来伊比利亚半岛的重商主义体制。这使西属美洲为之震惊，因为成千的英国商人涌入巴西，然后从巴西向许多地方渗入西班牙的殖民地。拉丁美洲到处都有一股加剧的压力要求尽早结束那难以继续推行而又有破坏作用的重商主义体制。

英国人也从旁施加压力，但因想在外交上与西班牙保持友好关系，故而表现得很审慎。所以他们虽然敦促西班牙政府开放殖民地对外通商，但却拒绝以贸易上的让步为条件帮助西班牙政府镇压殖民地反抗分子。同时，英国也不允许其他任何国家帮助马德里镇压殖民地居民，并通过英国商人和金融家以私人贷款和供应品间接支持殖民地起义分子。英国海军还保护运输供应品，以及从西班牙和葡萄牙殖民地运回农产品和金银的船只。

尽管条件这样有利，克里奥尔人（即在拉丁美洲土生的白人）却并未即刻拿起独立的武器，原因是他们权衡利弊，得失相等。这就表明拉丁美洲革命与北美13州殖民地革命根本不同。除了南部的奴隶以外，13州殖民地的大多数成年男子都拥有可以享受选举权的足够财产。北美在当时的世界上恐怕是较为富裕和阶级差别较小的社会。拉丁美洲则不然，大多数居民都是生活凄惨，处于深受剥削的社会底层，其中包括印第安人、非洲奴隶、梅斯蒂索人〔mestizo，葡萄牙人或西班牙人与美洲印第安人所生混血儿〕、穆拉托人〔mulatto，白人与黑人所生混血儿〕。18世纪末叶人口的迅速增长，造成农村出现不充分就业和农村居民向城市迁移的现象，但却很少有人能找到有钱赚的工作。因此，18世纪末旅游拉丁美洲各地的德国科学家亚历山大·冯·洪堡（Alexander von Humboldt）发现，仅在墨西哥城就有三万衣衫褴褛、潦倒失业的饥民。他亲眼目睹巴西和西属美洲的社会状况后下结论说，他不曾在任何一个地方见到"在财富分配、文化程度、土地耕种、人与人之间的关系等方面如此悬殊的不平等"。

尽管克里奥尔人在帝国重商主义体制的束缚下颇多怨言，但他们还是清楚地知道，他们不过是殖民地社会的一部分，他们还不敢鼓动下层民众起来反抗现行社会秩序。如果当局肯作出让步，满足他们提出的主要要求，他们仍愿维持帝国统治的架构。可是，帝国政府非但不让步，反而逮捕了大批克里奥尔人的领袖，企图把反政府运动扑灭于扩大之前。这种顽固态度促使各殖民地相继建立起革命委员会（junra），最终则于1810年9月在墨西哥矿区瓜那华托镇爆发了武装起义。

这场起义是以农村印第安人、矿工和城市失业者为主体，由革命的中产阶级知识分子领导而爆发的,其领袖先是米格尔·伊达尔戈(Miguel Hidalgo),后来则是何塞·莫雷洛斯(José Moleros)。他们所提出的要求是要彻底推翻现状,其中包括废除奴隶制,印第安人和混血人都享受平等权利,归还印第安人村社原有的土地,并建立由人民代表组成的唯一议会。

这些要求对克里奥尔人来说都是无法接受的。他们想在政治上有所让步,但却并不希望发生社会动乱。因此,他们联合混血种人阶层(梅斯蒂索人和穆拉托人)反对被奴役的非洲人和受压迫的印第安人。这样克里奥尔人就有了他们所需要的人力。在当时的西属美洲人中,按种族划分,克里奥尔人有320万,混血种人有550万,相比之下,印第安人有750万,非洲人只有75万。保守势力的联合占了上风,因此到了1816年,拉丁美洲激进的第一阶段革命渐渐平息下来。

第二年,克里奥尔人的寡头集团所支持的革命的第二阶段开始了,该集团中有教师、地主和中产阶级。他们的军事领袖在南美洲北部是西蒙·玻利瓦尔(Simon Bolivar)将军,在南部则是何塞·德·圣马丁(José de San Martín)将军。玻利瓦尔,人称"解放者",实际上是哥伦比亚、委内瑞拉、巴拿马、厄瓜多尔和玻利维亚五个独立国家的缔造者,玻利维亚就是以他的姓命名的。圣马丁在1816年解放了阿根廷后进行了一次具有历史意义的翻越安第斯山的远征,参加了智利和秘鲁的解放。南美洲的起义是一场地区性的政治运动,却不是一场社会运动。一些城市如布宜诺斯艾利斯、加拉加斯、圣地亚哥力图提高自己的地位与利马相抗衡。起义最终还是牵涉到社会问题。为了招兵,起义领袖动员偿债的佣工、奴隶及农村的游民无产者参军。赢得独立后,如何抑制这种动员所引起的社会后果便成为新生共和国的首要工作。

与此同时,由于1820年西班牙的革命及其后建立了一个短命的共和国,墨西哥的保守势力警觉起来。为了避免墨西哥受到西班牙共和政体的传染,并保住其阶级特权和教会特权,保守派毅然决定与母国分离。在克里奥尔军官奥古斯廷·德·伊图尔维德(Agustín de Iturbide)的领导下,墨西哥于1821年2月24日宣布独立。第二年,伊图维尔德说服立宪会议选举他为皇帝,并于1822年6月25日加冕,称奥古斯廷一世。但是帝国扎不了根,因为人民经过长期内战之后,已不再是那么服服帖帖容易驾驭的;另一个原因是,就连保守派也认为伊图维尔德不过是个军事暴发户,并不是什么真正的皇帝。1823年他终于被迫退位,第二年建立的墨西哥共和国政权,牢牢地掌握在一群传统的土生白人精英分子手中。

巴西的历史证明,不经过流血也能赢得独立。在里约热内卢建立葡萄牙流亡政府的皇帝约翰六世于1821年返回里斯本,让他的儿子佩德罗暂时留在巴西掌握政务。佩德罗最后决定不随他父亲返回里斯本,然后宣布巴西独立。约翰没有出兵讨伐自己的儿子，而是接受了独立宣言，巴西从此成为一个独立的国家。

这样，几乎整个拉丁美洲都脱离欧洲统治赢得了独立。例外地区有：巴西以北的英属、荷属和法属圭亚那；加勒比海中的一些岛屿如牙买加直到1962年才脱离英国而独立；维京群岛直到1917年才脱离丹麦；还有古巴直到1898年才脱离西班牙。

拉丁美洲革命带来的是政治上的独立，却不是社会变革。占人口半数的印第安人和非洲奴隶的状况一如往昔。梅斯蒂索人和穆拉托人的命运倒是的确有所改善，他们从大庄园和大种植园中溢出，去填充多样化经济中的各种行业，例如去当纺织工人、小店主、行商、低级教士和小官吏等。不过他们地位的提高并不表明种族偏见的减弱，他们是作为克里奥尔人和印第安人—黑人群众之间一个必要的中间集团而被社会接受的。这一集团的成员之所以能够生存下来，靠的是赤裸裸地追逐私利，他们往往会比那些传统的白人上层分子更加严酷地剥削社会地位较低的阶层。

独立战争基本上并未使拉丁美洲社会发生什么变化。它依然是一个等级分明的社会，这大体上可以说明它为什么对外仍然是一个依附性的社会。伴随政治独立而来的并不是经济独立，而是新殖民主义。

二、独立后的新殖民主义

外交大臣坎宁勋爵在1824年表示："西属美洲自由了，只要我们在处理事务时不出什么差错的话，它就是属于英国的了。"这个预言能否实现，取决于西属美洲新的克里奥尔统治者是否愿意接受传统的从属于欧洲的经济关系，以及是否不仅要争取政治独立还要争取经济独立。拉丁美洲诸国成立之后，有意无意地或者情愿不情愿地选择了在经济上继续依附于欧洲，这就形成了拉丁美洲历史发展至今的道路。北美洲在与不列颠决裂后也曾面临同样的问题，倘若把北美共和国的开国元勋们所做的抉择与拉丁美洲截然相反的抉择相比，这一抉择的重要性就显而易见了。

美国南部种植园的园主们赞成自由贸易，以便他们生产的棉花和种植园的其他产品可以毫无阻碍地畅销于欧洲各市场，而共和国大多数的建国者则都坚决主张为了保障其新赢得的政治独立，非达到经济独立不可。例如，詹姆斯·麦迪逊（James Madison）就曾宣称："至少就属于我们的防卫和必需品一类的物品而言，我们自身的生存要求我们不应当使自己陷入不必要地依赖外来供应的状态。……主张'听之任之政策'的人们忘记了那些理论都是闭门造车，而例外情况和限定条件却是从经验中得来的教训。"[1]

大力鼓吹保护主义和自力更生的是亚历山大·汉密尔顿（Alexander Hamilton）。

他在 1791 年提交众议院著名的《关于制造业的报告》(*Report on Manufactures*) 中指出，工业基础对国家的未来至关重要：

> 不仅仅是财富，而且一国的独立与安全也和制造业的繁荣有着重要的联系。每一个着眼于那些重大目标的民族，均应努力拥有民族自给的一切基本要素。其中包括有关生活、居住、衣着和自卫的手段。这些手段的拥有对于政治实体的完善是必不可少的，对于社会的安定和福利也是必不可少的。……欲迅速而又审慎地实现此项变革，我们的各种公众机构都应全神贯注并抱满腔热情：这是我们要去完成的下一项伟大工作。(2)

这"下一项伟大工作"之所以需要完成，在拿破仑战争期间显得更加清楚，当时英国利用自己强大的海军优势强征美国海员并劫掠与法国通商的中立国船只。美国对此作出的反应是于 1807 年 12 月 22 日颁布了"禁运法"，禁止美国船舰前往外国港口。无论是新英格兰航运界，还是南部的棉花出口商，都一致反对"禁运法"。美国进退两难的困境终于导致 1812 年的美英战争。几年之后，杰斐逊指出，禁运只不过是一项"试行措施"，其结果却是"使我们大家都致力于本国的制造业"。杰斐逊的话不假，战争的确刺激了美国工业，因此约克郡羊毛业在英国议会的发言人亨利·布鲁厄姆 (Henry Brougham) 号召向美国市场倾销商品，"依靠供过于求的法则，去把美国新兴的制造业扼杀在摇篮里，这些制造业是战争勉强催生出来的，有悖于事物发展的自然进程。"(3)

美国制定政策的人拒不承认"依附于英国是自然进程"。北部实行工业保护主义的企业压倒了南部的自由贸易主义者。美国内战的结果保障了保护主义在美国的继续推行和美国工业的成长。格兰特总统指出，早期的重商主义政策已使英国工业发展到了目前它宁愿改为自由贸易的水平，因此他的结论是，美国工业在能经受得起自由贸易的竞争之前，同样需要先有一个保护主义的阶段：

> 英国依靠保护贸易达数世纪之久，把它推行到了极点并获得良好的结果。毫无疑问，英国今天之所以如此强大，应当归功于这一制度。两个世纪之后，因为保护贸易已无利可图，英国便开始发觉宜于采取自由贸易政策。那么，先生们，基于我对本国的了解，我深信，不出 200 年，当美国从保护贸易中得到她所能得到的一切时，自然也会采取自由贸易政策。(4)

美国经济的发展证实了格兰特总统的分析，1860 年美国是世界上第四号工业强国，1894年跃居第一。1860—1900年间，工业企业的数量提高了两倍，工业企业中工资劳动者的人数增加了三倍，制成品总产值提高了六倍，工业投资额增加了八倍。

再谈谈拉丁美洲。我们看到的是一个截然相反的经济发展历程：依附于并受剥削于欧洲宗主国的殖民地模式，仍在殖民地时代结束后继续存在。原因之一是，在殖民时代的几个世纪里，拉丁美洲在较大程度上依附于并受制于它的伊比利亚半岛的母国。这一传统在其赢得政治独立后依旧存在。第二个原因是，印第安人—黑人群众及大多数混血种人受压迫的悲惨处境，使得国内的购买力不足以支持地方工业的发展。由于银行制度不健全，资金的主要来源即天主教会和商人不愿投资，因此资本的匮乏也成为一个抑制因素。最后一个原因是，拉丁美洲种植园的势力比美国的较强，保护主义工业的力量相应也就较弱。

正是上述各种因素使坎宁勋爵的预料成为现实。在西班牙的统治下，帝国的贸易体制限制了殖民地进出口货物的来源和性质，并禁止外国人在殖民地拥有财产或建立商业企业。在独立战争期间和独立战争以后，这些限制失去了效力。商船从欧洲各个港口直接驶往拉丁美洲，运来的货物因出产国而异。伊比利亚运来的多是酒和食品特产，法国的奢侈品如美酒、精纺、料器、珠宝和家具十分畅销。英国却不同，它提供的是大规模生产的物品：钢铁设备、小五金、棉毛织品，还有银行服务、保险公司、商业航运和批发公司。留给本地商人的只有零售买卖。

在获得政治独立以后的第一个世纪里，"保守派"与"自由派"的对抗反映的是两种利益之间的冲突。保守派代表土地所有者的利益，着眼于发展国内市场；自由派则因其财富得自贸易，故力图将拉丁美洲经济纳入世界市场。他们的策略占了上风，并通过种种手段利用国家力量达到了使拉丁美洲经济纳入全球性市场经济的目的。

独立战争期间和战后，英国商人云集于今天阿根廷境内的普拉特河流域，在场的英方代表充分报告了此事的后果。1812年7月2日，一群英国商人上书外交大臣卡斯尔雷（Castlereagh）："英国产品的消费量近来大为增长……由于商品充足，遂致价格低廉到当地居民都可以购买。最初是因为价廉而吸引他们去穿戴，现在则成了习惯，所以又产生了新的需求。"1824年7月30日，英国总领事报告说："当〔西班牙的〕殖民维系还存在的时候，所有的制成品和欧洲其他商品在这里的售价是现在的八倍；而本国农产品在出口交易中的价格却是如今的四分之一。"另一位英国总领事伍德拜恩·帕里什（Woodbine Parish）爵士在1852年回顾他40年前的经历时同样说道："廉价的英国货，特别是那些能适应这些国家平民大众消费的东西，在第一次通商中就满足了他们的需求，如今这些货物成了南美洲下层群众的第一需要。……而正是我们本国机器的每一次改进使得制成品的价格下降……有助于给这些遥远国度的贫困阶级提供生活舒适用品,并把他们的市场永远置于我们的掌握之中。"(5)

这些颇有意义的报告表明,自由贸易对当地居民所产生的直接影响是有益的,他们在高价出售自己农产品的同时可以得到物美而质优价廉的外国货物。但其最终结果却如伍德拜恩爵士指出的那样,"把他们的市场永远置于我们的掌握之中"。这种"掌握"延及整个拉丁美洲的全部市场。故而,瓜达拉哈拉的马里亚诺·奥特罗(Mariano Otero)在1842年写道:"贸易只不过是外国工商业的消极工具",而"历届内阁都使自己完全受到重商主义利益集团的约束,并非常乐于将我们自己保持在不幸的落后状态中,外国贸易因此能够得到一切好处。……"他总结说,出路在于"全面改变我们的社会物质条件"。(6)

奥特罗所主张的"全面改变"在19世纪并未出现。大多数制定政策者都不认同奥特罗的观点,他们的观点与巴西政治家塔瓦雷斯·巴斯托斯(Tavares Bastos,1839—1875)等人相一致。此人是国民议会中咖啡主利益集团的代言人,他始终认为只有外国贷款和公共工程才有助于推动出口,他向各方面游说对各国商船开放亚马逊河沿岸和巴西海岸的贸易获得成功。另一方面,他则成功地击败了所有极力主张巴西采用保护关税制度的人们。这样,巴西最终沦为英国的半殖民地也就不足为奇了。英国控制了巴西的进出口贸易,用英国船只运载货物,向英国公司办理货物保险,由英国银行提供信贷,英国利用这一切便利条件将可能向英国的压制行为发起挑战的民族工业削弱殆尽。后来,巴西的棉花大王回顾说:"在我开始经历的激烈的争夺战中,就里约热内卢的那些外国商人也就是英国厂主的代表们来说,他们总是竭力抑制和破坏我们的民族工业。"(7)

三、新殖民主义下的经济状况

19世纪后半叶欧洲技术和经济力量的逐渐壮大,导致其对拉丁美洲经济的控制也相应加强。1850年以后,欧洲建造着更大更快的船只,开凿着苏伊士运河和巴拿马运河,铺设着横贯大陆的铁轨,发展着冷藏运输系统,并为这些世界性的工程提供所需要的资金。国际贸易额从1820年代的15亿美元提高到1840年代的35亿美元,及至1914年又增至400亿美元。

拉丁美洲像任何其他地区一样感受到了欧洲扩张主义新浪潮的冲击。大部分外国投资都是在两个时期内进入拉丁美洲的,首批是在1820年代,大部分投入今天阿根廷的领土范围以内,投资对象是矿山、土地和致力于开发内地以发展农业的移民公司。还有一些政府贷款则用于建设港口、卫生设施及其他公共工程。及至1820年代末，所有政府贷款都拖欠未还，大部分私人投资也宣告亏蚀。政局不稳加之出口贸易未能像预期的那样迅速发展，也就构成惨败的结果。

1860年代以后，高速钢制汽船、卓有成效的冷冻装置、新的采矿技术和其他技术进步激发人们重新开始在拉丁美洲大规模投资。大部分资金都被投入矿山、种植园、私营铁路和将出口原材料运至岸边的港口装备。至1914年拉丁美洲的外国投资总额达到85亿美元，占全世界长期外国总投资的五分之一。资金来源如下：联合王国，37亿；美国，17亿；法国，12亿；德国，9亿；其他国家，10亿。

这些在拉丁美洲投资的确切作用，随着为世界市场生产的出口商品性质的不同而有所变化。商品可以分为三大类：温带农产品（阿根廷和乌拉圭的小麦、玉米、肉类、亚麻、亚麻籽）；热带农产品（巴西、哥伦比亚、厄瓜多尔、中美洲、加勒比海地区、墨西哥部分地区和委内瑞拉部分地区的蔗糖、烟草、咖啡、可可、香蕉）；矿产品（墨西哥、智利、秘鲁、玻利维亚和委内瑞拉的银、铜、锡、金和石油）。

在修筑铁路开发南美大草原地区之前，温带农产品并未大批生产。1860年阿根廷只有40公里长的铁路，1885年增至4480公里，1914年已达到3.36万公里。铁路完全改变了阿根廷的经济状况，增建铁路之前，人们只不过是猎杀野牛取其生皮，这是1850年以前的主要出口产品。在那几十年中，种植的少量玉米和小麦纯供国内消费。随着铁路网的建成，耕地面积从1870年的100万英亩一跃而为1895年的1200万英亩，及至1914年则为6300万英亩。1880年代，小麦的出口量年均不足10万吨，而至1890年代已增加到年均100万吨，1914年更是达到250万吨。

肉类出口量随着谷物一道猛增，这多亏了冷冻装置的发展，才能为海外市场冷冻肉类。进口的短角牛和赫里福德肉牛取代了野牛，并与本地品种杂交。冻肉出口量从1900年的2.5万吨增加到1914年的36.5万吨。与此同时，又设立罐头厂，罐头肉和冻肉一并出口。

像以上这样提高的生产率所需要的人力是由欧洲移民所提供的，因为印第安人口既稀少又难管。1889年有26万移民（多为西班牙人和意大利人）进入阿根廷，到1912年移民人数增加到38万。实际上，的确有约45%的人后来又回去了，美国也有30%的移民回国。但无论逗留时间长短，总归都对阿根廷经济作出了重大贡献。移民劳工被称作"燕子"，他们10月或11月间离开意大利，乘坐下等船舱来到阿根廷，先在北部大草原收割亚麻和小麦。然后，通常步行到南部，连续收割下几茬庄稼。在2月以前，他们就在玉米地里干活。到了4月，玉米收割完了，这些"燕子"便及时返回意大利在自己的地里进行春播。

欧洲劳工、资金和技术的涌入，将阿根廷的国民财富从1886年的10亿美元提高到1914年的150亿美元。同期人口仅增加了两倍，而在一代人之间，人均国民收入则增加了四倍。但广大人民生活水平的提高却是远远不到四倍。在1914年以前的岁月里，不满情绪和冲突反而有所加深和加剧。原因之一是收入差别悬殊：农村里的地主与劳工、城市中的雇主与雇佣工人之间的贫富差距越来越大。另一个原因则是国民经济被外国投资者剥削至极。1896年社会党劳工领袖和政治家胡安·胡斯托（Juan Justo）谴责说："英国的资本做到了英国的军队都未能做到的事情。如今，我国成了英国的纳贡国……英国资本家从阿根廷拿走的黄金或者以产品的形式拿走的黄金对我们的好处，并不比爱尔兰人从英国贵族在爱尔兰拿走的收益中得来的好处多。"[8]

至于出口的热带农产品，一开始主要是蔗糖和烟草；到了19世纪后半叶，出口的品种和数量都急剧增加。冷冻船能从中美洲运出大批香蕉，美国和欧洲的生活水平正在提高，因而形成了广大的新市场。例如，从巴西出口的咖啡在1875—1900年间增加了两倍，到1900年世界上生产的咖啡有三分之二都来自巴西。

热带农作物的出口对于出产国经济全面发展的贡献远逊于阿根廷出口的谷物和肉类。原因之一是，种植园农业如前章所述，为了寻求更廉价更充足的劳动力，从拉丁美洲传布到亚洲。热带产品的世界价格相应降低，拉丁美洲国家的收入也因此而减少。此外，热带农产品的生产和运输也不像阿根廷的谷物和肉类那样需要有广大的基础设施。除了铁路和港口，什么也不需要，因此，很少有刺激其他经济部门的"扩散效应"。

拥有生产热带产品的大部分种植园的国际公司，出于其力图阻止拉丁美洲经济全面发展的本性，造就了一个种植园经济模式。这些公司既是纵向的垄断又是横向的垄断——说它是横向的垄断，是因为它们不仅控制着这里特殊商品的生产，还控制着商品的运输、加工和销售；说它是纵向的垄断，则是因为它们在几个大陆上都经营着种植园，从而得以根据其为宗主国公司谋取利润的多寡来掌握当地经营范围的扩大或压缩。于是，少数几家大公司便作为自足的经济体系控制着某一国家某种农产品的产量，几乎完全独立于当地经济之外。对生产国来说，并没有从大宗生产中引发"扩散效应"或引起资金的内部流动。从热带农产品的全球性规模生产中得到的利润都归宗主国公司而不是归生产国所有。结果，生产国也就注定只有一般性的经济增长而无经济发展之可能。（参见第四章第四节、第十三章第二节及第三节。）

最后谈谈拉丁美洲出口的矿产品。19世纪末叶矿产品的出口量大大增加。新兴工业需要更大量的原料供应，运输工具和采掘技术方面的改进已能满足业已增加的需求。例如，铜在殖民时代产量很低，只用于制造炊具、船底和装饰品。19世纪末叶，随着电力工业的发展，铜的需求量猛增，1890年代智利铜的出口量10倍于1850年代。

但尽管矿产品出口量大大提高，生产国得到的利益却依然是微乎其微。技术知识和大量资金都只能仰给于外国公司，因此大部分利润也就流向了阿纳康达公司和肯尼科特公司而非智利或秘鲁。而且与总产量的价值相对而言，公司在雇用工人方面所费极少。当地工人无论在金钱上还是技术上得到的利益都很微薄。采矿的基础设施就其本身特性而言是高度专业化的，故与当地经济并不会发生多少联系。

直至第一次世界大战，大量利润都从墨西哥、玻利维亚、智利、秘鲁及其他拉丁美洲的矿产品出产国汇集到各个宗主国中心，公司的各个总部就设在那里。在20世纪，生产国政府开始要求提高矿区使用费，并要求在出口以前对矿产品就地进行一些加工。但迟至1968年，智利铜矿上美国投资所得的利润仍为26%，而美国在拉丁美洲的全部投资所得利润为11.8%，在欧洲投资所得利润为6.7%。连1968年的情形都尚且如此，1898年或1908年的状况也就可想而知了。

不管情况如何，拉丁美洲在19世纪都已成为满足世界商品市场需求的重要产地。到1913年，拉丁美洲的咖啡、可可和茶叶的出口量占世界总量的62.1%；糖占37.6%；橡胶、生皮和毛皮占25.1%；谷类占17.9%；水果、蔬菜占14.2%；畜产品占11.5%。

拉丁美洲各个地区无论出口什么产品，与宗主国都是不平等的经济关系，由此而明显表现出欠发达的典型症状。其一是，到处都是大地产，无论是阿根廷的大牧场和小麦农场、巴西的咖啡种植园、中美洲的香蕉种植园，还是加勒比海地区的甘蔗种植园，都是这种症状的反映。直至1910年才开始发生反对这种严重不平等的首次群众起义，这就是墨西哥的革命，当时墨西哥有90%以上的农户都是一贫如洗。

欠发达的另一个表现是为海外市场生产单一商品的制度。对较大的拉丁美洲国家来说，这意味着单一型依附经济的继续。在巴西，在18世纪初以前首先是蔗糖生产，然后到1830年左右出现了"黄金热"和"钻石热"；再后来就是咖啡，至今咖啡仍是其主要出口产品；最后是橡胶，直至1914年大跌价为止。智利也先后有过一连串依附性产品，即小麦、硝酸盐和铜。

欠发达的最后一大症状是：与宗主国之间的纵向经济联系，比当地民族经济内部的横向联系更占优势。因此，巴西大部分的物产都通过里约热内卢出口。1848—1849年间从那里向外国出口的货物价值27329孔托（cotno），而运往国内各地的则只值717孔托。修建公路、铁路和港口主要是为了便利对海外各国的贸易，而不是为了发展国内的商业。拉丁美洲的港口如里约热内卢、圣保罗、蒙得维的亚、亚松森与欧洲各国首都之间的交通要比与自己国内各省的交通快便得多。在巴西，由英国出资修建的铁路有几种不同的规格,车辆的交替更换迄今还是一大问题。因为当时唯一关心的是怎样从内地向各港口运送货物,从来不曾打算把巴西的各个地区连成一体。

在本地经济中有一些密封的外国企业,这是纵向经济联系的又一实例。生产力高的现代外国企业好似一块块孤立的飞地,对当地经济毫无扩散效应。玻利维亚安第斯山里锡矿区的灯火通明和高功率的传送带,与周围印第安人村庄古老的传统生活节奏形成鲜明对照。波多黎各南部的甘蔗种植园也是这样,那里使用喷水管道系统和机械化农具,而丘陵地带居民的小农场则在被水冲蚀的土壤上艰难劳作,聊以为生,相形之下大有天壤之别。

1723年墨西哥总督在回忆录中写下自己的怨言:"世界贸易靠牺牲美洲人民及其无限的辛勤劳动为代价而繁荣兴盛,可是美洲人民从这片肥沃的土地里发掘出来的财富却没有留下丝毫。"(9)这同一怨言在19世纪末甚至在20世纪末讲出来都是同样的正确。

四、新殖民主义的文化

独立后的拉丁美洲不仅在经济结构上处于依附和欠发达的状况,在社会结构上也同样如此。这两者是一因一果,相辅相成。

在社会关系上,新殖民主义的一种表现形式是,本地上层人物对宗主国的价值观念、社会风尚和物质产品无不亦步亦趋。因此也就争相摆阔斗富,处处模仿宗主国的商品消费和社会服务,包括服饰、饮料、艺术作品、保姆、家庭教师和宗主国的儿童教育。尤其是因为就连穷人也在竭力仿效"大宅院"(great house)的生活方式,把他们那点微薄的资财都浪费在进口毛料服装、有边帽子、苏格兰威士忌诸如此类的奢侈品上,结果大大地消耗了本可投入本地企业中的资金,从而减少了本地经济发展的机会。

体力劳动遭到社会歧视,认为只能由奴隶和佣工去干,对体力劳动的这种消极态度同样对经济发展起着削弱挫伤的作用。监工们从来不肯放下架子去干体力劳动,人们也相率效尤,想方设法投机取巧尽可能少干体力活。这种态度,特别是与新英格兰清教徒的伦理观相比,显然对经济发展十分不利。1856年在巴西游览的一位美国人报告说,克里奥尔人"宁愿饿死也不愿当技工",他们把手工活儿都交给奴隶去做,"我看到,木匠、泥瓦匠、铺路工、印刷工、画广告和装饰品的画匠、制造马车和家具的工匠、军械装配工、制灯工人、银匠、宝石匠、平版印刷工各类人等都是奴隶。所有的买卖也都是由黑人工匠和黑孩子们来做。"(10)这种蔑视体力劳动的消极态度直到1888年奴隶制度废除后也没有发生多少改变。政府在1914年以前已经建立起几所农业学校并多方公开招生，但是自愿报名入学者却仍然寥寥无几；反过来，对于名高望重的法学院、医学院，报名者却是趋之若鹜。

整个拉丁美洲社会严格的等级划分也阻碍了其经济发展。土地贵族大多是殖民时代克里奥尔人的后裔，在法律界、高级官僚层和政府各部门中占据着垄断地位。19世纪后期来的欧洲移民充当商人、医生、工程师和教育工作者。但不管他们的职业或地位如何，白人和白种血缘成分居多的人都看不起印第安人和非洲人，将其视为生物学上的劣等人，认为他们需要的是管理和控制，而不是教育和机会。社会分为阶层，再加上种族主义，这就阻碍了社会流动性，致使绝大多数人民都没有多少机会去发挥自己的潜力。一个法国人在1860年代报告说，在巴西，"一个人即使生活在密林里，他究竟属于哪个阶级也立即可以查明"；同一时期的一个英国人指出，"巴西人是那么重视等级和地位，或许没有另一种语言能够如此精确地界说'等级'和'地位'这两个词的含义。"(11)

将大多数儿童拒之于学校大门之外的教育体制，更是突出和强化了社会等级划分的抑制作用。在美国一些州里，1865年有三分之一的儿童能够进入小学读书，而在阿根廷最先进的省份布宜诺斯艾利斯省，那一年每25个孩子里只有1个可以进入小学。同样，巴西学龄儿童进入小学的比例在1872年是5.2%，1889年是5.8%，1907年是9.1%。此外，教育方式也无益于民族发展。学校只培养下层办事员，技术人员和行政管理人员都从欧洲引进，欧洲是决策的中心。牙买加经济学家乔治·贝克福德（George Beckford）说："总而言之，种植园社会的教育体制从学术意义上来讲是落后的，以致助长了欠发达状况的持续存在。"(12) 1958—1959年，主修科学或工程学的大学生人数比例是：中国和苏联46%，西欧34%，非洲19%，而拉丁美洲则只有16%(13)，这一统计数字也证实了上面的结论。

低识字率与有限的选举权密切相关。在几乎整个19世纪里，拉丁美洲的男子仅有2%—4%有选举权。譬如在巴西，1881年总人口1500万人中只有14.2万人有选举权。直至20世纪，殖民时代克里奥尔人的后裔实际上仍在控制着拉美各国的社会和政治机构。

在白人或白种血缘成分居多的统治阶层之下便是混血种人；前面我们已经提到过，在独立以后，混血种人已上升至社会的中间阶层。他们为了生存竞争，或是希望流动到上层社会，就残酷无情地剥削广大的印第安人和非洲人。印第安人只好退居自己的村社，脱离全国性的社会生活。他们同白人社会仅有的联系只是与偶尔前来的一些行商和牧师打交道。

非洲奴隶的境遇更糟，他们已经离开了世代祖居的家园，各部落的语言和文化都在非人的待遇下搅混在了一起，从而完全破坏了他们自身的认同感。人们普遍认为拉丁美洲奴隶的境遇比美国奴隶要好些，这是毫无根据的。在两种文化背景下，区分两个种族的标准是不同的。在美国，是用遗传学观点来区分，只要身体外貌上有一点基因痕迹就被列入"劣等黑人"一类。而在拉丁美洲则是以社会地位来进行区分，其中包括一个人的谈吐、服饰、教育、收入和职业。最后的结果便是，在两个社会中并无显著区别。在拉丁美洲和在盎格鲁美洲一样，"上层"社会人们的外貌完全是高加索人种，"下层"社会则包含一切"有色人种"。

白人在总人口中所占的比例是对黑人和穆拉托人态度的一个决定性因素。如果在某个地方白人所占比例太小，不够承担中层官僚、技工、办事员、机关工作人员、监工等全部职务，就必然会准许穆拉托人填补空缺，于是他们的社会地位和权利相应也会有所改善。如果那里的白人足够担任中层职务，就无需区分什么黑人和穆拉托人，两种人都完全遭受种族歧视。美国南部和拉丁美洲大部分地区对于种族的态度之所以不同的原因就在这里，这也可以说明拉丁美洲某些国家内部为什么也有此类差别的原因，例如巴西东北部是典型的拉丁美洲式态度，而在巴西东南部，由于那里的居民大都有欧洲血统，因此那里的黑人和穆拉托人就都受到像在美国一样的种族歧视。[14]

种族态度和政策之所以不同，还有一个决定性因素，那就是要看出口产品的销售市场的情况如何。如果市场可以提供攫取厚利的机会，奴隶就会一律遭受残酷无情的剥削。没人会顾及他们的福利待遇，由于产品售价很高，所以尽量在几年之内驱使奴隶苦苦劳动将其压榨至死，然后再从非洲买来新的一批，这样就可以获得较大的利润。17世纪蔗糖兴旺，18世纪早期矿业繁荣，19世纪咖啡激增，这300年间前往巴西游历的人全都报道过奴隶们所遭受的非人剥削。但每逢中间出现不景气的时候，他们则报道说，对待奴隶就会比较松些，只实行家长式管理办法。种植园主在不顺遂的时期失去了增产的刺激，就会放缓步子，只采取自给自足的经营方式，而不以出口为营业的主要方针。

据报道，美国的市场情况与奴隶所受的待遇之间也有类似相关联系。在马里兰和弗吉尼亚，是一种悠闲松散的家长式管理的社会生活，而在美国最南部，种植园的管理则是严酷无情。大卫·戴维斯（David Davis）总结说：

> 既然巴西和西属美洲有时都同样采用资本主义剥削形式的奴役制，而北美洲人有时则遵循父权制模式并公开承认奴隶的人性，那么，拉美奴隶制与美国奴隶制之间的差别也就不会大于这些国家各自内部的地区性差别或世俗性差别。这一结论将会引起我们去怀疑黑人被奴役仅仅是一种单一

现象或"状态",这种单一现象的各种变异形式远不及整体上的基本模式那么重要。(15)

[注释]

1. Cited by F. Clairmonte, *Economic Liberalism and Underdevelopment*（London: Asia Publishing House ,1960）, p. 27.
2. Ibid., p.26.
3. Ibid., p.31.
4. Cited by A. C. Frank, *Lumpenbourgeoisie, Lumpendevelopment*（New York: Monthly Review Press, 1972）, p.59.
5. Cited by H. S. Ferns, *Britain and Argentina in the Nineteenth Century*（Oxford: Clarendon Press, 1960）, pp.79-80.
6. Cited by Frank, op. cit., p. 57.
7. R. Graham, *Britain and the Onset of Modernization in Brazil 1850-1914*（Cambridge: Cambridge University Press, 1963）, p.68.
8. Cited by S. J. Stein and B. H. Stein, *The Colonial Heritage of Latin America*（London: Oxford University Press, 1970）, p.151.
9. Ibid., p.86.
10. Cited by Graham, op. cit., p.16.
11. Ibid., p.16.
12. G. L. Beckford, *Persistent Poverty*（London: Oxford University Press, 1972）, p.208.
13. B. R. Wolf and E. C. Hansen, *The Human Condition in Latin America*（London: Oxford University Press, 1972）, p.198.
14. C. Degler, *Neither White nor Black*（New York: Macmillan, 1971）.
15. D. B. Davis, *The Problem of Slavery in Western Culture*（Ithaca, N. Y.: Cornell University Press, 1966）, p.229.

> 但愿上帝保佑我们的计划,在本地人中能够涌现出一大批棉花种植者和商人,他们将会形成一个明智而又有权势的社会阶层,并创建一个王国。这个国家将会给非洲带来无法估量的好处,并会在欧洲列国中占有一席之地。
>
> ——教会传道会总干事维恩(H. Venn,1857)

第十章 非洲:从奴隶贸易到合法贸易

19世纪以前,非洲还不是欧洲人重商主义世界秩序的一部分。尽管非洲奴隶劳动在世界经济一体化过程中起到了胶合作用,但非洲整个大陆却尚未卷入这一世界秩序成为它的组成部分。在第五章里我们已经指出,造成这种状况的原因是,非洲大部分地区都没有受到奴隶贸易的影响,即使有些地区受到影响,也仅仅是表面的。广大非洲人民仍未被卷入进出口贸易中。直到19世纪,情况才真正发生变化。因为欧洲工业革命中产生的工业资本主义拥有比先前商业资本主义大得多的实力和动力,使得欧洲人能够深入广大的非洲腹地,剥削当地的人民。这一过程经历了两个阶段:第一个阶段是奴隶贸易的结束,它为购买欧洲所需的各种非洲原料的"合法贸易"扫清了道路;第二个阶段(参见第十四章)则是非洲大陆遭受政治性的瓜分,从而排除了碍事的本地商人和酋长,使得直接统治和直接剥削成为可能。

一、非洲和美洲奴隶制的终结

奴隶贸易就其性质而言阻碍了对非洲大陆腹地的开发。非洲的中间商决心维护他们对奴隶贸易的垄断权，反对任何欧洲人深入内地，以免向他们的垄断发动挑战。欧洲的奴隶贩子则反对在非洲进行任何其他种类的商业活动，因为他们怀疑这将会干预他们经营的奴隶贸易。这些欧洲人还阻止其他外人进入非洲大陆，他们完全有理由担心，一旦他们贩卖人口的丑恶行径被人张扬开来，就会引起公众舆论的强烈抗议。正是由于这一缘故，葡萄牙人曾阻止罗马教皇派教士到非洲，除非这些教士由他们直接监督和控制。

由威廉·威尔伯福斯（William Wilberforce）、托马斯·克拉克森（Thomas Clarkson）、格兰维尔·夏普（Granville Sharp）领导的一小批改革者发动的废奴运动，第一次开始对奴隶贸易提出了挑战。1787年，他们在英国成立了"废除奴隶贸易协会"。1823年，"反奴隶制协会"计划结束奴隶贸易和奴隶制，这些废奴主义者们信奉贸易自由、信仰自由和订立工资合同的自由。在他们看来，最有利地支配自己的劳动力是上帝给予人的权利，而奴隶制则违背了上帝的旨意，冒犯了人的尊严，所以必须反对。这些论点得到许多宗教团体的支持，尤其是得到国内的贵格会教徒和在国外传教的教士的支持。后者认为奴隶贸易是传布基督教的障碍，因此主张以农产品的"合法贸易"来取代奴隶贸易。他们始终认为"基督教、商业和文明"是相互联系而不可分割的。

废奴主义者最后的成功不仅取决于这些论点，还有赖于这一时期的某些政治、经济思潮。1852年的改革法案给英国中产阶级以选举权，并在这一过程中清除了强大的下院"西印度利益集团"。工业革命的进展使得奴隶制变得陈腐过时，而日新月异的技术则要求必须为制造品寻找海外市场，而不再是要求为种植园提供廉价劳动力。同时，越来越多的证据都表明，加勒比地区种植园的自由劳工比奴隶具有更高的生产力，特别是因为当时奴隶正在不断造反。最后，由于英属西印度群岛不再能生产像西属古巴岛生产的那么便宜的糖，而使西印度利益集团失去了人们的好感。这些种植园主需要补助和津贴才能维持竞争，但是遭到英国制造商利益集团的强烈反对，后者要求自由贸易，以便自己的产品能够不受限制地进入世界市场。英国消费者也不乐意，因为得到补贴的西印度群岛糖的售价高于他们在自由市场上所付的糖价。

在说明废奴主义胜利的原因时，对于经济因素是否具有比宗教和人道主义因素更为重要的作用这一点存在很多争论。历史学家翁沃卡·戴克（Onwuka Dike）强调这两个方面是相辅相成的，偏重于任何一个方面都会导致简单化，他说：

……经济的变化将奴隶贸易的利润率降低到微不足道的地步，使得废奴主义者得以成功地对之进行攻击。另一方面，假如没有像威尔伯福斯和克拉克森这些基督教人道主义者对奴隶贸易展开的富有灵感而又激烈的抨击，奴隶制和奴隶贸易也许还会苟延下去，正如历史上其他一些腐朽的制度，在其早已过时毫无用处之后依旧在苟延时日。[1]

就非洲人而言，新的工业革命产生的动力和扩张势不可挡，无孔不入。"白人现在带着新的面孔来到我们中间，谈着我们不懂的生意经，他们将新的风尚、大炮和士兵带进了我们的国家。"[2]

政治、经济、宗教和人道主义者的力量结合在一起，促使英国议会于1807年通过法案禁止英国船只参与奴隶贸易，不许任何奴隶在英国殖民地登陆。1833年，议会进一步禁止在英国领土上实行奴隶制，给奴隶所有者补偿2000万英镑。在随后的年代里，英国海军军舰在非洲、巴西、加勒比等海岸一带巡逻，取缔奴隶贸易活动。但直到新大陆各国自身废除了奴隶制后，这才取得完全成功。海地于1803年，美国于1863年，巴西和古巴于1888年，先后废除了奴隶制。

到19世纪末叶，奴隶贸易在西非和南北美洲已经消失，但阿拉伯人在东非和中非进行的奴隶贸易活动则一直延续到第一次世界大战。事实上，由于欧洲人对桑给巴尔的丁香、塞舌尔的肉桂、留尼汪和毛里求斯的糖的需求量日益增多，阿拉伯人的奴隶贸易在19世纪末叶反而出现了回升。这些印度洋上的种植园群岛成了阿拉伯人的西印度群岛。所以，奴隶贸易（公开的或者披上"契约劳工"一层薄薄伪装的）就像早先在加勒比地区那样，现在开始盛行于东非沿海一带。

二、非洲的探险

奴隶贸易的终结在非洲产生了深远影响。现在人们已经能够进入"黑暗大陆"的腹地，一批批著名探险家很快便赶走了"黑暗"。说这些欧洲人"发现"了非洲大陆显然带有一种种族优越感，因为非洲显然早已被"发现"并有人在此定居。而且欧洲探险者不用在杳无人迹的丛林或沙漠中辟出一条路来，他们使用现成的交通系统，其中有很好的村庄之间的小路、商队经过的车马小道和独木舟路线。他们还利用当地居民当向导、保镖和挑夫。1870年亨利·斯坦利（Henry Stanley）前去寻找利文斯通时就雇了一帮非洲人和阿拉伯人当挑夫、向导和赶车人。毫不奇怪，这位苏格兰传教士在这支混杂的队伍中几乎成了哑巴，直到见到利文斯通他才开口说了句："我想您就是利文斯通博士吧？"因此，关于"无畏的探险家奋力通过不毛之地"的陈旧说法完全是一种神话。另一方面，欧洲人也确实把他们在非洲大陆各地探险时发现的一切系统地加以整理并公布于世，从而使得非洲内陆也像200年前的南北美洲内陆那样始为外界所知。

对非洲大陆的系统探险始于1788年"非洲协会"的建立。这个协会由著名英国科学家约瑟夫·班克斯（Joseph Banks）领导，旨在"推动科学和人类事业、探索神秘的地理、勘探资源、改善遭受厄运的非洲大陆的状况"[3]。协会首先注意到的就是尼日尔河的问题。那时这条河还只是徒有其名。甚至早在欧洲人奴隶贸易开始前，就传说有一条叫尼日尔河的大河，河岸两旁有着一些神话般的城市。但却始终无人知道它究竟发源于何处，又在何处结束。为了解开这个谜，1795年协会派出苏格兰内科医生芒戈·帕克前往考察，他备经酷热、疾病、被俘和饥饿的折磨之后，终于成功地到达尼日尔河，但因患病又迫不得已才回到岸上，没有沿着河流航行到河口。1805年，他又回到非洲，率领一次大规模的探险，不幸未能完成使命竟被热病夺去了生命。

其后，有许多人都想要解开这个神秘之谜，直到1830年理查德·兰德（Richard Lander）才沿着尼日尔河找到了河口，从而证实了所谓的"油河"，即很久以来欧洲人所知道的棕榈油和奴隶的来源地，包括了尼日尔河三角洲。法国探险家勒内·卡耶（René Caillié）化装成穆斯林从西南端进入西非，穿越撒哈拉沙漠到达丹吉尔。他是近代第一个到过廷巴克图的欧洲人。然而让他大失所望的是，金色传说中童话般的城市，只不过是"一大堆用泥土建造的难看的房屋"。西非的探险工作首推海因里希·巴尔特（Heinrich Barth），他在1850年代作出的成绩最大。这位杰出的德国人访问了西苏丹最主要的一些城市，然后横穿撒哈拉沙漠于1855年返回英国。他的旅行是非洲旅行史上最伟大的成就之一，由于他对所访问过地区的地理、历史、人种做了详尽清晰的说明，所以他的游记也是一部杰作。

在溯尼日尔河进行的一次灾难性贸易远征证明那里商业前景暗淡之后，欧洲人的兴趣转移到了东非。东非的大问题在于寻找尼罗河的源头。敌对的土著人、广大的沼泽地、数不清的急流险滩，挫败了溯流而上寻找河源的一切企图。1856年，两个英国人，约翰·斯皮克（John Speke）和理查德·伯顿（Richard Burton），开始从非洲东海岸深入内地。他们发现了坦噶尼喀湖。由于伯顿患病，斯皮克单独继续前进320公里又发现了维多利亚湖。在第二次旅行中（1860—1863），斯皮克看到了白尼罗河从维多利亚湖倾泻而下形成里彭瀑布，然后顺着这条大河到达喀土穆，并穿过埃及进入地中海。

与此同时，其他探险家则从南非的开普敦省出发进入南非中央地区。其中最伟大的人物是利文斯通。他最初曾想把自己训练成在中国行医的传教士，但是鸦片战争的爆发使他转向了非洲。他在开普敦上岸,向北行进。1849 年,他穿过卡拉哈里沙漠,想看看那边有哪些他可以开展传教事业的地方,结果发现了恩加米湖。在那里,他听说前面同他已走过的沙漠不一样,是个人口众多、灌溉良好的地方。1852 年他开始了其伟大的旅行,先是走到大西洋岸边,然后再转身横穿大陆于 1856 年到达印度洋岸边。利文斯通回到英国后,在剑桥大学发表了一次具有历史意义的演说,他的演说激起整个西方世界对非洲的兴趣。

1857—1863 年间,利文斯通领导了探索赞比西地区的远征。1866 年,他再次开始解决各式各样有关尼罗河源头的问题。他深入非洲丛林,整整五年与外界断绝音讯。最后,纽约《先驱报》派出著名驻外记者亨利·斯坦利去寻找利文斯通。1871 年斯坦利真的在坦噶尼喀湖畔找到了他,这是非洲探险中值得纪念的插曲之一。尽管利文斯通此时瘦弱不堪,用他自己的话来说"只剩下一把骨头",但他仍然拒绝与斯坦利一道回家,而是继续向前探险,直到 1873 年 5 月 1 日,那天他的同伴们发现他以祈祷的姿势死在他的帆布床边。

这些非洲探险者们对所看到的事物反应各异。一些人以极大的勇气尽力去了解所接触到的陌生的人和文化,并获得一定的成功。巴尔特和利文斯通就是这批人的杰出代表。另外有些人虽也作了些努力,但却不能冲破自己背景和观念的束缚。而许多人则更是压根无法与非洲人情感相通,毕竟非洲人与英国绅士之间的差距太大。总的来说,欧洲人是在非洲大陆深深处于危机状态时横贯非洲进行探险活动的。奴隶贸易使整个非洲大陆陷入四分五裂一片混乱之中,比邻而居的同胞互相掠夺,绝不相让。这些探险者们将这种状况设想为"生活历来如此",这就为后来的"托管"看法提供了理由。在他们看来,蒙昧的野蛮人不能照料自己,需要被人管教,并示以走向"文明"的道路。当时的探险家们或多或少都有种族主义思想,所以对这种态度格外有推波助澜之势。甚至就连具有强烈正义感和人道主义精神、无私的利文斯通也曾自信地写道:"我们是作为具有提高人类大家庭中较低族类的愿望的优等种族的成员和殖民政府的公务人员,来到他们[非洲人]中间的。"[5]

三、从奴隶贸易到合法贸易

废除奴隶贸易不仅为非洲探险提供了可能性,还为进行其他商品贸易——废奴主义者称之为"合法贸易"——扫清了道路。这种新贸易在西非尤为兴盛,那里出产欧洲所需要的各种商品。其中包括:用于制造肥皂、润滑剂和蜡烛的棕榈油;用于制造代黄油和家畜饲料的棕榈核;用作食用油和用以制造肥皂的落花生。19 世纪西非出口的商品还有:塞内加尔的树胶,黄金海岸的黄金,森林地带的木材、象牙和棉花。作为交换，西非进口棉花和羊毛纺织品、烈酒、小五金、盐、烟草、枪支和火药。

如同前段时期的奴隶贸易一样，现在非洲人在新的合法贸易中仍然唯恐失去了充当中间商这一角色的机会。随着奴隶贸易被废止，一些人将其活动范围从沿海转到往来于撒哈拉沙漠之间。位于现在加纳中部的阿散蒂国就是一个例子，其首领们把它同黄金海岸的贸易减少到最低限度，主要经营枪支和火药，而改为同北部豪萨人商队做生意。后者带来了棉布、丝织品及其他制造品，用以交换柯拉——穆斯林用来代替酒精的一种兴奋剂。萨拉加成为这种交易的中心，到1874年该地人口已有四五万之众。

1852年非洲轮船公司的建立，有助于那些继续与欧洲人在沿海进行贸易的非洲人的活动。新的以蒸汽为动力的商船，将英国与西非间的航行时间从35天减少到21天，甚至更少。固定的航班为所有商人服务，使本地商人能够同欧洲人的公司展开竞争。到1857年，一位住在黄金海岸的观察家说："旧式的欧洲大商人阶级垄断大部分贸易的局面已告结束，从前由一小部分人从事的交易，现在落入人数众多的小商人之手，并且主要是本地商人。"(6)

欧洲人的一些公司由于拥有雄厚的资金及同欧洲商业网保持有效联系，因而在一段长时期内保持了自己在海外贸易中的支配地位。同奴隶贸易时的做法一样，欧洲人将货物"赊销"给非洲中间商，期限为六个月到两年。后者将货物运进内地，用来交换内地产品。然后，再将交换来的棕榈油、象牙、木材和其他原料交给欧洲商人，等价抵偿所欠货款。此前一个世纪亚当·斯密就曾指出："在非洲〔比在美洲〕更难取代本地人和扩大欧洲人的种植园。"同样，查尔斯·利文斯通（Charles Livingstone）领事在1872年写给外交部的信中也说："黑人掮客们〔中间商〕是地地道道的保护主义者，不许外人同黑人或白人打交道，一切贸易非得按他们出的价格由他们经手不可。居住在河边或海边的每一个部落，在同他们毗邻的内地同胞交易时也都是这样。"(7)

黑人"严格的保护主义者"中最杰出的人物是雅博·儒博哈（Jubo Jubogha），他是奥波博国的创建者和国王，大家都喊他贾贾。他控制了一些主要的棕榈油贸易商道，他明确宣布所有欧洲人都必须通过他才能做生意。当英国领事施加压力，要求他允许英国商人在内地经营时，贾贾答复说："无论如何，这个国家属于我，这里不需要任何白人。"并说："任何人想同我做生意"，只能在奥波博做，不准在其他地方做。英国领事和商人因而敦促本国政府兼并顽固对抗的贾贾的领土。1886年，英国外交部一位官员评论说："要求吞并的呼声越来越高，目的就是要打破贾贾所维护的中间商制度。"(8)

西非（大部分贸易都是在这里进行的）本地商人不仅保持对贸易的控制，而且在交换中开始要求得到高质量的商品。过去欧洲人用假串珠、旧衣服、华而不实的布料和各种乱七八糟廉价的新奇小商品来交换非洲的原料，然后带回本国出卖以获取高额利润。1856年，英国的榈橺油主要进口商约翰·托宾（John Tobin）在议会的一个委员会里作证说："从前，白人习惯于想象无论什么东西对黑人来说都是好的，所以就企图欺骗他们。现在，他们也像我们国家任何人一样，能够区分真假优劣。"(9) 历史学家戴克根据托宾的证词，提出如下看法：

> 回顾西非在同欧洲进行的长达400年的贸易中，并没有得到多少含有永久价值的东西。这是一个值得反思的问题。他们为欧洲的工业化提供了优秀的劳动力、棕榈油、象牙、木材、黄金，以及其他许多供应和支持正在兴起的工业主义的商品，得到的却只是一些最低劣的杜松子酒和华而不实的东西。当加拉巴的老酋长要求提供基本设备创办制糖厂和种植棉花时，据欧文 [威廉·欧文（William Owen）上校是英国皇家海军军官，他对非洲海岸进行了权威性的调查]说，西印度群岛利益集团成功地抵制了这一"合法的要求"。

新的合法贸易与从前的奴隶贸易不同，是一种涉及广大群众需要的大众性贸易。奴隶买卖由一些大商人垄断，其中许多人都成了其所在国家的统治者或高级官员。而新的原料贸易涉及的则是小农，他们靠很少的资金，使用家庭劳动力、雇工和传统工具便能生产出口商品。同样，进口也不再决定于当地上层人物的需求，而是适应比奴隶贸易时代个人收入分配得更平均的情况下产生的广大国内市场的需要。新的进出口商品的大众性反映在外贸价值的急剧增加上。在奴隶贸易最兴盛的18世纪末叶，西非的海外贸易额达到每年约400万英镑，而到1850年，海外贸易总值已比前者增加了三倍。出口到英国的棕榈油从1810年的1000吨上升到1830年的一万吨，1842年达到两万吨，1845年是三万吨，1855年则达到四万吨。出口到西非的英国棉纺织品在1816—1846年或1820—1850年的30年间增加了29倍。

19世纪前50年，贸易条件对西非特别有利。由于欧洲市场不断扩大，非洲原料的出口价格也就稳步上涨。相反，由于工业革命的深入开展，生产力不断提高，1850年进口的欧洲工业制成品价格只相当于1800年价格的25%—50%。

到19世纪中叶，西非已经完成了从出售奴隶为基础的经济向出售天然物产为基础的经济过渡。在财富和影响上，非洲商人已经超过了传统的酋长。虽然仍旧缺少银行、公路和统一的货币，但是人们的日常生活已经变得日益依靠国内外贸易。

英国制定政策的人们对这种结果非常满意，明确表示决心集中精力于贸易，而不愿卷入领土纠纷。1865 年，下院特别委员会的报告毫不含糊地声称，反对"一切进一步的领土扩张"，并建议"将行政权逐渐移交给当地居民，以便我们最终从所有地方撤退"。[10]

然而，不到十年光景，由于西非经济状况的变化和国际力量平衡的变动，英国就转变了前面谈到的反对殖民主义的政策。所有的欧洲强国都狂热地投入到了抢夺非洲土地的浪潮中，最后到 19 世纪末他们实际上完全瓜分了非洲大陆。

[注释]

1. K. Onwuka Dike, *Trade and Politics in the Niger Delta 1830-1885*（Oxford: Clarendon press, 1956）, p.12.

2. J. Corry, *Observations upon the Windward Coast*（London, 1807）, p.127, cited ibid., p.15.

3. Cited by T. W. Wallbank, *Contemporary Africa*（Princeton, N. J.: D. Van Nostrand, 1956）, p.25.

4. J. H. Plumb, "The Niger Quest," *History Today* II（Apr. 1952）: 247.

5. *The Zambesi Doctors: David Livingstone's Letters to John Kirk, 1858-1872*, ed. R. Foskett（Edinburgh: Edinburgh University Press, 1964）, p.45.

6. Cited by E. Reynolds, *Trade and Economic Change on the Gold Coast, 1807-1874*（London: Longman, 1974）, p.119.

7. Cited by Dike, op. cit., p.103.

8. Ibid., pp. 215, 216.

9. Ibid., pp. 113, 114.

10. Cited by Reynolds, op. cit., p. 167.

> 土耳其现在的出口商品中大部分都是原料，它把这些原料输往欧洲，欧洲将其加工为制成品再运回土耳其……目前她［土耳其］应该放弃任何在主要制成品方面与欧洲竞争的企图，而将自己局限于依靠土地生产天然财富。
>
> ——乌比西尼（M. A. Ubicini, 1856）

> 同西方资本主义国家进行自由贸易，意味着欠发达的奥斯曼帝国经济"走进了死胡同"，奥斯曼帝国的市场不可避免地会被大规模涌来的低成本的西方货物所占据。这一秩序变更是李嘉图所阐述的西方国际贸易理论的全部实质。自由市场的力量影响了欠发达的奥斯曼帝国经济，结果在奥斯曼帝国和英国之间产生了一种强制性的贸易互惠主义，这种状况使得奥斯曼帝国同受英国监护的殖民地没什么两样。
>
> ——阿雅·科乌曼（Oya Köymen, 1971）

第十一章　中东进入第三世界

在 19 世纪以前，中东已经部分地被纳入全球性市场经济。外侨特权制度，新大陆黄金的流入及其引起的通货膨胀，各式各样的黎凡特公司的活动，毗邻的欧洲列强所施加的压力，所有这些因素结合到一起，遂使中东某些地区日益从属于正在扩张的西方资本主义经济。这一过程在 19 世纪期间不断扩大和加深，以致中东也像非洲一样，相对于世界资本主义体系而言，它从一个外缘性地区变为一个充分一体化的地区。西方列强彻底地兼并了整个北非，实际上也包括富饶的埃及行省，尽管君士坦丁堡名义上仍对埃及拥有宗主权。奥斯曼帝国仅仅保留了小亚细亚内陆地区和南部的阿拉伯诸省，它们之所以尚未被瓜分，只是由于欧洲列强对这一战略要地究竟如何瓜分还未能达成一致意见。

比西方军事扩张主义更重要的是它的经济动力。整个中东地区，无论是殖民地还是名义上独立的地区，都感受到了欧洲工业革命的冲击。凭借新式轮船和铁路，以及使航程缩短的苏伊士运河，西方廉价的机制产品像潮水般涌进中东地区。西方资本也以个人投资或政府贷款的形式渗入中东。19世纪末，西方工厂和西方银行一道控制了中东国家。奥斯曼帝国中那些在政治上尚未被兼并为殖民地的部分，现在都在经济上被兼并为殖民地。其最后结果便是西方加强了其对中东的控制和剥削，这也标志着中东地区已从第三世界的外缘地区完全转变为第三世界的一部分。

一、"土耳其的曼彻斯特和利兹"

奥斯曼帝国同西方的关系正在变化之中,这不仅表现在政治和经济上,而且也表现在文化上。在此之前的千百年里,中东穆斯林们同信奉孔子的中国人一样,一直轻蔑地把西方基督徒当作化外的野蛮人。1666年,一位奥斯曼大臣曾对法国大使大骂道:"难道我不知道你们是什么人吗?你们是没有信仰的人,你们是猪猡、狗、吃大粪的人。"[1] 迟至1756年,当法国大使宣称法国与奥地利结盟标志着欧洲外交史上的一个转折点时,奥斯曼官方则粗鲁地说,奥斯曼政府并不关心"两个猪猡间的联盟"[2]。

在19世纪,这种傲慢与蔑视的态度变成了尊敬与恐惧。如果说在大多数人居住的农村还不曾有这种变化的话,那么,至少在与西方侵略势力打交道的制定政策的上层人士中情况则是这样。接连不断的军事失利和丧失领土,以及西式教育制度的推行,更是加速了这种态度的改变。土耳其在本土先后建立起一些学校,其中有:医学院(1867年),帝国学院(1868年),君士坦丁堡大学(1869年),法律学院(1870年)和政治学院(1878年)。天主教和新教的教士们也通过办学校、行医和劝诱改宗极大地传播了新观念。在19世纪,君士坦丁堡的罗伯特学院及美国人开办的贝鲁特大学(1866年)和开罗大学(1919年)的毕业生,在中东政治界和知识界领袖人物中所占的比例相当大。

向来是坚不可破的奥斯曼"铁幕"逐渐地被戳穿了,结果出现了土耳其语称之为"坦齐马特"(*Tanzimat*)的改革运动。改革运动的观念是,现代欧洲社会在许多方面都优越于奥斯曼帝国,帝国要想生存下去,就必须使自己能适应欧洲社会,而不应继续抱着怀旧之情去追求无法挽回的过去。说得更具体些,这些改革者的主要目的是想实行中央集权,去掉那些封建主(阿扬)及其控制大多数省份的同盟者(参见第六章第五节)。这一目标逐渐实现了,一部分是用武装力量,如1826年解散反对进行任何实质性改革的土耳其禁卫军;一部分是通过一系列改革法令,尽管这些法令在多方面还停留在纸面上,但也确实留下了一点进步的痕迹。

"改革运动"的领导者们相对而言受过良好教育,怀有美好的动机,他们组成了新的统治阶级。他们现在构成了一个中央集权的文职人员统治集团,取代了从前的封建主及其包税商;他们从国库中领取固定工资。随着铁路和电报等交通系统的改进,住在君士坦丁堡的各部首脑现在拥有的真实权力甚至超过昔日的苏丹。这并不完全是一件好事,尤其是人民大众未能参与改事,而这一点当时在西方正在发展中。事实上,奥斯曼帝国直到第一次世界大战后灭亡时为止,始终被西方人称作"欧洲病夫",这也表明改革运动终告失败。

从长远来看，改革运动领导人制定的政治经济措施都证明没有产生什么效果。在政治方面，"改革者"们由于阶级出身的局限，他们来自奥斯曼统治阶级家族，不愿将改革贯彻到底，因为这将会损害自己父母和亲戚们的地产和收入。而且，改革运动的领导人受过欧式教育，以致在衣着、举止、风度、精神上都已欧化，这就使他们同习见的环境和文化相隔绝，进而发展到藐视广大无文化的农民。他们将自己视为奥斯曼绅士，衣着与众不同，举止矫揉造作，甚至满嘴文绉绉的土耳其语，同比较纯正而较为粗糙的典型的安纳托利亚土耳其农民的习惯语相差甚远。土耳其农民被君士坦丁堡的绅士官员们称为"卡巴土耳其人"（Kaba Turk，即粗鄙的土耳其人）和埃舍克土耳其人（Eshek Turk，即驴子土耳其人）。同样，广大人民也反唇相讥。这就说明了为什么苏丹哈米德二世（Abdul Hamid Ⅱ）在1877年实际上没有遭到什么反抗就能将这些改革者撤职，然后将自己的独裁统治一直维持到1909年。

在经济方面，"改革运动"的领导者们同样不能胜任。他们反映了奥斯曼帝国一种传统的态度，认为从事经济工作有损奥斯曼绅士的身份，应该留给他们的亚美尼亚、希腊或犹太臣民去做。没有任何一个改革运动领导人对经济问题有明确的了解或对经济问题真正感兴趣。即使他们制定出指导经济的方针或纲领，由于治外法权条约和后来签订的一些条约严重地摧残了奥斯曼经济，他们也没有实行的机会（参见第六章第三节）。

外国经济统治和剥削的典型例子就是1838年签订的《英土商务条约》。在此之前，奥斯曼政府曾经徒劳无益地使用各种限制、禁令、垄断来削减原料出口，直至满足了国内消费者、手工业者和军队的需要之时为止。如果某种商品供应减少到造成物价上涨或刺激黑市价格上涨超过官方规定的水平，就将禁止这种商品出口，实际上当时就是按这一规则执行的。政府还普遍对战略物资如铜、金、银等实行垄断，将其全部买下，预防外商抢购出口。

1838年的英土条约有效地废除了这些老政策提供给当地消费者和企业的微不足道的保护。该条约禁止政府对出口进行垄断或颁布禁令，准许英国商人在奥斯曼帝国的任何地方购买货物。除了缴纳5%的进口税、12%的出口税和3%的通行税，英国商人可以免缴奥斯曼本地商人必须缴纳的其他多种税款。其他所有外国商人根据最惠国条款也同样享有这一优待，从而也就得以在比本地居民更为有利的条件下在帝国境内从事贸易。

这一条约的第六款规定："所订章程在整个奥斯曼帝国境内，无论是土耳其的欧洲部分还是亚洲部分，也无论是埃及，还是在其他非洲属地，一律适用。"这一条款的真正目标是针对埃及的穆罕默德·阿里，他是奥斯曼苏丹的主要对手，也是英国政府所憎恶的人。19世纪初穆罕默德·阿里在埃及夺取政权，随后建立了中东第一支现代化陆军和海军。为了维持他的现代化军队,他建立了工厂、造船厂和兵工厂;并且为了支付这些开支,他对贸易、工业和财政都实行政府垄断。对19世纪中叶实行自由贸易政策的英国来说,"垄断"一词就如同"共产主义"一词在20世纪中叶的西方资本主义国家中一样被人诅咒。英国不能容忍穆罕默德·阿里争取经济独立的努力,它利用1838年条约中的反垄断条款予以反对,还派出英国远征军进行挑衅。最后,穆罕默德·阿里被迫停建工厂和削减军队。

英国人不仅不能容忍埃及政府在经济领域实行的垄断做法,同时也不能容忍埃及企图控制中东通往印度的路线,英国将这些路线看作帝国神圣不可侵犯的生命线。穆罕默德·阿里的现代化计划被英国粉碎了,他被迫将军队从13万裁减到1.8万。这样一来,大部分工厂自然也都没有修建的必要,埃及争取政治和经济独立的斗争就此结束。这同这一时期奥斯曼帝国内部的情况恰恰相反,奥斯曼帝国正是在1840年代开始显示出工业化企图的,尽管当时这一点尚不太为人所知。

英国对待君士坦丁堡苏丹马吉德(Abdul Mejid)的政策则完全不同。马吉德软弱又顺从,穆罕默德·阿里则强硬而富有进取心。因此,英国外交大臣帕麦斯顿(Palmerston)的策略是扶持衰老的奥斯曼帝国,支持奥斯曼军队的扩充和现代化。这就需要有支持现代化的各种工业。所以,土耳其在1840年代初至克里米亚战争期间进行了大规模的工业化建设。

大部分工厂都建造在紧靠君士坦丁堡西面相当于一个"工业园"里。其中有:一个拥有一座熔铁炉和两座煅炉的钢铁厂,一个蒸汽动力机械厂,一个纺织、印染花布的纺织厂,一些生产丝织品、毛织品的纺织厂,一个拥有建造小汽船设备的造船厂。奥斯曼工业的独立,需要国内原料的供应,所以聘请了外国地质学家和矿业工程师前来勘探当地资源。到1845年,在马尔马拉海的普林塞斯群岛及邻近大陆上都开采出铁矿石,在君士坦丁堡西面发现了石灰石,在埃雷利发现了煤床。在布尔萨附近建立了拥有1.5万只美利奴种绵羊的大牧场,在君士坦丁堡西面建立了棉花种植园,一个美国专家在那里进口了美国的轧棉机,甚至还有奴隶。再往西,在圣斯特法诺附近,一个拥有新品种家畜、各种试验作物、成千上万棵树苗的模范农场发展了起来。在那里还开办了一所新学校,招收学生学习先进的农业技术。

在这些企业中,几乎所有的机器、工头和熟练工人都来自欧洲。在那些年头里,走在君士坦丁堡的街上,可以看到各种外国工匠:钳工、制模工、铸工、锅炉制造工、炉前工、搅炼工、铁条滚轧工、锻工、烧炉工、磨轮机工、铁板滚轧工和造船工人。在这些外国人指导下工作的有5000多名非熟练工人,其中包括希腊人、亚美尼亚人、犹太人、保加利亚人和土耳其人。同当时欧洲大陆的工人一样,他们每天都要从黎明干到天黑,每周则要工作六天。

某些外国观察家对这一切有了十分深刻的印象，他们推测其发展前景"将会是集土耳其的曼彻斯特、利兹、伯明翰和设菲尔德于一地"[3]。但是不到十年，这一雄心勃勃的计划就落空了。原因之一是，虽然成千上万名训练有素的手工业工人已被潮水般涌来的欧洲商品所取代，但是工厂里不熟练而又无纪律的工人却是大成问题。如同英法前两三代人一样，工匠和农民异常厌恶那种无个性的兵营式的工厂工作。外国管理人员发现：工厂里工作效率低，工人缺勤高，人员变动频繁，有着多得令人难以置信的节假日。据报道，情况变得如此之坏，以至于出现了工人闹事、厂里使用强迫劳役修建工厂和有些工人套上脚钉一跛一拐地干活的情况。

但是，问题并不仅仅在于改造农民和手工业者传统的工作态度。外国人不愿把本地人训练成技术工人，这增加了工厂的困难。可以理解，他们这样做，是不愿甘冒失去工作的危险，因为他们的工资起码是当时西欧工人工资的两倍。一些外国人还抱怨"营私舞弊"和奥斯曼政府官员腐败无能的干涉；这些官员仍然热衷于由来已久的只顾挤干奥斯曼母牛的奶而不管小牛死活的做法。早在1848年就有关于修建的工厂半途而废和工厂开工不足、机器生锈的报告。随着1850年代初克里米亚战争的爆发，奥斯曼政府第一次感到不得不依靠欧洲贷款。毫不奇怪，财政灾难的首先受害者就是工业化计划。这样一来，"土耳其的曼彻斯特和利兹"的幻想也就破灭了，白白浪费了大量的钱财和精力，最后却是几乎什么也没留下来。

二、土耳其进入第三世界

19世纪奥斯曼历史上的决定性事件，并不是在一夜之间实现工业化的引人注目的企图，而是1838年签订的《英土商务条约》，该条约有效地挫败了土耳其的任何工业化计划，更何况还有其他抑制性因素。这一条约完成了几个世纪以前西方早已开始支配土耳其经济的过程。由于它清除了对外贸易的各种障碍，土耳其的贸易总值（出口加进口）急剧增加，从1800年的3.2亿英镑相继增加到1840年的5.6亿英镑、1860年的14.5亿英镑、1872年的28.9亿英镑，以及1913年的83.6亿英镑。

对外贸易的突然兴隆，只不过是反映了奥斯曼帝国国内的经济增长而不是它的经济发展。土耳其对英国出口货物的价值维持在英国对土耳其出口货物价值约一半的水平上。长期严重的金银外流使帝国背上了沉重的债务，最后导致奥斯曼帝国破产。土耳其出口到英国的主要是原料（染料、谷物、棉花、羊毛、生丝、葡萄干），英国出口的则是工业制成品（棉毛织品，钢铁产品，经过加工的殖民地产品如香料、咖啡和糖）。驻在奥斯曼各城市的西方领事在报告中说，廉价的欧洲机制品毫无阻碍地输入进来，摧毁了当地的手工业。例如，在伊兹密尔，到1850年，原来的18

家织布厂有16家倒闭；在阿勒颇，原有的一万台织布机到1858年有一半停开；在布尔萨，1820年时有400台织布机，到1860年只剩下30台，其丝织作坊则从原有的1000个减少到1868年的75个。(4)

法国领事在1845年的报告中，对这些工厂的倒闭与1838年商务条约的关系作了清晰的说明："现在，这两个大城市[大马士革和阿勒颇]消费了比贝鲁特数量大得多的布匹[产自英国和瑞士]。这两个城市中原有1.2万台织布机，现在大马士革只剩下1000台多一点，阿勒颇只剩下1500台，1838年的条约给予这些当地工业以致命打击……"(5)下面这件事也像上述报告一样能说明问题：1847年，叙利亚发生政治危机期间，外贸暂时中断，一些被弃置不用的织布机又重新投入生产。但当危机过后，正常的贸易关系恢复时，又像从前那样，很多织机再次停开。这一插曲是20世纪拉丁美洲经历的预演，那时由于两次世界大战和大萧条造成外贸中断，拉丁美洲国家的国内工业迅速发展，但随着局势恢复"正常"，拉丁美洲国家的工业又再次衰退。

在那个时代，人们普遍认为奥斯曼经济从属于西方是合理的和正常的。在法国领事报告1838年商务条约给奥斯曼工业致命一击十年之后，法国作家乌比西尼直截了当地声称，奥斯曼经济的殖民地化对西方和奥斯曼帝国彼此都是有利的！他说：

> 比起从前，奥斯曼帝国的制造业大大衰退了。土耳其现在的出口商品中大部分都是原料，它把这些原料输往欧洲，欧洲将其加工为制成品再运回土耳其……
>
> 土耳其从过去的经验中应该得到两点教训：第一，目前她应该放弃任何在主要制造品方面与欧洲竞争的企图，而将自己局限于依靠土地生产天然财富；或者，保留几个特别的目的在于搞活国内贸易的本地制造业部门，如地毯、披肩、摩洛哥皮革、金缕刺绣、马具、武器、肥皂等……假如她担心由于进口多于出口而变得贫穷的话，我要再说一次，她有办法通过利用来自本国土地的财富而恢复贸易平衡。单靠谷物一项，无须说其他种类的栽培作物，每年就可轻而易举地提供价值相当于一亿多法郎的产品。用这笔钱足够偿付大量铁、糖、布、印花布和平纹细布……的货款。(6)

当时，这一建议被认为是公理。用现在的话说，这一建议就是要使西欧国家成为"世界工场"，而世界上其他地区的人民则应继续成为或变成砍柴挑水也就是干苦活的人。到19世纪这一信条在英国俨然成了天定的至理名言，这也是可以理解的，因为当时英国从自己所担负的有利可图的全球性任务中获得了巨额利润。但事实上，奥斯曼帝国国内对这种安排也没有反对的意见，原因是在原料出口贸易中已经产生出强有力的既得利益者，对他们来讲，同西方建立起来的半殖民地经济关系既可获得厚利，又称心如意。

在19世纪下半叶伊拉克省的经济发展中，很明显地表现出帝国内部那些既得利益者对奥斯曼的经济从属地位所持的支持态度。伊拉克出口总值从1864—1872年间的每年14.7万英镑上升到1912—1913年的296万英镑，在不到50年的时间里增加了19倍。出口繁荣的主要原因是苏伊士运河的通航，它第一次使伊拉克在财力上有可能将产品运往西欧销售。这一机会被部落酋长、城镇闻人、官僚和军官组成的上层社会集团所独占。他们强迫游牧部落定居，生产出口农作物，以致伊拉克的牧民从1867年占总人口的35%下降到1930年的7%。同时，统治阶层则以微不足道的价格获得原先部落的土地，将其变为私有地产。作为中东典型的地主，他们占有佃户生产的大部分谷物，他们转手将其卖给商人，以供城市消费和向国外出口。

农业生产力虽然提高了，但利润却落入了外住地主手中，因而并没有促进当地经济发展。这些地主很快就养成了高消费的习气，尤爱烈酒、纺织品、服装和家具等外国奢侈品。从佃户那里榨取来的钱财并未用于改进农业技术，更谈不上资助工业企业。像奥斯曼其他各省一样，西方制造品涌入伊拉克，以致巴格达手工纺织工人的数目从1866年的3500人减少到1934年的约120人。由此一来，虽然在苏伊士运河通航前伊拉克就已在向中东诸邻国出口丝织品、靴子、鞋、肥皂等简单的制成品，但到19世纪末，这些手工产品已经让位给谷物、椰枣、羊毛、棉花、动物毛皮这类粮食和工业原料。

西方的支配地位不仅表现在贸易上，还表现在中东的基础设施上。外国企业家凿通了苏伊士运河，扩建了贝鲁特港、亚历山大港和塞得港，建造了叙利亚、巴尔干、埃及和柏林—巴格达的铁路系统，给中东的主要城市供给水、电、煤气，还提供定期的轮船航班以加强地中海东部、红海、波斯湾诸港口与世界上其他地方之间的联系。

奥斯曼帝国的财政完全为西方所控制。在1854年克里米亚战争期间，土耳其人第一次向外国贷款。由于缺乏管理高级财政的经验，他们并不关心如何偿还这笔债务，后来紧接着又借了几笔债。外国银行家不仅不告诫土耳其人，有时反而还对他们施加压力，要他们以高利率借更多贷款。到1875年，奥斯曼政府已经借了14笔贷款，每年为支付年金、利息和偿债基金，需要1200万英镑，其数额略多于帝国年总收入的一半。六年后，君士坦丁堡已经濒临破产，被迫将帝国某些收入的控制权转让给由外国债权人代表组成的国际机构"奥斯曼公共债务管理委员会"（Ottoman Public Debt Administration，OPDA，又译"奥斯曼国债机构"）。该机构实际上已将全部帝国经济作为抵押品。到 1911 年，该局拥有 8931 名职员，而帝国财政部人员才只有 5472 名。一位 19 世纪中叶常驻土耳其的英国商人说："奥斯曼帝国的存在只为了两个目的：一是像伊索寓言中那条霸占食物、自己不吃又不让别人吃的狗那样行动，不许任何基督教国家占领自己的附属国，尽管自己已无力控制或保护它们；二是为了五六十个银行家、高利贷者和三四十个帕夏的利益，这些人依靠帝国的腐败大发横财。"[7] 对此，19 世纪末一位法国观察家说得更简洁："奥斯曼帝国的存在就是为了维持现状，维持现状就是让一切继续下去和支付债券。"[8]

三、"埃及永远成不了工业品制造国……"

在第三世界历史上，埃及以其最先作出努力争取从西方控制下获得政治经济独立，避免奥斯曼帝国的半殖民地命运而引人注目。这一历史性创举的领导者就是穆罕默德·阿里，一个没有多少文化的阿尔巴尼亚冒险家，他利用拿破仑远征埃及失败后埃及的混乱局面，到 1805 年成为埃及事实上的统治者。他最有利的条件就在于他是这个王国的绝对统治者，他通过无情地消灭曾剥削埃及达数百年之久的军事统治阶层马木留克实现了自己的目标。但是穆罕默德·阿里并不仅仅是中东最强大的帕夏，他的可贵之处在于：他就像那一时代中东其他一些省份的帕夏一样，以追求大量财富开始，以努力发展自己所统治的国家告终。他的可贵之处还在于：很早他就认识到应向西方寻找发展的钥匙。在这方面，他充当了彼得大帝在俄国充当的角色，他成了中东改革的先驱。因为他像彼得大帝一样认识到，真正的独立需要有一支能够抵抗西方的现代化军队，而要打造一支现代化军队，就要建立起现代化工业，给其提供必要的军事装备。于是，穆罕默德·阿里便开始着手彻底改造埃及社会，其魄力和能力都让人联想到俄国改革的先驱。

长期以来，埃及的 2.3 万多个村庄一直都由包税商支配，他们征收的税款上缴国库后的余数尽入私囊。穆罕默德·阿里通过取消这些中间商让农民直接向政府纳税，从而大大增加了国库收入。他还通过大规模兴修水利，增加可耕地及单位面积产量，使国家税收进一步增加。经济上最大的进步是由法国纺织工程师路易·朱麦尔（Louis Jumel）无意中取得的。他在开罗纺织厂工作时，有一次看见邻居花园里有一种棉花比埃及当时商用的普通短纤维棉花的纤维长，拉力强。当时大家对此都未予重视，只有附近的妇女们种植这种棉花供自家需要。朱麦尔在他的花园里种了三包这一新品种的棉花，发现由于它质地优良，能比其他各种短纤维棉花多卖得

2—4倍的价钱。穆罕默德·阿里抓住这个时机给农民提供新品种的种子，教会他们合理种植，并在许多村庄建立轧棉工场。这种后来以朱麦尔命名的棉花，很快就成了政府首屈一指的财源。穆罕默德·阿里对棉花实行国家垄断，他以固定的低价向农民收购，然后高价卖给外国商人。

穆罕默德·阿里将出口棉花和甘蔗、谷物等农产品积累起来的资金用于进口欧洲的工业机器，以及聘请必要的技术人员。到1830年，各种工厂已能生产棉、毛、丝和亚麻织品、糖、纸、玻璃、皮革、硫酸、枪支及火药。1838年，工业企业的投资达到3200万英镑，工厂雇用的工人达到六七万人，占全体就业人员的6%—7%，同今天埃及从事"现代"制造业的人数在总劳动力中的比例相同。[9]创办工业的目标是尽可能用本国产品取代外国进口货物。事实上，在1830年代，埃及已向邻近国家出口了数量不少的制造品，尤其是纺织品。

由于政府的垄断支配着工农业，所以穆罕默德·阿里必须为这些领域，以及急速扩充的陆军和海军提供受过训练的人员。于是他便选派了300名学生前往欧洲，大多数都是学习工业科目。同时则有数倍于此的学生在国内新开办的学校里学习医学、工程学、化学、农学、会计学和各种语言。

总之，穆罕默德·阿里为了建立多样化和独立的经济，企图强制实行工业化计划。他的计划不仅早于苏丹马吉德建立"土耳其的曼彻斯特和利兹"的企图，而且在范围和成就上也远远超过了后者。他能力强、精力旺盛，由于在农业和外贸方面的垄断获得厚利，以及征收沉重的土地税和发行强迫性公债，因而拥有雄厚的资金。另外，他还消灭了旧有的马木留克统治阶层，成了埃及不容置疑的统治者，他所下发的命令甚至达到了让苏丹都难以容忍的程度，后者依靠华而不实的官僚和既得利益者阶层开展工作。

但是，穆罕默德·阿里最后还是完全失败了。到他1849年逝世时，他办的工厂已不再存在。这部分是由于内在原因，即他本人和他的臣民的失误；但从根本上来讲，主要还是外部原因所致。英国的政策制定者们自始至终都在强烈反对穆罕默德·阿里的计划，他们正确地觉察到穆罕默德·阿里的现代化努力是对他们在整个中东的统治和剥削的直接挑战。

埃及人民中的文盲和迷信现象相当普遍，这是穆罕默德·阿里前进道路上的第一道障碍。如果将埃及与日本相比，这方面的重要性就显得十分清楚。穆罕默德·阿里死后十年日本开始对西方开放，那时日本人民的识字率是50%。甚至在德川幕府闭关自守的数百年里（参见第十七章第一节），日本人就已在注意跟上当时西方的科学发展，从而为佩里准将到来后开始的飞速现代化做了知识上的准备。而埃及则与此根本不同，伊斯兰教与基督教的旧仇极大地妨碍了文化交流。亚历山大大学教授、历史学家艾尔－沙维尔（el-Shayyal）认为："从没听说过哪一个埃及人在16、17、18世纪到过欧洲。"(10)

埃及没有从欧洲学到任何东西，也没有兴趣去这样做，但更糟的是它还抛弃了早已掌握的东西。例如，著名的艾资哈尔大学图书馆仅仅是中世纪时这个图书馆残留的一部分。至于初等教育，主要通过背诵《古兰经》、学习阿拉伯语言的正字法，而算术的初步知识则是由市场上的公共验秤员教的。结果，埃及与西方在文化知识上形成了一道鸿沟。一位阿拉伯学者在参观一个由随拿破仑1798年远征来埃及的一个科学家建立的实验室时所表现出的茫然不解的神情充分表明了这一点，他说：

> 在那个地方，我看见的最奇异的事情之一是，一位负责人拿出一个装着蒸馏水的瓶子，向一支试管里倒进一点蒸馏水，又从另一个瓶子向试管里倒进一点东西，这两种液体便往上升，冒出一种有颜色的烟云，直至消失为止。后来试管里的东西干了，变成一个黄色的石块……一个干石块，我们摸过，也仔细看过。接着，他又用不同的水重复做一遍，造出一个蓝色的石块。第三次，他用不同的水重复这一试验，产生出一块红宝石色的石块。最后，他将一匙白色粉末放在铁砧上，用一把锤子轻轻地敲打，发出了一种可怕的响声，像是枪声，把我们吓了一跳。于是他们就大笑我们。(11)

在埃及，与这种没有希望的文化氛围同样严重的是穆罕默德·阿里自己的无知，尽管他思维敏捷并充分认识到需要学到西方技术。但是由于他是一个文盲，加上身边缺乏开明的本国谋士，因此，他对自己想要实现的目标虽是了如指掌，但对实现目标所应采取的确切步骤却是漆黑一团。这就使他容易接受来自外国人的错误指导，那些外国人不是对埃及的需要一无所知，便是只关心其个人利益。穆罕默德·阿里自己的官员也应对严重的混乱现象负责，部分是因为他们同中东所有各地的官僚一样腐败，只会敲诈勒索。

除了官吏的掠夺，穆罕默德·阿里为了加紧努力实现埃及的现代化而不惜采用野蛮手段，致使长期受苦受难的埃及广大群众承受了新的重大牺牲。手工业工人被迫进入新办工厂，劳动时间长，条件恶劣。他们只好用偷盗和怠工以示报复，这成了政府面临的严重问题。农民的痛苦更为深重，每年常有多达40万农民被集中起来为巨大的公共工程工作四个月，时常是自带粮食、水和工具。农民还时常被征召进部队无限期地服役，军饷微薄，饭食恶劣，管理他们的土耳其军官又鄙视他们。农民通过各种方式表示反抗，有的把自己弄成残废，有的逃到叙利亚，有时甚至还群起造反。

即便存在这些真正和可怕的内部困难，但要不是穆罕默德·阿里遇到英国官方，尤其是专横的外交大臣帕麦斯顿难以调和的敌对态度，至少他还是可以取得部分成功。帕麦斯顿勋爵毫不掩饰地说："我恨穆罕默德·阿里，我只把他当作无知的野蛮人，他凭借狡猾、胆大和智慧造反成功。……我把他所吹嘘的埃及文明看作彻头彻尾的欺骗，我认为他是一个会给其人民带来灾难的大暴君和压迫者。"(12)

帕麦斯顿之所以这样谩骂穆罕默德·阿里有两方面原因：一是经济上的，一是战略上的。1837年，他曾派约翰·包令（John Bowring）爵士去埃及调查穆罕默德·阿里的经济政策，他事先已经收到不少英国商人和领事抱怨埃及经济政策的报告。包令说："埃及永远成不了工业品制造国，或者说在相当长一段时期内成不了工业品制造国。一个因其统治者无事生非而使欧洲列强总是感到担心的国家是不可能被允许存在下去的，但如果她能和平地发展自己的农业，还是会对大家都有利的。"(13)

帕麦斯顿欣然接受包令的论断，那个时代一般思维健全的人都认为，非欧洲人应起的作用就是作为欧洲的原料供应者和制造品的消费者。但穆罕默德·阿里则明确拒绝接受这种经济从属地位的安排，更糟的是，他走了更远的一步，他选择了工业化政策，并对农业和外贸实行政府垄断。在英国商人和工厂主把自由进入外国市场实际上当作自己的神圣权利的时代，垄断被认为是一件可诅咒的事物。因此他们便咒骂穆罕默德·阿里为"野蛮人"，并表示对他那"不幸的"臣民的关怀。应该指出的是，一旦处理掉"野蛮人"，这种关怀也就随之消失，尽管仍有像从前那么多的机会来表示这种关怀。

帕麦斯顿谩骂的更重要原因可能是穆罕默德·阿里对大英帝国战略上所造成的威胁。1830年代，有几个英国考察员和科学家在中东很活跃，他们调查从欧洲转运商品到印度和远东几条可能的路线。一些人主张在苏伊士地峡挖开一条运河，一些人主张修一条铁路通往运河，还有人主张开发幼发拉底河—波斯湾的路线。但是，无论考虑哪一条路线，穆罕默德·阿里都是一大障碍。他凭借自己的西式陆军和海军，轻而易举地打败了自己名义上的宗主苏丹马穆德二世，并征服了阿拉伯、苏丹、克里特岛和小亚细亚与埃及间的地中海东岸地带。

帕麦斯顿直截了当地表示了自己对埃及征服周围地区的看法，他声称："穆罕默德·阿里的真正意图是建立一个阿拉伯王国，包括所有讲阿拉伯语的国家。这件事本身本来没什么害处，但由于它必定意味着瓦解土耳其帝国，所以我们不能同意。土耳其同样能像'一个励精图治的阿拉伯国王'那样很好地占有通往印度的道路。"这是英国人典型的吞吞吐吐地表达问题的方式。帕麦斯顿显然更喜欢一个软弱而依附的奥斯曼苏丹，而不是一个"励精图治的阿拉伯国王"盘踞在通往印度的道路上。帕麦斯顿因此下结论说:"我们必须竭力帮助苏丹组建陆军和海军,整理财政,如果他能将这三个部门都整顿好,他就能站住脚。"(14)

苏丹马穆德在重建武装力量时确实得到了英国人的帮助。1839年他进攻叙利亚的埃及人,希望夺回被开罗暴发户夺走的一些省份。但在1839年6月24日至7月1日这胜败攸关的一周里,土耳其的部队溃不成军,土耳其舰队开往亚历山大港向埃及投降;君士坦丁堡的老苏丹在败讯传来以前暴饮而亡。帕麦斯顿利用这一危机来消除他所讨厌的"野蛮人"。他宣称:"应将穆罕默德·阿里扔进尼罗河。"(15)他派出军舰将土耳其的生力军和奥地利、英国的海军陆战队运往叙利亚。这些地面部队击退了穆罕默德·阿里的军队,英国军舰随意炮轰埃及的沿海城镇和军事设施。随后,穆罕默德·阿里的残余部队退回埃及;英国军舰停泊在亚历山大港口,穆罕默德·阿里在这兵临城下之际被迫交出他所占领的大部分省份。作为交换条件,新苏丹马吉德则承认他为埃及世袭的统治者。

对埃及的来来有着更为重要影响的是强加于穆罕默德·阿里的其他两个条件。第一个条件是将部队从13万人裁减到1.8万人,这就使他新办的工厂原计划生产的产品,自然而然地失去了大部分市场。第二个条件是在埃及境内实施1838年签订的《英土商务条约》,这就取消了穆罕默德·阿里对经济实行的国家垄断,并允许外国商人在埃及境内任何地方自由地做买卖。埃及新办的工厂由于失去了军事市场,再加上面临着外国工业的竞争而得不到一点保护,自然也就会以失败收场。

穆罕默德·阿里对他那个时代的中东的冲击,就像是一颗从外层空间坠落的流星。他在1820—1840年间所做的努力代表一种愿望,即企图通过发展对外贸易,用外贸所得的收益来建立工业和发展平衡而独立的国民经济,从而结束埃及传统的仅够自给的经济。经济学家查尔斯·伊萨维(Charles Issawi)教授总结说:"穆罕默德·阿里计划的失败,表明埃及经济发展的主要障碍之一是缺乏政治上的自主权。经济发展通常需要大量的各种形式的帮助:关税保护、免税、减少运输费、提供廉价劳动力、对某些部门提供特别信贷便利,以及教育政策,等等,只有在很大程度上享有政治和财政独立的国家才能提供这些帮助。"(16)但是,由于经济和战略上的原因,帕麦斯顿不能容忍的也正是埃及政治上和财政上的独立。凭借优越的军事和经济力量,他成功地挫败了穆罕默德·阿里争取摆脱西方控制而独立的历史性企图。毫不奇怪,包令关于"埃及永远成不了工业品制造国"的论断,最终被证明是一个正在自行实现的预言。

四、埃及进入第三世界

　　由于穆罕默德·阿里发展独立的多样化经济的失败，埃及唯一可供选择的发展道路，照包令的说法就是："和平地发展自己的农业潜力"。这方面确实得到了发展，以致埃及像土耳其一样变为欧洲的经济附庸。说得更具体些就是，埃及转变为单一农作物出口导向的社会，主要依赖原料出口来偿付进口的制造品。

　　转变的特征之一是，允许外国人有权购买任何种类的土地，他们很快便利用这一机会通过抵押贷款得到了大量的农业财产。其中不仅有西方人，还有地中海东部各国的人（叙利亚人、黎巴嫩人、亚美尼亚人、犹太人和希腊人），他们先是作为代理人、掮客和中间商获得资本，然后投放于购买土地。农民失去了大量的可耕地，这些可耕地都落入了外国人或本国人之手。19世纪末，在总共91.4万户土地所有者中，有76.1万户只有不到5费丹的土地（这是维持生活所必需的最起码的土地，一费丹为4201平方米，相当于一英亩强）。而占全国五分之二的土地，即224.3万费丹的土地，则为1.2万个个人或公司所有。

　　在外国资本投放于农业的同时，外国人也支配了埃及的商业。由于在埃及实施1838年《英土商务条约》，亚历山大的西方商行可以直接派代理人到农村向农民购买农产品。他们遇到的唯一竞争对手并非埃及本地人，而是地中海东岸国家的商人。棉花出口数量急剧增加，尤其是在美国内战切断了英国棉纺工业原料主要供应来源那段时期。1861年，25万费丹的棉田里收获了50万坎塔尔棉花（1坎塔尔等于99磅），但到1866年，棉花种植面积增加了四倍，收获量则增加了三倍。种植面积从1862年的416万费丹，增加到1913年的528.3万费丹。

　　农业产量的增加，需要运输设施相应也能有所扩大。1853年，第一条铁路建成通车，到1913年全国已有2953公里标准轨距的铁路和1376公里的小火车铁路。还有长达5200公里的电报线路。同时，亚历山大港得到多次扩建和改善，在苏伊士运河旁建立了苏伊士新港和塞得港。运河的通航本身也使埃及成为大量国际交通必经之咽喉。

　　所有这些发展反映了埃及已被迅速纳入全球性市场经济中。其速度从外贸增长的程度上可以看得很清楚，外贸总值从1798年的200万埃镑，增至1860年的510万埃镑、1880年的2180万埃镑、1913年的6000万埃镑。但应考虑到，这一令人瞩目的经济增长是在埃及处于依附的第三世界的情况下产生的，所以它并没有取得相应的经济发展。埃及经济的所有部门：农业、商业、财政和运输，都服务于种植和向国外出口棉花，获利的只是外国商人、银行家和本地一小帮上层人物。广大农民仍像数千年来他们的祖先一样，目不识丁，病魔缠身，在尼罗河两岸辛勤劳作，难得温饱。

欧洲的投机商和冒险家受到治外法权的保护，在埃及为所欲为，他们仅仅服从本国领事，本地法院无权审理他们。其中许多人在约计17个外国领事的庇护下靠走私鸦片和烟草而大发其财。这些外国人享有完全免税权，还时常充当代理人，安排条件苛刻的贷款和其他合同。例如，1873年，赫迪夫（Khedive）接受了一笔3200万英镑的贷款，但在扣除沉重的佣金和折扣后，仅得到900万英镑，其中大部分还是贬值的国库券。这帮"金融豺狼"的劫掠，加上宫廷的奢侈、官吏的贪污，使埃及负债累累。1877年，仅还债一项就用去当年国家总收入954.3万英镑中的747.3万英镑。在献给苏丹的固定贡金和应交的苏伊士运河股金（股权已卖给英国）后，留给政府的仅有100万英镑作为行政费用，略多于原先国家总收入的十分之一。

以上是1879年任命欧洲"主计官"（controllers）管理埃及财政的背景。具有民族主义精神的埃及军官被外国人这样穷凶极恶地掠夺自己民族资源的行为所激怒是可以理解的。他们在阿赫默德·阿拉比（Ahmed Arabi）的领导下于1881年起来造赫迪夫的反，并于1882年得到亚历山大城群众骚动的支持。英国炮轰该城，并占领了整个埃及。英国外交部宣称："只要建立起维护赫迪夫统治的适当组织，并且国家情况允许的话"[17]，英国愿意撤兵。到1922年为止，英国已先后作出这种撤兵许诺不下66次，但仍继续占领埃及，直到76年后最终才在1956年被纳赛尔（Gamal Nasser）赶走。

埃及经济落后也不能完全归咎于外国的剥削和限制。埃及国内缺乏熟练的劳动力，以及除棉花之外没有其他原料和燃料。此外，还有本国人民文化上的严重障碍，即对工商业不感兴趣。埃及与土耳其一样，几乎将工商业完全拱手让给了西方人和地中海东岸各国的人。埃及的富人满足于购买土地，而受过教育的埃及人则大都进入日益扩大的政府文职人员行列，从而让外国人控制了财政、大规模的商业，乃至小生意和手工业。英国总领事克罗默（Cromer）勋爵在他的《1905年年度报告》（Annuel Report for 1905）中指出："[埃及的]制靴和修鞋业差不多完全操控在希腊人和亚美尼亚人之手；服装业由犹太人、叙利亚人和欧洲人把持；裁缝行当则由犹太人经营。"按照克罗默的看法，其他自由职业的情况也差不多。几乎所有的医生、药剂师、工程师，以及大部分律师都是外国人。据估计，到1914年，外国人仍然占有15%—20%的埃及财富，每年吸走20%多的国民收入。

虽然我们着重强调了埃及经济未能得到发展的内在原因，但事实上仍然像伊萨维教授所说的，其基本原因则是"缺乏政治自主权"。克罗默勋爵在他的《1891年年度报告》（Annuel Report for 1891）中断然声称："任何鼓励和保护埃及棉纺织工业增长的做法，对英国和埃及的利益来说都将是有害的。"但到1905年时，他也开始担心由于人口增加的压力和租金上升,埃及过分依赖农业出口。他说:"威胁埃及的最大危险可能在于这一事实,即过分专门依赖一种作物……"(18)但克罗默对这一"最大危险"所作出的反应只是在口头上强调必须避免过度种植,必须提供良种,并为过剩的农村人口提供商业和技术教育。

1890年代,有人提出两个建议:在埃及创办棉纺织工厂,可以利用当地的廉价劳动力和原棉;对进口棉花适当征收8%的进口税;克罗默对此表示强烈反对。他竟以要么废除8%的进口税,要么对埃及产的纺织品征收相等的营业税相威胁。1895年6月,外交大臣金伯利(Kimberley)发出急件,坚决支持克罗默,内附贸易部一份绝密备忘录,强调兰开夏反对在开罗树立一个"受保护"的竞争者。后来,克罗默真对本地纺织工厂的产品征收了8%的营业税。尽管如此,倡导人还是按原计划办起了两家棉纺织厂,但这两家工厂最终都破产了。克罗默的反对究竟在多大程度上决定了它们的失败,人们对此说法不一。一位同情英国官方立场的历史学家说:"毫无疑问,对那些想办工厂的企业家来说,克罗默的态度肯定会让他们感到沮丧。"(19)

埃及就这样在19世纪成了第三世界国家。雅克·贝克(Jacques Berque)教授在其社会学分析文章"殖民地经济的建立"(The Establishment of the Colonial Economy)中,生动明确地描述了第三世界地位对埃及意味着什么:

> 希罗多德说"埃及是尼罗河馈赠的礼物",但长期以来,她只不过是充当了公债的抵押品。……如果我们要为那一时期[19世纪后期]的埃及社会结构作一图解的话,我们可以将其概述如下:最底层是古老埃及的土地和几乎没有离开土地的农民。第二层是乡村里的小显贵,处于同层的还有希腊小商人,这些小商人负责销售来自遥远欧洲的一些产品,其中烈酒的消费量每天都在增加,并成为主要进口货物。再高一层是各省城镇及各大城市里的地主和中间商,前者与农业相联系,后者则与贸易相联系。更高一层是位于省城和大都市的各家银行,如巴克莱银行、土地信贷银行、里昂信贷银行、国民贴现银行等,以及以它们为中心的所有分支机构。最高层是由英法两国金融界分掌的中央银行权力和预算,即官僚"古堡"和新国家的良知所在;因为所有事物都通过棉花导向银行。在银行和预算之间,无论如何不止一种联系,主要是通过人事联系,也通过互惠的来往关系。通向最高层,则汇合着债券持有人、股票持有人、巨商,以及维也纳、巴黎、伦敦的罗斯柴尔德家族,还有来自各处的像卡斯尔这样的权势人物。就这样,这座埃及大厦经过两三代人就建立起来了。(20)

五、波斯进入第三世界

波斯帝国位于奥斯曼帝国的东边，它从底格里斯河—幼发拉底河流域一直伸展到印度的边境，深入中亚腹地。若干世纪以来，它一直是奥斯曼帝国的劲敌。尤其是在16、17世纪萨法维王朝统治时期，欧洲列强力求将波斯作为反对君士坦丁堡苏丹们的一支平衡力量。但与土耳其人和埃及人一样，过去历代的权力和光荣并不能使波斯人幸免于工业化西方的扩张。19世纪，波斯帝国逐渐被纳入国际市场经济，虽然比起奥斯曼帝国，其步伐更慢，程度也更轻。在经济发展上，它比叙利亚、土耳其、埃及等国落后了几十年。

地理环境是造成波斯帝国经济落后的原因之一。它有广阔的国土（其面积是美国得克萨斯州的2.5倍），山脉纵横交错，实行中央控制颇有困难，尤其是缺乏像尼罗河、底格里斯河—幼发拉底河、印度河或恒河那样的可以统贯全国的大河。众多的游牧部落，在1800年占全国总人口的一半；迟至1914年，仍占总人口的四分之一，从而格外助长了地理上的离心作用。游牧部落实际上独立于中央政府之外，除了从邻近村子买些必需品外，大都能自给自足。国王在理论上有权任命部落首领，但事实上，他总是遴选各部落统治阶层家族的族长担任部落首领，而别无他法。

地方长官只要向朝廷纳税和贡献中意的礼品，就可以享有很大程度的独立。穆斯林宗教领袖（ulema，乌里玛）也享有很大程度的独立，因为他们的收入来自穆斯林社团；他们占有大量的土地，控制着教育和宗教法庭，受到人民的尊敬。在这种情况下，1796—1925年间一直统治波斯的卡扎尔王朝以虚弱和陈腐著称，从未产生过可与埃及的穆罕默德·阿里相比的领袖。无论是地方上的统治阶层，还是外国的支配力量，都竭力防止中央政府过分强大。因而也就毫不奇怪，卡扎尔王朝只会浪费国家资源而无法领导好国家。

造成波斯落后的另一个重要原因是，它位于欧亚大陆的心脏地区，在富饶的新月地带、中亚和印度之间。中世纪时它的地理位置是有利的，波斯横亘在从中国到美索不达米亚的"丝绸之路"上。但是随着16世纪贸易转移到海路，波斯发现自己处于与外界隔绝的困境中。在苏伊士运河通航前的年代里，它距离西欧有17600公里之遥。这种隔绝状态，由于波斯缺乏像希腊人、犹太人和亚美尼亚人这样大的非穆斯林少数民族而变得更为严重，因为这些人能使奥斯曼帝国与西方相联系。有成千上万的外国人居住在埃及、叙利亚和土耳其，相比之下，住在波斯的外国人数目极小（1860年只有25个英国人，1863年只有50个法国人）。

波斯落后的最后一个原因是，它受到英俄竞争的不良影响，这比几个强国在奥斯曼帝国竞争的影响还要坏得多。后者的竞争时常会被相互抵消，而波斯则相反，英俄互相阻挠对方拟在波斯实施的经济项目。更坏的是，它们甚至联合起来把整个波斯划分为各自的势力范围。

虽说有这些不利因素，波斯的外贸在 1800—1914 年间还是增加了 12 倍，尽管比起同一时期埃及增加的 50—60 倍和土耳其增加的 15—20 倍要少上许多。外贸的急剧上升反映了波斯经济逐步被世界资本主义所包围。形成这种包围的原因之一是，英国在海上打击海盗的活动，使得波斯湾地区变得更加安全，而且俄国在波斯北方省份驻有军队。同样重要的是，由于 1869 年苏伊士运河的通航；由于在 1860—1880 年代之间，建立了波斯与世界各地及波斯境内各省之间的电报网；也由于开辟了经过里海与俄国，经过阿拉伯海与印度，以及后来与西方国家之间的轮船航线，波斯的孤立程度减轻了。但是由于英俄竞争，各项铁路建设计划受到阻碍，到 1914 年为止，仅有一条长 9.6 公里的铁路通车，这条铁路从德黑兰通往郊外一个圣地。

波斯的对外贸易也因欧洲列强强加的一些贸易条约而受到刺激，这些条约类似 1838 年英国强加于奥斯曼帝国和 1842 年英国强加于中国的条约。就波斯而言，俄国于 1813 年和 1828 年带头先后与波斯签订了《古利斯坦条约》和《土库曼查伊条约》。1841 年，英国紧跟着与波斯签订了《英波商务条约》。随后，各种投机商和冒险家纷至沓来。他们渴求暴利，与同样渴望中饱私囊置国家利益于不顾的波斯朝臣串通一气，狼狈为奸。给予外国人的经济特权包括：对进口货物至多只征收 5% 的关税，在"最惠国条款"下，这一优惠扩及几个欧洲国家；豁免外国人的道路税和内地通行税，这些税连本地商人都须缴纳；允许英国人建立波斯帝国银行，并赋予银行垄断货币发行权；允许俄国人建立俄波银行，用作确保俄国在北部各省处于支配地位的工具；里海的捕鱼权由俄国商人垄断；烟草和石油方面的特权则给予英国人；几笔贷款以最不利于波斯的条件谈成；最后，如同早先奥斯曼政府干的那样（参见第六章第三节），波斯给予外国列强以治外法权。

外国人获得这些特权，给波斯的外贸带来了方向上和实质上的改变。1800 年以前，它主要是与邻国土耳其、阿富汗、印度、中亚进行贸易，波斯出口纺织品之类的手工业产品。19 世纪上半叶，大部分贸易则是通过土耳其或波斯湾与英国进行的。但在 19 世纪下半叶，与俄国的贸易份额急剧上升，俄国进行侵略性的经济渗透，包括修筑公路，租借港口，设立运输公司、保险公司，建立一个卷烟厂、仓库和批发机构，并以比对立的英国波斯帝国银行更有利的条件对波斯发放贷款。到 1914 年，波斯每年从俄国进口价值 6406 万卢布的货物，从英国进口价值 3203.2 万卢布的货物；出口到俄国的货物价值 5437.1 万卢布，出口到英国的货物价值 1028 万卢布。1904 年俄国政府给新任俄国驻波斯公使的指示中，反映出俄国正在追求英国在中东其他地区所追求的同样的政治和经济目标。就像英国故意扶持博斯普鲁斯海峡旁的"欧洲病夫"一样,俄国则在扶持另一个较远的东方"病夫"。指示中谈到:

> 在与波斯的长期接触中,我们所追求的主要目标应确定如下:保持波斯国王统治下的波斯领土完整和不受侵犯,不追求扩大领土,也不允许第三者占有优势,在既不破坏波斯外部的独立标志,又不破坏它内在社会结构的条件下,使其逐步臣服于我。换言之,我们的任务是:政治上,使波斯臣服于我,并为我所用,使其足够强大,成为我们手中的工具;经济上,保留大部分波斯市场,供俄国势力和资本自由地单独利用。[21]

这些目标都成功地实现了。1890—1913 年间,俄国对波斯的出口仅占其出口总值的 2.1%—3.8%,从波斯进口的货物总值仅占其进口总值的 3%—4%;波斯的情况则正好相反:对俄国的出口占其出口总值的 58%—69%,从俄国的进口占其进口总值的 38%—58%。进出口结构也变为通常第三世界国家的那种类型。从前,纺织品是主要出口货物之一,现在它同糖、茶叶、面粉、钢铁产品一道成为进口货物;出口货物,除地毯之外,都是原料,如原棉、谷物、干果、核果、大米、鸦片、牲畜和鱼类产品。总之,波斯在经济上依附于一个大国,而这个大国本身在经济上又依附于更发达的西方国家。

与奥斯曼和埃及一样,经济上的从属状态也对波斯社会产生了深远影响。情况非常相似,主要获利者是外国商人、金融家和本地统治阶级。后者包括从佃户那里榨取了最大数量的产品供给新的国外市场的地主,在日益货币化的社会中从事高利贷而获得厚利的高利贷者,从事新的贸易的大商人,以及官僚、朝臣和王室,后三种人比君士坦丁堡和开罗的同类人更多地将外国贷款耗费在非生产性开支上。

相似之处还表现在,所有这些统治阶级都是牺牲农民大众来获取自身利益。西方旅行者们在报告中都谈到,19 世纪波斯农民的状况恶化了。让·夏尔丹(Jean Chardin)是 17 世纪时访问过伊朗的一位观察家,他认为,波斯农民的状况同当时西方的农民相比是令人满意的。一直到 1833 年,目光敏锐的英国人詹姆斯·弗雷泽(James Fraser)还报告说,尽管波斯农民忍受着"统治者的暴政",然而他们住的房屋舒适而整洁;他们吃的是有益健康的食品,"有做得很好的小麦饼、一些山毛榉和酸奶、干酪,餐桌上常有水果,有时还有点肉汤和肉饭"。至于衣服,"他们的妻儿和他们自己虽然穿着粗糙,但却足以蔽体,来了客人,大都是在铺着地毯的房间里进行接待。"[22] 但到 1905 年时,一个经过部落村子的波斯人看到那里的土地没人耕种，便问当地居民为什么不种些蔬菜自己吃，多余的还可卖给过路的游人。一个老汉回答说：

> 要是能让我们自己当家，你的话就讲对了。我累死累活地劳动，种出来的果实全都被长官和税吏拿走了，不让我自己享受，对我有什么好处？如果我种一次菜，这就会变成我们全家老小世世代代的负担，税吏和长官们每年都会向我们索要。(23)

几乎所有的税都直接或间接地落在农民身上，部落民和城镇手工业者也会缴纳一部分，官僚、地主、上层乌里玛、批发商人实际上是免税的。19世纪情况越往后发展，政府越发感到必须大量增加国家收入。一个原因是与俄国（1828年）和英国（1856年）进行的灾难性战争，以及随后徒劳无益地进行军队现代化；另一个原因是宫廷挥霍无度，频繁出访，在国内外浪费了大量钱财。最后，整个19世纪一直是通货膨胀，有增无减，这部分是由于在铸造硬币时削减使用贵重金属，但大部分还是由于世界银价下跌，而波斯铸造的主要就是银币。到1914年，波斯货币与英镑的比值已经降至1800年比值的五分之一。

随后产生的财政困难迫使德黑兰政府在19世纪下半叶正式卖官鬻爵，谁出价最高，谁就可以得到官职。那些通过此道而做官的人，自然会把租税提到不能再高的限度，巴不得一本万利。高级官吏在自己的权力范围内把较低的官职卖给别人，最底层的农民被迫承受层层官吏的敲诈勒索。

农民也受到社会日益货币化的影响。政府越来越要求农民用现金纳税，地主强迫农民生产能出口换汇的产品，如生丝、鸦片、棉花和烟草。农民需要资金，不得不借高利贷，一旦无力偿还就意味着要失去土地。由于地主和高利贷者往往是同一个人，农民还不清债务，自身就将成为地主财产的一部分，从而失去人身自由。由于波斯原料在国外的市场日益扩大，这一过程也就不断地受到刺激，进而促使地主或者取消农民对抵押品的赎回权，或者从经济窘迫的政府手中购买王室的土地来扩大自己的地产。商人和官僚也参与争购地产，宁愿把剩余资本用于买地也不愿将其投资于工业，这是整个第三世界这一类人的共同特点。

在农民失去土地的同时，城市手工业者也因廉价外国机制商品的进口而失去了生活来源。又因受到特权条约限制，不能提高保护性的关税，而且缺乏可以利用的资本和专门技术，从而进一步抑制了任何想创办本地工业、开展竞争的企图。这样一来，波斯的手工业，除了著名的地毯编织，都蒙受了严重损害。见识广博的英国领事阿博特（K. E. Abbott）在1848年的报告中说："从英国进口的棉纺织品已在很大程度上取代了这个国家自己生产的棉、丝织品。进口纺织品价格低廉、样式优美、花色繁多,使人们可以经常更换服装,满足对新颖样式的爱好。甚至高层阶级也宁肯穿着欧洲的擦光印花布,而不喜爱价格昂贵的国产丝织服装。"(24)

总之,波斯农民和手工业者普遍遭受统治阶级的掠夺,以及西方和俄国资本主义渗透之苦。虽然统治阶级中各式各样的人都发了财,但与第三世界中其他任何地方一样,他们的利益是在从属于外国人的情况下获得的。1890年代,寇松(Curzon)报告说:"大量的生意都是由本地商人做的,但更大量的商业交易毫无疑义则是经过英国公司之手……"(25)换句话说,富裕的波斯商人充当了俄国和英国商行的代理人。这是不可避免的,因为英俄两国的银行当时就支配着波斯的金融市场;商务条约的条款有利于外国人的利益集团;本地上层人物宁肯投资购买土地,从而把工业和大规模的商业留给外国人。因而波斯的对外贸易在19世纪增加了十倍,其结果就是在波斯出现了一个依附性的资产阶级,这是第三世界所处地位的特有症状。

[注释]

1. Cited by A. C. Wood, *A History of the Levant Company* (London: Oxford University Press, 1935), p. 230.

2. Cited by W. Eton, *A Survey of the Turkish Empire...* (London, 1809), p.109.

3. Cited by E. C. Clark, "The Ottoman Industrial Revolution," *International Journal of Middle East Studies* V (1974): 68.

4. O. Köymen, "The Advent and Consequences of Free Trade in the Ottoman Empire," *Études balkaniques* 2 (1971): 53.

5. Cited by D. Chevallier, "Western Development and Eastern Crisis in the Mid-Nineteenth Century: Syria Confronted with the European Economy," in W. R. Polk and R. L. Chambers, eds., *Beginnings of Modernization in the Middle East* (Chicago: University of Chicago press, 1968), p.218.

6. M. A. Ubicini, *Letters on Turkey* (London, 1856), Vol. II, pp. 339-44.

7. N. W. Senior, *A Journal Kept in Turkey and Greece* (London, 1859), p.84.

8. C. Loiseau, *Le Balkan slave et la crise autrichienne* (Paris, 1888), pp.275-76.

9. R. Mabro and S. Radwan, *The Industrialization of Egypt 1939-1973* (Oxford: Clarendon Press, 1976), p.16.

10. Cited by G. el-Din el-Shayyal, "Historiography in Egypt in the Nineteenth Century," in B.

Lewis and P. M. Holt, eds, *Historians of the Middle East*（London: Oxford University Press, 1962）, p. 410.

11. Cited by A. Abdel-Meguid, "The Impact of Western Culture and Civilization on the Arab World," *Islamic Quarterly* II（December 1955）: 289.

12. Cited by H. Temperly, *England and the Near East: The Crimea*（London: Longman, 1936）, p.89.

13. Cited by J. B. Williams, *British Commercial Policy and Trade Expansion 1750-1850*（London: Oxford University Press, 1972）, p.300.

14. H. L. Bulwer, *The Life of ... Viscount Palmerston*（London, 1870）, Vol. II, p. 145.

15. Cited by W. L. Langer, *Political and Social Upheaval 1832-1852*（New York: Harper & Row, 1969）, p.303.

16. C. Issawi, ed., *The Economic History of the Middle East 1800-1914*（Chicago: University of Chicago Press, 1966）, p.363.

17. Cited by W. L. Langer, *European Alliances and Alignments 1871-1890*（New York: Alfred A. Knopf, 1956）, p. 281.

18. Cited by E. R. J. Owen, "The Attitudes of British Officials to the Development of the Egyptian Economy, 1882-1922," in Cook op. cit., p.490.

19. E. R. J. Owen, "Lord Cromer and the Development of Egyptian Industry 1883-1907," *Middle Eastern Studies* II（Apr. 1966）: 293.

20. J. Berque, "The Establishment of the Colonial Economy," in Polk and Chambers, op. cit., pp.223, 242-43.

21. Cited by M. L. Entner, *Russo-Persian Commercial Relations, 1828-1914*（Gainesville: University of Florida Press, 1965）, pp.41-42.

22. Cited by N. R. Keddie, "Historical Obstacles to Agrarian Change in Iran," *Claremont Asian Studies* 8（Sept. 1960）: 4.

23. Cited by A. K. S. Lambton, *Landlord and Peasant in Persia*（London: Oxford University Press, 1953）, p.162.

24. Cited by C. Issawi, ed., *The Economic History of Iran, 1800-1914*（Chicago: University of Chicago Press, 1971）, p.258.

25. G. N. Curzon, *Persia and the Persian Question*（London: Longman, 1892）, Vol. II, p.41.

> 印度的巨大利益将会来自农业，而不在制造业和机械方面。
>
> ——曼彻斯特商会会长
> 托马斯·贝兹利（Thomas Bazley，1862）

第十二章　印度进入第三世界

在达·伽马之后的两个半世纪里，欧洲人被有效地排斥在印度次大陆之外。虽然他们凭着船坚炮利得以控制印度洋，但在陆地上却只许在沿海一些口岸进行贸易且必须规规矩矩。最初几百年间，由于西方生产的商品很少投合亚洲人的兴趣，而亚洲出口的又大都是奢侈品，西方人很少能买得起，所以贸易额极小。19世纪中叶以前，欧洲与亚洲的贸易，远不如欧洲与南北美洲的贸易那样品种多，又为广大群众所需要。1751年，英国仅从一个产糖的牙买加岛进口的货物价值，就相当于当年从亚洲进口货物价值的四分之三。

印度的政治和经济独立性在19世纪急剧消失，英国通过军事征服将莫卧儿帝国变为殖民地。同时，印度也像前几个世纪的美洲和非洲那样，完全成为国际市场经济的一部分。由于工业革命，西方现在已经能够将廉价的机制商品像潮水一般输入印度，从而破坏了印度本地传统的手工业。从前无力购买印度商品的欧洲消费者现在进口大量的茶叶，欧洲人的工业则吸收了大量的黄麻、棉花、靛青、兽皮和油籽。印度的劳动力也受到剥削，数百万苦力被运到东南亚、斐济、东非和加勒比海地区的种植园做工，其状况使人回想起早期的非洲奴隶贸易。

印度就这样在19世纪进入了第三世界。而其被征服并被纳入第三世界的这一过程所具有的性质及产生的结果，便是本章阐述的主题。

一、征服印度

印度社会普遍存在的种姓制度,是说明印度次大陆力量均衡突然发生变化的一个背景因素。种姓制度使印度人的注意力集中在地方事务而不是国家大事上。一个人的种姓出身决定了他一生中孩提时期的抚养、婚姻配偶的选择、合法从事的职业、合适的宗教仪式、居住地点、服装样式、饮食,以及日常生活中的许多细枝末节。种姓实际上参与村一级的每样事务,村一级以上的政府通常被看作外人强加的多余的和寄生性的赘疣。所有这一切同中国的情况截然不同,中华帝国的官僚制度给社会提供了强大的政治内聚力。中国农民周期性地造反,以实质上一模一样的"好"政府来取代"坏"政府。在印度,农民则力图完全摆脱政府控制,因为种姓已经执行了政府的大部分职能。混乱不堪的印度显然要比高度组织化的中华帝国容易遭受外国的入侵和操纵。

18世纪,印度社会内在的脆弱性大大加剧,当时莫卧儿王朝日趋衰落,欧洲各国则在经济上和军事上变得更加强大、更富于侵略性。这同中国的情况又是一个强烈的对比,1644年清王朝开始在中国执掌政权,直到19世纪还维持着有效的统治。莫卧儿王朝早于清王朝一个世纪,阿克巴皇帝在位时是莫卧儿王朝的极盛时期,他执行宗教宽容和轻徭薄赋政策。1605年阿克巴去世后,他的继任者们都不及他那样开明而有能力,尤其是1658年即位的莫卧儿王朝末代皇帝奥朗则布。他是一个狂热的穆斯林,实行宗教迫害政策,疏远了占人口绝大多数的印度教臣民,他不断进行战争,横征暴敛,最终失去了民心。

1707年奥朗则布死后莫卧儿帝国开始分裂,由于没有既定的继承法,奥朗则布的儿子们争夺王位达两年之久。1712—1719年间,德里先后出现五个傀儡皇帝。在这种状况下,各省省督纷纷宣布独立,各自建立世袭的地方王朝,如迈索尔的海德尔·阿里(Hyder Ali)、海德拉巴的尼柴姆(Nizam)。国家统治权从德里皇帝那里旁落到各省当权者,后来又落到马拉塔人手中。马拉塔人代表一种刚出现的朦胧的印度教徒的民族主义情绪,其势力从西海岸扩展到东海岸离加尔各答320公里的广大中印地区。定都浦那的马拉塔帝国,是18世纪中叶印度本土唯一有生气的政治力量。

马拉塔的领袖们集中力量接管莫卧儿帝国的遗产是可以理解的,但他们在这样做的时候却忽视了住在孟买、马德拉斯和加尔各答的英国商人的极大危险性。英国人立即乘机利用帝国的分裂,施展其"分而治之"策略。他们挑动印度教徒与穆斯林之间、敌对的地方统治者之间,以及地方统治者与莫卧儿皇帝之间的斗争。英国人在施展其策略时得到了新兴的强有力的印度资产阶级的支持,后者同欧洲商人有密切联系,并从与欧洲商人的贸易中得到巨大利益。

在欧洲人出现以前，印度经济受对外贸易的影响极小，对外贸易数额小且仅限于边缘地区。但到 18 世纪时，贸易项目已经从一些奢侈品转变为靛青、芥末、大麻、硝石、白布和平纹细布等大众性商品。这些产自富饶的恒河流域的商品，经过马尔瓦利商人的代理行汇集到孟加拉各商埠。马尔瓦利人的商业办事处遍布北印度各地，他们很快就成了百万富翁，相当于 19 世纪末叶中国的买办阶级。印度的资产阶级像中国的资产阶级一样依赖外国利益集团，同他们紧密合作，而其对莫卧儿王朝的仇恨也像中国买办对清王朝的仇恨一般强烈。由于印度的民族经济和帝国行政制度不如中国的那么发达和统一，印度抵御西方渗透的能力也就远不如中国。

松散的社会结构、帝国的分裂、本地商人与外国人的勾结结合在一起，给了英国东印度公司一个支配次大陆的机会。若干世纪以来，东印度公司一直在这片次大陆上惨淡经营，勉强撑持。最初，公司的代理人乘船来到印度，买了货物就回家。但他们很快就发现，如果长期住在印度，趁价格最有利时买下货物，贮藏起来等待英国船只到来，将会获得更多利润。这就导致公司代理商在印度建造永久性的仓库和住房，这也就是所谓的"代理行"。在印度处于无政府状态时，这些代理行便在住地周围修筑防御工事，并雇用印度土兵（sepoy，西波伊）来守卫。

凭借设防的代理行和印度土兵，英国商人逐步扩充地盘，最后则控制了整个印度。其在孟加拉首次实行领土征服建立据点的过程是很典型的。当时，孟加拉的纳瓦布（nawab，省督）的权力受到三个方面的挑战：来自西面的马拉塔人的侵袭；以马尔瓦利巨商贾格特·塞特（Jagat Seth）为首的内敌；正在加强加尔各答代理行防御工事的东印度公司。纳瓦布命令公司停止修筑工事，在遭到拒绝后，派兵进攻并占领了代理行及加尔各答城。罗伯特·克莱武（Robert Clive）率领援军从马德拉斯赶来，旋即发生普拉西之战，其结果按印度历史学家们的说法："是一场交易，而不是战斗。"[1] 贾格特·塞特事先收买了纳瓦布的一名将军，让他临阵反叛，转向英国人一边。

由于反叛有功，这位将军被推为孟加拉的新纳瓦布。实际上，他无可奈何地成了公司的傀儡，贪婪的公司官员从他那里索取各种各样的特权。莫卧儿皇帝派兵干涉，但却败于敌手，不得不授予公司以征收赋税之权（diwani，迪瓦尼）。公司在十年间利用这种权力对本地居民极尽敲骨吸髓之能事。除了勒索税收，公司还强迫印度手工业者为其生产各种产品，只付给极低的工资，公司代理人以固定的低价买进这些产品，然后以高得多的价格售出。另一种掠夺方式是由公司代理人控制印度的国内贸易，他们拒绝缴纳甚至连印度商人都必须缴纳的内地税，从而把印度商人排挤于商业活动之外。

两位英国历史学家说："策划一场革命已经表明是世界上收益最大的游戏。科尔蒂斯和皮萨罗时代西班牙人歇斯底里的无与伦比的黄金欲，现在已经占据了英国人的心头。在孟加拉没有被榨干以前，那里的人们将会永无宁日。"(2) 公司职员理查德·比彻（Richard Beecher）在 1769 年 5 月 24 日写给伦敦上司的一封信中说："对一个有理性的英国人来说，一想到自从英国人得到迪瓦尼权利后印度人民的处境就变得比以前更加恶劣，就会感到痛苦。……这个美好的国家在最专制强横的政府统治下也曾繁荣过，现在却在濒于毁灭。"(3)

这类关于迫害和苦情的报告打动了英国议会。它通过了各种规章条令，其中包括《1784 年皮特印度法案》，这一法案允许公司继续从事贸易活动，但是政治性的活动必须置于设在英国的监督局的监督之下。该法案还规定："在印度土地上的征服和统治权的扩张，是与国家的愿望、声誉和政策不相容的。"

尽管英国政府反对进一步扩张，但公司官员还是在继续扩大他们在印度的活动。原因很简单，每个新省份都给公司及其代理人带来了源源不断的财富。加之当时英印之间全靠海船传达讯息，往返需一年或更多时间，致使英国政府命令的推行受到严重阻碍。这样一来，公司官员也就得以放手在印度一个接一个地消灭其对手。

首先，在印度、欧洲、美洲同时进行的七年战争期间，英国打败了法国。罗伯特·克莱武凭借英国海军优势能够随心所欲地在印度各地之间调动军队，并同时切断法国代理行相互之间及其与法国本土的联系。这场战争以 1761 年法国在印度的主要基地本地治里宣布投降告终。1763 年签订的《巴黎条约》允许法国保留其在印度的代理行，但仅允许从事贸易，而禁止修建防御工事或图谋实现政治野心。

其次，在美国革命时期，英国在印度得到进一步发展，当时印度本地的三个统治者利用英国全神贯注于新大陆之机企图将英国人赶出印度。总督华伦·哈斯汀斯（Warren Hastings）竭力坚守，最终反守为攻。到 1800 年，印度次大陆只剩下英国人和马拉塔人这两支力量；随后几年，由于马拉塔人发生内讧，英国人便占了上风。英军于 1818 年占领马拉塔人的首都浦那，英国公司成了印度的"最高权力"。

英国人在次大陆的心脏地带站住脚后便开始向北推进，寻求自然边界。在东北面喜马拉雅山脉中的尼泊尔，他们打败了廓尔喀人，廓尔喀人从此成为英国人在印度国内和国外的忠实士兵。同样，在西北面，英国人经过几次战役，打败了旁遮普骄傲的锡克人。到 19 世纪中叶，英国人已经成为整个印度的统治者，占有从印度河到布拉马普特拉河，以及从喜马拉雅山脉到科摩林角的广大地区。一些主要的王国如克什米尔、海德拉巴、巴罗达、特拉凡哥尔仍然存在，但已无力对抗英国强大的势力。

二、英国的统治策略

尽人皆知，同中国相反，印度很少有农民起义反抗英国人的统治。造成印度人这种所谓消极性的因素通常归结为：在村民中划分等级的种姓制度；地主和土邦王公与英国人串通一气，在英国人的统治下与英国人相安无事；甘地在农民中所做安抚的影响。英国人类学家凯瑟林·高夫（Kathleen Gough）在研究过这些传统看法后得出这样一个结论："事实上，无论是在英国人统治时期还是在英国人统治结束以后，农民起义一直都是一种普遍的现象，印度今天的每个邦在过去200年间都曾经历过几次农民起义。"[4] 高夫考证有77次起义，最小的一次也有几千人参加。有30余次涉及几万人，有20余次涉及几十万人。

这些起义可以分为几类。有一些是企图赶走英国人恢复早期统治家族的地位和社会关系的复辟运动。另外一些是由先知们领导的要求建立公正和正义的地上王国的宗教运动，或称千年盛世运动。还有一些是结帮的匪徒，其目的或者是保护穷人，或者是充当地主和土邦王公的雇佣兵，或者是怀有报复和打抱不平的动机而从事恐怖主义活动。最后，还有些是要求解除群众疾苦的起义，例如1866年孟加拉靛青种植者群起反抗英国人种植园的野蛮压迫和剥削。

尽管印度的农民起义比较频繁，规模较大，但却远不如中国农民起义的规模，组织上也较欠缺。之所以会有此差别的原因之一是，印度人在政治、语言和文化上的分离性，以致农民起义不能互相呼应，往往限于局部。另外，在镇压农民起义时，英国政府和军队比清政府要更有效率，更有准备。在最大的一次反英起义，即1857—1858年印度"兵变"中，这种不利因素体现得非常明显。这次起义的原因是印度教和穆斯林士兵反对连绵不断的战争、不合理的薪饷，以及用猪油和牛油来涂子弹筒，这对印度教徒和穆斯林都是一种冒犯。这次起义得到保守势力的支持，他们对修建铁路、架设电报线、开办新式学校、西方基督教传教士劝诱印度人改信宗教、颁布允许寡妇再嫁和禁止杀婴、禁止寡妇殉夫自焚的法律等西化措施感到不安。支持起义的群众来自千百万贫困的农民、破产的手工业者、被剥削的种植园和工厂的工人，以及被征税和夺去土地所激怒的山区部落民。

这次起义比一般所认为的更接近成功。起义之火燃遍50万平方英里的地区，历时数月之久，但因未能遍及全国又未能互相呼应而终至失败。北印度是最团结一致支持起义的地区，但就是在那里，大部分土邦王公、富商高利贷者和包税商都仍然支持英国人。印度士兵内部分化，一半参加造反，四分之一逃跑，四分之一听从英军指挥官的指挥。起义先后在几个分散的地区爆发，这就使英国人有了喘息机会，得以在乍惊之余恢复过来，逐个攻克起义军的据点。

战事结束后，恢复公司的统治已不可能；政府面临着如何治理印度的问题。为了维持英国对印度的统治、防止印度士兵再度哗变，当局开始形成多种形式的统治策略。1858年的印度法和1861年的印度参事会法确定了英王政府新的行政权性质。

最上层是印度事务大臣，他是伦敦英国政府内阁阁员之一。印度的最高官员是总督或称副王，作为女王的直接代表行使职权。总督之下有一个由五名成员奉命组成的行政会议协助工作，直到1909年止，行政会议中没有一个是印度人。为了立法的目的，另外任命6—12名成员参加行政会议，这一扩大的机构行使立法议会的职能。但总督和印度事务大臣均对立法议会通过的议案拥有否决权。1861年，任命了三名印度人参加第一届立法议会，从那以后，其成员人数逐渐增加。

在这些高层官员之下便是著名的印度文官系统，他们负责征收赋税、维持社会治安、掌管司法系统。直至1919年，几乎所有官员都是牛津或剑桥大学的毕业生。印度文官管辖下属各省的文官，各省文官则是清一色的印度人。警察系统也实行这种两级制度。中央一级的全印警察均由英国人组成，而省级警察则从当地居民中招募。从如下事实可以清楚地看出英国统治的效率：1900年，印度全部文职行政官员中，英国人只有4000人，而印度人则多达50万。

这一行政机构以印度军队为支柱，1910年印度军队中有6.9万英国人、13万印度人。军队中一些关键部门（如炮兵）全由英国人组成。印度士兵大都招募自被认为是"尚武"的民族，如西北地区的锡克人和帕坦人，尼泊尔的廓尔喀人。他们大都是自耕农和中农，英国人认为他们身体比较强壮，为人比较可靠。同那些人均年收入高得多的国家相比，印度的军费开支在全国总收入中所占的比例要大得多。下表提供了1920年代初印度与其他一些国家的军事开支占国民总收入比例的比较：

国别	总收入（百万）	总支出（百万）	国防开支（百万）	国防开支占总支出 %	国防开支占总收入 %
印度（卢比）	1332.2	1423.9	919.0	70.7	63.8
英国（英镑）	1426.9	1195.4	642.0	45.0	53.7
澳大利亚（英镑）	61.78	64.6	31.2	50.0	48.3
加拿大（英镑）	89.38	74.19	17.9	20.0	24.2
南非（英镑）	29.67	25.69	13.4	45.2	52.2
西班牙（比塞塔）	1876.66	2550.79	450.36	22.8	17.6
法国（法郎）	22450.9	24932.0	5027.0	22.4	20.0
意大利（里尔）	17603.0	20454.8	3553.77	20.0	17.3
美国（美元）	3345.18	3143.41	1201.44	35.9	38.2
日本（日元）	1319.20	1399.29	646.40	49.0	46.2

Source: K.T.Shah and K.H.Khambata, *Wealth and Taxable Capacity of India* (London and Bombay, 1924), p.267. Cited by F. Clairmonte, *Economic Liberalism and Underdevelopment* (London: Asia Publishing House, 1960), p.83.

不仅印度军费对这个贫困国家来说是一笔巨大的开支,而且印度军队也在很大程度上被用于为非印度人的目的服务。就像英国人早些时候把从印度土邦掠得的金钱用于征服另外的土邦一样,现在他们则动用这一支由印度人出钱供养的军队在印度国境之外开疆拓土。1838—1920年间,印度军队曾先后19次被用于征服如阿富汗、缅甸,马来亚、暹罗(今泰国)和西藏这些邻地,第一次世界大战期间还被派到中东参加多次战斗。

除了官僚体制和军队以外,英国人为了达到便于进行统治的目的,还利用残存的印度土邦王公,尤其是在其中大部分王公表示反对印度兵变之后。印度兵变后的第一任总督坎宁勋爵在1860年宣称:"如果我们能保留一些没有政治权利的土邦作为女王的工具,只要我们能保持海上优势,我们就能在印度一直存在下去。"[5]与这一策略相适应,英国人放弃了从前东印度公司奉行的"丧失权力说",按照该理论,一个土邦在没有自然继承人时其领土即由公司接管。这种做法一直引起土邦王公强烈的不满,所以维多利亚女王正式应允不再进一步兼并土邦。即使对那些治理严重不善的土邦,英国也只是施加压力促其改革,或在极少数情况下罢免应受处罚的统治者,但从不兼并该土邦。这样,英国人就有意地把支离破碎的550个土邦固定化了。有些土邦大的有几千万人,有些土邦小得在地图上都找不到。英国人成功实施分而治之政策的情况,可以从1938年迈门辛格的大君在一次会议上发表的如下声明中得到证明:"如果我们要作为一个阶级存在,那么,加强政府的统治就是我们的职责。"[6]

"分而治之"策略也被英国人用来离间印度教徒和穆斯林。总督明托(Minto)勋爵通过分别为穆斯林和印度教徒设立选区来实施这一政策。穆斯林只能由穆斯林自己选出的人充当代表,穆斯林不能代表印度教徒选区,反之亦然。这种安排使得两个宗教社团变成互相倾轧而独立的政治实体,因为他们不得不从各自教派利益的角度来考虑一切问题。明托勋爵的妻子得意洋洋地宣称,通过这一法案,她丈夫确保了英国对印度的长期统治。她这样兴奋是有道理的,因为分别设立选举区是两个民族理论的先兆,这一理论使印度次大陆最终分裂为两个主权国家,损失极为惨重。

另一个有效的统治工具是教育制度,尽管从长远观点来看,它既有维护英国统治的一面,又有对英国的统治造成威胁的一面。在征服印度后的近半个世纪里,英国人没有力图将自己的文化强加于这个国家。他们主要忙于筹划行政、财政和司法等方面的工作。1823年才任命了一个公共教育委员会,但很快便分裂为"英语派"和"东方派"。后者主张实行以梵文、阿拉伯文和波斯文为基础的传统型教育,而前者则主张用英语进行教育,并包括传播西方的科学和思想。1835年,委员会新任主席托马斯·麦考莱(Thomas Macaulay)打破了这一僵局,他写了一份著名的"教育备忘录"(Minute on Education),结论是:"英语比梵文和阿拉伯文更值得学习。……单靠我们有限的人力和财力是不可能对广大人民进行教育的。现在,我们必须努力去造就一个阶级,他们可能成为我们和受我们统治的千百万人之间的桥梁。这个阶级的人在血缘和肤色上是印度人,但在情趣、观点、品行和才智上则是英国人。"[7]

麦考莱的建议被采纳并被付诸实施。在以后几十年里,它演变成为一种全国性的教育体制,包括大学、培养教师的学院和为广大群众开办的本地语小学。1885—1900年间,学院和大学的学生人数从1.1万增加到2.2万,中学生从42.9万增加到63.3万。印刷机的引进极大地刺激了文化生活,梵文著作变为大众的财富,而不再是婆罗门小心谨守唯恐丧失的垄断品。此外还出版发行了使用英语和各种现代印度语言的报纸。

这些发展对印度的知识界和政治气候产生了极其深远的影响。英语教育在印度人中产生了一个熟悉外国语言和文化、在意识形态上倾向自由和理性的新阶层。由此,第一次为印度各地受过教育的新的上流社会人物提供了一个共同的语言和共同的文化背景。在这以前,他们一直由于语言和文化的不同而互相隔绝,而现在这些分歧都为英国语言、文学和思想所克服。新的全印度的团结反过来则在政治上引起了反响。团结激发了民族自我意识,最终则激发出建立自治政府的要求。

英国人将他们的语言和文化输入印度,是为了训练一个能帮助他们治理印度的社会阶层,他们达到了这一目的。但这样做的结果也就开始使自己的权威在无形中受到了损害,因为正是这一受过西方教育的阶层,运用欧洲人的意识形态来攻击英国的统治,并组织起民族主义运动,最终造就了一个独立的印度。

印度民族主义并不仅仅是英语教育的产物,它也是英国经济剥削(本章以下各节将会详述)和英国种族主义的产物。印度兵变煽起了种族主义情绪,由于英国人害怕再次发生兵变,便提出种族主义理论来维护自己的统治和压迫。印度兵变以后,有更多的英国妇女来到印度,结果娶印度人为妻或以印度女人为情妇不再合乎英国人的"规范"。英国人的优越感表现在各个方面:在社会生活方面,不准印度人进入某些旅馆、俱乐部和公园;在军队和官僚机构中,印度人无论其资格如何都不准晋升到某一级别以上。印度总司令基奇纳勋爵(Lord Kitchener)毫不掩饰地为这种歧视政策进行辩护:"正是这种欧洲人固有的优越感使我们赢得了印度。无论一个印度人可能受过多么好的教育,如何聪敏,也无论他是多么勇敢,我认为都决不能授予他任何会使他认为自己与英国军官处于平等地位的官阶。"[8]

总督寇松勋爵在任命官员时同样抱有偏见。1900年,他在写给同僚的一封信里说道:"印度最高级文官的职位必须由英国人充任,因为只有他们,部分由于遗传、部分由于教养、部分由于教育,才具备担任这些职务所必需的关于治理国家的知识、心理上的习惯和性格上的魄力。"(9)这种大肆宣扬和四处弥漫的种族主义,在受过教育的印度人中必然会唤醒他们的民族主义情绪,否则,这些人是会接受英国人的统治所带来的安全感和物质利益的。印度外交官兼历史学家潘尼迦(K. M. Panikkar)总结说:"由于这种种族优越感,侨居印度的欧洲人,无论在印度住了多久,在这个国家里都仍然是一个异乡人。他们与人民之间存在一道不可逾越的鸿沟,直到英国人在印度的统治宣告结束时,这一情形依然如此。"(10)

三、印度的传统经济

当英国官员们争论应该在印度建立什么类型的教育体制时,东印度公司的一位董事查尔斯·格兰特(Charles Grant)宣称,英语教育也将"为我们来到印度时的最初设想服务:扩大我们的商业。……我们敢说,无论在什么地方,只要我们的原则和语言一经传入,我们的商业就会接踵而来。"他的分析颇有远见,是完全有道理的。新式学校、文官制度和军事力量确实对"这种最初设想"即经济渗透有"服务"之功,它对印度造成的后果,直到今天还能感觉得到。为了了解英国给印度所造成冲击的性质和后果,必须首先考察印度传统经济的特点。

就像工业化之前世界上大部分地区一样,几千年来,村社一直是印度经济的基本单位。在村社中,起作用的不是单独的个人,而是共有制大家庭和种姓。这种集体组织形式既给社会带来了稳定,也是造成印度民族衰弱的根源。印度人首先考虑的是对家庭、种姓、村社的忠诚,从而阻碍了其民族精神的发展。

土地被当作国王的财产,他有权分享土地上的全部产品或等价物。土地税是国家收入的主要来源,也是耕种者的主要负担。不同时期国家要求上缴的数量不一样,从产品的六分之一到三分之一,有时甚至是二分之一不等。无论是缴纳实物还是现金,纳税的责任都由集体承担,一个村便是一个纳税单位。农民只要交够分摊的税额,便有使用土地的世袭权利。

由于交通运输条件比较原始,所以村子大都在经济和社会上自给自足。每个村子都有自己的陶工、木匠、铁匠、文书、祭司、教师和星相师;星相师负责选择播种、收获、结婚和其他重大事件的吉日良辰。这些手工业者和自由职业者,在类似以物易物的基础上为自己的村子服务。作为报酬,他们从务农户那里接受谷物,或是领取免税的村社土地供自己耕种。这种世袭的传统的职业和职能分工,由种姓制度打上了权利和义务的印记。村一级的政治机构是评议会,由每年选举产生的六个人或更多人组成,即迄今人所共知的"潘查雅特"(Panchayat,"潘查"意为"五")。"潘查雅特"通常包括种姓领袖和村社头人,他们会定期开会处理地方纠纷,收缴土地税,维修水井、道路和灌溉系统,并保障手工业者和自由职业者的生活供应。

每个村除了缴纳土地税和不定期地负担劳役,几乎同外界毫不接触。除了一些像盐和铁这样的必不可少的东西必须从外边购进外,农业和手工业的结合使各个村子同国内其他地区几乎完全隔绝。传统的印度城镇不具备工业的特点,毋宁说,它们是宗教中心(如具拿勒斯、普里和阿拉哈巴德)、政治中心(如浦那、坦焦尔和德里)或商业中心(如位于从中印度到孟加拉商道上的米尔扎普尔)。另一方面,直到18世纪后期英国发明机器纺织为止,印度可能是世界上最大的棉纺织品生产者。印度有四个生产出口棉纺织品的地区:向中亚和中东出口的旁遮普;向中东出口的古吉拉特;向东南亚出口的科罗曼德尔海岸;孟加拉的棉纺织品在18世纪初以前供应北印度,后来转向欧洲出口。劳动力的低廉、工艺技术的精湛和原料可以就地取材等条件,给印度纺织业带来巨大的竞争优势,以致东印度公司能够在单位成本外加上100%的毛利在英国出售印度的棉纺织品。事实上,正是廉价的印度商品的输入,刺激了英国生产者积极寻求节省劳力、降低成本的机器装置,从而使得工业革命降临在英国而不是印度。

印度传统的经济和社会时常被浪漫主义化。像共有制大家庭、种姓和村评议会这样的群体组织确实给农民提供了心理上和经济上的安全感。每个人在自己的村子里都有公认的义务、权利和地位。如果中央政府充分强大能够维持秩序和避免过高的土地税,那么农民就能过上和平满意的生活。但是中央政府往往太过软弱无能,没法维持社会秩序,村民不得不遭受贪得无厌的税吏和土匪的无情榨取,这正是17世纪莫卧儿王朝崩溃时的情形。葡萄牙传教士塞巴斯蒂安·曼里克(Sebastian Manrique)神父于1629年和1640—1641年两次来过印度,他注意到:孟加拉的土地税不仅一再增加,而且往往提前4—6个月征收。原因是官员不断更换,一般上任不久就会被撤职或调动。"出于这种考虑,他们总是提前收税,通常都是凭借武力,可怜的农民无力交付时,就抓走他们的妻子儿女,如果他们是异教徒,就会被拍卖为奴。"[12](所谓异教徒指的是印度教教徒而不是穆斯林,因为莫卧儿统治者是穆斯林。)

莫卧儿帝国甚至早在衰微以前基本上就已经是寄生性的了。从农民身上搜刮来的大部分剩余产品都被用于维持宫廷贵族奢侈靡费的生活,而不是促进国家长期的经济发展。统治阶级上层人物的奢侈浪费的确对城市化及商业和手工业有所促进。这种刺激最后是否足以自发地转变为资本主义工业化是一个经常引起争论但又实际无法回答的问题。无论如何,在东印度公司接管政权以后,也就不存在任何独立发展的可能。

四、英国的冲击：财政和农业

我们在第一节里已经谈到，东印度公司在孟加拉得到第一个立足点以后，就通过横征暴敛、剥削手工业者和拒绝缴纳当地商人都必须缴纳的内地税等办法进行无情的掠夺。英国政府从公司手中接管印度以后，仍然用上述种种方法搜刮民脂民膏，只不过这些办法都已制度化，所以虽然同样是敲诈勒索，但却不那么显眼。一种办法是操纵印度的财政收支为英国国库利益服务。如上文所述，极端庞大的军费开支即是一例，即使印度军队经常被用于与印度本土防卫无关的目的，其开支仍须由印度纳税人承担。1890年，英国政府的一个调查团报告说："数以百万计的钱都花在扩充印度军队、增加武器装备、加强防御工事上，表面上说是为了印度的安全，其实既不是用来对付国内敌人，也不是防止邻国好战民族的入侵，而是为了维持英国力量在东方的优势。"[13]

同滥用军费一样严重的是将那些实际上属于英国的开支统统记在印度的账上。这种转嫁负担的办法，使印度的公共债务急剧上升。利兰·詹克斯（Leland Jenks）曾对这一财政丑闻的性质和范围总结如下：

> 许多任意加在印度身上的负担看上去都是十分荒谬的。镇压印度兵变的费用，将公司的权利转给女王的代价，在中国和阿比西尼亚同时进行战争的军费，同印度毫无关系的伦敦政府的开支，如印度事务部里打杂女工的费用，不参与军事行动的船只出航的费用，印度军团开往海外前在国内进行六个月训练的费用，以上这些统统都落在了没有发言权的莱特（ryot，印度农民）的账上。1868年，土耳其苏丹对伦敦进行国事访问，他的正式舞会被安排在印度事务部举行，一切费用均由印度支付。设在伊林的一所精神病医院、赠送桑给巴尔代表团成员的礼物、大不列颠驻中国和波斯领事馆及外交机构的开支、地中海舰队的一部分经常性费用，以及架设从英国到印度的电报线路的全部费用，在1870年以前都由印度财政部支付。难怪在女王当政的头13年中，印度的年收入从3300万英镑增加到5200万英镑，而在1866—1870年间印度的赤字便累计达1150万英镑，1857—1860年间的内债则共计3000万英镑，并在不断增长，英国政治家也因能够精明地操纵印度的账目而获得了节俭与善于理财的声誉。[14]

对占印度人口绝大多数的印度农民来说，英国统治者强加在他们身上的最沉重负担是土地税。有两种土地税制度：一是莱特瓦尔制，它先是在孟买、马德拉斯地区实行，后又推行到印度西北和东北地区。这一制度承认莱特对其所耕种的土地拥有完全的所有权，农民每年则要向政府直接缴纳沉重的地税。由于取消了包税商，这种新土地税制增加了中央政府的国库收入。另一方面，按照这种新税制，政府征收现金，负责纳税的是个人而不是村社，这就导致农村经济货币化，就像下面将会看到的，它给农民带来了灾难性的后果。

第二种地税制度是 1793 年在恒河下游地区实行的"永久地税制"。从前征税人一直是国家官吏，由国家责成他们征收一些村子应该上缴的农作物份额。现在这些收税人变成英国式的地主"柴明达尔"，而那些从前世代享有土地使用权的村民则降到无租佃保障的佃农的地位。预计新地主可望每年从佃户身上收到约 300 万英镑的地租，其中 91% 要转交给英国统治者，9% 则留给自己。这种安排的"永久"性质表现在柴明达尔每年上缴的数目固定不变。但作为地主的柴明达尔却可以任意提高地租，由于日益增长的人口压力，他们经常会这样干。到第二次世界大战时，他们每年征收的地租在 1200 万英镑到 2000 万英镑之间，而上缴国家的仍然是最初规定的 300 万英镑。

1829 年，总督威廉·本廷克（William Bentinck）勋爵对实行这一离奇的承包契约的动机做了说明："如果……从防备群众暴乱或革命的安全角度考虑，我应该说，永久地税制，尽管在许多方面是失败的，但却也至少有一大优点，即造成了一大群富有的土地所有者，这些人极其希望英国能够继续统治下去，并把广大群众完全控制住了。"(15) 这种说法的正确性在一个世纪以后完全得到了证实。一个柴明达尔 1929 年在孟加拉立法会议上演说时宣称："应该劝告英国政府提防农村社会主义，永久地税制已被证明是国家预防布尔什维克主义的永久性屏障。"(16)

英国人确实获得了柴明达尔的一片忠诚，但在这一过程中他们也招致农村的一场革命。旧的土地公社制为土地个人所有制、契约法、抵押、扣押财物和强制拍卖所取代。从前征收土地税有相当大的灵活性，现在税额固定且必须在规定限期内缴纳，否则财产就会被拍卖。此外，这些离奇的新法律是由说外国话的外国官员执行，这帮人一般不了解当地的问题和习惯做法。在这种情况下，许多印度农民都失去了土地，债台高筑，处于绝望之中。传统的非商业性的和自给自足的印度农村，逐渐而又无可挽回地走到了尽头。

为了应付新的财政负担，许多农民不得不放弃他们古老的仅能糊口的经济，转而生产能在世界市场上出售的商品作物。这些产品通过新建的铁路网可以转运到一些海港。到 1870 年，印度总共已有 6400 公里的铁路，1880 年达 11200 公里，1939 年达 65600 公里。苏伊士运河的通航，大大缩短了伦敦和卡拉奇之间的距离，从 17280 公里减少为 9760 公里，从而便利了印度原料的出口。这样一来，印度也就成了世界上重要的原料供应地之一。旁遮普的小麦、孟买的棉花和孟加拉的黄麻，都源源不断地运往国外。

铁路不仅运走了商品作物，还向农村运回了大量的廉价机制工业品。这就损害了农村手工业者的境况，这一点详见下一节。其结果是农村的货币化。农民很快就成了高利贷者掠夺的对象。因为不习惯于使用现金，当世界物价上涨给他们带来较多收入时，他们就把钱花光了，因而一旦遇到周期性物价暴跌，他们便只得向高利贷者借债。最后，高利贷者不是接管破产农民的土地使他们无立锥之地，便是让土地在名义上仍归农民所有，但却拿走每年土地上收获的大部分作物，把他们降低到永久债务农奴的地位。

较为安定的局势、各种卫生保健措施和铁路运输使政府有可能作出赈济灾荒的安排，这些因素虽使人口随之增长，却也反过来加深了农民的痛苦。印度人口从1872年的2.55亿增加到1921年的3.02亿。西方在前几个世纪中的人口同样有所增长，但其增加的人口不是被新的城市工业吸收走，就是移民到美洲、澳大利亚和新西兰。而对失去土地的印度农民来说，国内既没有工厂可去，海外又无处容身。一条可能的出路，本来应该是像西方已经做到的那样，改进农业技术以提高生产力。可是，印度不仅没能经历一场工业革命，而且也没有经历一场农业革命。在现行的土地所有制和土地税制度下，印度地主和高利贷者依靠高额地租和高利贷可以比投资于改良土地、增施肥料、改善灌溉条件和引进新的良种牟取更多的利润。

结果，印度从1901年至1941年每十年人口增长6.4%，而同期农业生产平均只增长2.3%，人口增长几乎是农作物产量增长的三倍。在这40年里，农作物的人均产量下降了20%。由于经济作物的增加比粮食作物快得多（因为灌溉得到更大的利用），使得这一时期的人均粮食作物产量下降32%。印度农民的状况因而恶化，就像杰出的权威人士威廉·亨特（William Hunter）1879—1880年在爱丁堡演讲时所指出的：

> 在将现时印度农村同一些手稿中披露的事实详加对比之后，我不得不下这样一个结论：在广大地区，为生存而进行的斗争比这个国家落入我们手中之前更为艰难……可悲的结果看来就是：无论是我们像在孟加拉那样把土地交给一个土地所有者阶级，还是像在印度南方那样将土地掌握在我们自己手中（莱特瓦尔制），对很大部分农民来说，生活都变得更为艰难。
>
> 在那些100年前凡是愿意耕种的人就可以得到足够土地的省份，现在，人口密集得把地力都耗尽了，但却仍然无法生产出够吃的粮食。在一

个唯一靠农业为主的民族中,一个无地的无产者阶级正在涌现,同时却有几百万人每人死守着半英亩那么一小块地,承受着高额租税和高利贷的重担……土地生产出的粮食比以往任何时候都多,但是人口增长的速度却要比粮食快得多。"(17)

从亨特那个时期以来,印度人民的生活已经变得更加悲惨,其根本原因并非通常所说的印度农民的保守性,而是英国土地政策的性质。这一政策为了英国人政治和财政上的原因把印度农业货币化了,但却没有提高它的生产力。索纳夫妇(Daniel and Alice Thorner)写道:"回顾过去,英国统治的最终结果是急剧地改变了印度农业的社会结构,但对生产的基本过程和技术水平实际上却没有什么影响。新的农村社会中的上层受益甚丰,种地人的情况却恶化了。发展农业所需要的资本被吸干了,总产量的水平趋于停滞。"(18)

五、英国的冲击:手工业

19世纪,英国在国际经济关系方面的官方信条是自由贸易。商业家、政治家甚至诗人都为不受限制的全球性贸易大唱赞歌,认为它必将造福于全人类。英国的政策制定者们毫不含糊地凭借自己的力量反对任何愚蠢到敢于对输入英国货物设置障碍的外国人。例如,当埃及的穆罕默德·阿里试图发展本国工业时,帕麦斯顿勋爵就展开削价竞争;同样,在关税同盟企图保护德国年轻的工业时,他也暗中破坏。但是,进口的印度纺织品一旦损害了英国毛纺织业,自由贸易理论就会被轻易地抛之脑后。1862年,曼彻斯特商会会长托马斯·贝兹利宣称:"印度的巨大利益将会来自农业,而不在制造业和机械方面。"(19)不用说,印度人是无权考虑自身"利益"的。英国人处心积虑地履行贝兹利的名言。他们作为印度的统治者毫无疑问可以为所欲为。这样印度的工业便横遭破坏,印度成了一个"农业"国。

1814年,印度对从英国进口的毛织品仅征2%的关税,对棉织品、丝织品仅征3.5%的关税。相反,英国对从印度进口的原棉征的税很轻微,但对印度的棉织品征的税却高达70%—80%。结果,在1814年到1844年这30年里,印度棉织品输入英国的数量从125万匹跌到6.3万匹,而英国棉织品输入印度的数量则从不到100万码增加到超过5300万码。

这对印度古老的纺织手工业的打击是粉碎性的。罗伯特·克莱武在1757年曾将达卡城描绘为"像伦敦城一样地广、人稠、物博"。但是,1840年查尔斯·屈维廉(Charles Treveylan)在上院特别委员会上作证时说道:"它的人口已从15万减少到 3 万，城内荒草丛生，疟疾流行。……素有印度的曼彻斯特之称的达卡，已从一个非常富庶的城市衰败为一个异常贫穷的小镇。"[20] 1840 年，研究近代英国殖民地历史的历史学家马丁（M. Martin）在上院特别委员会上作证时也说："印度纺织工业被摧毁是由于英国在大声疾呼实行自由贸易却不许印度本国自由贸易。""英国制造品取代了印度本地产品的事实，常被引用来说明英国技艺成就的辉煌例证。其实，这是英国的暴政以及英国为了自己的私利将可恨的关税制度强加于印度，把印度弄得贫困不堪的有力的例证。"[21]

英国政府直接违背自由贸易原则干涉印度经济的另一个例子是，在美国内战时期为了增加印度棉花的供应而进行的活动。美国内战使美国南部的棉花无法向英国出口，所以曼彻斯特制造商便要求另觅棉花供应的来源。他们组织了棉花供应协会，协会主席约翰·齐塔姆（John Cheetham）于 1863 年要求英国政府采取必要措施以刺激印度的棉花生产，齐塔姆希望得到的答复不是"老生常谈，说什么这违背了政治经济规律"[22]。换言之，齐塔姆不愿将自由贸易原则作为无所事事的理由。

国务大臣查尔斯·伍德（Charles Wood）爵士反对政府用干预的办法增加印度原棉的供应。他提醒曼彻斯特的代言人说，他真诚地相信他们声称的自由贸易原则，他不能容忍破坏这一原则："我确信，价格的上升证明有充分的需求，也将产生充分的供应。在我的整个政治生涯中，我以最大的自信心坚持这些政治信念。从前，这些原则受到那些被称为曼彻斯特学派的绅士们的热烈拥护，他们声称对贸易和制造业最好和最仁慈的待遇就是听其自然，别加干涉，补助和保护不仅有害于整个社会，也有害于被保护的贸易本身。"[23] 只要查尔斯·伍德爵士在职，他就极力阻止政府采取干预措施以增加印度棉花的供应。但当他在 1866 年辞职后，一项由国家补助在印度建立一些模范棉花农场、改进印棉质量和促进棉花在英国销售的计划立即便被采纳。

随着德干地区成为棉花盆地，英国经济学家们极力主张在印度修建铁路，以"促进原棉的销售与运输"，并迫使印度人"接受英国的棉制品"[24]。英国的利益集团为所欲为，以致印度政府最终为一个造价高昂、构想不佳、计划草率、大都没有效益的关于公路、铁路、运河、港口的建设计划承担工程费用并支付利息。用丹尼尔·索纳的话来说，这是"让公众为私人企业承担风险"[25]。因为在所有的殖民地和半殖民地，铁路都是为满足大都市而非地方需要而设计的。实际上，到 1900 年时所有修建的四万公里铁路，不是为了满足军事目的，就是为了装运货物到沿海港口，国内各地区之间大都互不相连。

在大部分西方国家，铁路建设的重要副产品都是刺激资本货物工业的发展和工程技术的革新。英国的机车工厂曾被称作"机械工程大学"[26]。但因英国公司实际上垄断着铁路建设和机车供应，19世纪的印度没能办起这类"大学"。甚至在德国和美国公司提出以低价投标并以迅速交货为条件，而印度本国"也很早就已具备制造机车所必需的各种技术，这类技术也已广为流传之时"[27]，情况仍然是这样。

英国为了满足自己的私利而采取歧视性的做法并不局限于运输方面。拉金德拉·马克赫尔吉（Rajendra Mukherjee）爵士虽曾因其在加尔各答承建供水系统有了名气，但他发现，与 T. C. 穆克尔吉公司一样，尽管在投标时他出的造价最低，最终还是没能得到在联合省建造供水系统的合同。他发现："要想得到合同，就必须同阿奎·马丁公司联合，并采用马丁公司的名称。"[28] 同样，在航运领域，只有英国公司才能得到政府的补助金和邮船津贴。生产印度军队所需靴子、毛毯和其他轻装备的合同也全都落到英国康采恩之手，尽管这些商品在印度制造要便宜得多。

以上这些并不能被理解为印度所有的手工业都已被摧毁殆尽。一些手工业衰落了，一些手工业则在发生转变，从而出现了一些使用工厂制造的新式机器的新型手工业。然而，事实仍然是，印度在第二次世界大战后取得政治独立时，仍是一个欠发达国家，直到今天依然如此。1914年时，主要的工业化中心只有加尔各答和孟买，大部分企业都是英国人的没有脱离母公司的子公司，就像是一些"飞地"，不能对整个国民经济起到刺激作用。历史学家毕班·钱德拉（Bipan Chandra）所做的如下一段总结最能说明这种情况：

> ……经过100年的"妊娠期"，1892年，印度根据《工厂法》进行近代工业生产企业中的工人仅有25.4万。到1931年，仅增加了110万，到1951年又增加了118万，而人口则从1891年的2.36亿增加到1931年2.75亿，1950年更是增加到3.57亿，劳动力在1891—1951年间从9400万增加到1.42亿。[29]

同拉丁美洲相比，这一结果尤其令人失望，因为印度具备对她有利的进出口货价之间的比率，原本完全可以利用这一有利条件来发展独立经济。巴提亚（B. M. Bhatia）曾指出，除了第一次世界大战和大萧条时期之外，印度的贸易条件是有利的，他认为印度未能利用这些有利条件的原因"不是东方人酷爱黄金和不利的交换比价，而是政府的自由贸易政策和对国家不利的财政和工业政策，造成印度的欠发达和贫困。……"[30] 从国际贸易中得到的收益大量地消耗于付给英国的政治性费用和商业性费用，以及用于进口黄金，因为印度本国没有什么地方工业可以投资。第一次世界大战后，印度稍有一些财政自主权，但因世界性的经济大萧条即将来临，加之进出口货价之间的比率变得不如以往那么有利,遂使印度难得的历史良机逐渐消失。

六、印度进入第三世界

英国统治的影响是将次大陆纳入了国际市场经济。这反映在棉纺织品的进口货物价值从1814年的5万卢比跃进到1829年的520万卢比,1890年达到3000万卢比。而原棉出口货物价值也从1849年的1000万卢比上升到1860年的6000万卢比,1913年达到4.1亿卢比。其他原料出口量也有所增加,具体情况如下:

- 黄麻出口量:1830年500吨,1857年增至3.5万吨,1909年76.5万吨。
- 小麦出口量:1870年微不足道,1914年增至130万吨。
- 油籽出口量:1840年微不足道,1867年增至20万吨,1913年达到150万吨。
- 茶叶出口量:1854年50万磅,1885—1889年间年均8700万磅,1900年达到1.92亿磅。
- 皮革和毛皮出口价值:从1860年的660万卢比增至1898年的7450万卢比,1913年达到1.6亿卢比。

印度的对外贸易(单位:千万卢比)

年份	进口	出口
1841	10	14
1860	23	33
1880	50	74
1900	81	108
1913	191	249

Source: M. Zinkin, *Asia and the West* (London: Chatto & Windus, 1951), pp.267-71.

如果说人们对印度被纳入全球性经济这一事实没有疑问,那么人们对这一事实所具有的意义却是颇多争论。支持英国统治的人们强调其积极结果,如维护了法律和秩序,建立了运输和灌溉系统,农业商品化导致出口大量增加和进口的相应增加。

这些物质成就不可否认,但关键问题是它们在经济和社会上的影响。它们对整个经济发展,以及印度广大人民群众的日常生活究竟有什么影响?确实维护了法律和秩序，但正如毕班·钱德拉的评论："这完全取决于法律和秩序是用来为谁服务……事实上，法律和秩序不仅是经济增长和社会福利所必需，而且也为任何系统化的剥削所必需。"(31) 就印度而言，记载表明这种法律和秩序更多是为了剥削，而不是为了经济增长和社会福利。1900 年印度已经有了四万公里的铁路，但它是以给印度国库造成了过重的负担为代价的，而且不像俄国和美国的铁路那样对国民经济产生过促进作用。同样，新的灌溉网和外界对印度原料的大量需求使得大土地所有者可以乘机扩大种植面积以谋厚利，但同时也引起租佃地的增加和高额租税。农业商品化同样没有产生先进的技术和生产力。相反它使农民承受了更加沉重的剥削，农民成了市场机制、市场波动，以及随之而来的地主、中间商和高利贷者共同的牺牲品。

总而言之，英国人创立的整个基础结构，旨在创造一个依附于自己的殖民地经济，而不是一个独立发展的经济。英国在印度所起的作用，并不像熊彼特对资本主义作用的评价那样是"创造性的破坏"。相反，它保存了那些经过挑选的有利于帝国主义利益的前资本主义制度。芭芭拉·沃德（Barbara Ward）承认这一点，她说英国未能完成印度的现代化过程，要实现现代化必须进行"决定性的土地改革"，但是"作为一个外国的英国，不可能在印度采用这种解决办法"。(32) 她的分析中前一部分是正确的，后一部分却错了。我们已经看到，英国毫无顾忌地积极干预，强制实行莱特瓦尔和柴明达尔两种土地制度，促进铁路建设和英国本土工业所必需的原料生产。但当需要采取措施保护当地居民的利益而不是英国的利益时，政府则显然不加干预。这种有选择性的不干预的例子包括拒不实行保护关税，拒不采用累进税制，拒绝在灾荒年头禁止谷物出口，等等。印度的基本问题不是英国不干预或干预不力，而是歧视性干预。

[注释]

1. K. M. Panikkar, *Asia and Western Dominance*（New York: John Day, 1954），p.100.
2. E. J. Thompson and G. T. Garratt, *Rise and Fulfillment of British Rule in India*（New York: Macmillan, 1934），pp.91-92.
3. Cited by Panikkar, op. cit., p. 101.
4. K. Gorgh, "Indian Peasant Uprisings," *Bulletin of Concerned Asian Scholars*（July-Sept. 1976）: 3.
5. Cited by K. Goshal, *The People of India*（New York: Sheridan, 1944），p.129.

6. Cited by F. Clairmonte, *Economic Liberalism and Underdevelopment*, op. cit., p.116.
7. Cited by W. T. de Bary et al., *Sources of Indian Tradition*（New York: Columbia University Press, 1958）, p.601.
8. Cited by Panikkar, op. cit., p.150.
9. Cited by J. McLane, "The Drain of Wealth and Indian Nationalism," *Contributions to Indian Economic History*（Calcutta, 1963）II: 38.
10. Panikkar, op. cit., p.153.
11. Cited by R. Mukherjee, *The Rise and Fall of the East India Company*, new ed.（New York: Monthly Review Press, 1974）, p.421.
12. Cited by L. S. S. O'Malley, ed., *Modern India and the West*（London: Oxford University Press, 1941）, p.14.
13. Cited by McLane, op. cit.: 32.
14. L. Jenks, *The Migration of British Capital to 1875*（London: Thomas Nelson, 1938）, pp.223-24.
15. Cited by A. B. Keith, *Speeches & Documents on Indian Policy 1750-1921*（London: Oxford University Press, 1922）, Vol. I. p.209.
16. Cited by Clairmonte, op. cit., p.116.
17. Cited by D. Thorner and A. Thorner, *Land and Labour in India*（London: Asia Publishing House, 1962）, p.110.
18. Ibid., p.111.
19. Cited by P. Harnetty, *Imperialism and Free Trade: Lancashire and India in the Mid-Nineteenth Century*（Vancouver: University of British Columbia Press, 1972）, p.6.
20. Cited by Clairmonte, op. cit., p.86.
21. Cited ibid., pp.86, 90.
22. Cited by Harnetty, op. cit., p.125.
23. Cited ibid., p.51.
24. Cited by T. Raychaudhuri, "Some Recent Writings on the Economic History of British India," *Contributions to Indian Economic History*（Calcutta, 1960）I: 147.
25. D. Thorner, *Investment in Empire*（Philadelphia: University of Pennsylvania Press, 1950）, Ch.7.
26. Cited by A. K. Bagchi, "Foreign Capital in India," in K. Gough and H. P. Sharma, eds., *Imperialism and Revolution in South Asia*（New York: Monthly Review Press, 1973）, p.49.

27. F. Lehmann, "Great Britain and the Supply of Railway Locomotives of India: A Case Study of 'Economic Imperialism,'" *Indian Economic and Social history Review* II（Oct, 1965）: 299.

28. A. K. Bagchi, "European and Indian Entrepreneurship in India 1900-1930," in E. Leach and S. N. Mukherjee, eds., *Elites in South Asia*（Cambridge: Cambridge University Press, 1970）, p.227.

29. B. Chandra, "Reinterpretations of Nineteenth Century Indian Economic History," *Indian Economic and Social History Review* V（Mar. 1968）: 61-62.

30. B. M. Bhatia, "Terms of Trade and Economic Development: A Case Study of India–1861-1939," *Indian Economic Journal* XVI（Apr.–June 1949）: 433.

31. Chandra, op. cit: 46.

32. B. Ward, *India and the West*（New York: W. W. Norton, 1961）, p.129.

[第三编]

第三世界：一个全球性体系
（1870—1914）

> 我们一直希望我们无须继续扩张，但我们却总是发现：一旦停止扩张就会落后；尤其是在今天，各种改进和发明如此迅速地相继出现，以至于我们感到，就像过去一样总有许多事情要去做。钢铁制造商如果停止扩大生产就会开始衰落，因此我们必须不断地扩大。
>
> ——安德鲁·卡内基（1896）

255 　　在19世纪最后25年间，竞争的工业资本主义让位于垄断资本主义，并伴随着国际事务方面的自由贸易帝国主义转变为全球性的殖民主义。新的垄断资本主义在全世界范围内的活动开展得更加广泛和深入。早先的自由贸易帝国主义的象征是非洲的利文斯通和中国海上的英国军舰。而新时代的象征物：连接大洋的苏伊士运河和巴拿马运河，好几条横跨非洲、西伯利亚和北美的洲际铁路，海底电缆网和布满各洲大陆的电报电话线路网，以及为庞大的上层建筑提供财政资源的劳埃德、巴克利、罗斯柴尔德等大银行，它们对全世界的渗透和分裂作用，大大超过以往的自由贸易帝国主义。劲头十足的垄断资本主义，导致非洲在19世纪最后20年间被瓜分，以及中国和俄国被纳入国际市场经济。令人难解的是，只有日本这个小岛帝国是唯一的例外，不在欧洲全球霸权模式之列。

> 为使联合王国的4000万居民免遭一场血腥的内战，我们作为殖民国家的政治家们必须获取新的土地来安置过剩的人口，并为他们在工厂里和矿山上生产出来的产品提供新的市场。
>
> ——塞西尔·罗得斯（Cecil Rhodes，1882）

第十三章 垄断资本主义和全球殖民主义的时代

第二次工业革命始于1870年左右，其特点是具有崭新的大规模生产技术和把科学系统地应用于工业方面。以前独立的工业公司，如瓦特－博尔顿公司等，被拥有充足资金能够垄断全国性工业乃至后来垄断国际性工业的巨型卡特尔所代替。与此同时，新近的工业化国家则成功地向英国作为"世界工场"的优势地位发起了挑战。接踵而至的竞争，以资本主义在垄断阶段不断增长的军事和经济力量为后盾，导致史无前例的殖民扩张。19世纪初期的自由贸易帝国主义让位于先发制人的夺取领土的帝国主义。整个世界被瓜分为像非洲那样的彻底的殖民地或像奥斯曼帝国和中华帝国那样的半殖民地。人类历史上最大的一次领土霸占的结果，造成了欧亚半岛控制世界其余部分这样一种非常奇特的景象！

一、第二次工业革命和西方的垄断资本主义

第一次工业革命期间，纺织、采矿、冶金和运输工业方面先驱的发明与其说是科学家的成就，不如说是有才能的技工的成就。但到1875年左右，科学开始发挥更重要的作用。配备着昂贵仪器、由训练有素的科学家按照既定选题进行系统研究的工业研究实验室，取代了孤零零的发明家的阁楼或工场。

所有工业部门很快都感受到科学的冲击。例如，在冶金工业方面，研究出了若干种炼钢法（贝塞麦炼钢法、西门子－马丁炼钢法和古尔克里斯特－托马斯炼钢法）。这些冶炼法能够把低质铁矿砂大批地冶炼成优质钢。供电系统和主要使用石油与汽油的内燃机的发明，则彻底改革了动力工业。通讯方面也因无线电的发明而得到改造。地质学家能够相当精确地探明油田的位置，化学家研究出把原油加工成石脑油、煤气、煤油及轻重型润滑油的各种精炼法，从而使石油工业得以迅速发展。科学在工业方面显示的最壮观的成果之一，可以从煤提炼出来的各种衍生物中看出。煤除了可以产生焦炭和供照明用的很有价值的瓦斯，还能产生一种液体，即煤焦油。化学家们在这种物质中发现了真正的宝藏，即包括数百种染料和许多如阿司匹林、冬青油、糖精、消毒剂、轻泻剂、香料、照相用的化学剂、高级炸药，以及香橙花精等副产品一类的衍生物。

同时，由于引进大规模生产技术，许多工业部门都发生了变革。在这方面美国居于领先地位，而德国则在科学领域居于领先地位。美国研究出来两种主要的大规模生产方式，一种是制造可以互换的标准零部件以及用最少量的劳动把这些零部件装配成完整的成品。美国发明家伊莱·惠特尼（Eli Whitney）在19世纪初曾在滑膛枪生产中采用了这种体系。100年后，亨利·福特（Henry Ford）把这一体系应用于携带着汽车零部件不停地经过一排排装配工人的传送带而享有盛誉、赢得财富。另一种大规模生产体系是利用先进的机械装置以操纵大件器材。以金钱来衡量这究竟意味着什么，从钢铁大王卡内基颇有道理的夸耀中可以一目了然：

> 从苏必利尔湖开采2磅铁矿石，运往1440公里以外的匹兹堡；开采1.5磅煤，炼成焦炭，然后运往匹兹堡；开采0.5磅石灰，也运往匹兹堡；再在弗吉尼亚开采少量锰矿石，送往匹兹堡——用这四磅原材料生产出一磅钢，而这一磅钢，用户只需花一角钱就能买到。[1]

第二次工业革命促使竞争的资本主义向垄断资本主义转化。新的大工厂需要的巨额投资消灭了大多数家庭小本经营。例如，美国钢铁公司从1880年的735家下

降到1950年的16家。同样，新兴工业，如铝、化学和电力工业，从一开始就需要巨额资金，因此小业主当然不可能参与其中。19世纪最后25年中经济上的长期萧条，也迫使资本家放弃他们传统的自由竞争信条，而依赖各种不同的卡特尔、合并企业、托拉斯和物价管理协会，以缓和价格和利润的暴跌。英国最大的肥皂制造商利弗（W. H. Lever）在1903年总结了这种趋势：

> 在以往的日子里，一个工厂可以是一个个人企业。后来……有了一个合伙者……再往后，它发展到两三个合伙者能够凑起来的资金也满足不了要求，因而需要成立有限公司……现在我们又进入一个新的阶段，即若干个有限公司需要集合成我们所称为的联合企业……[2]

这些新的"联合企业"（combines），即卡特尔（cartels），产生了超额利润，这一点后面还要提到。与此同时，资金仍在从国外，尤其是从印度源源不断地流入。[3] 因而英国能够继续向国外投资，虽然到19世纪末其投资方向主要不是欧洲而是北美、澳大利亚和新西兰的白人定居地。例如，1865—1914年间，英国对外投资的45%是流入北美、澳大利亚和新西兰；流入欧洲的只占13%；流入南美的只占17%，其中大都是投放到有大量欧洲居民的那些国家。伴随欧洲各民族大量迁移到"空着的"海外领土的是同样大量资金的流入，以资助其定居地及其经济发展。巴格奇曾断言："英国在世界上某个地区的财政赤字用其他地区的盈余来抵消的能力，使英国能够顺利地把资金从非白人殖民地区转移到白人殖民地区，以支援后者的工业增长。"[4]

在美国，自1830年代至1860年代（包括1830年和1860年在内），国内投资中净外资占25%，1870年代占15%以上。同样，在澳大利亚，1868—1900年间，国内总投资中净外资占35%。在加拿大，1900—1905年间，外资占26%；1906—1910年间，外资占38%。

从有色人种殖民地区转移到白人殖民地区的资金，不仅其数量之大起决定作用，而且在白人殖民区域的投资是以无法控制的各种形式的有价证券出现的；而在有色人种地区，外国资本是有计划地被限制于促进贷款国家制造品的输入，从而阻碍了本地工业。在美国，欧洲的投资者对他们提供的资金实际上并没有控制权。在加拿大，英国人提供的资金被加拿大或美国人的管理委员会用来购买美国的货物以进行实际建设，这并非罕见。另一方面，在巴西，企业往往是由英国人谋划、英国投资者资助、英国承包商用进口的英国资本货物建造的。每当这些企业确实不能赢利时，就会被转卖给巴西政府。此外，直到19世纪末以前，英国人一直都能成功地用对巴西议员和政府官员进行游说的办法来反对巴西的工业化。

就英国在世界经济中的地位而言，它在欧洲和海外领地上的那些投资在财政上是有利的，但却破坏了它原来作为"世界工场"的优势地位。我们已经知道德国率先把科学应用于工业，美国则率先发展了大规模生产技术。于是英国也就开始为其在第一次工业革命中的先驱作用付出代价，为集中向外国投资而牺牲了本国的工业现代化。当新的竞争者带着更有效的设备出现时，它的工厂却在变得愈来愈陈旧。世界工业生产从 1860 年到 1913 年增长了六倍，而英国则只增长了两倍，法国增长了三倍；相比之下，德国增长了六倍，美国更是增长了 11 倍。这使主要工业国家重要性的次序迅速发生变化（如下表所示），而随着垄断资本主义动力的经久不衰，这些变化也一直持续到了今天。

主要工业国家重要地位排序

1860 年	1870 年	1880 年	1900 年	1980 年
英国	英国	美国	美国	美国
法国	美国	英国	德国	日本
美国	法国	德国	英国	苏联
德国	德国	法国	法国	德国

这些发展总起来是造成从趋于衰落的殖民主义转变为在全世界范围内争夺殖民地的原因。在 19 世纪初叶英国还是一个显赫的经济和军事强国时，它对殖民地不感兴趣是很自然的。但当好几个工业强国在竞争已经很激烈的世界上彼此猜疑对方的意图并设置种种关税壁垒时，对殖民地再不感兴趣就愈来愈反常了。当英国政府还没有特大的竞争对手需要排除时，它对让本国商人和投资者去自行其是是感到放心的。但是，一旦竞争加剧，它就开始考虑有必要通过提早兼并海外领地或划分势力范围来保护本国侨民在经济上的平等机会。事实上，英国和它在 19 世纪末叶所获得的"新"帝国之间的贸易量是很小的，但这种小的贸易量并不一定就意味着不重要。从 1870 年以后的英国经济情况来看，对新获得殖民地的输出由 3% 增至 5%，就会影响到几种工业的生死存亡。

缪尔达尔把宗主国中心的产品在它们的殖民地所得到的优惠待遇描写为"强制的双边主义"（enforced bilateralism）。以殖民关系为基础的贸易地区扭曲的实际情况从下表中就可清楚地看出，该表对英法在殖民时期结束时与各自的和对方的非洲属地之间的贸易额作了比较：

1960—1962年间英法两国与各自的和对方的非洲附属国之间的贸易额（%）

	向英国出口	向法国出口	从英国进口	从法国进口
英国属地	41.6	1.7	38.9	2.3
法国属地	1.6	52.7	2.8	60.5

Source: Ephraim Kleiman, "Trade and the Decline of Colonialism", *Economic Journal* 86 (Sept. 1976): 465. 文章中提供了关于宗主国与殖民地之间贸易畸形发展的详尽统计数字。

反映在上述统计数字中的"双边主义"是强制性的这一事实，从殖民地与宗主国割断了政治上的关系后宗主国在殖民地的贸易立即衰落下去这一点来看是很明显的。随着非殖民化时期愈来愈长，宗主国在原殖民地的贸易额也愈来愈低。伊弗雷姆·克莱曼断言："这种趋势说明，在殖民地奉行的贸易模式总的来说并不反映殖民地人民得到了优惠。因此，似乎有理由认为：作为殖民地贸易特征的双边主义是殖民大国强加给殖民地的。"(5)

垄断资本主义还通过积累超额利润建立起帝国大厦，而这些超额利润又必须有投资的出路。卡特尔把产品价格确定在生产效率最低的成员也能获得一般利润的水平上。这就使效率更高的公司（它会控制大部分市场）能够获得超额利润。当公司能够几乎全部控制某一特定市场时，也同样能够获得非常高的利润。美国钢铁有限公司建成以后，钢价上涨了20%—30%；而美国容器公司在1901年创建时就控制了该行业90%的生产，因此很快它就把价格提高了60%。英国的情况则是：这种垄断利润使得每年平均向国外的投资能够不断增长，1860—1869年间英国年均对外投资只有2900万英镑，到1870—1879年间年均增加到5100万英镑，到1880—1889年间年均增加到6800万英镑。

有时有人会否认同时发生在19世纪末叶几十年间的垄断资本主义制度下的资本积累和建立殖民帝国达到高潮这两者之间有任何关系，其理由是宗主国对殖民地的支出超过了从殖民地得来的收入。但有一点很明显，那就是，对殖民地的支出是来自国库的公共收入，而那些利润则成为资本家的私利。这些私人利益集团为了制定对殖民地的侵略政策，能够而且确曾运用其政治影响，而不顾对国库会有什么影响。因此，殖民帝国是宗主国内部重新分配财富的机制，而不是考虑国家资产负债表是否平衡的结果。

认为建立殖民帝国并没有经济方面动机的另一种论点是，海外投资中只有很小一部分进入了正在获取的殖民地。但是"小"并不一定就意味着不重要，尤其是因为英国在"新"帝国投资的增长率大大高于在老帝国投资的增长率。1907—1913年间，英国在"新"帝国的投资增长了 51%；相比之下，在印度和锡兰增长了 17.1%，在澳大利亚和新西兰增长了 16.3%，在美国增长了 21.7%。

而且，应该记住的是，19 世纪末叶这几十年是先发制人的殖民帝国主义的年代。在这个时代的竞争氛围中，帝国的官员及其在殖民地的代理人经常强调的，不是通过兼并别人会获得什么，而是被别人兼并后会丧失什么。他们关心的问题，不是和以前的情况相比会有什么得失，而是如果让竞争对手超过自己将可能会有什么得失。竞争的压力，尤其是在经济萧条的年代，不断下跌的价格和不断提高的关税，驱使政策的制定者不仅把殖民地视为眼前投资的出路，而且把它们作为制造品的未来市场和原料的来源地来考虑。这一点英国作家约翰·凯尔蒂（John Keltie）爵士曾特别提及。他在 1895 年曾写道："直到十年前德国进入了竞争市场以后，自鸣得意的英国资本家们才开始环顾周围，瞻望未来。"而到那时则只剩下非洲"尚可逐鹿"，于是"就在非洲出现了一场世界史上空前未有的争夺战"。(6)

在非洲和其他各洲的"争夺战"也关系到垄断资本主义的超额利润，而这种超额利润也多少点点滴滴地落到了本国人民手里。这就激发城市人民产生了新的需要，包括肥皂、人造黄油、巧克力、可可和制造自行车的橡胶轮胎等。所有这些商品都要从热带地区大批进口，这又使得港口、铁路、轮船、卡车、货栈、机器和邮电系统成为各个地区必不可少的基础设施。而兴建这些基础设施则需要秩序和安全，以保证股东能够得到足够的红利。因此，如果地区性的冲突破坏了贸易的流通，或是紧邻的殖民强国以扩张相威胁，就会出现兼并的叫嚷声。

以贷款和投资方式从欧洲流入受援国的巨额资本，经常导致对受援国事实上的控制。外国统治者没有察觉到，接受友好和自由贸易条约，以及后来关于财政贷款和经济、军事代表团方面的条约，最后几乎不可避免地会使他们丧失经济独立并且常常也会丧失政治独立。1883—1907 年间英国驻埃及总领事克罗默勋爵，描述了欧洲给其他国家的贷款如何直接或间接地为欧洲在这些国家的统治铺平道路：

> 当一个东方统治者第一次被引到与欧洲的借贷体系发生接触时，他可能就会遭受最大的损害。那时，他发现不费吹灰之力就能得到大笔金钱。他个人的欲望也因此很容易得到满足。欧洲的冒险家们不会不在他面前提出看起来是最诱人的发展他的国家的规划，他被那些巧妙的但常常是靠不住的规划弄得眼花缭乱。他太缺乏远见，意识不到自己给自己制造的未来种种困难的性质。随意地使用贷款似乎给他提供了种种利益，而想充分地享受这些利益的诱惑是如此强烈，以至于无法抵制。他一下子就陷入了摆在他面前的深渊，并使他的国家蒙受了损害，这种损害不仅会折磨他的同

代人，还会殃及其子孙后代。[7]

现代流行的社会达尔文主义，以其生存竞争和适者生存理论，为上述扩张主义势力的合理存在，提供了有说服力的根据。它证明攫夺和开发尽可能大的殖民地是理所当然，这不仅是为了利润，而且也是为了将来与一些敌对者进行永无休止的斗争而增强帝国势力的一种必不可少的手段。英国帝国主义分子塞西尔·罗得斯曾经这样写道："我坚决认为我们是世界上第一流的种族，我们在世界上居住的地方愈多，对人类就愈有好处……如果真有上帝，我相信他喜欢我去做的事就是把非洲地图尽可能多地涂成英国的红色……"[8]在德国和法国也有许多和他抱有相似看法的人。

欧洲的自由主义者也接受了罗得斯的扩张主义理论并认为它是正确的。他们虽然坚决主张欧洲的从属民族应该享有自决权，但一涉及海外"次等民族"的自决权，就又只图一己之便而将其弃置一旁。威廉·格拉斯通（William Gladstone）曾经怒斥来自土耳其的缺乏纪律的非正规部队所造成的"保加利亚恐怖事件"，以及他们在君士坦丁堡的"残忍的苏丹"。然而，同样是这个格拉斯通，却把埃及阿拉伯人民很得人心的起义轻率地看作只是少数利己的军官所为，而这些军官又是受到仅能代表自己的埃及知识分子的教唆。在印度，英国人同样很轻蔑地把早期的民族主义分子称作"喧闹的孟加拉湾的洋泾浜印度人"。达弗林总督在1888年11月曾自以为是地断言："印度政府主要关心的是保护和促进印度人民的利益。"但是，跟着他又补充道："……印度人民并不是那七八千名从大学毕业的学生或者是从他们当中征募来的辩护律师……而是那千百万没有发言权的人民群众。对他们来说，无论是教育、文明、欧洲人的观念，或者是现代思想的影响，都丝毫未能把他们从1000年前他们祖先的那种状态中改变或改造过来。"[9]

这样的推理旨在说明欧洲夺取全球霸权是合理的，理由是认定保加利亚人和马其顿人已为民族自决做好准备，而埃及人和印度人则不然。

二、全球殖民主义在第三世界

上述经济、政治、思想-心理等各种因素相互作用的最后结果就是，19世纪末叶殖民帝国主义的大规模扩张。1800—1875年间，殖民帝国每年平均获得殖民地8.3万平方英里，而到1875—1914年间就猛升到每年平均获得24万平方英里。1871—1900年这30年间，英国给它的帝国增加了425万平方英里的土地和6600万人民，法国增加了350万平方英里的土地和2600万人民；俄国在亚洲增添了50万平方英里的土地和650万人民，德国增添了100万平方英里的土地和1300万人民。甚至就连小小的比利时也设法获得了90万平方英里的土地和850万居民。这些领土的征服，加上原有的殖民地，造成了一种史无前例的奇特情况，即地球上的一小部分统治了其余的大部分。以下数字揭示了1914年这种殖民统治的范围：

1914年海外殖民帝国

占有殖民地的国家	殖民地的数目	面积（平方英里）		人口	
		宗主国	殖民地	宗主国	殖民地
英国	55	120953	12043806	46052741	391582528
法国	29	207076	4110409	39602258	62350000
德国	10	208830	1230989	64925993	13074950
比利时	1	11373	910000	7571387	15000000
葡萄牙	8	35500	804440	5960056	9680000
荷兰	8	12761	762863	6102399	37410000
意大利	4	110623	591250	35238997	1396176
总计	115	707116	20453757	205453831	530493654

此表系作者汇编而成，曾发表在作者的《1500年以来的世界》(*The World Since 1500*, Englewood Cliffs, N.J.: Prentice-Hall, 1966, p.236) 中。

工业化的欧洲列强不仅彻底占有了这些广大的殖民地领土，而且还控制了那些经济上和军事上薄弱的地区，那些地区由于某种原因还没有真正被兼并掉。如中国、奥斯曼帝国和波斯名义上都是独立的，但它们实际上经常受到各种直接和间接的掠夺、屈辱和控制。在拉丁美洲，虽然欧洲的军事行动为门罗主义所阻挠，但该地区在经济上也是大国的附庸。而且门罗主义并不能排除美国海军陆战队以"恢复法制和秩序"为名对该地区屡次进行武装干涉。大俄罗斯帝国的经济在很大程度上也受到西欧的支配，虽然沙皇政权的军事力量相当强大，足以阻止外国经济势力向其他领域扩展。

因此，我们看到：欧洲的控制不仅扩展到辽阔的殖民帝国，而且也扩展到同样辽阔的附属地区。事实上，欧洲投放到附庸国家的资本比投放到殖民地的要更多些。这些投资用各种办法和压力来加以维护，比如派遣训练本地武装力量的军事代表团和监督并通常控制本地财政的财政代表团，以及作出治外法权和外侨特权的安排，这种安排能够给予在这些地区居住和做生意的欧洲人以某些特殊权利。必要时，在新大陆总有海军陆战队、在旧大陆总有炮舰作为最后可以依靠的手段。

西方控制全球的这种史无前例的优势，反过来也意味着第三世界已经变成一个全球性的体系。整个亚洲，除小日本帝国是唯一的例外，都被囊括其中。想要了解在19世纪全球均势发生了怎样的根本性转变，只需把1793年乾隆帝傲慢地拒绝与英国建立任何外交和商业关系，与100年后阿米尼乌斯·范贝里（Arminius Vámbéry）乘火车通过中亚时所发表的下列言论加以对比，即可昭然若揭：

> 我们舒服地坐在装潢得很漂亮的车厢里，凝视着窗外的赫尔干尼亚草原和令人恐惧的卡拉库姆和克齐尔库姆沙漠的时候，几乎无法理解以前的旅行者所经历的那些恐怖、艰苦和贫乏的情景。……而发生在中亚的相类似的巨大变化也可以或多或少地在东方世界的其他地区看到：西伯利亚、中国的西部和北部、蒙古和日本在19世纪上半叶我们还不大知道……而现在我们发现，西方世界的超级列强已经逐渐使整个世界都感到它的存在。闭关自守的壁垒已被无情地摧毁，那些备受宠爱的迷信和偏见，以及东方人处于昏昏欲睡的冷漠状态中的愚昧无知所引起的抗拒，正在慢慢地被克服掉……处于永不休止的忙碌活动中的当代欧洲，将会留神不让东方重新陷入怠惰之中。我们要强制让它睁开眼，我们推它，猛击它，扰乱它，摇晃它，强迫它把极其陈旧的因袭的思想意识和风俗习惯改变为我们现代的生活观念；甚至我们还在某种程度上成功地使我们的东方邻居深信，只有依靠我们的文明、我们的信仰、我们的习俗和我们的哲理，才能使人类获得安泰、进步和幸福。
>
> 我们几乎用了300年时间与东方世界进行这场斗争，并仿效古罗马坚持进行主动干预。古罗马以显著的毅力开始它的工作，但因力量不足，自然奏效不大……我们可以赞美古罗马的光辉、威力和荣耀，我们可以允许它那些闪闪发光的武器刺向亚洲最遥远的角落而激起惊恐；但尽管有此一切我们还是认为，古罗马文明教化的影响徒有表面的光泽与短暂的魅力。古罗马所做的一切努力，与西方列强在我们这个时代所做的真正严肃的工作相比，宛若一盏闪闪烁烁的油灯与光芒万丈的太阳，不可同日而语。可以毫不夸张地说，在世界历史上，还从未有任何一个大陆对另一个大陆的影响能像当今欧洲对亚洲施加的影响那样巨大。(10)

第三世界地区无论是殖民地还是半殖民地都没有什么不同。它们已经一律变成欧洲宗主国的附庸，都经历了随之而来的影响，这些影响深刻地破坏了它们的社会秩序。当代大多数西方人士都认为，欧洲这种全球性霸权使人类在进化过程中向前迈进了一大步。约翰·穆勒（John Mill）曾写道："是商业，通过巩固和增长必然与战争相对立的个人利益，正在迅速地使战争成为陈旧的事物。而且可以毫不夸张地说：国际贸易的广阔范围和迅速增长，是世界和平的主要保证，也能最持久地保障人类的思想、制度和品质不间断地向前发展。"(11) 有些现代学者对这方面的问题也同样热心，比如，经济学家雅各布·瓦伊纳（Jacob Viner）就认为："19世纪国际上的资本流通，尽管有其不受控制的性质，尽管它的动机几乎完全出于私利考虑，但它却是贪欲为人类取得的许多大好事之一。"(12)

就西方而言，这样的乐观情绪当然是有道理的。西方已经成为世界工业中心，它的工业生产率的增长是惊人的。1860—1913年间，英国的工业生产率上升了两倍，法国上升了三倍，德国上升了六倍。垄断资本主义的利润丰厚得足以使群众分享的利益达到空前的程度。18世纪末叶和19世纪初期工业革命的最初年代中英国工人阶级的实际工资是增长了还是下降了，至今仍是一个有争议的问题。要作出明确的回答是困难的，因为伴随着工业化的大规模城市化，比如引进了交纳房租的办法，从而改变了工人的消费结构。但是，19世纪后半期工人的实际工资一直都在稳定地增长却是毫无疑问的。下表中的数字表明，1850—1913年间，英法两国工人的实际工资几乎增加了一倍：

1850—1913年间实际工资增长情况（1913年=100）

年份	英国	法国
1850	57	59.5
1860	64	63
1870	70	69
1880	81	74.5
1890	90	89.5
1900	100	100

Source: Fritz Sternberg, *Capitalism and Socialism on Trial* (New York: John Day, 1951), p.27.

第三世界人民的生活水平并没有得到相应的提高。对他们来说，西方的冲击是一种痛苦的经历，在这种经历中，所有事物都彻底颠倒过来。这是不可避免的，因为根据定义，所有第三世界各国社会在与世界市场经济融为一体时，它们的传统制度不可避免地会受到破坏和扭曲。

首先考虑一下西方的政治冲击。它一开始就像一阵突然吹来的清新的微风一般，带着来自英国革命、美国革命和法国革命的关于人民主权的崭新理论。这些理论对几千年来一直把人类划分为统治者和被统治者的神圣思想提出了挑战。希腊革命家西奥多·科罗科特隆尼斯（Theodore Kolokotrones）注意到19世纪初期西方思想对他那处于土耳其统治下的同胞们所产生的扰乱人心的作用："法国革命和拿破仑的所作所为使世界睁开了眼。在这之前，世界各民族是无知的，人民认为国王就是地球上的神，他们必然会说国王的一切行为都是对的。但经过现在这一变化，要想统治人民就更加困难了。"[13] 100年后，尼赫鲁曾以类似的语调写到了西方对其祖国的影响："西方文化对印度的冲击，是一个能动的社会和一种现代意识对一个墨守中世纪思维习惯的静止的社会的冲击……英国人正当世界掀起一阵新冲击浪潮高峰时来到了我国，他们代表着他们自己也不大认识到的强大历史力量。"[14]

尼赫鲁感到英国人"不大认识到"他们的影响的性质，这一点很重要。西方的革命冲击事实上是自发的、无意识的。结果，当西化的本地领袖开始按照"美国的独立宣言""法国的人权宣言"，以及后来的"共产党宣言"的原则行事时，西方政策制定者们的反应却是制定政策来扶持传统政权，因为他们认为那些传统的旧政权对于保证帝国的利益必不可少。因而，西方这种自相矛盾的行径，也就几乎总是成为包括中国的孙中山、印度的甘地和尼赫鲁，以及土耳其帝国的凯末尔在内的第三世界西化派始终反对的大敌。缪尔达尔的以下论断还是有道理的：

> 在第二次世界大战以前一直起作用的世界范围的殖民势力体系中，有一个内在的机制几乎在自动地引导殖民势力与特权集团沆瀣一气。这些可以依靠的集团分享殖民体系的"法律和秩序"的利益，而这一"法律和秩序"的主要含意就是指经济和社会维持现状（status quo）……甚至经常还会发生这样的情况：殖民势力为了巩固它在殖民地的统治而创立出新的特权和新的特权集团。[15]

西方对第三世界的文化冲击也有着类似的模式。其最初效果也是摆脱传统的宗教和习俗约束后带来的一种令人陶醉的自由。欧洲人最初出现在亚洲帝国的海岸上时，被人们看成是碰巧在帆船和火器方面占有某种优势的陌生的野蛮人。但是，随着科学和工业革命的到来，非西方民族不得不屈服于外国人不断增强的经济和军事优势，因为只有他们成功地掌握了大自然的奥秘并将其用来为人类的物质利益服务。

中国知识分子胡适在1926年访问当时还是北满的哈尔滨时，就感觉到西方成就的重要意义。他注意到在该市华人区的所有车辆实际上都是用"人当牲口"拉的人力车或板车，而俄国租界里则不许出现人力车。代替人力车的是现代化的有轨电

车和出租汽车。胡适认为,这种天渊之别象征着西方文明对人类进步作出了十分重要的贡献:

> 那些夸耀东方精神文明者,对于这种种事实可以考虑考虑。一种文化容许残忍的人力车存在,其"精神"何在呢?……除非我们真正感到人力车的生活是这样痛苦,这样有害于他们的身体,我们才会尊敬哈格理佛士(Hargreaves)、卡特赖特(Cartwright)、瓦特、福尔敦(Fulton)、斯蒂芬孙、福特等。他们创造机器,使人类脱离痛苦,如现今东方民族所忍受的。这种物质文明——机械的进步——才真正是精神的。[16]

并非只有胡适才对看来是不可抵挡的胜利的西方文明会有这样的反应。就在他对其在哈尔滨的所见所闻发表议论的同时,孟加拉民族主义领袖苏伦德拉纳特·邦纳尔吉(Surendranath Banerjea)就英国对他的国家的最初影响也得出了相似的结论:

> 我们的先辈,作为英国教育的第一批果实,是极端亲英的。他们在西方文明或文化中看不到半点瑕疵。他们被它的新颖和奇妙迷住了。个人选举权、个人判断权代替了传统权威、责任高于习俗,所有这些,对于只知古老习俗和尊贵的传统的律令之外再无任何约束力的东方民族来说,都是被强力带来的,都是一种突如其来的揭示……凡是英国的东西都是好的,甚至喝白兰地也是一种美德,对所有不是英国的东西都投以怀疑的目光。[17]

胡适和邦纳尔吉是知识分子,各自只代表极少数的中国人和印度人。他们对西方思想和技术的迷恋,是他们的广大同胞分享不到的。他们的同胞大多数是文盲,对现实比对西方的统治理论更加熟悉。他们回忆起传统的村社,这些村社在西方人入侵之前给他们全体成员提供土地,维护人与人之间关系的连续性,并保证他们能够意识到个人的价值和个人在社会上的地位。这些村落比较容易受到战争、饥荒和瘟疫的侵袭,但它们却保持了一种有机的完整性,给村民提供了心理上的安全感,而这一切在欧洲人来到以后就都消失了。

欧洲人引进了他们的语言和文化,本地社会精英则采用了这些外来语言和文化,他们作为中间人周旋于群众和外国势力之间。欧洲人为了满足新的货币经济和非常活跃的现代国家的需要,还强令推行他们自己的法律、行政管理和治安体制。所有这些都意味着过去熟悉的公社体制的痛苦的瓦解。土地现在变成只是一种占有物，粮食变成只是一种供交换的商品，邻居变成只是公共财产的共有人，劳动则变成仅仅是一种谋生手段。这些就是古老制度和习俗的瓦解，就像尼日利亚小说家阿契贝（Chine Achebe, 1930— ）的《解体》（*Things Fall Apart*，关于传统非洲）、卡内（Cheikh Hamidou Kane, 1928— ）的《暧昧不明的历险》（*Ambiguous Adventure*，关于穆斯林非洲）、秘鲁小说家阿莱格里亚（Ciro Alegria, 1909— ）的《广漠的世界》（*Broad and Alien Is the World*，关于秘鲁山区）和宁老太太的《汉家女：一个中国女工的自传》（*A Daughter of Han: The Autobiography of a Chinese Working Woman*）中所描写的情况那样。

最后，我们来考虑一下西方对第三世界经济方面的冲击，其最明显的效果就是生产率空前提高。技术的进步和基础设施的建成，第一次使高效率的全球劳动分工成为可能。国际市场经济有效地把亚马逊河流域的橡胶、马来亚的锡、印度的黄麻、罗得西亚和刚果的铜、俄国的锰、西非的棕榈油、澳大利亚的羊毛、埃及的棉花等都利用于欧洲的工业。这种全球性的经济一体化把1860—1913年间的世界工业生产提高了六倍，把1851—1913年间的世界贸易提高了11倍。

就像本节上文已经提到的那样，增长的生产率使英法工人的收入在1850—1913年间提高了一倍。但是第三世界工人的工资却没有得到相应提高。全球经济作为一个整体，它的各个部分都在不断增长的同时，第三世界经济增长的规模和西方经济增长的规模之间的差距却在扩大。西方经济冲击的确切性质因地区而异。它对爪哇岛的冲击比对印度次大陆的冲击更加剧烈，对作为殖民地的印度的冲击比作为半殖民地的中国更加深透，对军事力量薄弱的半殖民地中国的控制比对军事力量很强大的俄国半殖民地的控制更厉害。尽管有这些差异，但还是可以看出，西方经济对整个第三世界的影响仍有某些共同的特点。

在工业方面，主要模式是殖民地的原料和粮食与西方的制成品相交换，而西方的制成品则通过削价抢走了本地许多手工行业的生意。而且，欧洲列强继续推行早期的重商主义政策，以抑制殖民地那些可能会与本国企业相竞争的工业的发展。比如，拿印度的情况来说，我们在第十二章中已经看到，只要印度的纺织品价格比英国本国的低廉，英国就实行保护关税以蓄意摧垮印度兴隆的民族棉纺工业；后来，英国的纺织品价格随着机器革命的到来变得更加低廉时，却又不许印度实行保护关税。

再看涉及第三世界绝大多数民族的农业，私有制代替了以往的土地村社所有制和耕作制。而且在某些地区，大部分土地都被白人移民或种植园主们所挪用。在白人移民的农场、种植园或矿区里需要本地人力的地方，这些人力或者直接按照强制劳动法令征募，或者间接通过征收工资劳动者必须交付的人头税和土地税来获得。

这些措施还包括把原先满足本地需要的农业生产，不同程度地转变为生产世界市场所需要的商品农作物或矿物。这一转变的主要例子就是种植园由美洲推广到了亚洲和非洲。

就像第四章所述，种植园起源于地中海沿岸一带，由葡萄牙人移植到巴西去种植甘蔗。种植园农业又从巴西推广到加勒比海各岛屿和北美。结果，南北美洲到19世纪中叶以前一直是这种农业形式的中心。后来由于废除了奴隶制，新大陆的种植园遇到了缺乏劳力的难题，因而种植园又被移植到亚洲，那里有大量劳力储备可资利用。加之海洋航运的改进和苏伊士运河的开通（1869年），遂使南亚和东南亚的种植园农产品能够从水路运往西欧，其距离比横渡大西洋的短线路程要长得多。

在有些地区，如爪哇和菲律宾，种植园的势力是从剥夺小农的土地，把他们转变为分成制佃农而获得的。在其他地区，如锡兰、马来亚、斐济、夏威夷和西印度群岛，则是根据"合同"从印度、中国和日本运来"苦力"。这些合同规定了长期契约和不履行契约时的刑事制裁。对从遥远的故乡被运来的不识字的苦力来说，这些合同通常都无法保护他们免遭盘剥，因为或者是不履行合同，或者是没有把招工人员的口头许诺载入合同，因而那些口头诺言并没有约束力。最近有一份副标题为"1830—1920年间向海外输出的印度劳力"（*The Export of Indian Labour Overseas 1830-1920*）的研究报告，它的揭露性的标题"一种新的奴隶制度"（*A New System of Slavery*）具有丰富的含义。就这样，被招募到热带亚洲、加勒比海群岛、印度洋和太平洋的苦力，比早先几个世纪中运往美洲的奴隶还要多。

到20世纪初期，由于亚洲人口增长，以致土地短缺，从而阻碍了种植园的进一步扩大。种植园农业也因此又一次向外移植，这一次是移植到热带非洲比较空旷的地区。在那里，本地居民乃是由于强制性土地税或人头税或强制性劳动法令或者缔结从邻近地区吸收劳力的合同等手段而被招募为劳工的。比如，南非和罗得西亚的种植园（和矿区），就是从邻近的葡萄牙殖民地获得劳工的。

种植园制度由美洲推广到亚洲和非洲时，其内部结构也在不断改进，以适应技术和市场销售情况的变化。在早先若干世纪中，美洲个体种植园主能够独自经营其种植园，因为那时土地价格低廉，唯一的开支就是购买奴隶。到了19世纪，个体种植园主让位于宗主国的公司企业，因为奴隶制废除以后，需要有流动资本以支付农业工人的工资，还因为技术上的进步需要有巨额资本投资来购买加工和销售种植园农产品的机械设备。

由于国际市场经济力量的推动，公司企业稳步地扩大了经营范围，这包括横向（即在全世界建立种植园）和纵向（即控制农产品的加工、运输和销售）两方面的发展。这种横向和纵向垄断企业的发展，涉及宗主国公司企业增添机器设备，修筑道路、港口、建立学校、医院、制造船舶、贮藏设备，以及建立世界范围内的销售体系，而这一体系也使公司企业在它们现有的机构内部能够增添分支机构以销售新的产品。这一过程一直延续到现在，并以大公司企业控制了它们所在的第三世界国家的经济而达到顶点。在小国中存在着大公司这一现实，从下列表格中可以一目了然。

1967—1968年几家种植园经济的公司活动与该国经济指标的比较（百万美元）

	公司		国家		
	每年销售	纯收入	国民收入	总输出	种植园输出①
费尔斯通公司（Firestone）利比里亚	2131.4	127.0	175.0	85.0	38.0
布克公司（Booker）圭亚那	198.6	11.5	162.5	108.2	31.8
塔特和莱尔公司（Tate & Lyle）牙买加 特立尼达	549.2	27.1	787.2 569.0	219.5 466.2	44.9 24.2
联合果品公司（United Fruit）巴拿马 洪都拉斯	488.9	53.1	634.0 649.0	95.2 181.4	55.6 85.4

Source: George Beckford, *Persistent Poverty*（London: Oxford University Press, 1972）, p.131.
① 种植园输出是指有关宗主国企业在某个国家生产的商品。

种植园农业的合理化，使得劳动生产率提高到产品价格暴跌和贸易条件变得愈来愈不利于第三世界国家的地步。1860年代和1870年代期间，英国进口的原料价格达到拿破仑战争以来的最高点。但在1873年价格开始下跌，到1895年，进口物价平均指数下降了50%。除了两次世界大战期间那些反常的时期以外，第三世界国家的大多数出口商品，至今都是一直受到不利贸易条件的严重影响。

第三世界经济中上述趋势发展的结果便是出现了普遍存在的两个共同特点。一是在所有的生产要素即土地、劳力和资金等方面，愈来愈多地使用货币。现在出卖劳力、出租土地和投放资金的规模，都比资本主义以前的传统社会要大得多。总之，第三世界社会已经变得货币化了。

第二个共同特点是，地方经济从属于欧洲宗主国需要的程度，大大超过以前重商主义的各个世纪。现在更强大的欧洲工业资本主义能够渗透和破坏地方经济的规模，远非以前薄弱的商业资本主义的能力所能望其项背。

最能清楚地说明西方经济入侵已经达到如此空前程度的是新的第三世界城市的

出现。它们的唯一任务就是在与西方进行贸易时起到漏斗作用。在履行这一任务时，它们使传统的大都市黯然失色。这些大都市通常位于内地，其任务是作为行政和宗教中心而不是作为经济中心。从前也曾有过一些海港，但都比较分散，为数虽众，规模却小，只能满足毗邻地区的需要。现在一切都已改观，新的铁路和轮船航线需要新的拥有能和西方进行巨额贸易的设施的港口。因此，印度涌现出孟买、加尔各答、卡拉奇和马德拉斯，不久就能吞吐这个国家 90% 的对外贸易。在中国，通过上海、天津、大连、汉口和香港－广州等港口进行的对外贸易所占的百分比也一样。罗兹·墨菲（Rhoads Murphey）曾断言："很清楚，港口城市就是十足的漏斗，通过这些漏斗本国的主要产品和财富都流到了西方，而西方的制造品则输入了进来，结果常常有损于本国的生产者。伴随商品作物增长而来的通常首先是粮食作物至少是相对减少，其次是在有些地方（孟加拉、锡兰、马来亚、菲律宾）粮食亏空愈来愈大，并会形成一种极不可靠的平衡经济，这种经济过分依赖于西方对两三种主要出口产品的定价。"(19)

三、西方的经济发展与第三世界的经济增长

所有这些全球经济趋势相结合，就产生了目前世界划分为发达的西方与欠发达的第三世界这样一种局面。但在上述各种情况下，欠发达并不意味着没有发展，倒不如说是畸形的发展更恰当些，即被指定生产一两种西方市场所需商品的那种发展，而不是满足本地需要的全面发展。总而言之，这就是大家所熟知的没有经济发展的经济增长这种第三世界的祸害。

如果把西方经济发展的模式和第三世界经济增长的模式相比较，这种祸害的确切性质也就一清二楚了。欧洲在工业革命之前曾经历过一场农业革命，这场农业革命迫使农民离开土地，促进了能提高生产力的农业技术的发展，在 40—60 年内使农业产量增长了 40%，并为城市中的新兴工业提供了充裕的劳动力。这些新工业迅速发展起来，因为农业生产力提高后，产生了更多的消费者和资金，在国内外有了更多的市场。此外，在第一次世界大战前的 50 年中，有 2500 多万欧洲人移居外国，使劳力储备逐渐枯竭，使工会组织得以建立，并使工人的实际工资如上所述能够稳步提高。

这种西方经济发展的模式，恰好和第三世界的经济增长相对立。本地人民为了反常的低工资，受到各种直接和间接手段的摆布，被迫到矿井、种植园和移民农场去劳动；但资本家由此获得的利润却并不像在欧洲那样被用于资助当地工业，而是作为高额红利付予西方的股东们，从而又进一步助长了西方经济的发展。与此同时，

第三世界农村人口的压力由于以下几种原因而迅速提高：由于西方医学科学的进步使得婴儿出生率上升；由于世界上的"空旷"地方已被西方移民所占据而不可能向国外移民；由于传统的手工行业被西方输入的机器产品挤垮而现代工业又受到殖民大国的压抑，因此在城市里找不到工作。因而，第三世界农村中不断增长的人口压力，最终导致农村人口以空前的规模涌向各大小城市。在当时的情况下，这种人口外流意味着没有工业化的都市化。更确切来说，这意味着在加尔各答、拉各斯和墨西哥城，在不可能提供合适的住房、饮用水和污水处理、更不用说提供职业的情况下，贫民窟在不断增加。

西方的经济发展和第三世界的经济增长之间的鲜明对照，足以说明为什么到1900年西方人均收入比第三世界高出约五倍。它也说明了，为什么到1913年在八个西方国家（英、法、德、美、意、加拿大、比利时和瑞典）正在生产世界工业总产量的80%的同时，第三世界的居民却在干着砍柴挑水的活儿。西方的经济发展和第三世界经济欠发展之间的因果关系，从印度居民依附于农业的百分比不断上升中可以明显地看出：从1891年的61%，增长到1901年的66%、1911年的71%和1921年的73%。与此同时，英国原来向欧美出口的棉纺织品却改向第三世界输出。

英国棉布出口量占总出口量的百分比

年代	向欧美输出	向欠发达世界输出	向其他国家输出
1820	60.4	31.8	7.8
1840	29.5	66.7	3.8
1860	19.0	73.3	7.7
1880	9.8	82.0	8.2
1900	7.1	86.3	6.6

Source: E. J. Hobsbawm, *Industry and Empire*（London：George Weidenfield & Nicolson, 1968），p.121.

这种模式并不仅限于英国和印度，这一点从下表中就可以清楚地看出。

国家	年代	农业劳动力所占比重
美　国	1929	19.9
加拿大	1911	37.2
澳大利亚	1901	25.1
新西兰	1896	37.0
阿根廷	1895	39.6
智　利	1920	38.9
哥伦比亚	1925	68.5
墨西哥	1910	64.7
埃　及	1907	71.2

Source: S. Kuznets, *Economic Growth of Nations*（Cambridge, Mass.: Harvard University Press, 1971）, Table 38.

我们还可以这样说：在一个西欧国家，用类似使用于第三世界身上的手段也能阻止其经济发展；这些手段一旦使用起来，也会导致完全相同的延迟经济发展的效果。阿诺德·施里尔（Arnold Schrier）教授曾经这样写道："早在1824年，在英国制造业的压力下，议会取消了对输入爱尔兰的制造品所征收的10%的保护性关税，这种关税在1800年爱尔兰和不列颠合并后曾经实行过。由于没有这种关税的保护，爱尔兰的地方工业完全为不列颠的大制造业的竞争所摧毁。"[20]这样一来，爱尔兰就成了不列颠的"内部"殖民地，经历着和非洲、亚洲"外部"殖民地同样的"欠发达"遭遇。唯一的区别是，爱尔兰农村人口的减少是因为他们移向接受他们的各海外领地，而第三世界农村人口的减少则是因为人口被迫流向本国的一些城市中心。尽管如此，爱尔兰的村民们仍然会叙述1840年代从马铃薯枯萎病和"大饥荒"中逃出来的难民如何乘坐"死亡之船"横渡大西洋的情况，他们还会追述当年许多父母明知亲生骨肉怎么也付不起回家的盘缠、只好忍痛道别、目送他们扬帆远去永不归来时的一幕幕凄凉景象。

欧洲其他国家也产生了一些"内部"殖民地，例如，比利时的佛兰德斯、意大利的南方各省及科西嘉岛和撒丁岛。这也无怪乎所有这些欠发达的"内部"殖民地，今天都在要求享有"外部"殖民地已经获得的自决权。

[注释]

1. Cited by L. Huberman, *We, the People*, rev. ed.（New York: Harper & Brothers, 1947）, p.218.
2. Cited by E. Mandel, *Marxist Economic Theory*（London: Merlin Press, 1962）, Vol. II, p.399.
3. S. B. Saul, *Studies in British Overseas Trade*（Liverpool: Liverpool University Press, 1960）.
4. A. K. Bagchi, "Some International Foundations of Capitalist Growth and Underdevelopment," *Economic and Political Weekly*（Aug. 1972）: 1565.
5. E. Kleiman, "Trade and the Decline of Colonialism," *Economic Journal* 86（Sept. 1976）: 478.
6. Cited by O. C. Cox, *Capitalism as a System*（New York: Monthly Review Press, 1964）, p.173.
7. Lord Cromer, *Modern Egypt*（London: Macmillan, 1908）, Vol, I, 58-59.
8. Cited by Huberman, op. cit., p. 263.
9. Cited by A. Seal, *The Emergence of Indian Nationalism*（Cambridge: Cambridge University Press, 1968）, pp.198-99.
10. A. Vámbéry, *Western Culture in Eastern Lands*（London: John Murray, 1906）, pp.1-14.
11. Cited by E. Clairmonte, *Economic Liberalism and Underdevelopment*（London: Asia Publishing House, 1960）, p.161.
12. Cited ibid., p.140.
13. T. Kolokotrones and E. M. Edmonds, *Kolokotrones: Klepht and Warrior*（London, 1892）, pp.127-28.
14. J. Nehru, *The Discovery of India*（New York: John Day, 1946）, p.290, and *Toward Freedom: The Autobiography of Jawaharlal Nehru*（Boston: Beacon Press, 1958）, p.285.
15. G. Myrdal, *The Challenge of World Poverty*（London: Allen Lane, 1970）, p.72. Emphasis in original.
16. H, Shih, "The Civilizations of the East and the West," in *Whither Mankind*, ed. G. A. Beard（London: Longmans, 1928）, pp.28-29.
17. Cited by L. S. S. O'Malley, *Modern India and the West*（London: Oxford University Press, 1941）, p.766.
18. By Hugh Tinker（London: Oxford University Press, 1974）.

19. R. Murphey, "Traditionalism and Colonialism: Changing Urban Roles in Asia,"*Journal of Asian Studies*（Nov. 1969）: 84.
20. A. Schrier, *Ireland and the American Emigration 1850-1900*（Minneapolis: University of Minnesota Press, 1958）, p.13.

> 就像我们大家都承认的那样，瓜分非洲主要是由于经济上必须增加原料和粮食供应以满足欧洲工业国家的需要。
>
> ——卢加德勋爵（Lord Lugard）

> 这些大公司为这个国家做了些什么呢？什么也没有。有关当局作出让步是希望这些公司会发展这个国家。它们开发了这个国家，但这和发展并不是一回事，它们把它当作橘子似的挤干了它的血汗，然后早晚连皮都会扔掉。
>
> ——安德烈·纪德（André Gide）

第十四章　非洲进入第三世界

19世纪初叶的自由贸易帝国主义向19世纪后期全球性殖民主义的转变，最生动地体现在非洲大陆上，尤其是从斯坦利的活动中可以看出。1871年，斯坦利在非洲最值得纪念的一次考察中发现了位于坦噶尼喀湖畔的利文斯通。1879年，斯坦利再次出现在刚果河上，但他这次是肩负着比利时国王利奥波德代理人的使命，而不是作为勘探者来的。勘探的时代已经让位于瓜分非洲的时代。到第一次世界大战爆发时，欧洲列强彻底瓜分了整个非洲大陆，仅有的例外是利比里亚和埃塞俄比亚这两个不稳定的国家。瓜分非洲以后，如何对非洲大陆进行经济渗透的途径也就一清二楚了，那就是把非洲全部纳入全球性市场经济中去。

一、瓜分非洲

19世纪初叶,奴隶贸易逐渐被西非自然资源:棕榈油、棕榈果核、落花生、黄金、木材、象牙和棉花的兴隆贸易所代替。1850年代经济形势急剧恶化以前,贸易条件对西非一直是有利的。由于经济形势恶化,造成欧洲各家公司与当地商人之间的经济关系非常紧张;随之而来的是大国急剧争夺非洲的地盘,加速瓜分非洲大陆,因而它们之间的外交关系也在不断变化。

1850年代以后,美国于1860年开发了油田;由印度输入了落花生;1869年苏伊士运河通航以后从澳大利亚输入西欧的牛脂有利可图,所有这些都和非洲的棕榈油展开竞争,棕榈油的价格乃一落千丈。在19世纪最后25年大萧条期间,欧洲对油类和脂肪的需求量日益缩减,以致竞争愈烈,影响愈大。欧洲商行在欧洲销售其西非货物时,因为价格较低,便试图把这种损失转嫁给非洲的生产者。这就引起了一场经济实力的斗争,在这场斗争中,双方都大搞不法行为,如稀释棕榈油、虚报布匹的质量和长度等。对各自的分工和经营地区的划分也发生了争执。有些欧洲商行在内地建立了基地,想要排除非洲经纪人,直接从生产者那里购进更便宜的商品;而非洲经纪人则经常以破坏商行基地作为报复。反过来,有些非洲批发商则试图绕过那些商行直接将货物运到欧洲去出售,并企图通过抑制供应来抬高价格。

欧洲商行请求它们的政府动用武力来摧毁它们认为是非洲生产者和商人故意设置的不合理的障碍。殖民官员经常支持这种实行"积极行动政策"的要求,并视之为自己飞黄腾达的阶梯。此外,由于工业革命和科学革命极大地增强了欧洲人的实力,从而也使行动主义大为盛行并更有吸引力。

热带医学方面的进步,特别是用奎宁治疗疟疾,使欧洲人从一直遭受着的惊人死亡率中解脱了出来。还有,加特林机枪和马克沁机枪的发明,使欧洲人和非洲人在军事上的力量均势,发生了不利于非洲人的决定性的转变。只要滑膛枪仍是标准的火器,欧洲和非洲的军事力量就会保持适当的均势,在非洲购进大批滑膛枪甚至一些加农炮以后尤其如此。但是,随着转轮枪和机关枪的出现,几乎就像阿兹特克人和印加人曾被使用滑膛枪的西班牙人远远超过那样,非洲人也被欧洲人远远地甩在了后面。工业革命期间产生的其他技术上的进步,包括内河轮船、铁路和电报,又更加有利于对非洲大陆的渗透。1857年英国第一艘轮船出现在尼日尔河上时,就预示着十年以后第一个英国领事必然会被委派到内地[尼日利亚]的洛科贾。

欧洲人拥有的这些不断增强的力量,激起了对利用它们来达到某些目的的要求。目的之一便是,通过取消非洲经纪人和非洲政府征收的捐税,来降低运抵海岸的商品成本。另一目的是把铁路铺设到内地,人们相信这样做可以改变非洲的经济状况，犹如它曾改变欧洲的经济一样。而最长远的目的则是彻底兼并所属领地，这样做是为了保证法律和秩序，最大限度地扩大贸易机会，排除来自欧洲的竞争者。为了使自己的要求具有充分的理由，希望深入内地的商人（与那些想要维护自己在沿海的传统贸易的人相对立）开始使用起像"非洲的新生""拯救野蛮人""在尼日尔河畔宣讲基督福音"等这样一些词。但是，正如戴克所说："这两个集团之间主要是经济斗争，而非思想意识斗争。"(1) 就英国政府而言，无论这些商人把他们的营业扩展到什么地区，它都愿意保护他们。英国外交部官员威廉·怀尔德（William Wylde）在 1876 年写道："无论什么地方，只要有钱可赚，我们的商人就一定会闯进去，而且……如果他们开创了有利可图的贸易，本国的舆论实际上就会迫使我们去保护他们。"(2)

乔治·戈尔迪（George Goldie）爵士是西非兼并主义者中的杰出人物。这位横断专行的建设者有一次说道："我在童年时代就曾梦想把地图都涂成红色。"他在尼日尔河流域找到了机会，那里互相竞争的英国公司使贾贾这样一些非洲首领得以保持独立。1879 年，这些公司在戈尔迪的指导下联合成立联合非洲公司，后来该公司又吸收了尼日尔北部一些法国竞争者，并改名为非洲国民公司。戈尔迪对其设在尼日尔河流域的公司所起的作用可谓是心知肚明："在旧有市场把我们的制造业拒之门外，在印度生产的棉织品不仅供其本国需要而且还能输出的情况下，如果再把剩下来的对英国货物开放的大片尚未开发的地区拱手让给竞争对手，这无异于是在自杀。"(3)

戈尔迪以其惯常的气魄开始获得对尼日尔河三角洲的控制权，并将既成事实呈报英国政府。他以 237 个条约作为后盾，在内地建立了 100 多个贸易站，这些条约是他的代理人和非洲酋长们在 1886 年以前缔结的。条约一律规定把"签约者的整片领土"都割让给非洲国民公司，后者有权排除其他外国人并垄断所辖领土的贸易。为了对付那些不愿屈服的非洲首领，公司建造了 20 艘吃水很浅的炮艇，它们不仅在雨季而且在旱季也可以航行于尼日尔河上。胆敢有人对公司贸易站发动攻击，就会遭到海军炮艇毁灭性的还击。因而，直到 1884—1885 年柏林非洲会议上英国声称对尼日利亚内地拥有权益以前，该公司都是该地区事实上的政府。

不仅西非在 1880—1900 年间已被瓜分，同一时期其他地区也被兼并了，即使这些地区并未形成在西非引起摩擦的那种巨额贸易。因此，还必须考虑工业革命所产生的那些背景力量，这些力量最终导致不仅是瓜分非洲，而且实际上是瓜分全球。整个大陆，或者像非洲、印度和东南亚那样完全变成殖民地，或者像奥斯曼帝国、波斯帝国和中华帝国及拉丁美洲国家一样成为半殖民地（详见第十三章）。

瓜分非洲的过程是由新入侵的强国引起的。它们选择别国尚未占领的地区作为兼并对象，从而触发了所有列强先发制人地瓜分非洲的一连串反应。(4) 比利时国王利奥波德通过雇用探险家斯坦利去获得刚果河流域肥沃的领土，率先开始瓜分非洲。1879—1880年间，斯坦利从当地酋长那里获得90多万平方英里（相当于比利时整个领土的76倍以上）的所有权。这些酋长不了解他们签署的以杜松子酒、甜酒、色彩鲜艳的外衣、帽子、手帕等小件物品来交换的那些废纸一样的条约的含义。对于那班只有村社－土地所有制传统思想的酋长来说，出售部落土地所有权的观念是十分荒谬的，这就好比一个美国市长出售市政办公大楼或市政厅的所有权一样荒谬。但是整个非洲都这样做了——不仅是斯坦利为比利时这样做了，德·布雷扎（de Brazza）为法国（刚果北部），卡尔·彼得斯（Karl Peters）博士为德国（非洲东部），还有其他一些探险家为其他强国也这样做了。

夺取殖民地的竞争开始了，因此，列强在1884—1885年间举行了柏林非洲会议以制定未来取得非洲领土的程序。大家一致同意，要事先通报自己的意图，领土所有权必须通过有效的占领才算合法，一切争端都应通过仲裁来解决。这一条约为历史上最大的一次霸占领土扫清了道路。1879年，非洲的殖民地只有法国在阿尔及利亚和塞内加尔的殖民地，英国沿黄金海岸和在好望角的殖民地，以及葡萄牙在安哥拉和莫桑比克的殖民地。到1914年，整个非洲大陆，除埃塞俄比亚和利比里亚以外，全都被瓜分了，具体情况如下表所示：

1914年非洲的政治区域

	平方英里
法属（突尼斯、阿尔及利亚、摩洛哥、法属西非、法属刚果、法属索马里兰、马达加斯加）	4086950
英属（南非联邦、巴苏陀兰、贝专纳、尼亚萨兰、罗得西亚、英属东非、乌干达、桑给巴尔、索马里兰、尼日利亚、黄金海岸、塞拉利昂、冈比亚、埃及、英埃苏丹）	3701411
德属（东非、西南非洲、喀麦隆、多哥）	910150
比属（刚果国）	900000
葡属（几内亚、西非、东非）	787500
意属（厄立特里亚、意属索马里兰、利比亚）	600000
西属（里奥德奥罗、穆尼河殖民地）	79800
独立国家（利比里亚、埃塞俄比亚）	393000
总计	11458811

此表系作者汇编而成，曾发表在作者的《1500年以来的世界》(*The World Since 1500*, Englewood Cliffs, N.J.: Prentice-Hall, 1971, p.380) 中。

二、非洲人的反抗

柏林条约要求通过有效的占领才能取得领土所有权，在大多数情况下，这一要求只需动用极少兵力就能达到。陆军上校肯贝尔只用了 1200 名士兵就能横行于索科特拉岛上，虽然该岛有一支三万人的军队守卫着。讨伐伊杰布奥德的英国远征队由 1000 名士兵组成，但它却战胜了超过自己约十倍的本地分遣队。多布斯将军率领 2000 名士兵战胜了有着 1.2 万名士兵的达荷美军队。而且这些胜利的"欧洲"军队主要是由欧洲军官训练和率领的非洲士兵所组成。在非洲作战的法国部队主要是由塞内加尔的土著士兵组成，而英国人在他们大部分的非洲战役中都动用了西印度群岛的军队。

为什么欧洲人能够如此轻而易举地瓜分非洲呢？原因之一是非洲人内部意见分歧，以致不能团结一致共同御敌。因此，欧洲人遂能使非洲人自相残杀，就像他们在美洲能够利用印第安人打印第安人一样。例如，科尔蒂斯攻打阿兹特克人时就得到了托托纳克人和萨克斯卡伦人的协助，皮萨罗征服印加人时则得到了加那里人和"合乎法统"的宫廷派的协助。同样，非洲首领们也和欧洲人合作去攻打他们传统的敌对邻邦，因为这些首领们目光短浅，认为自己的邻邦才是更危险的敌人。于是，塞古的阿赫马都人和法国人一起去打马赫马多·拉明，锡卡索的铁巴和法国人一起去打萨莫利，伊巴丹和英国人一起去打伊杰布。

欧洲人还征募许多单个的土著，让他们在军队中服役。从塞内加尔各港口来的非洲人穿上法国士兵的军服，参加了在内地建立法国统治的战斗。在莫桑比克，非洲人、黑白混血儿、甚至还有印度人和葡萄牙人一起战斗，以便"平定"那个地方的广大区域。英国人在其非洲战役中更是广泛地利用了他们所谓的"友军"。这些人都是当地盟友，可以给他们提供有关本地地形、人物及主要人力的情报。许多新兵都是他们自己社会的弃儿，因此他们完全依赖给他们提供衣食、训练和率领他们并付给他们军饷的英国军官。就像在印度那样，英国人总是留意把在某一地区征募来的人派遣到遥远的地区去打那里的人。所以他们就用西印度军团去打塞拉利昂的拜布雷人，用从约鲁巴征募来的兵去打伊博人，用中非军团去打阿散蒂人。为了同样分而治之的缘故，英国人把北尼日尔军团的士兵按不同语种组织起来，把他们分别用于需要的场合，不许他们在一个地方离开部队太久，以免他们和本地居民打成一片。唯一容许的忠诚是通过对军官的忠诚来体现对政府的忠诚。受过教育的或有政治觉悟的人不在征募之列，因为担心他们可能会腐蚀非洲士兵。

非洲人容易被征服的另一个原因是，他们没有能力改变原来的战术去对付新型的对手。他们专打正面迎头进攻的战争，这就使他们成为欧洲势不可挡的火力容易击中的目标。在战场上被击败以后,他们通常又会退回到有城墙的城市里,在那里他们又容易遭受欧洲大炮的轰击。而且他们只限于在白天打仗,因为他们大多数人都很迷信,不愿在夜晚行动,这些禁忌也妨碍了非洲人进行游击战争。他们熟悉当地地形,并且准能得到群众支持,因此游击战原本可以使他们持久地与敌周旋,敌方要想征服他们必须付出很大代价才行。不过,在适应性问题上,应该注意到欧洲军官们也做得不好。在草原地区问题不大,因为那里的条件近似索尔兹伯里平原和奥尔德肖特的条件,他们掌握的老一套策略在那里可以奏效。但是,一旦进入茂密的森林他们就会一筹莫展,他们的装备迫使他们只能在一些小道上行动,这很容易遭到伏击。在第二次世界大战以前,对于究竟应当采用什么战术和装备来适应丛林战并未有人认真探讨过。直到第二次世界大战期间,英国在缅甸和马来亚吃了大亏,才知道在丛林战中必须轻装和机动灵活方能生存。

迅速征服非洲的第三个原因是,有野心的欧洲军官肆意侵略残暴成性,他们渴望证明自己勇敢善战从而能够晋官加爵。尽管他们到处破坏屠杀,但在受到国内批评的少数情况下,却也可以指望得到上级的庇护。例如,卢加德勋爵就相当明显地为1900年远征时在尼日利亚境内蒙希人的一些城镇村庄发生的大规模破坏活动进行辩解:

> 对于这些愚昧无知的野蛮人的生命遭受巨大损失及其村庄和粮食被焚毁一事,我不得不表示遗憾。不过,这些蒙希人是最难驾驭的,除了对其实施这种极其严厉的惩罚,没有其他办法能够阻止他们无法无天地进行谋杀和抢劫独木舟,或是劝使他们同意在他们的国土上架设电报线路。我本人的看法是:一开始就给他们一个严厉的教训并彻底使之屈服,远比使用折中的办法更为人道,因为使用折中的办法只会不断地导致一次又一次的暴动,最后反倒会使更多人丧生。[5]

1906年,拉各斯《纪事周报》(*Weekly Record*)在评论卢加德为征募在西非边防部队服役的英国军官所提供的颇有诱惑力的条件(高薪、现役、许多荣誉和奖章)时则提出了一种不同的解释:

> 这种对战斗和荣誉所抱的希望在形成讨伐非洲土著的远征时所产生的影响,人们将永远不会知道,因为发表出来被人们听到的只是事情的一个方面。每当一个人专心去做一件事时,他不会找不到为其行动辩护的理由,就像他为了实现其目标不会不去寻找各种方式方法一样。那些编造出来的

关于土著的似乎可信的故事，只不过是借以粉饰官方的报道，如果详加调查，对证事实，大都会暴露出阴暗的真相。只是由于不会受到这种详细调查，才使那些捏造来中伤土著的故事动人听闻并得以流传；只有在过分玩弄这种花招会发生危险时，这些故事连同其所牵连的那些灾难才有销声匿迹的可能。(6)

比较容易征服非洲的最后一个原因是，双方在军事技术方面差距极大。欧洲部队是以每秒能发射 10 发子弹的加特林机枪和马克沁机枪装备起来的。非洲人则得不到这些机枪，他们也没有任何武器能够抵挡河上的炮艇和海边军舰的海军大炮。欧洲侵略军具有的压倒性优势，激起拉各斯《纪事周报》对殖民地"绥靖远征队"内在的邪恶和不道德作出评论：

……在武器相差如此悬殊的情况下进行的这种战争很难成为真正的战争，倒不如说这是一场对人类生命怯懦的、蛮横的、不冒任何危险的突然袭击。一个全副武装的人枪杀一个手无寸铁的人并以此为荣，公众对这种场面是颇为反感的，因为这些进攻土著的战争具有不公正的性质，而这种厌恶之感则不免使人疑心，之所以从事这种战争，主要是因为不会冒生命危险。虽然这样说，但是人们坚信，如果土著也有精密武器，那么在决定是否有"必要"进行这种战争时，肯定会变得更加审慎，因为这种战争往往是根据鲁莽的误解或误传而引起的，只要略加调查，就可予以排除或纠正。(7)

不过，所有这些并不意味着非洲人就完全不对欧洲人进行反抗。传统的编史工作给人们留下了这种印象，因为它把"争夺非洲"解释为欧洲列强之间的斗争，非洲人仅充当被动的马前卒而已。这些殖民地战役也相应地在卢加德、多兹（Dodds）、加列尼（Joseph Gallieni）和阿奇纳（Louis Archinard）等欧洲将领的传记中有所描述。直到最近，才出现了一些研究可与欧洲领袖匹敌的非洲领袖如萨莫利（Samori）、拜布雷（Bai Bureh）、赖特·迪奥尔（Lat Dior）、贝汉津（Behanzin）和阿塔希鲁·阿赫马都（Attahiru Ahmadu）等人的著作。除这些传记外，最近还发表了一些文章，把非洲人的抵抗运动作为运动来加以分析，研究运动的起源、组成、动力和成就。

这些新著作表明：非洲人的抵抗运动尽管全面失败，但却绝非无足轻重。在某些地区，抵抗力量相当强大，足以大大地延缓欧洲部队的进展。这就是为什么占领西非花了 25 年时间，为什么象牙海岸、马里、尼日尔、尼日利亚东部和北部及毛里塔尼亚部分地区直到 1920 年代才告平定的原因。非洲人的抵抗也关系到后来确定该地区在帝国结构内部处于什么地位的问题——是十足的殖民地，还是自治的保护国，或者像埃塞俄比亚那样是完全独立的国家。

最后，抵抗运动的领袖们今天已经成为新独立的非洲国家的民族英雄，他们的功绩正在被发掘和记载下来。这方面一个杰出的范例就是萨莫利，由于他的军事天才、外交才干和他那感人的超凡人品，他把旧式的科尼亚战士队伍改造为新式的代尤拉军队，这些军队在被技术上占据压倒性优势的法英两国远征军打垮之前曾屡次挫败敌军。今天，几内亚的萨莫利，也像塞拉利昂的拜布雷、埃塞俄比亚的梅内里克（Menelik）、马拉维的奇伦布韦（Chilembwe）和坦桑尼亚的穆克瓦瓦（Mkwawa）一样，是一位深受人们崇敬的人物。

三、控制的技术

新帝国主子的第一个政治行动就是划定不同殖民地之间的边界线。在这方面考虑的主要是欧洲列强的均势，而不是非洲地理和人种方面的现实情况。因而，索马里人发现自己被法国、英国、意大利和埃塞俄比亚四个主权国家所分割。

边界线划定以后，面临的问题就是组织某种行政管理机构。欧洲各国政府主要关心的是新殖民地应尽快达到自给，因此它们派往各地的总督手上只有少得令人难以相信的预算。哈里·约翰斯顿（Harry Johnston）爵士承担组织尼亚萨兰（今马拉维）行政机构的任务时，除去他本人的薪金，每年只有一万英镑，他要用这笔钱雇用一名英国军官和 75 名印度士兵。卢加德勋爵在北尼日利亚时，每年 10 万多英镑的预算要用来治理 1000 万居民的领地。他手下的人员包括五名欧洲行政官员，以及一支由 2000 名非洲士兵和 120 名欧洲军官组成的西非边防部队。

由于人力短缺，殖民地官员只得采取多种形式的间接统治办法，容许部落酋长保留某些权力。间接统治的确切性质取决于宗主国的政治传统。法国人在巴黎拥有历史悠久的中央集权的官僚制度，他们把部落酋长看成是政府的官员。与法国形成对照的是，英国人把酋长看成是具有立法功能的地方政府代表。法国人紧紧地控制着那些酋长，剥夺了他们对本国人民行使的司法裁判权、维持治安权和警察队伍。因此，他们的酋长们被赋予的只是一些不受群众欢迎的职责，如征收捐税，征募和监督强制性劳力，并为军队选送新兵。法国人素有共和制传统，一般把酋长视为不可避免的恶物，只要符合帝国的利益就对其加以利用。

英国人则比较同情酋长领地制度，他们习惯于这种制度，犹如他们习惯于君主政体的那些装饰品一样。因此，他们慎重地把一些"合法的"酋长们扶上王位，因为这些酋长必然会博得人民的忠诚爱戴。而且，英国人尽可能不干预酋长的事务，即便是感到有必要这样做时，他们也只是在幕后审慎行事。他们服从严格的规定，让那些酋长看起来就像是独立的领袖，而不是任由外国人操纵的工具。

无论是在英国人还是法国人的庇护下，非洲酋长们显然都失去了自己的主权。对于像征收捐税、颁布法律、处置土地和征募军队这样的大事，有最后决定权的还是殖民地官员。但酋长们在殖民地时期却经常比在以往更有权势，这似乎很矛盾。以前他们在作出决定的过程中必须与各个集团协商，而在殖民当局统治下所有来自下面的对其权力的限制都被废除了。只要酋长们能和殖民地官员友好相处，酋长们就可以把任何对其政府提出批评和挑战的人当作威胁帝国秩序的反叛者而使其名誉扫地。

随同欧洲官员前来非洲的是基督教传教士。他们对非洲文化产生了深刻影响，因为他们是有意识地企图改变非洲文化的第一批欧洲人。其他人在强迫本地人离开祖传的村庄去城市、矿山或欧洲人的农庄时，也对非洲文化起到了间接和附带的影响。但是传教士们在到达时却是公开宣称，其目的就是要改变非洲人的生活方式，他们使用三种主要手段来达到他们的目的：宗教、医药和教育。

所有传教士的主要目的是为自己所属的教会争取教徒。第一次世界大战以前的30年当中，所有各个派别的教会在吸收新教徒和取得财政支援方面都有成功的经验。例如单在尼日利亚，到19世纪末，英国圣公会传教会、卫斯理公会教徒、苏格兰长老会教徒、南方浸礼会和非洲天主教传教会，都有了各自的代表人物。基督教传教士在非洲引起的反响要比在中东或印度或中国强烈得多。非洲人当中的非基督教徒不仅参加了基督教会，而且还在中小学和大学任教，到各个村庄去任巡回的福音传教士，在大城市任专职传教士，并成为用不同语言书写和翻译圣经的语言学家。皈依宗教者还积极地为废除奴隶贸易而活动，鼓励合法贸易的发展，并支持英国军队干涉本地统治者坚持奴隶贸易的做法。

基督教传教士遭受的唯一挫折，发生在伊斯兰教已经扎根并和基督教相仿正在把活动范围从城市扩大到农村的那些地区。在塞内加尔、几内亚、乍得、尼日利亚北部、苏丹北部和东非中部地带就有这种情况。在这些地区，伊斯兰教通过其商人和传教士悄悄的传教工作而得到传播。经常是先出现商人，他在出售商品时就一面传教，企图改变对方的宗教信仰。他到达一个非基督教村庄后不久，他那有规律的反复祈祷和匍匐就会吸引人们的注意，他这样做就像是在和看不见的神灵交谈。他通常会与本地妇女结婚，并引导女方家庭成员也皈依伊斯兰教。接着就需要对孩子进行宗教教育，因此就会建立起学校，非教徒和伊斯兰教徒的孩子都一样上学读书。

有些甚至能够进入高等院校深造，学成后再返回家乡在异教徒中传教。

部落的宗教信仰和习俗与伊斯兰教教义和仪式颇易结合，这对他们的活动起了促进作用。他们把真主等同于班图族宗教创始者孟古（Mungu），而在中东伊斯兰教中起重要作用的天使和圣徒，很快就被等同于部落宗教中的神灵，本地人还用非洲名字称呼它们。伊斯兰教与本地文化这种独特的适应性，加上当地居民普遍认为基督教即是殖民主义，这使非洲的伊斯兰教在对抗基督教时不仅没有失败，反而取得了更大的成功。

传教士不仅带来了宗教福音，还带来了医药知识和设备，从而挽救了许多非洲人的生命。这种医疗工作又加强了基督教的吸引力，使非基督徒的信念相形见绌。除了挽救生命，西方医学还迫使非洲人怀疑他们一向对疾病和死亡原因的假定的传统看法。甚至在求神赐福的传统办法失效以后，白人还有能力使病人康复，因此人们不再指望古老的部落宗教能够应付一切紧急情况并提供所有的解决办法。虽然在整个19世纪撒哈拉沙漠以南的大部分非洲人仍然坚持原来的信仰，但是传统的宗教已经不再能够像以往那样把非洲人的整个生活方式有效地凝聚在一起了。

传播基督教教义最有效的途径是乡村学校网，在这些学校里不同年龄的儿童可以学习读书、写字、算术的基本知识并受到宗教教育，这又引导他们去接受洗礼并成为正式教徒。由于大多数殖民政府都是把教育完全交给传教士管理，这些学校的影响也就特别大。有些教师除了教学生书本知识和宗教教义外，还教他们建造更好的房屋，改进农业耕作方法，遵守个人卫生和环境卫生的基本原则。他们还把非洲各种语言变成文字，从而为非洲本地文学奠定了基础。

这些学校不可避免地逐渐动摇了传统的非洲文化基础，因为学生们更愿意听老师的话而不是父母的话，他们的父母现在看来是守旧的而且在许多问题上是错误的。教会教育至少在一定程度上鼓励了个人主义的滋长，这种个人主义和村落的公共生活是背道而驰的。受了几年这种教育以后，许多学生当然不愿再回到旧式村庄里去生活。有些人在私营商业公司里或殖民政府中找到了工作，其他人则留在教会学校继续接受教育，以便当传道的教学人员和教师。外国传教士很快便只居于监督者的地位，大部分教学和传教工作都由非洲人去担任。但是，无论是教会还是政府办的学校都只为很小一部分学龄儿童服务。1910年，在所有法属西非的法国人办的学校中，只有约1.5万名儿童，即不到适龄儿童总数的2%。1921年，在尼日利亚南部，约有9%的学龄儿童入学。

这部分受过教育的少数人逐渐成为对传统的部落当局和欧洲官员的一种严重挑战。他们在受教育的过程中吸收了某些政治观念，如个人自由、政治自由等，并开始怀疑为什么这些观念没有像应用于欧洲人那样应用于非洲人。这种怀疑由于他们在政府和私营企业中工作时受到歧视而变得更加激烈。尽管他们受过教育、有经验、有才能，但却只能在欧洲人的商行中充当收入微薄的办事员，或在行政部门充当下级官员。

早在1911年，尼亚萨兰的一位非洲人就曾针对欧洲基督徒们的伪善写下了以下尖锐的批评：

> 在尼亚萨兰所有的欧洲人中，遇到的失败情况太多了。传教士、政府和公司即捞钱者，可谓是三位一体，照例都以嘲笑的眼光看待本地人。有时使我们吃惊的是，我们了解到这三位一体的东西是来自欧洲，伴随他们而来的是基督教界这一称呼。但在把基督教的主与他的那些信徒进行比较后，就会使任何非洲人都不再相信那个主了。如果我们有权力可以和欧洲通话，我们就会劝告他们不要再自称基督教界，只称自己是欧洲界就行了。可见，这三种互相联系的组织的灵魂完全浸透着欺诈、盗窃和嘲弄的邪念。它们不说"奉献"，而说"索取"。它们对于在《雅各书》第五章第四节＊中可以读到的上帝的纯洁法则破坏得太严重了。[8]

这种感情的迸发，可以说明基督教如何激起了对非洲人与欧洲人关系这一问题的独立思考。一位作者在某一安哥拉杂志中曾指出欧洲教会尤其是新教教会的政治含义："告诉一个人他可以自由地解释圣经，就是使他慢慢地产生一种过分自主的思想，把他变成一个叛逆者。……一个信奉新教的土著已经倾向于反抗文明的民族，更不用说在这方面的积极分子了。"[9]

最初，欧洲官员们和本地酋长们以恩人自居把受过教育的持不同政见的非洲人看成是只代表他们自己的年轻的崛起者。有名的殖民地行政官员卢加德勋爵蔑称他们为"穿裤子的黑人"。但因他们受过教育，他们能够把部落对欧洲人的愤恨转变为民族主义的反抗。回顾以往，他们如今作为杰出的民族主义先驱，在第一次世界大战，尤其是第二次世界大战以后，必然会成为他们各自民族的政治领袖。

非洲民族主义运动不仅从学校毕业生里的不满分子中，而且还从同样不满的农民当中吸收新成员。后者在殖民当局统治下忍受着社会瓦解和经济盘剥。商品农作物的引进导致公有土地的转让，而使那些移居或被迫移居城市的人们蒙受损失。酋长们的权力增强了，村民们因而更容易受到无情的剥削。例如，在尼日利亚北部，

＊ 第五章为"警戒为富不仁者"，本节经文为："工人给你们收割庄稼，你们亏欠他们的工钱，这工钱有声音呼叫；并且那收割之人的冤声已经入了万军之主的耳了。"——编注

封建的伊斯兰教酋长利用自己作为重要庇护人的身份，把亲朋好友都列入政府在职人员名单。这样一来，他们就控制了税收、公路和桥梁的修建、医药工作、警察和监狱，等等。尼日利亚北部一位英国官员在1924年就该殖民地的间接统治写了如下控诉：

> 我在尼日利亚政界干了17年，我在本地大部分行政区工作的亲身经历使我相信……本地政府是压迫穷人的……敲诈勒索层出不穷。其普通形式有：
> - 征收两次捐税。
> - 驱使大批群众去清扫道路或建筑房屋或干其他活儿，他们或者得不到分文报酬，或者只得到很可笑的一点点，虽然财政部为了付给工人工资曾决议拨款而且确已付出足额款项。
> - 强迫人民无偿提供食物款待酋长及其随从和马匹，或者他的代表。
> - 根据要求，给酋长的妻子、亲戚及其食客赠送"少量"礼物，当然这也得不到报酬。
> - "借"给本地政府人员马匹、牲畜、妇女、粮食、金钱，等等。[10]

总之，殖民强国的控制技术一般来说都是奏效的，但是它们也制造了从非洲民族主义运动中表现出来的紧张关系。这主要包括两种因素。一种因素是城市中产阶级，他们想要控制国家机器并利用它来为其自身谋利益。另一种因素是农民群众，他们渴望或者是把欧洲人及其非洲合作者驱逐出去，或者是通过教育和能挣工资的职业使自己上升到中产阶级。

四、纳入世界资本主义秩序

随着奴隶贸易的结束和整个非洲大陆被瓜分殆尽，通向到那时为止已被证明无法达到的经济目标所要走的道路就扫清了，这就是把非洲完全纳入全球性工业资本主义经济秩序。这种纳入进程的总的结果，沃勒斯坦已经概括地指出："……这时的贸易来往是在单一的政治经济体系内部而不是在两种政治经济体系之间进行。"[11]

"单一的政治经济体系"的出现，意味着某些经济特点已遍及整个大陆。其一是，作为经纪人的非洲商人（和阿拉伯商人）已被裁减或被排除。他们的位置为欧洲贸易商行所取代，这些商行拥有较充裕的流动资本、欧洲殖民银行的优惠或专用贷款，并能直接进入欧洲商业网。另一个共同的经济特点是，商品输出的发展或扩大。获利最大的是从南非、比属刚果和罗得西亚北部出口矿石，这在殖民地时期占到整个非洲总产量的三分之二。在西非由本地农民种植、在非洲东部和南部由白人移民种植的农产品的输出，也迅速出现大幅增长。在殖民主义制度下，非洲经济的第三个共同特点是：直接通过强迫劳役或间接通过索取棚屋税或人头税以调动本地的劳力。无论是农村还是城市工人的工资都很低，原因有很多，其中包括殖民当局垄断政治权力，农村地区储有大批劳力资源，短期的农业季节工人无法组织起来，以及种族主义者振振有词地认为次等劳力只应拿低工资。

尽管有这样一些遍及整个大陆的共同的经济特点，非洲被纳入国际市场经济的确切形式还是取决于当地的条件和产品。非洲经济学家萨米尔·阿明（Samir Amin）曾对三种区域性经济一体化模式进行了分析。[12] 这三种模式是：第一种，西非本地农民为世界市场种植各种不同的商品农作物；第二种，获得在刚果流域经营特许权的一些欧洲公司最大限度地从森林部落中榨取他们所生产的产品；第三种，非洲东部和南部的欧洲移民和矿业公司胁迫当地劳力在他们的农场和矿区干活。

我们首先来考虑一下西非农民生产者领域的情况，英国人和法国人都鼓励农民种植供出口的农作物，因为这不仅能够满足英法两国国内市场对这些农作物的需求，还能使农民有可以缴纳人头税的收入，而人头税正是殖民地政府主要的财政来源。法国人是以促进塞内加尔的落花生种植作为开端。他们在将其控制范围扩大到内地时，就推动种植适合当地条件的其他农作物，尤其是棉花。这种做法又导致铁路的修建，因为把农产品运往达喀尔等沿海港口必须要有铁路。

法国人和英国人把同样的政策又进一步推行到南部的几内亚海岸至尼日利亚地区，那里的主要出口商品是棕榈油、可可粉、橡胶、林业产品及黄金。从内地到科纳克里、阿比让、拉各斯和哈科特港等港口也都修建了铁路。

这种西非农产品贸易由包括欧洲各进出口公司、黎巴嫩和其他少数民族的中间商在内的具有等级制度的贸易网所控制。欧洲一些公司的权力远远超过其他成员，它们享有一些垄断优势。它们控制着货栈、航运和销售，因此能向无组织的小农规定产品价格。这些公司中尤其突出的是西非法国公司、西非商业公司和非洲国民公司。这些公司在与西非农民交易时享有双重利益。它们在收购农产品时可以压低价格，因为它们知道农民家庭种植了很大一部分它们所需要的产品，而农民为了获得现款去缴纳人头税就必须出售这些产品。反过来，外国公司在向非洲出售工具、服装、自行车等进口商品时则可以索取高价，因为它们没有竞争者。因此这些公司的普通股份在萧条年月能获得红利25%、在繁荣年月能获得高达90%的红利，也就不足为奇了。航运公司同样会进行剥削，把面粉从利物浦运到西非每吨收费35先令，而从利物浦运到纽约，距离相同，却只要7.5先令。

零售贸易被少数民族的中间商所控制。在西非这些经纪人大都是黎巴嫩人、叙利亚人和希腊人，在东非是印度人和希腊人，在桑给巴尔和东非各港口则是阿拉伯人。这些少数民族不仅在城市也在农村营业，并像大公司一样把利润投向海外。他们由于勤劳、俭朴和具有首创精神，故在开辟内地新市场方面起了先驱作用，但在放高利贷和利用假秤、假量具以欺骗不识字的非洲人方面也是臭名昭著。

西非农民按照各种不同的安排生产出口的农作物。在沿海地区，农民们占有并耕种自己的小块土地，只有在农忙季节才会从多哥、上沃尔特等邻近殖民地雇来一些季节工人，这些殖民地不生产商品作物因此有剩余劳力。在热带大草原国家，从塞内加尔经北尼日利亚到苏丹，落花生和棉花的生产是由各伊斯兰教兄弟会凭借其教会政治权力进行组织的，它们从村社征收贡物，并把由此得到的物品拿到国际市场上去销售。

无论是何种生产安排，西非贸易在第一次世界大战以前的20年当中都是蒸蒸日上，这从下表中可以明显地看出：

进出口贸易总额（英镑）

	英属西非	法属西非
1890	4682000	3148000
1900	7620000	5192000
1905	10810000	6120000
1910	20826000	11132000
1912	25309000	10128000

Source: M. Crowder, *West Africa Under Colonial Rule*, Evanston (Evanston, Ill.: Northwestern University Press, 1968), p.288.

从西非农民区域转向刚果流域特许权所有者区域时，我们发现了一个截然不同的赤道雨林地区。那里的生态条件既无法容纳密集的人口，也无法种植像西非那样的出口农作物，因此也就没有那种经济基础能够提供赋税和关税以支持殖民政府和修建西非那样的铁路。因而，利奥波德国王就采取了授予特许权的手段。第一次特许权是1886年与刚果工商业公司议订的。该公司承担从马塔迪到利奥波德维尔的刚果河下游的急流周围修建一条铁路的任务，交换条件是每修建1公里铁路可以得到1500公顷（约5.5平方英里）的土地。于是，3000多平方英里土地就被转让了出去。1898年这条铁路竣工后，立即又和其他两家公司签订了类似的合同。

理论上，这些交易只涉及"荒地"，正在耕种的土地也确实明确规定不包括在内。但因没有劳力土地毫无用处，又因对那些公司及其代理人未加监督，结果也就产生了一部毫无节制的剥削和惨无人道的暴行恐怖史，其严重程度一点也不亚于早先奴隶贸易中最恶劣的暴行。最惊人的丑闻发生在1895—1905年间，当时发明了制造自行车和汽车的橡胶轮胎，因而对橡胶的需求量急剧增加。橡胶飞涨的价格又促使公司代理人采用最不人道的一些办法强迫土著在野生橡胶林割取橡胶。

各种各样强迫劳动的方法残酷异常，以致从1885年到1908年利奥波德国王统治期间刚果的人口减少了一半（由2000万降至1000万）。如果非洲人没有缴纳规定数量的橡胶和象牙，就要受到断肢或枪杀的处罚。断肢意味着砍去一只手或一只脚，甚或是把一手一脚都砍去。各队工人的工头们为了证明自己称职，便给他们的上司带去整篮整篮砍下来的手。当地气候炎热潮湿，为了保存这些手，有时还会用烟熏一下。在刚果自由邦的一个旅游者记下了他的见闻："居民们都不见了。他们的房屋被焚毁了；在荒凉的棕榈树树篱和被破坏、抛弃了的田地当中是大堆大堆的灰烬。[随处可见]残酷的鞭笞、屠杀、掠夺、抢劫……人们只好逃向荒野，或是跑到法属或葡属领地去寻求保护。"(13)这样的逃亡往往解救不了他们，因为在邻近的殖民地上也盛行着特许权制度。那里的土著居民即使没有遭受同样的非人道待遇，也会受到类似的剥削。

最后我们来考察一下欧洲移民和矿业公司管辖的区域，这里大都是高原地区，从肯尼亚高原向西南一直延伸到好望角。这里的气候由于海拔较高，所以阳光充足但又凉爽，尤其是土著居民不像西非那么稠密，因此欧洲人也就逐渐把这里当作是"白人的国家"。

至于在刚果，那里的土地也是没有劳力就毫无价值可言，因此殖民当局采取了各种各样的措施，强迫非洲人以很低的工资在欧洲人的矿井和农场里劳动。这些措施包括人头税和向成年男子征收的劳力税在内。成年男子为了挣些现钱来缴税只得被迫劳动，即每年都要完成所规定的若干天强制性劳动。另一种措施是为白人定居地保留大部分可耕地，遂使非洲人无地可种，然后迫使他们只好在欧洲人经营的农场里干活，挣点聊以维生的工资。这些政策不仅为占有土地的欧洲人而且也为经营有利可图的金矿、铜矿及金刚石产区的欧洲矿主解决了劳力问题。后来，这种被剥夺了土地的土著劳力，又被雇用到在肯尼亚、罗得西亚和南非发展起来的工业方面。

德国政府在努力使自己的公民移居非洲方面做得很有条理。由于长期以来都有数百万德国人在往拉丁美洲和美国移民，现在他们又齐心协力地利用这批人力来建立德国的海外殖民地。有些人向喀麦隆和多哥移民，但大部分移民都是在坦噶尼喀和非洲西南部定居。英国人在这方面组织得差一些，多半是让地方当局决定政策。

乌干达部落的酋长们获得了有效地排斥白人移民的特殊协议，但英国移民却受到鼓励，而且在肯尼亚、尼亚萨兰和罗得西亚确实也都有了英国移民。

在安哥拉、莫桑比克，19世纪末"瓜分非洲"的活动促使里斯本的官员鼓动葡萄牙移民到内地定居，以保持对这些大块殖民地的控制。但是，一般的葡萄牙移民和德国或英国移民截然不同。在19世纪，他倾向于经营类似单人独马的特许公司。他向自己地产上的非洲佃户征税和实行即决裁判，并从他们当中征募劳工和私人警察。这些半封建性的措施反映了宗主国，即欧洲大陆一个欠发达的依附性地区的落后状态。因而，在相当于葡萄牙本土面积两倍的赞比西河流域，葡萄牙移民的数目到1914年总共只有178人。他们对发展殖民地的贡献仅限于征税和为罗得西亚及南非各矿区强制招募劳工，每招募一名工人可得十先令报酬。

总之，殖民统治无疑提高了非洲土地的生产力，但其利润却被欧洲公司、移民和经纪人拿走并转移到了国外。新的经济联系是纵向地与欧洲诸宗主国中心的联系，而不是横向地与邻近地区或国家的联系，这一点甚至比在拉丁美洲还要严重。这就造成了只有经济增长而无经济发展这一老大难局面。更多的铜和铁矿石都被开采出来，但却没有在非洲的冶炼厂冶炼。更多的棉花和花生也都生产出来，但却同样没有在非洲的棉纺厂和工厂进行加工。当塞内加尔一些企业家开始把花生加工为花生油时，法国政府为了保护本国的橄榄油行业，终止了他们的营业。同样，当西非其他殖民地的少数民族经纪人企图加工本地产品时，也很快便被帝国下令制止。

支持强加于非洲的经济殖民主义的人们坚决认为，白人移民引进了土著人民不能达到的耕种技术。"例如，罗得西亚的烤烟就要求有普通农民所没有的组织技巧和一定数量的资金。"[14] 然而，问题是缺少技巧和资金，还是缺少鼓励和机会？我们可以考虑一下英国官员休·克利福德（Hugh Clifford）爵士，对经营可可粉工业的西非农民有了自己的土地和销售产品的市场时显示出来的智慧和独创性所表达的赞美之词：

> 这个被浅薄的环球游览者或者可恶的黑人学校倡导者称作懒汉的人，在原始森林中开出了一大片空地，到处是枝繁叶茂果实累累的可可树种植场。除了一把进口的斧子和大砍刀，一把本地制造的锄头以外，没有更好的工具，他就是用这样一些工具砍下了森林中的大树，清除掉树下的热带下层林丛，一直把这一片林间空地保持得齐齐整整。在没有牲口运输，没有铁路，也几乎没有道路的情况下，他把产品装在木桶里向前滚动若干英里，然后用自己结实的脑壳顶着木桶将产品运到海边。这样的效果使我们在评价黑种人时不免要踌躇一下……[15]

有些人论证说，欧洲农民作为一个集体，根本不比非洲土著更有效率、更能生产，欧洲人的农场之所以能够生存，只是因为得到殖民当局所给予的下列各种形式的极其优惠的待遇：他们得到了所需要的所有最好的廉价土地，所有的廉价劳动力，政府的津贴，以及在教育、保健和社会服务方面的特权；由于强加给非洲人而不是给白人的种种限制，他们可以免于非洲人的竞争。从最近有关肯尼亚英国种植园主的研究中可以看出：这些种植园主实际上由政府授予了他们所想得到的一切，包括以极低的价格获得了"白人的高地"，在肯尼亚—乌干达铁路线运输他们的产品时的优惠运费，被官方称为"很可能是世界上最便宜"最充足的劳动力，以及政府农业研究机构服务项目的专用权。但是，尽管有这些特权，移民农场却仍然是"效率很低，受到人为的保护，而且用严格的会计术语来说，甚至私人方面利用各种资源也没有得到什么利益"[16]。

与此同时，肯尼亚的非洲农民每逢给予机会就会在种植棉花、咖啡和玉米方面取得成功，并显示出他们非常愿意而且有能力学习专家的指示。但到1905年时，给予非洲农民这种机会的办法全都被取消了。一位名叫约翰·安斯沃思（John Ainsworth）的主要官员在1906年坦率地说出了这样做的理由："白人现在能够而且将来也会住在这里，不是……像在加拿大、新西兰那样作为从事体力劳动的殖民主义者，而是作为种植园主等监督当地土著为发展种植园而干活。"[17]这种策略的难处是，"监工们"很快就变得对贪图闲暇和自我炫耀比对最大限度地提高生产力更感兴趣。至于说到欧洲人的耕种方式对非洲人是"有利的榜样"这一论点，事实上是移民占有的土地面积都很大，欧洲技术难以在非洲人典型的小得多的土地上得到推广。

除了非洲农民与白人农民相对的优点以外，更重要的考虑是：殖民统治和非洲经济被纳入世界市场经济的结果，给很多非洲人带来了单一经营的灾难：黄金海岸的可可树、达荷美和尼日利亚东南部的棕榈树、苏丹的棉花、坦噶尼喀的波罗麻、乌干达的棉花，以及塞内加尔和冈比亚的花生。就像前面有关拉丁美洲一章所提及的那样，单一经营意味着过分专业化和原来是自给自足的地区需要依赖进口粮食。例如，冈比亚和塞内加尔过去种有很多稻子，但是自从实施单一经营后就不再种稻，结果接连发生饥荒。同样，阿散蒂曾以种植薯蓣属植物和其他粮食闻名，在专门种植可可树后也接连发生饥荒。单一经营的另一个严重危害则是，既容易受到世界市场物价剧烈波动的影响，又容易受到植物病虫害的摧残，病虫害可以毁掉整茬农作物，进而则可毁掉整个经济。

谈到矿业经营，为欧洲股份有限公司辩护的人们坚决认为，它们的资金和科学技术可以使非洲土著没法利用的非洲资源被有效地利用起来。"外国投资者事实上并不是从非洲部落成员那里夺走了他们原来享有的一种财富……矿业公司开创了一种新型企业；它们开采出来的矿石是兰巴人和拉拉人这样一些社区用部落社会所有的技术手段都开发不了的。"[18]事情确实如此，但问题是，这些矿业公司是在什么条件下从事经营，以及经营的最终结果究竟如何。一位英国经济学家提供了具体的答案，他的研究报告详细列举了北罗得西亚几家铜矿公司 1949 年的开支和利润：

北罗得西亚采矿工业的支出和产出（千英镑）

1. 欧洲人的薪金、工资和奖金	4100
2. 非洲人的工资和奖金	1400
3. 非洲人的给养	600
4. 付给承包商的款项	1000
5. 付给罗得西亚铁路的运费	1800
6. 所得税和关税	3600
总支出	12500
总产出	36742

Source: Phyllis Deane, *Colonial Social Accounting*（Cambridge: Cambridge University Press, 1953）, p.37.

这些统计数字说明，在所得 3674 万英镑中，只有 1250 万英镑花费在罗得西亚，总数的三分之二都转移到了外国股东手里。而且在罗得西亚支出的 1250 万英镑中只有 200 万英镑是到了在矿井中干活的非洲人手里，有 410 万英镑都付给了在那里工作的欧洲人，而且可以推测这些欧洲人的数目比非洲矿工要少得多。

事实上，这些矿工的年均工资是 41 英镑，而罗得西亚的非洲成年男子年均只能挣 27 英镑。但问题是：如果采矿业继续在那些条件下经营，它最终会使罗得西亚有限的矿产资源枯竭，给当地居民留下的几乎只是开采后的一个个地下窟窿，那么，上述矿工工资高于一般非洲人的工资是否还能作为替这种采矿业辩护的理由？或者说，既然矿业公司有大部分利润来自敲诈勒索，希望它们付出足够的矿区使用费以资助当地的学校、道路建设和保健等服务事业，并在罗得西亚境内搞原料加工以便产生出以新工厂、新职业形式出现的一些来自采矿业的"扩散效应"，并培训当地工人使他们适应高技术工种以增加这种"扩散效应"，从而对所在国的全面发展作出应有的贡献，这难道不是合情合理的吗？只有采取这样一些措施，才能使罗得西亚及非洲其他国家突破没有经济发展的经济增长这个陷阱，并使它们结束依附性的欠发达的第三世界地位。

这样一些措施完全没有采取，从以下事实就可明显地看出：在欧洲人统治了 50

年以后,北罗得西亚只培养了两名有文科学位的非洲籍大学毕业生,有学位的理科大学生一个也没有,非洲籍律师和非洲籍医生也没有一个。国际劳动局1978年的一份报告提供的下列统计数字证明:占总人口大多数的非洲人是如何有效地被排斥于开发本国资源的有利行业之外,并如何永远被贬黜为伐木工、汲水工这样一些角色:

- 占总人口5%的白种人得到总工资的62%。
- 白种人平均挣的工资比非洲人多11倍,但其工作时数却少于非洲人,其享受的小额恩惠则多于非洲人。
- 1976—1977年每个非洲小学生的年度教育经费是45.9美元,而每个白人小学生则为521美元。
- 非洲人的工会组织仅限于工业部门,家庭仆役和种植园工人都要服从惩罚性的《1801年主仆法令》,而这一法令英国在1872年就已废除![19]

不仅如此,上述罗得西亚黑人与白人之间经济上的差距还在不断扩大。《罗得西亚经济学杂志》(*The Rhodesiam Journal of Economics*)1977年11月这一期上披露:1964—1975年间,白人在所有经济部门的平均年薪增加了103%,与其相比,黑人的工资则只增加了89%。"非非洲人和非洲人在工资方面的差距仍在继续拉大,而且自从1970年以来这种差距就一直在急剧扩大。"

殖民统治在经济方面的一项重大贡献就是修筑道路、铁路和建立通讯设备。但实际上,所有这些都分布在内地通向沿海各港口一带,目的是让其为与欧洲进行出口贸易的需要服务。内地各地区之间的联系,不仅当时而且现在实际上仍不存在。有一个经常挂在人们嘴边的关于阿比让的笑话:从英属黄金海岸的阿克拉打电话到邻近的法属象牙海岸,这个电话首先必须按照规定路线发送到伦敦,然后经过巴黎,最后才能与阿比让通话。后来在发展空运航线体系方面仍然沿用了这一模式。旅客想要从尼日尔飞到邻近的乍得,不得不先飞上好几百英里到巴黎后再飞回来。邮政工作也是照搬类似的模式。因此,一旦法国的邮政工人罢工,就会使原先殖民地的邮政工作陷于瘫痪。这就是殖民主义留给现代非洲的遗产。

[注释]

1. K. Onwuka Dike, *Trade and Politics in the Niger Delta 1830-1885*（Oxford: Clarendon Press, 1956）, p.171.
2. Cited ibid., p.205.
3. Ibid., p.211.
4. I. Wallerstein, "The Colonial Era in Africa: Changes in the Social Structure," in L. H. Gann and P. Duignan, eds., *Colonialism in Africa 1870-1960*; Vol 2, *The History and Politics of Colonialism 1914-1960*（Cambridge: Cambridge University Press, 1970）, pp.403, 404.
5. Cited by S. C. Ukpabi, "British Colonial Wars in West Africa: Image and Reality," *Civilizations* XX（1970）: 396.
6. Ibid.: 383.
7. Ibid., pp.383, 384.
8. Cited by R. Oliver and A. Atmore, *Africa Since 1800*（Cambridge: Cambridge University Press, 1967）, p.158.
9. Cited by T. Hodgkin, *Nationalism in Colonial Africa*（New York: New York University Press, 1957）, p.58.
10. J. F. J. Fitzpatrick, "Nigeria's Curse—The Native Administration," *The National Review* LXXXIV（1924）: 623.
11. Wallerstein, op. cit., p.405.
12. S. Amin, "Underdevelopment and Dependence in Black Africa," *Journal of Modern African Studies* X（1972）: 503-24.
13. Cited by L. Bauer, *Leopold the Unloved*（Boston: Little, Brown, 1935）, p.264.
14. L. H. Gann and P. Duignan, *White Settlers in Tropical Africa*（Harmondsworth, Middlesex: Penguin Books, 1962）, p.117.
15. Cited by Crowder, op. cit., p.349.
16. R. D. Wolff, *The Economics of Colonialism: Britain and Kenya, 1870-1930*（New Haven, Conn.: Yale University Press, 1974）, p.146.
17. Cited ibid., p.54.
18. L. H. Gann and P. Duignan, *The Burden of Empire*（New York: Praeger, 1967）, p.236.
19. *International Labour Office, Labour Conditions and Discrimination in Southern Rhodesia（Zimbabwe）*（Geneva, 1978）.

> 我们屈服了,因为我们不得不屈服;我们不是一个军事强国。但是你能说我们的正义感没有受到伤害吗?或者像后来欧洲的每一个强国以种种借口掠夺并侵占我们的部分领土,你以为由于我们不能抵抗就麻木不仁了吗?……正是基督教国家明火执仗来到我们这里,使我们懂得了在这个世界上除非有强权支持,否则正义也将是软弱无力的。毫无疑问,我们将会吸取教训!一旦我们得到了教训,就该欧洲吃苦头了!
>
> ——一位中国高官(1906)

第十五章 中国进入第三世界

19世纪中国的历史与奥斯曼帝国很相像。就像欧洲列强兼并了如多瑙河沿岸领地、南俄罗斯、埃及和北非这些以前属于土耳其的地区一样,列强也兼并了很多以前向中国朝贡的地区,如印度支那、缅甸、朝鲜和黑龙江流域。西方对中华帝国残留的其余省份的控制比对奥斯曼帝国残留省份的控制要直接和广泛得多。欧洲的炮舰可以游弋于中国的内河,而土耳其人则始终控制着他们的海峡。欧洲人虽然在奥斯曼帝国中享有治外法权等特权,但他们对土耳其宗主权的侵犯从未达到他们在中国的各个租界特别是在上海的公共租界中对中国主权侵犯的程度。西方传教士在奥斯曼帝国也从未享有他们在中国那样自由行动的权利。一般说来,欧洲以其控制土耳其的方式控制着中国,尽管就中国的情况而言,这种控制更直接、更广泛。另一方面,中国到底还是逃脱了印度所遭受的那种被外国人完全占领和直接统治的命运。造成这种差别的主要原因是,当中国军事上的软弱已经暴露无遗之时,同时有若干个国家都对中国发生了兴趣,因此没有一个国家能像19世纪初叶英国在印度那样独享自由行动权。

中国在19世纪后半叶所经历的屈辱和灾难,迫使这个历来以自我为中心的中央王国开始了一个痛苦的自我探索、重新评估和改弦更张的过程。下面我们就来追溯这一历史过程,看看中国是怎样逐渐勉强地试图模仿西方的模式,最终成为第三世界的又一个附属国的。

一、中华文明的连续性

中华文明是世界上最古老的文明。古罗马文明因日耳曼人和匈奴人的入侵而告终，印度笈多王朝古典文明因穆斯林土耳其人的侵略而中断，相比之下，中国由于一个朝代接着一个朝代延绵不断，才使古中华文明得以持续到 20 世纪。

造成这种异乎寻常而且独一无二的成就的原因之一是，中国与人类其他伟大文明之间空前的隔绝程度。中国既没有像地中海那样的可以连接美索不达米亚、埃及、希腊和罗马的内海，也没有能使印度与中东、非洲和东南亚互相交往的印度洋。相反，在其历史上的绝大部分时期，它实际上是与四面八方切断联系的。在其西南和西面有世界上最高的山脉。在其东面是太平洋，而太平洋直至晚近以前还是不可逾越的。在其北面和西北是沙漠和干草原地带，具有天然屏障的防护作用；中国还修筑了一条长达 2240 公里的长城来加强防卫，阻挡那些危险的游牧民族。这种隔绝的意义在于，它使中国人较之中东或印度能少受一些外族入侵并得以发展自己的文明。因此，中华文明具有更大的连续性和更多的特色，即它与其他伟大的欧亚诸文明之间的根本不同之处，比那些文明相互之间的差别要大得多。这些不同之处表现在建筑风格、独特的宗教体系和宗教态度、表意文字、使用筷子、不吃牛奶及奶制品等方面。

中国人口众多也有助于其文明的延续。从一开始，中国便依靠其北方和南方的有利条件，一直能够养育大量人口。在北方，由于内陆刮来的风经常带来黄土，因此早在公元前 5000 年就沿渭水流域建立起自给的农业体系。这就免去了为恢复肥力使土地长期休闲的必要，使人口密度比用其他方法所能维持的要大得多。在南方，与中东和欧洲相反，在温暖的几个月里有季风雨，一年能收获两次。此外，每亩稻子的产量比欧亚大陆大部分地区种植的小麦或大麦产量都要高得多。[1]

据公元 2 年的人口调查记载，中国在汉朝时已有 5950 万人口，比极盛时期的罗马帝国人口还多。在中世纪，由于改进农具、施用有机肥料、使用良种、改进灌溉网，以及农作物专门化，最终引发了一场真正的农业革命，因而能够更加有效地开发众多的天然资源，使人口迅速增加。根据伊懋可（Mark Elvin）得出的结论："13 世纪时，中国已经具有可能是世界上最高超的农业。"[2] 这些高超的技术，再加上后来从新大陆引进的农作物，如花生、玉米和红薯，到 1580 年能够养活 2 亿人口，到 1850 年已能养活 4.1 亿人口。这种举世无匹的雄厚的人力资源，使中国可以不关心世界形势的发展而保持其同一性。他们既曾遭受过蒙古族和满族的征服和统治，又曾被西方打败和破坏。但是，最终中国人在数量上的优势使他们能够同化或驱逐入侵者，这种情况一直持续到近代。中国从来没有像欧洲遭受日耳曼人入侵或中东和印度被穆斯林占领后那样，受到从外部强加于它们的大规模改造。

另一个有助于中华文明持久性的重要因素是其独一的书面语言，它可以上溯几千年到最早的商朝。这种书面语言有其特殊的重要性，因为尽管中国各个地区的方言互不相同，犹如意大利语不同于法语，或丹麦语不同于德语一样，但各个地区的中国人却都能理解书面语言。书面语言之所以能为所有人理解，因为它是由表意或象形的字所组成。这些字在中国不同的地方发音不同，但任何字不管其发音有何不同，意思却是相同的。这就像葡萄牙人、瑞典人和英国人都指着数字 6 而发各自不同的音一样，这个字的三种语言的含义还是相同的。这种共同的书面语言，对一个讲着许许多多彼此无法理解的方言的民族来说，是一种使其国家保持统一和历史连续不断的重要力量。

与共同的书面语言相关的是特殊的科举制度，中国近 2000 年来选拔文官都是通过科举制度根据考试成绩加以录用。最初考试是相当全面的，注重儒家经典，但也包括法律、数学和政治事务等科目。但是到了后来，逐渐集中于文体和儒家的正统思想上。结果形成了一种制度，理论上，官职大门向所有才智之士敞开，但实际上却有利于拥有充裕财富的阶级，因为只有他们才供得起子弟的多年学习和准备应试。不过这并不意味着就由世袭贵族来统治中国；毋宁说，这是一个有知识的阶序结构，即士大夫政治，它为中国提供了一个有效率而且稳定的政府，并赢得了欧洲人的尊重和赞赏。另一方面，这也是一个抑制独创性、培养顺从性的制度。因此，只要中国在东亚保持相对隔绝状态，这种制度就能维持其稳定和连续性。但在遭到生气勃勃的西方的入侵时，这一制度所起的作用就使中国无法进行有效的应对，后来终于在 1905 年被废止了。

也许最有助于中华文明内聚力的最重要因素是被称为儒学的道德准则和文学及思想遗产。根据历史记载，孔子（前 551—前 479）是一个小官吏，他决心要当一个注重实际的政治家，但是失败了；而在他偶然成为一名教师后，他却取得了成功（虽然是在他死后）并名垂史册。

与大多数中国思想家一样，孔子首先关心的是建立一个幸福而且组织得很有条理的社会。他的第一个信念是"人各安其位"，即所谓"君君、臣臣、父父、子子"，如果每个人都按其名分行事，就会形成齐家、治国、平天下的局面。就像个人应该服从家庭一样，家庭应该服从帝王，而帝王也应作出一个仁慈友爱的榜样。这些都是靠遵循儒家伦理而不是靠法制来实现的。

孔子之所以具有异乎寻常的影响，主要是因为他那些崇高的伦理原则为维持现状提供了比仅靠世袭权利更为有力的基础，这些原则成为促进改善政府和各种社会关系的经常起作用的因素。他为地主、儒生和官吏三位一体的权威和特权进行社会辩护，这三种人组成了中国的统治阶级，即中国的士绅阶级。通常只有地主供得起其子弟上学、读书、应考，进而成为官员。一旦他们成为官员，他们就会设法增进地主阶级的利益，特别是利用灌溉工程来提高土地的价值。根据欧文·拉铁摩尔（Owen Lattimore）的研究，在每项帝国工程背后都有一个有势力的大臣，而在每个大臣背后都有一批有势力的地主。

最后，由于缺乏一个能向居于统治地位的士绅的优越权势进行挑战的独立的中产阶级，也使中华文明的稳定性得到了加强。中世纪的中国有比欧洲任何一国都多的商人和大贾，但他们却是既无社会地位又无政治权力。各个时期的中国商人在服饰、携带武器、乘车和拥有土地等方面都受到限制。他们转贩商品的活动被看成是非生产性的、寄生性的，他们处于社会阶梯的底层。他们也没有权力，权力都被以国家武装力量为后盾的三位一体的地主—儒生—官吏所垄断。城市完全受这些统治精英所支配，而不像西方那样是由商人所控制。而且，商人也不愿他们的儿子继承自己的衣钵，而是会让他们参加科举考试，为官为宦，购买田地，进入士绅行列。

政府官员严格约束商人的办法还有：控制其行会，管制其贸易活动并对其征税，对朝廷和政府所消费的大批商品的生产和分配实行国家垄断，这些商品包括武器、纺织品、陶器、皮革制品、服装和酒类等。政府甚至还扩大到对盐和铁一类主要商品实行专卖，这些商品是全体居民的必需品。在这种环境中，中国的商人根本不可能像伦敦的商人那样当上市长，或者像德意志帝国自由城市的商人那样成为参议员，或者像荷兰的商人那样当选为议会的议长，更不用说像17世纪的英国商人和18世纪的法国商人那样成为革命运动的坚决参加者了。

二、有造反而无革命

19世纪中叶，英国驻中国领事、对中国十分了解的密迪乐（Thomas Meadows）曾评论说："在所有文明发展到一定程度的国家里，中国人是革命最少而造反最多的。"他指出，数千年来朝代的兴衰并没有引起革命，而仅仅是统治家族的更替。上一节关于"中华文明的连续性"原因的分析，说明了为什么中国直至20世纪一直是一个"只有造反而无革命"的国家。通过研究各种造反的模式就会对这种社会现象看得更清楚：从心怀不满的农民最初的一些骚动开始，发展成如火如荼的造反，然后推选出造反头目，最终出现一些新的朝代而不是新的社会制度。

一般情况下，每个新朝代都会以有效地统治国家开始，接着进入一段相对和平繁荣的时期。这一时期会激励知识和文化生活的发展，并通过派遣远征军与游牧民族打仗，扩大帝国疆界来保护国家。但是，王朝渐渐由于个别统治者自身的堕落和皇亲贵族派系与宫内太监之间的宫廷斗争而日趋衰落。这种衰败状况和宗派主义活动破坏了中央权威，助长了官僚机构中的腐败作风。贪污腐化加上宫廷生活日益穷奢极欲，意味着农民承受的各种苛捐杂税越来越重，而农民最终还得生产出维持整个帝国结构的剩余农产品。耗资巨大的对外战争，以及皇帝豁免许多贵族和佛教庙宇寺院赋税的做法，也使捐税日益增多。由于政务松弛，致使对农业至关重要的灌溉系统和其他公共工程也日遭忽视。

因此，日益贫困的农民不得不负担日趋苛重的赋税，如再遇上不可避免的歉收和饥荒年景，无异于点燃了导火索，反抗地主和政府税吏的反叛就会纷纷爆发。这些地方性的星星之火迟早会燃成燎原之焰，而农民起义接着又会引起游牧民族入侵，尤其是因为到了这个阶段帝国军队实力已被大大削弱。内忧外患，交相煎迫，通常预示着一个新循环的开始，即旧朝代接近结束，新朝代即将来临。人们往往爱用"奉天承运"的概念来说明改朝换代是合理的。人们认为每个朝代在一段事先安排好的时期内都"受命于天"，因此便把改朝换代看成是一次天意授命的结束和另一次天意授命的开始。

用农民的眼光来观察这一过程，如果能够持续到一个朝代实际被推翻的最后阶段，一般可以分成四个阶段，当然只有极少数叛乱能够撑到最后阶段。在第一个阶段，许多农民由于种种可能的原因，会变成打家劫舍的盗贼。在第二个阶段，盗贼帮伙扩大活动范围，进而侵占了其他盗贼的地盘。火并的最后结果是最强的一伙盗贼建立统治权，这伙盗贼现在可以自由地向更远的地方扩大其活动范围。

在第三个阶段，盗贼群伙会遭到当地地主的抵抗，他们会将下情禀报给驻扎在最近城镇中的政府军前来镇压。如果政府军打胜了，盗贼就会溃散四逃，循环将会周而复始。但是，如果帝国内部早已分崩离析，军队就会与叛乱者合作，使之攻占城镇。在最后一个阶段，继续攻占其他城镇，并控制更广大的地区。但是，要想取得成功必须与当地儒生和士绅合作，以便利用他们的行政本领来治理该地区。造反的首领渐渐接受既定秩序的陈规旧制，自封为将军、公侯，在取得全面胜利的罕有情况下甚至会称帝。至此，造反也就偃旗息鼓了，推选出的首领们变成旧社会的新栋梁。连续的农民叛乱使新的统治阶级人物不时涌现出来，从而恢复和巩固了既定的社会秩序，而不是取而代之。这种情况重复了很多世纪，直至西方资本主义入侵以后才破坏了传统社会，进而也打断了传统的有造反而无革命的过程。

三、战争和不平等条约

自从 1514 年葡萄牙人首次在中国出现以后的 300 多年间，中国人始终不愿接近西方的"高鼻子夷人"。中国人把商业关系限制在很少几个港口，并拒绝在全面和平等的基础上建立外交关系。他们对外部世界既毫无所知，又不感兴趣，这一点在 1793 年乾隆帝致乔治三世的信中可以看得十分清楚（参见第七章）。但是到了 19 世纪中叶，西方列强由于工业革命的发展，已经在经济和军事上变成一股不可抗拒的势力，中国在这种形势的逼迫下，不得不从闭关自守、自鸣得意的状态中猛醒过来。一向坚不可摧的天朝经历了三次备受屈辱的失败：第一次是在 1839—1842 年被英国人打败，第二次是在 1856—1858 年被英法联军打败，第三次是在 1895 年被日本人打败。这一连串入侵与反应的结果就是产生了一个新中国，它所造成的影响至今还在震动着东亚和整个世界。

使中国人第一次败于西方列强之手的是 1839—1842 年的鸦片战争。这次战争的起源具有深远意义，因为它实际上提供了一个实行"自由贸易帝国主义"的典型事例。其根源要追溯到英国的东印度公司与印度和中国的贸易。该公司从中国进口货物的总额自 1761—1770 年间的 436.5847 万英镑增加到 1821—1830 年间的 1909.8326 万英镑，占进口额 90% 以上的是茶叶，其余主要是丝绸和瓷器。该公司面临的问题是如何筹措支付这些进口货物的款项，英国人很不情愿输出金条，而中国人对西方的产品又不感兴趣。从下表可以看出英国人是怎样解决这个问题的，其中也显露出鸦片战争的潜伏导火线。

1761—1833 年间英国 - 印度对中国的输出

年代	英国白银		英国货物		印度货物	
	英镑	%	英镑	%	英镑	%
1761—1770	2493190	52.3	1113951	23.4	1555040	24.3
1771—1780	750363	14.0	1482967	28.0	3078795	58.0
1781—1790	3168626	24.3	2865392	22.0	7121936	54.7
1791—1799	1609743	8.7	6852858	37.2	9961004	54.1
1801—1810	微不足道		11000000	33.3	22000000	66.7
1811—1820	微不足道		8500000	28.3	21502772	71.2
1821—1830	微不足道		7604126	16.4	38754787	83.6
1831—1833	微不足道		2601289	16.0	13539233	84.0

Source: Tan Chung, "The Britain-China-India Trade Triangle（1771-1840）", *Indian Economic and Social History Review* 11（Dec. 1974）: 413.

上表表明，在 18 世纪东印度公司是用三种商品来支付家家户户普遍饮用的中国茶的：英国白银、英国货物和印度货物。1800 年以后英国白银停止出口，英国货物出口继续保持相对不变，但印度货物的出口在 1791—1799 年和 1821—1830 年这两个十年之间却增加了三倍。这种引人注目的激增的原因就是印度的鸦片，早在 17 世纪欧洲海员就将鸦片带入中国港口。东印度公司的发言人为这种突然发展起来的有极高利润可图的麻醉品生意辩护，说什么如果不把印度的鸦片出口到中国，英国就得用白银偿付。这种诡辩是没有事实根据的，下表证明，英国－印度对中国的出口，除了鸦片以外，还包括大量的印度棉花，以抵偿中国向英国出口货物的价值。

1792—1795 年间英国－中国贸易差额（英镑）

年代	英国购入中国的货物	英－印输入到中国的货物（鸦片除外）	英国贸易顺差
1792	1522100	1461221	－ 60879
1793	1279623	2013570	＋ 733947
1794	1566196	1464427	－ 103669
1795	1166280	1404761	＋ 238481
		差额数	＋ 807780

Source: Tan Chung, "The Britain-China-India Trade Triangle（1771-1840）", *Indian Economic and Social History Review* 11（Dec. 1974）: 420.

不仅东印度公司为毒品贸易所做的辩护极为虚伪，而且该公司的快速大帆船也要了掩人耳目的手段，它们将一箱箱鸦片公然伪装成带有"硝石"标志的普通货物装船启运。在这种交易继续进行的同时，该公司董事会于 1817 年发表声明说："如果除了药用以外能够完全禁止使用麻醉品，我们出于人类的同情心很愿意照办。"⁽³⁾ 在这种形势下，出口成箱鸦片的年平均数（每箱装有 133.3—149 磅鸦片），从 1795—1800 年间的 2043.5 箱上升到 1831—1840 年间的 24355 箱。

毒品贸易不仅为东印度公司带来了巨大的直接利润，而且通过刺激印度对英国棉织品的购买力还增加了间接利润。因此，在中国政府开始采取严厉措施禁止鸦片进口时，就引起了曼彻斯特工业家们的恐慌，这些工业家热心地支持了此后的鸦片战争。

北京政府曾于 1729 年和 1799 年明令禁止鸦片进口，但非法走私活动（即上述带有"芒硝"伪装的鸦片）在 19 世纪又迅速增多起来。鸦片的输入对中国社会造成的后果是毁灭性的：吸毒成瘾的人日益增多，连带引发健康问题，使得受其影响的家庭倾家荡产，帝国的财力随之耗竭，并腐化了私下与走私贩互相勾结的官员。

1839年道光帝派遣了公认是正直而刚毅的林则徐带着厉行禁止鸦片进口的命令来到广州。林则徐查获了两万箱鸦片并在一个公开场合正式销毁。在这个自由贸易帝国主义时代，英国人认为这一行动是对他们在世界各地自由贸易权利不可容忍的侵犯。我们暂且不谈抽象的原则，最主要的英国鸦片商和以其名字命名的大商号创始人威廉·渣甸（William Jardine）这时在中国哀叹道："禁烟以后看不见一支鸦片烟枪，找不到一个零售商……连一个打听买鸦片的人也没有。"[4]渣甸在与英国外交大臣帕默斯顿勋爵进行的一次长谈中倾吐了他的忧虑。不久，英国装有火炮的快速帆船就为了伦敦所谓的贸易自由问题与中国的舢板船开战，这并不令人感到意外。

全面战争开始于1839年11月。在战争中，清军装备极端低劣，由于欧洲军事技术进步很快，双方力量悬殊较之当年西班牙征服者与阿兹特克人之间的差距更大。这可以用一个事例来说明：清军曾计划把鞭炮绑在大批猴子背上，然后把猴子扔上英国战船的甲板。其理论根据是，鞭炮的火焰会向四周迸溅，如果刚巧碰到船上的军火库，就会把战船炸毁。实际上确实有19只猴子被带进清军司令部，但就像一位清朝官员承认的那样，"事实上没有一个人胆敢接近外国舰只把猴子扔上甲板，因此这一计划也就未曾付诸实施"。[5]因而英国人仅以一个海军中队的舰只和几千人就能占领一个又一个港口。1842年北京政府宣布投降并签订《南京条约》，这是一连串蚕食掉中国许多主权的不平等条约中的第一个。

根据《南京条约》，中国割让了香港岛，为对外贸易开放了广州、福州、宁波、厦门和上海五个通商口岸。英国可以在这些通商口岸设立领事馆，英国商人可以租借土地用于居住和经商。中国还同意把关税统一固定为进口货物价值的5%，只有经过双方同意才能改变。这一条款剥夺了中国关税的自主权，从而使它丧失了对国家岁入的控制。更有甚者，在第二年缔结的一个补充条约中，允许英国人享有治外法权，并给予英国最惠国待遇，保证英国也享有以后中国可能给予其他列强的特权。

《南京条约》并没有终止中国人与欧洲人之间的摩擦。欧洲人失望了，因为条约所允诺的开放并没有带来他们所预期的贸易大发展。他们认为，补救办法就是取得更多的让权。另一方面，中国人则感到条约已给予外国人太多特权，因而经常逃避履行其条约义务。此外，现在蜂拥至各个通商口岸的欧洲商人和冒险家的狂暴行为也激怒了中国人民，遂使中国民众中爆发出排外的情绪。

双方都充满了对抗情绪，因此战争在1856年再度开启并不出人意料，这次是由英法两国一道攻打中国。西方武装力量仍像第一次战争一样是不可抗拒的，1858年清政府被迫签订了《天津条约》。清政府拖延履行条约，以致战端再启。这次英法联军一直攻打到北京,并于1860年迫使中国签署了《北京条约》。《天津条约》和《北京条约》同意在沿海和内地再开放几个通商口岸,重新规定并扩大了治外法权的范围,允许在北京设立外国使馆,并在全国建立基督教教堂,宣传教义。

中国的第三次战败蒙受的耻辱最甚,因为这次是败在小小邻邦日本帝国手中。在第十七章我们将会看到日本人与中国人恰恰相反,他们始终能使西方技术适应他们的需要,并建立了一支很有战斗力的军队。在取得了其他东方国家都没能达到的成就后,日本开始逼迫朝鲜满足其暗示的要求。过去,朝鲜人一直承认中国的宗主权,但他们也经常向日本进贡。因此,在1894年中国应朝鲜之请求派遣一支小部队前去帮助镇压一次起义时,日本也派出一支海军陆战队登陆。两支军队发生冲突,中日双方于1894年8月正式宣战。中国军队又被现代化的日本军队轻易地打败了。1895年4月,北京被迫接受《马关条约》,条约要求中国赔款,承认朝鲜独立,将台湾岛、澎湖列岛和辽东半岛割让给日本,并给外国商人再开放四个通商口岸。一些欧洲列强并不喜欢在向中国索取割让方面出现一个新的竞争者,因此,俄法德三国联合要求把战略上很重要的辽东半岛归还中国,这是日本很勉强答应的一个要求。

庞大的中华帝国在一个它所藐视的用现代武器装备起来的邻国面前已经显得完全无能为力。另外,欧洲列强在前几年里也已趁着中国变得软弱可欺之机兼并了很多外围地区,这些地区一向都是承认北京的宗主权的。俄国攫取了阿穆尔河(黑龙江)流域、滨海省份,并一度占据过中亚的伊犁地区。法国夺去了印度支那,英国占领了缅甸,日本由于打败了中国而在朝鲜取得支配地位,然后于1910年彻底兼并朝鲜。除了夺取这些领土之外,西方国家还把中国本土划分成若干势力范围,在各自范围内承认有关列强的政治和经济利益是首要的。因此,云南及与印度支那接壤的边界地区变成法国的势力范围,广州、扬子江流域及其间的广大区域是英国的势力范围,满洲是俄国的势力范围,山东是德国的势力范围,福建是日本的势力范围。

四、重演造反而无革命

上述屈辱和灾难削弱了清朝即满族朝廷的地位。许多中国人都认为,清政府应对史无前例的民族危机负责,清朝变得非常不得人心,特别因为它是外来的少数民族。要是搁在过去,这样的动乱时期会被解释为清朝"奉天承运"的气数已尽,民众起义将会推出一个新朝代来代替清朝。但是,这一传统过程却被大国的干涉阻止住了。

19世纪中叶确曾爆发过几次叛乱，其中包括发生在中国北方农村和小城镇的捻军造反（1851—1868），发生在西北和西南的穆斯林叛乱（1855—1873），发生在南方的苗族暴动（1855—1872）。所有这些叛乱都缺少思想觉悟和政治组织，只不过是某一具体地区不满情绪的反应，并没有预期会出现一个新的社会秩序。伟大的太平军叛乱（1850—1864）在其范围和特点上都与以前的叛乱有所不同。它取得了对扬子江两岸地区的控制权，深入北方几乎到达北京，西抵四川，南至广东。与其他农民造反不同，太平军曾受到西方的影响，尤其是基督教教义的影响，因此它确立了很多社会改革目标。但在中国也和在第三世界的其他国家一样，社会改革运动遭到了强有力的西方既得利益集团的反对，如果对旧秩序进行实质性改造，他们的既得利益必然会丧失很多。因此，一时似乎要胜过满清的太平军起义最终还是被镇压了下去，部分原因就是清朝得到了西方强有力的支持。

太平军的领袖洪秀全（1814—1864），是中国南方讲客家话的一个少数民族的成员，一个不得志的儒生，他曾在广州的多次科举考试中落第。洪秀全还是一个神秘主义者，他确信他是被召唤出来充当新救世主的——这是他从基督教中学到的一个观念，因为他与广州的新教传教士曾有接触。洪秀全幻想他成了上帝的第二个儿子，耶稣的一个兄弟，奉上帝之命来清除这个世界上的魔鬼。这种想法导致一些社会改革观念，这些观念是以诸如《周礼》（公元前2世纪）这样一些中国经典著作为根据的，它代表了古代中国思想中的乌托邦主义。洪秀全设想并力求实现一个平均主义社会，废除士大夫，家家都有田可耕，但又不独占土地。每家够吃以外的余粮都归入公仓。

太平军也尝试过其他基本的社会变革，这些变革等于是20世纪革命运动的预告，所以深受当代中国共产党人的喜爱。这些变革包括推翻满清，禁止鸦片，禁止烟酒，反对设立祖宗牌位和儒释道三教的偶像。最惊人的是他们提倡男女平等，这种思想反映在他们反对纳妾、缠足、一夫多妻、卖淫和包办婚姻等方面，他们坚决主张妇女有和男人同等的权利担任领导职务。

很多西方人最初都是赞成太平军的，他们以为洪秀全的基督教方针将会引导他与基督教国家建立较密切的外交和商务关系。1854年1月7日《北华捷报》（Herald）的社论写道："我们把他［洪秀全］看成是以快速步伐推进中国真正开放的动力，他能促进与西方世界的联合；我们相信在他的更开明的统治下，我们的商人将能迅速摆脱目前的困难和障碍，赢得自由、互惠、清白无瑕的贸易的一切好处。"[6] 有关太平军秩序和纪律方面的报道，在一开始就给西方人留下深刻印象，他们对此表示欢迎，认为有助于改善贸易关系。在上海停留了两个星期的海军准将佩里于1853年5月报告说，太平军像摩门教徒一样很守纪律，并赞扬太平军是"一支有组织的革命军队,为争取更自由、更开明的宗教和政治地位而勇猛战斗"[7]。

这种赞同的态度慢慢地发生了改变,主要原因是欧洲商人和外交家们断定:维护清朝、镇压反叛更符合他们的利益。由于预计的太平军迅速获胜并未实现,旷日持久的内战使得贸易额急剧减少。例如,1853年美国出口中国的棉织品价值为283.1354万美元,但1854年和1855年的平均出口总额却仅为40万美元。在太平军起义期间签订的《北京条约》(1860)虽然在内地和沿海开放了不少通商口岸,但是由于太平军控制了内地的大部分地区,也就使得欧洲人无法充分利用这些新的特权。最后,太平军禁止鸦片又疏远了英国人,英国人曾极力争辩说,既然有对麻醉品的需求,他们就有满足这种需求的自由,但无论怎样争辩都是毫无效果。

在这种形势下,《北华捷报》一反其初期立场,转而斥责太平军为"打家劫舍"的"盗匪",并声称:"为了尽快结束这场长期不止的动乱,无论采取什么手段都不会有人计较,因为叛乱正在使贸易受到损害。"[8]英国全权公使约翰·包令爵士在早些时候曾向帕默斯顿勋爵报告说"埃及永远成不了工业品制造国"(参见第十一章第三节),这时也写信告诉伦敦,"现存的帝国政府,尽管它可能是很恶劣、腐败、愚昧的"[9],但最好还是予以支持。美国专员列卫廉(William Reed)也以类似的口吻向华盛顿报告:"一度被认为具有巨大影响的叛乱,现在却被视作应该予以结束的有害的灾变。对帝国政府应予支持……"[10]

西方各国政府都接受了这一建议,使得清帝国政府有海关税收可用,又给它提供武器、轮船和技术人员。另外,帝国还招收外国雇佣兵入伍,其人员和武器均由外国大使馆提供。这些雇佣兵中有一个美国冒险家汤森·华尔(Townsend Ward)和一个英国皇家陆军工程兵军官乔治·戈登(George Gordon)上尉。后者统率常胜军,后被称作"中国的戈登"。还有一支法中联队帮助从叛军手中夺回了重要城市杭州。

外国的干涉在最后打败太平军中起了多大的作用还是一个有争议的问题。如果没有西方的援助清朝将会覆灭的说法也无法证实,但似乎可以看得很清楚:西方的援助的确大大有助于清政府的苟延残喘,就像太平军内部最后产生严重分裂,以及士绅阶层并不出人意外地拒绝与如此咄咄逼人的叛逆合作,也对清政府有所帮助一样。

不论太平军最后失败的原因究竟是什么,它对19世纪的中国产生了深远影响则是毫无疑问的。15年的战火使国家遭受了巨大的破坏。据西方观察家估计,约有两三千万人丧生,但历史学家何炳棣的研究表明,扬子江下游四个省份的损失更大。叛乱也不断地削弱了朝廷的权力,并迫使朝廷同意在各省有势力的官员和士绅领导下发展地方武装。这些新的领导人靠征收传统的土地税并向商人强征捐税来筹集其活动经费。他们并不把这些收入上缴国库，而是用来向西方购买武器和维持他们的私人军队。这样一来，就在军事和政治力量上出现了一个从帝国政府向地方首领发生基本转移的局面，这些地方首领毫不犹豫地对国是发表意见，并与外国政府直接谈判。

因而，清政府与其臣民和与外国政府的联系均被削弱。从此，西方列强开始比过去更加广泛地干涉中国的事务。它们迫使清政府罢免那些它们认为是敌视其利益的官员。它们控制了海关关税的征收和管理，排斥中国人担任海关高级职务，还排斥其数千中国雇员。上海的公共租界以种种非法手段扩大其界限，清政府对居住在租界内的外国人和中国公民都没有司法裁判权。清政府对如此严重的外国侵略不予抵抗的一个基本原因是，在经历了太平军事件以后，他们生怕再出现一次农民起义。清朝官员宁可向外国人卑躬屈膝，也不愿动员其臣民起来同御外侮。

太平军留给后人的革命传统一直保持到现代。他们的口号"耕者有其田"和"诛灭〔满清〕妖魔"，以及他们要求男女平等、要求摆脱外国势力控制取得独立等思想，都深深地影响了像孙中山这样一些民族主义领袖，甚至影响到其后的共产党人。太平军这种强有力的革命传统，或许有助于解释为何直到今天大多数西方历史学家在对待太平军的问题上还持有明显带有偏见和否定的态度。最近，美国历史学家小斯蒂芬·乌哈利（Stephen Uhalley, Jr.）已经指出了这一"错误的历史编纂传统"：

> 太平军动乱对现代历史的影响如此之大、意义如此之深远，使人们得以提出一些严肃的问题，例如为什么多少年来太平军事实上并没有得到认真而公允的对待……历史学家们倾向于过分信赖主要是伪造的或者是容易使人误解的太平军的文献，信赖清政府的探子的报告，以及由支持清政府的外国人编造的卷帙浩繁的反太平军宣传材料……下个世纪编写1950年代到1970年代印度支那战争的大部分历史，如果以西贡政府和美国五角大楼-国务院的官方宣传材料，以及由代表这些政策的党派所选择的一些其他文献为主要依据，也会出现类似的假想情况。
>
> 然而，正如目前存在大量的文献——其中包括五角大楼文件、大量的了解内情而又有独立见解的报告——对印度支那战争持有不同的见解一样，也有大量的1850年代至1860年代的当时证据存在，它们对太平军史实有更好的阐述。问题是，为什么没有适当地利用这些证据？……
>
> 请记住，我们正在谈论中国的革命者，他们曾试图成为基督徒，试图与西方友好，他们曾赢得富有热情的西方朋友，但尽管有这些努力，他们却又主要是在西方的纵容下被扼杀了——因为他们威胁到了有利可图的鸦

片贸易，还因为清政府已表明（在 1860 年的《北京条约》中）它很愿意恭顺从命。(11)

乌哈利所描述的太平军起义与晚近的印度支那战争的相似之处可以从"中国的戈登"的记述中得到证实，戈登在中国显然遭受过与美军士兵在印度支那遭受的相同的挫折，并且是出于同样的原因：

> 我在这个国家服役近四年，因此我能充分认识到双方都是同样的腐败。但是应该承认，在太平军这一边至少还有一些改革，而且他们蔑视清朝的很多琐屑无聊和崇拜偶像的习俗。当我睁大眼睛企图寻找太平军品质上的缺点时，通过三个月的密切观察，我发现它具有很多帝制派从未显示过的富有希望的特点。叛军官员无不英勇善战，如果你能见到忠王，他现在在这里，你会立刻说这样一个人是应该成功的。府台或恭亲王或其他清朝官员都不能和他相比。
> 在长江三角洲的迷宫似的一些小路中要想逮住这些狡猾而残酷的胆小鬼［指太平军士兵］是完全不可能的。到处都有他们的探子窥伺我们的行动，而且像我们一样知道是什么行动，这就使他们可以在离我们部队几百码的范围内，比较安全地继续施展其纵火战术；然后他们就会通过沟渠，穿过庄稼地逃走，我们休想捉住他们。这些家伙深知这一点，尤其是在遇到背负沉重装备的外国军队的追击时。放出猎狗在干草地里搜索蚱蜢，可能都要比派士兵在河汊纵横交错的地方指望抓获长着飞毛腿而且滑得抓不住的太平军更好办。(12)

五、纳入资本主义世界体系

不平等条约给西方经济向中国渗透提供了合法基础，在镇压了太平军以后，更是加速渗透。条约使约 90 个"通商口岸"对外开放，在这些口岸上，西方商人根据治外法权，按受西方领事法庭管辖的西方合同法及私人债务法办事。在这些口岸上，西方人可以依据 99 年的租借期限拥有其财产，这使他们可以开设工厂、银行和商号。还有势力范围，在那里，外国人可以修筑铁路，获得采矿权并驻扎他们的警察，这样他们也就有效地控制了满洲（俄国）、山东（德国）和福建（日本）等整个地区。

海关和邮局从法律上来说是中国机构，但却由外国人管理，他们占据了全部最高职位。海关的全部收入都直接用于支付外债。外债主要包括三次战争和义和团运动（1900年）后强加给中国的各种赔款，在义和团运动中，北京的外国公使馆曾被激怒的中国人围攻，直至一支国际远征军开到时才得以解围。为了支付被日本战败后的3000万英镑的赔款，中国不得不借外债，偿还时需付1亿英镑。同样，3.33亿美元的庚子赔款要求按年分期付款，这几乎吸尽了清朝政府的全部收入。

最后，西方公司不仅在纺织厂、矿山和造船厂剥削中国工人，而且还从事恶毒的"猪仔贸易"（pig trade），这与早期的非洲奴隶贸易很相像（参见第五章第二节）。不顾清朝政府的反对，中国劳工从1847年起就被非法运到海外的矿山、种植园和诸如铁路的建设工地等处。由于废除了奴隶制，来自中国、印度和日本的这种苦力贸易不断发展，在人数上后来甚至超过了早期的奴隶贸易。中国贩奴商每送一名劳工到贩运栈，就能到手一份人头钱。

理论上，他们是自愿的契约劳工（但在一字不识的苦力接受毫无意义的书面契约的情况下，所谓自愿制度只不过是一种神话），但是诱拐和绑架的事情也并非罕见。贩奴栈的苦力用船运到海外，这些船即是闻名的"浮动地狱"（floating hells），死亡率之高有时令人想起早期的奴隶运输船。当中国当局试图管制这种交易时，人贩子就将他们的活动转移到澳门，从那里仅一年时间就有5207名劳工被运往古巴，8417名劳工被运往秘鲁。仅旧金山一地，在1863年以前就接收了108471名劳工，大部分劳工都被派去开矿或修筑铁路。还有一些劳工被运到了西印度群岛、夏威夷、苏门答腊和马来亚。在所有这些地方，后来被称作"猪仔贸易"的勾当，为今日繁荣的华侨的侨居地打下了基础。

西方对中国经济的种种入侵，不可避免地产生了广泛的影响。最明显的一点是，中国与西方的贸易额迅速增加。从1868年到1913年，中国的进口额增加了八倍，而出口额则增加了近六倍。不过，虽然不平等条约将海关关税限制为进口货物价值的5%，但是中国的手工业却并未被破坏得像人们所料想的那么严重。关税限制的确妨碍了清政府的税收，妨碍了保护处于萌芽阶段的工业。但是中国高度发达的生产和销售系统一直颇有抵抗能力，使西方用机器制造的产品无法像在阿根廷、埃及、印度尼西亚、印度和第三世界大部分其他地区那样完全占领市场。例如，中国的纺织工能用国内外工厂生产的棉纱来维持自己的生产。中国经济能够相对不受西方资本主义的影响，有下述事实可以证明：1900年中国出口额按人头计算每人仅30美分，与其相比，印度为1.2美元，第三世界其余地区为3.7美元。[13] 迟至1933年，手工制品在整个制造业中所占的比重，按纯产品计算仍为72%，纺织品所占的比重为63%。[14]

同样显而易见的是，中国的大宗出口产品都是很平常的东西：猪鬃、蛋类、肠衣、桐油、锑、丝绸、茶叶、羊毛、兽皮、草编织品和烟火等。罗兹·墨菲概括说："这些出口商品无论怎样估价，充其量也只不过是传统生产的一小部分。"因此，通商口岸对中国的民族经济并未起到像对印度和东南亚经济那样带有根本性的普遍改组作用。"当代中国的前景已经表明，通商口岸只是陌生的中国海中一些孤立的小岛，中国海过去一直在抵抗它们，然后舍弃它们。"(15)

尽管如此，19世纪中国经济的欠发达和依附性的症状大都已经显露出来。不仅大部分钢铁生产而且民族棉纺织业也遭到破坏。美孚石油公司的石油代替了"中国油灯"中的植物油，法国公司获得了在云南、广西和广东开矿的特权，俄国和日本公司在满洲，德国公司在山东，英国在河南和山西都获得了相应的特权。因此，在1920年，外国人已经控制了99%的用现代方法生产的铁矿砂和生铁，76%的煤，93%的铁路，83%的经海关出港的轮船吨位和73%的扬子江的轮船吨位。已有的现代工业都属消费类（纺织业、食品加工业、烟草工业等），而所有这些工业和铁路差不多都靠近沿海地区。主要是要满足西方的经济需要，而不是满足中国经济全面发展的需要。例如，俄国人修建的穿越满洲到旅顺港的中东铁路，用的是俄制宽轨以便与横贯西伯利亚的铁路衔接，并阻止其与中国铁路接轨。1902—1913年，中国每年平均对外支付3180万美元，1914—1930年每年平均支付7230万美元。1902—1930年间流入–流出比为0.57。而且，西方保险公司还拒绝为中国船只保险，使它们无法得到与外国船只竞争的机会。第一次世界大战期间及战争刚结束后一段时期，西方工业忙于战时生产和战后重建，这时中国工业也最为兴旺发达，同拉丁美洲的工业一样，这一事实表明了外国资本主义对中国经济的压制作用。

19世纪的中国，既受到西方经济帝国主义的影响，又受到西方文化的影响。这在基督教传教士的活动中是显而易见的，传教士可以在这个国家通行无阻，几乎在中国一半的县里活动。他们努力使当地居民改信基督教，同时在文化上也有一些影响。像在第三世界其他国家一样，他们办的学校和医院都产生了积极影响。但是，他们一般都不受欢迎，因为他们与西方使中国遭受军事上的失败和规定允许传教士进入中国的不平等条约有关。因此，大多数中国人都看不起"吃教的人"，他们对少数皈依基督教的人就是这样嘲骂的。有一次，某个城市的一群老百姓驱逐了一名传教士，在他后面高声喊着："你们烧了我们的宫殿，杀了我们的皇帝，向我们的人出卖毒品，现在却又跑来假惺惺地教导我们行善积德。"(16)

不仅传教士不受中国人的欢迎并使他们恼怒，很多西方人公然蔑视的态度同样激怒了中国人。在17和18世纪，欧洲人对中华文明非常尊崇，因为它有儒家伦理道德，它有选拔政府官员的科举制度，它推崇学问而不是崇尚武力，它生产的手工艺品十分精巧。到了19世纪，中国人在战场上表现得软弱可欺，又不愿接受西方的制造品和西方的基督教,于是西方人对待中国人的态度就由尊崇变为蔑视。太平军起义期间,英国的幽默杂志《笨拙》(Punch)上曾发表过一首诗,反映了欧洲人这种轻蔑的看法,对于向来以其过去的光荣传统而自豪的中国人,这种蔑视尤其使他们感到痛苦:

> 眯着他们小小的猪眼睛,
> 晃着他们大大的猪尾巴,
> 吃的是老鼠、狗肉、蛞蝓和蜗牛,
> 所有这些似乎都是油锅中的野味,
> 肮脏的一心贪嘴,那约翰·中国佬,
> 哼着小调儿躺着饮茶,那狡猾的约翰·中国佬
> 怕打仗,那胆小的约翰·中国佬,
> 约翰牛有了好机会——就让他打吧,
> 看他能不能让那约翰·中国佬睁开眼。﹝17﹞

美国新闻记者埃德加·斯诺(Edgar Snow)在第一次世界大战后访问上海时,在欧洲人中间发现了同样的优越感:"当我在1928年到达上海时,居住在上海的西方生意人就把租界当成实实在在并将永远保存下去的东西。在他们自我陶醉的心理状态中,满以为自己俨然是大陆,租界外面的四亿中国人只不过是上帝为了好做生意而安排在那里的一片郊区而已。"﹝18﹞

六、帝国的瓦解

中国的依附性和欠发达经济的特点是有增长而无发展,即原料出口额和工业制成品进口额增多,但是整个民族经济却没有得到发展。分裂的经济代替了统一的经济,更是加重了帝国的虚弱之态。中国人自己进行的一点点工业化都是由各省士绅和官员们创办的,这些人在太平军起义期间僭取了帝国的很多权力,并在其后数十年中创办了一些工商企业,从而增加了他们一己的财富和权势。由于他们的社会出身使他们缺少管理现代化工业的经验,而且他们把企业视为较之传统的田产次要的产业,所以尽管他们已与西方资本主义发生关系,但他们首先仍是士绅,其次才是企业家。

经济发展中的另一个中国因素是买办,他们既不受帝国控制,又敢于向帝国制度挑战。买办(comprador一词系从葡萄牙语compra即"购买"一词演变而来)是

设在中国的洋行的中国经纪人，充当洋行与当地社会之间的中间人。他们管理中国职员，提供市场情报，对当地银行的汇票负责，并用"洋泾浜"英语充当翻译，这是一种汉语、马来语、英语和葡萄牙语的混合语言。例如，在一次中毒事件中，一个英国商人问："买办，出了什么麻烦了？"买办回答说："My no savey. Talkee that blead got spilum. My savey this house blead all light."（"我不知道，他们说面包是放坏了的。我只知道我们这间房子里的面包是好的。"）(19)

买办与地方上的士绅完全不同，士绅们是在儒家准则允许的范围内经营其工商业，并使工商业从属于四周的农业。而买办则相反，他们在通商口岸经营，既不受儒家价值观念的约束，也不受国家官员的侵害。他们是中国历史上第一批能积攒大量财富而有势力又不受帝国官员"敲诈"或勒索的商人。在儒家等级制度盛行的中国，他们作为商人处于社会阶梯的底层，但在通商口岸，他们作为不可缺少的富裕的中间人却享有很高的地位。与士绅商人相反，买办们不是把他们的儿子送去参加科举考试并进入仕途，而是把他们送进国内的教会学校，然后再送到国外上大学，目的在于训练子孙发展其家族企业而不是当官。

买办一般被中国的民族主义者斥为事实上的卖国贼，他们充当了外国人的工具并靠牺牲本国人民的利益发财致富。这种说法在一定程度上是真实的，因为买办的确使外国经济易于侵入中国。另一方面，由于买办收取了大量的佣金，并开办了自己的有竞争力的企业，也使他们成为外国人最有力的商业竞争对手。也有一些买办在改良运动、甚至在直接反对清朝当局的革命运动中起到主导作用。有一些人从他们的个人经历中很快就认识到清朝和洋行对中国的民族利益都是有害的，于是他们就以各种方式或在不同程度上支持某些致力于实际变革这个国家现状的组织。因此，买办作为一个阶级已经分裂成有骨气的民族主义战士和投靠外国人的卖国贼。

帝国瓦解的加速，不仅是由于各省士绅和买办的作用，也是由于19世纪广大农民的日益贫困。重要原因之一是人口大增，从1850年的约4.3亿人增加到1950年的6亿人。也正是由于帝国的瓦解，以致未能有力地控制洪水、治理河道，无力兴办新的水利工程，并造成各省军阀的横征暴敛。西方不断深入的入侵，促进了农业的商业化，包括像茶叶、鸦片、丝绸和烟草这类有着很高市场价值的商品生产。这种种形势的最终结果便是，拥有土地多寡的程度日趋悬殊，因此，农民对土地的渴求也在日益增高。据估计，1932年，有40%—50%的农民家庭没有足够的土地满足其家庭需要。然而还需补充说明一下，地区与地区之间的情况极不相同，绝大部分农民大都有一点土地，即使可能不足以满足其需要。

在19世纪末叶的中国，产业工人也是一个陷于困境的阶级，他们遭受了工业化初期所特有的虐待和剥削。到1919年，工人人数已达150万，其中四分之三在运输业或轻工业尤其是纺织业中做工。五分之三的工人在中国工厂里做工，其余的在西方人办的工厂里做工。几乎所有工人都集中在华东各省的几个大城市，上海有30万工人，香港有5万工人。由于工人集中于城市，直接经受由于追求西化的新工业社会秩序所产生的压力，因而他们也就成为中国社会中最不稳定的分子。他们通常最乐于支持学生，而学生则往往是抵抗运动和革命的先锋。

随着1905年以儒家思想为基础的科举制度的废止，传统学问丧失了威望，学生日益转向西方寻求知识并学习西方的教育制度。1896年只有九名中国留学生在日本学习，十年后就增加到1.5万人。1872—1949年间，世界各地的中国留学生总数有10万多人。虽然这些学生绝大多数必然是富家子弟，但却也是中国社会中最易激起动乱的分子。他们受到新思想和新价值观念的熏陶，充分意识到祖国遭受西方剥削和凌辱的程度，领导组织了一些抗议和抵抗运动。1905年，由于美国虐待中国移民，学生们在广州领导了一次反美的抵制洋货运动。1908年又组织了一次范围更大的抵制日货运动。1915年北京大学教授、后来的中国共产党创始人陈独秀在他的《敬告青年》一文中向学生们提出：

> 自主的而非奴隶的！
> 进步的而非保守的！
> 进取的而非退隐的！
> 世界的而非锁国的！
> 实利的而非虚文的！
> 科学的而非想象的！[20]

这些口号代表了一种与"自强"运动的口号完全不同的世界观，自强运动是对西方挑战的最初的反应。"自强"一词来自儒家经典，1860年代用它来表示通过移植保护性的西方技术来保存中华文明。用这一时期一位改革者的话说，"中国应该取得西方在武器和机器方面的优势，但仍保持中国在儒家美德方面的优势"[21]。"自强"运动注定要失败，因为它所依据的基本假定是谬误的。西方化不能是一个不彻底的过程，如不彻底西化就什么也学不到。器物的西方化不可避免地会导致思想和制度上的西方化。所以西方科学不能用来保护儒家文明，倒不如说它一定会破坏儒家文明。

在偶尔要求民众参政的问题上，才显示出关于中国究竟需要什么的观念有所转变。在此以前，中国明显缺乏西方民主主义和民族主义的概念。反之，它一直强调的是家庭，就更广泛的忠诚而论，它采取了"文化主义"形式而不是"民族主义"

形式。文化主义意味着与本国的文化传统相一致，人们简单地把它视为与外国的野蛮状态互不相容。中国统治阶层中的士大夫阶级这种传统之见很深，其中很多人还公然声称"宁愿看到亡国，也不愿看到生活方式改变"[22]。为了反对这种传统的文化主义所表现出来的保守主义，维新派领袖们这时肯定了具有革命性的西方概念。一位维新派人士问道："民族主义意味着什么？""这就是说所有种族相同、语言相同、宗教相同、习俗相同的人民彼此以兄弟相待，共同为独立和自治而奋斗，组成一个更完善的为公众谋福利的政府，反对其他种族侵犯……如果我们希望在中国促进民族主义，除了通过人民的革新，别无他途。"[23]

中国维新运动的倡言者在1898年夏天似乎有了一次机会，当时他们说服了年轻的光绪帝摆脱慈禧太后的影响，并发布一系列改革法令，总称"百日维新"。但是，皇太后在军队的支持下，废黜了皇帝，废除了改革法令。其后的反应是引起义和团起义并包围了北京的外国公使馆。在短短几个月里，国际联军解了公使馆之围，并迫使中国给予外国列强更多的通商特权，偿付更多的赔款。

"百日维新"和义和团之乱的大失败生动地证明，试图从上层改革中国徒劳无益。只有自下而上的革命才是可行的办法，从这时起，中国社会已经有了准备革命救国的因素。与此同时，对清朝的支持大都已经消失，就像1911年所表明的那样，清朝最终由于其内部积弱而崩溃，而非被革命力量所推翻。由于清朝曾经得到西方的支持，它的垮台也就标志着西方支配中国时代结束的开始

[注释]

1. Ping-ti Ho, "The Chinese Civilization: A Search for the Roots of Its Longevity," *Journal of Asian Studies* XXXV（Aug. 1976）: 549.

2. M. Elvin, *The Pattern of the Chinese Past*（Stanford, Calif.: Stanford University Press, 1973）, p.129.

3. Cited by Tan Chung, "The Britain-China-India Trade Triangle（1771-1840）," *Indian Economic and Social History Review* 11（Dec. 1974）: 421.

4. Ibid.: 425.

5. Cited by A. Waley, *The Opium War Through Chinese Eyes*（London: George Allen & Unwin, 1958）, p.170.

6. Cited by Yuan Chung Teng, "American-China Trade, American-Chinese Relations and the Taiping Rebellion, 1853-1858," *Journal of Asian History* III（1969）: 100.

7. Cited ibid.: 101.
8. Cited by S. Y. Teng, *The Taiping Rebellion and the Western Powers* (London: Oxford University Press, 1971) , p.214.
9. Ibid., p.230.
10. Ibid., p.116.
11. S. Uhalley, Jr., "The Significance of Jen Yu-wen's Magnum Opus on the Taipings," *Journal of Asian Studies* XXXIII (Aug. 1974) : 679; and "Correspondence: Stephen Uhalley, Jr., and Westerners in China: A Commentary," *Journal of Asian Studies* XXXIV (May 1975) : 870.
12. Cited by J. Spence, *To Change China: Western Advisers in China 1620-1960* (Boston: Little, Brown, 1969) , pp.87, 92.
13. P. Bairoch, *The Economic Development of the Third World Since 1900* (Berkeley: University of California Press, 1975) , p.109.
14. F. V. Moulder, *Japan, China, and the Modern World Economy: Toward a Reinterpretation of East Asian Development ca. 1600 to ca. 1918* (Cambridge: Cambridge University Press, 1977) , p.107.
15. R. Murphey, *The Outsiders*: *The Western Experience in India and China* (Ann Arbor: University of Michigan Press, 1977) , pp.225-27.
16. Cited by K. M. Panikkar, *Asia and Western Dominance* (New York: John Day, 1954) , p.434.
17. Cited by Spence, op. cit. p.78.
18. E. Snow, *Journey to the Beginning* (London: Victor Gollancz, 1960) , p.5.
19. Cited by Hao Yen-p'ing, *The Comprador in Nineteenth-Century China: Bridge Between East and West* (Cambridge, Mass: Harvard University Press, 1970) , p.182.
20. Cited by E. R. Wolf, *Peasant Wars of the Twentieth Century* (New York: Harper & Row, 1969) , p.138.
21. Cited by E. Swisher, "Chinese Intellectuals and the Western Impact, 1838-1900," *Comparative Studies in Society and History* I (Oct. 1958) : 35.
22. Cited by J. R. Levenson, *Confucian China and Its Modern Fate* (Berkeley: University of California Press, 1958) , p.105.
23. Cited by J. K. Fairbank, "China's Response to the West: Problems and Suggestions, " *Journal of World History* III (1956) : 403.

> 为了维持沙皇统治，德国和法国的金钱正在源源不断地流入彼得堡，如果没有这股生命活水，沙皇统治早就该咽气了。今天俄国的沙皇主义已不再是俄国条件的产物，其根源是西欧资本主义的条件。
>
> ——罗莎·卢森堡（Rosa Luxemburg）：
> 《社会民主主义的危机》
> (The Crisis of Social Democracy，1916)

第十六章　俄国进入第三世界

俄国同中国一样，在19世纪以前一直未被卷入世界市场经济体系（参见第三章第三节）。俄国由于陆地面积辽阔，拥有种类繁多的自然资源和广大的国内市场，使它得以独立发展从而避免了像匈牙利、波兰-立陶宛等东欧国家那样从属于西方经济。在彼得大帝的鞭策下，俄国于18世纪经历了它的第一次经济大跃进——这次跃进后来成为苏维埃"五年计划"的榜样，而且使俄国实质上变成一个工业国家。但它的基础比较薄弱，并因依靠强迫劳动和缺乏足够的技术及运输设施而受到削弱。结果，在18世纪末叶英国进行工业革命时，俄国就远远地落在了后面。

经济落后的结果在克里米亚战争期间惨痛地显露了出来，当时西方的蒸汽轮船挫败了俄国的帆船，西方的大炮和来复枪比俄国的加农炮和滑膛枪射击效果更佳。不过，克里米亚的溃败使俄国为之震动，这一震动正是引起体制改革所必需的诱因。改革有助于俄国此后接连不断的几个阶段的经济增长。不过要到60年后，第一次世界大战的炮声才敲响了俄国资本主义的丧钟，就像克里米亚的炮声预告了俄国资本主义的诞生一样。本章将会分析俄国充当领头羊率先与西方统治的世界秩序大破裂的历史性角色之原因，这次大破裂在此后数十年中为其他国家所相率仿效。

一、亲斯拉夫派对亲西方派

　　俄国在工业革命初期未能起到领导作用的部分原因是地理上的不利条件。彼得大帝发现，必须到距离莫斯科1600公里以外的乌拉尔地区才能找到足够的铁矿资源。在18世纪，炼铁用的是木炭，但当森林开始伐尽时，俄国人发现他们无法像英国人很久以前所做的那样改用煤和焦炭。俄国距离最近的煤矿藏是位于遥远的乌克兰地区的顿涅茨煤田，两地之间既没有河流也没有运河相连。英国利用焦炭炼铁仅在19世纪前半叶其生铁产量就增加到30倍，而俄国人在同一时期甚至连将其生铁产量翻一番都做不到。

　　地理条件并不是束缚俄国经济发展的唯一原因。还有农奴制的沉重负担。农奴制把农民束缚在土地上，从而阻碍了向工业输送劳动力；由于农奴的购买力非常有限，所以也限制了国内市场的发展。工业资本主义在西方的兴盛发达是以农业劳动者即不论是奴隶、农奴还是自耕农与土地相分离为基础，土地既为农民提供了生活资料，又是农民经济落后的根源。过去农民被逐出家园往往发生于农业技术改进之后，技术的改进使农业能够供养大量的不再从事农业的人口。事实上，在西方这种技术革新已经创造出一个失业的农民阶级，他们被迫依靠向企业家出卖劳力来谋生，这些企业家拥有资本并准备从事商品生产以牟取利润。

　　只要沙皇的大多数臣民仍然作为农奴而被束缚在土地上，资本主义经济发展的这种模式就不可能实现。一些俄国制造商专门为国家生产，尤其是生产军用物资，其他商人则为官僚地主统治阶级成员生产奢侈品。但这种生产并无补于俄国所缺乏的大规模国内市场，而大规模国内市场则曾是促进西方工业增长的重要因素。

　　农奴制的继续存在，以及在沙皇的专制统治下缺乏任何代议制机构，使俄国思想家分成了两派，即西方派和斯拉夫文化优越论者。西方派哀叹封建的、农业的和专制的俄国与拥有代议制政治制度的西方工业化社会之间的差别，他们认为这些差别是俄国发展速度较慢的结果。因此他们把彼得大帝奉为英雄，并力劝其他统治者向彼得的力图促使俄国迎头赶上西方的英雄气概看齐。

　　另一方面，斯拉夫文化优越论者则不接受西方派关于人类文明是一个整体的基本设想。他们坚决主张，每个国家都应体现并表达其人民的特殊的民族精神，如果试图让一个国家仿效另一个国家，结果必然是引起矛盾和不和谐。他们认为俄国与西方之间的差别是根本性的和固有的，这反映着民族精神中深刻的不同点，而不是先进程度的差异。尤其是在1812年俄国人大胜拿破仑之后，斯拉夫文化优越论者更是确信他们的制度优于西方的制度。一位斯拉夫文化优越论者写道："与俄国的强大、统一、和谐相反，西方除了争吵、分裂和软弱，别无其他，相比之下，我们

的伟大更形突出，有如光明之不同于黑暗。"(1)

中国对西方资本主义入侵的抵抗，终止于1839—1842年的鸦片战争；俄国的抵抗则停止于十年之后，即1854—1856年的克里米亚战争。俄国在克里米亚的战败，是对斯拉夫文化优越论者的一个沉重打击。他们曾经自信地预言，俄国专制制度的优越性将会导致一个可以与1812年战胜拿破仑相比拟的胜利。结果，反而是俄国在其本土被打败，而且这次战败暴露了旧政体的腐败和落后。俄国的士兵在1855年曾像在1812年一样勇敢地战斗过，但是形势对他们极其不利，徒唤奈何。他们使用的来复枪，其射程只有西方军队中使用的来复枪射程的三分之一。他们只能用帆船来抵抗英法两国的汽船。俄军甚至没有名副其实的医疗或给养后勤部队。在克里米亚半岛由于没有铁路，他们不得不靠马车拖运军火给养，部队得步行几百公里才能到达前线。简言之，就像一位西方派已经警告的那样，战争之所以失败，是因为"欧洲一直在进步的道路上不断前进，而我们则一直站在原地不动"。

二、俄国经济增长的第二个阶段（1856—1891）

克里米亚战败是对沙皇政权的一个毁灭性打击，迫使沙皇接受变革，向西方资本主义实行开放，并使俄国从此进入世界市场经济体系。第一个变革是解放农奴，甚至在战前农奴就已十分动荡不安。事实上，在1825年至1855年，即尼古拉一世统治的30年间，就已爆发过500多次农民骚乱。由于克里米亚的灾难，农奴日益增强的压力变得无法抵制，新沙皇亚历山大二世只有接受解放农奴的要求，作为取代革命唯一可取的办法。

亚历山大的决定得到很多贵族特别是南方贵族的支持。南方的土地比较肥沃，产量较高。当时欧洲正在日益工业化和城市化，对谷物的需求量也在不断增加，南方贵族赞成解放农奴是想利用这个机会。他们发现，只要所有土地都分散给农奴耕种，由于农奴只能生产仅够其自身需要的粮食和一点多余粮食供贵族领主们食用，也就无法生产大批剩余粮食以供出口。因此，更有远见的贵族都赞成让农奴从一直把他们束缚在小块土地上的契约中解放出来。贵族们计划合并小块土地，引进有效率的大规模的农业技术，只雇用那些以前的农奴做他们实际上需要的日工，而不用供养正在迅速增长的全部农奴人口。换句话说，南方思想进步的俄罗斯贵族出于和英国乡绅相同的原因而赞成解放农奴，那些英国乡绅们在这之前的300年中一直支持并实行圈地。

这些情况结合在一起，促使沙皇于1861年3月3日颁布了解放农奴法令。根据其条款，对所有农奴都给予人身自由，这是一项涉及俄国欧洲部分6000万人口中约 5000 万人的措施。地主保留了那些过去一直由农奴为他们耕种的土地，现在雇用劳力耕种，这些雇工往往就是解放了的农奴。村社的空地，不论是地主的还是国家的（它们在数量上大致相等），一律分配给解放了的农奴。国家用国库债券购买地主的村社空地，农民则用分期付款的办法偿还国库，即所谓赎地费，分 49 年还清。土地并不直接分给农民个人，而是交给他们的村社组织即"米尔"（mirs），村社再按照农民家庭人口的多寡，把这些土地分配给村民。为了确保待遇平等，村社每隔 10 年或 12 年会把土地重新分配一次。村社组织的成员对赎金共同负责。

在农奴制度下，农民们说："我们是属于你们的，但土地是属于我们的。"现在，他们不再属于他们的主人了，但土地也不完全属于他们。很多农民以嘲讽的态度欢迎长达 49 年或"两代人"的偿还赎金的规定。很多农民都认为"真正的解放"已被地主和官吏们篡改了，所以沙皇亚历山大在 1861 年 8 月接见一个农民代表团时才会说："除了我已给予你们的以外，不会再有什么解放了。要服从法律和条例！干吧！耕吧！听政府和贵族地主的话！"（2）

这些命令并没有被农民好好地接受。据 1861 年记载，有 1176 个庄园都发生了反抗活动，但是政府军队早有准备，动乱被平定了。到 1865 年，恢复了和平与秩序，至少是暂时相安无事。农民确实感到怨愤不平，而且随着时间推移，问题变得更为尖锐。首先，理论上，农民得到了他们以前耕种的土地，但是由于对牧场、低草地和森林地的分配安排都有利于地主，农民持有的土地和维持生存的权利实际上大幅缩小。其次，国家以比市场价高得多的平均价格买下地主的土地，使农民应付的赎金也相应提高。此外，农民除了分期付还赎地费外，还要付盐税和人头税，村社组织须对上述所有应付款项集体负责。

最后，必须注意到，改革前的份地原意是只占用农奴的一半劳动时间，另一半时间则要用于在主人保留的土地上劳动。因而解放后的农民严重就业不足，因为即使原来的主人雇用他们做工资劳动者，由于对雇佣劳动利用效率更高，所以需要的劳力也更少。又因出生率很高，农村这种就业不足的压力也就不断增加。随后一再出现饥荒，1891—1892 年饥荒的规模之大可与 1876—1878、1899—1900 年印度两次最严重的饥荒相比。政府的对策是在 1880 年取消了盐税，1886 年取消了人头税，并定期降低或延缓应付的土地赎买款。佢是农民的债务仍在继续增加，因此经常发生农民骚乱和暴动，直至 1905 年农民大举起义，最后才迫使政府开始进行另一轮制度改革，这次变革的规模可以与克里米亚战争后的那次相比。

就俄国经济的全面发展而论，农奴的解放确实极大地促进了资本主义企业的发展。以前被束缚在土地上的农奴现在可以从事工业劳动，尤其是由于 1861 年约有四分之一的农民已无足够的土地养活他们自己，及至 1913 年，这个比例提高了一倍，即有一半农民养活不了自己。应付的赎金和其他债务也逼得农民必须生产更多的农产品以换取所需的现金。另外，随着西欧工业化的不断增长，外国市场正在向俄国的原料和粮食敞开大门。1846年英国谷物法废除后，俄国向英国出口的粮食迅速增加。又修筑了连接富饶的乌克兰内地和黑海各港口的铁路，致使小麦、黑麦、大麦和燕麦的年均出口量从1856—1860年间的6900万普特（1普特=36磅），增加到1866—1870年间的1.2亿普特，1876—1880年间又增加到2.57亿普特。

与解放法令和增加农产品出口具有同等重要性的是政府为刺激工业发展而采取的各种措施。其一是修筑铁路，1855年俄国只有1000俄里（1俄里=0.66英里）长的铁路，到1881年铁路增加到2.1万俄里，到1895年又增加到3.3万俄里。这是一个相当大的成绩，在修筑铁路的过程中，不仅为加强整个经济提供了运输便利，而且也有助于各种工业的发展。

1882年采用保护性高关税（尽管其主要目标是提高国家税收）并鼓励引进外国资本和技术，这两项措施对俄国的工业化同样很有帮助。瑞典籍俄裔工业家艾尔弗雷德·诺贝尔（Alfred Nobel）在1870年代末期开始建立巴库石油工业，及至1900年，俄国已经成为世界上最大的石油生产国。威尔士人约翰·休斯（John Hughes）开发了克里沃伊罗格的铁矿和顿涅茨盆地的煤，这两项资源奠定了乌克兰钢铁工业的基础。为了纪念他，南霍夫卡市以他的名字命名。同样，一位德籍英裔企业家路德维希·努普（Ludwig Knoop）创立了大型棉纺厂，从英国进口机器和棉纱。莫斯科和圣彼得堡两地的西方及本国公司也发展起机器制造工业。

如果把至少雇用16名工人的企业确定为一个"工厂"，1866年俄国已有2500—3000个这样的工厂；1879年有4500个；1890年有6000个；1903年有9000个。同样，俄国的城市人口也从1811年占总人口的6.6%上升到1863年的10%，1913年达到15.3%。这种工业的扩展，加上新的铁路网，使区域经济专门化成为可能：乌克兰地区以面向出口的农业为主，里海地区以石油工业为主，南乌克兰以采矿业和冶金工业为主，莫斯科、圣彼得堡和波兰均以纺织厂为主，这些工厂的原棉有三分之一来自中亚各省。

就这样，克里米亚战争之后所采取的一系列制度上和政策上的变革加快了俄国经济的增长，并驱使它进入国际资本主义世界体系。俄国农业日益依赖西方市场，俄国工业日益依赖西方资本和技术，这意味着第三世界已经扩展到把波罗的海与太平洋之间欧亚大陆的广大地区也包括在内。俄国经济这种被包围的症状之一是，它比较容易受到周期性世界经济危机的影响。苏联经济学家斯特鲁米林（S. Strumilin）分析过在克里米亚战争之后的几十年中这种脆弱性的表现。他在指责过苏联同行学者未能注意世界经济危机对19世纪俄国的影响之后总结说：

现在可以肯定地说，1907年以前国际上任何一次周期性危机对俄国工业多少都有些影响。这并不出人意料。无论一个国家的工业发展已经达到什么阶段，一旦被纳入世界贸易的轨道，它就不可能逃脱世界危机普遍而强大的冲击……对外贸易统计数字表明，在每次世界危机中，随之而来的总是物价和实际需求的跌落，俄国对外贸易总额必然下降。据我估计，在1861年解放农奴后爆发的六次危机中，即从1867年到1908年，贸易总额的下降额不少于20亿卢布，其中仅出口额就减少了11.12亿卢布，谷物、黄油、蛋类、亚麻、兽皮等俄国农产品价格下跌乃是出口总值大降的主要原因。显然，农村收入的这种减少，实际上是把好几百万俄国劳动者奉献给了世界资本主义的"火神"（Moloch），对俄国国内市场不会没有影响。在一次世界性萧条中，农民为市场销售而生产的大部分农产品都卖不出去，能卖出去的价格又低得可怜。结果，俄国农村降低了其对纺织品、糖、煤油及金属制品等国内工业产品的需求。如果我们还记得很多俄国工业是直接依赖进口货物（机械、原棉、涂料、化工品等）的话，那么世界性的萧条对俄国工业的影响就是显而易见的了。[3]

三、俄国经济增长的第三个阶段（1892—1914）

1891—1892年的大灾荒标志着以克里米亚战争为起点的经济进展的结束。但中断只是暂时的，因为1892年谢尔盖·维特（Sergei Witte）被任命为财政大臣，他一直任职到1903年，他在职期间引导俄国经济达到新的高度。维特精力旺盛，为人正直，讲究效率，在沙皇群臣中是少有的全才。他眼光远大，深为俄国的经济落后于西方而忧虑重重，因而博览群书，想为国家寻求一条出路。在此过程中，他读了弗里德里希·李斯特（Friedrich List）的《政治经济的国民体系》（National System of Political Economy），深受此书影响，因为李斯特是当时欠发达国家的先知。李斯特的纲领主张发展民族工业，他强调，只有这样才能减少对国外市场的依赖，加强农业，稳定通货，并通过提倡守信用和促进国际间思想交流来提高整个国家的文明程度。

维特使李斯特的思想与俄国国情相适应，他的办法是大规模地修筑铁路，1891年的法-俄联盟使修筑铁路的事业得以顺利发展，并鼓励法国资本大量流入俄国。维特的计划的确有很强的催化作用，从此开始了所谓俄国经济增长的第三个阶段。这一过程除了在灾难性的俄日战争及其后的1905年俄国革命中有过短暂的间歇外，一直持续到第一次世界大战爆发时为止。

俄国的铁路里程在1892—1902年间增加了42%，从而完成了全国铁路网的基本布局。谷物生产区同港口和谷物消费区连接了起来，战略性的北－南干线业已完成，又向中亚地区修了一些新的铁路线，以便利产棉区的运输并与印度的英国势力相抗衡。铁路的迅速发展大大刺激了其他工业，因此在维特任内，煤的产量增加了一倍，乌克兰的生铁产量增加了四倍，1887—1897年间金属加工业的产品增加了175%。在维特任职的11年中，俄国工业总产量增加了一倍，无论用什么标准来衡量，这都是一个很显著的成就。

1900—1909年是一段停滞时期，原因是国际性衰退，而在俄国这种衰退又由于俄日战争和1905年革命的影响而被进一步延长，这场革命险些推翻沙皇的专制统治。如果需要举出俄国被纳入资本主义体系的证明，那么西方列强为了维护沙皇统治而加紧给予政治上和财政上的援助就是一个明证，他们这时已经与俄国有着重要的商业、财政金融和外交上的紧密关系（参见第十八章第四节）。

到1909年停滞结束，一个新的繁荣高潮开始了，并一直持续到第一次世界大战爆发时为止。这些年的经济增长不同于维特那个时代，因为它更多的是以消费者的需求为基础，而不是以政府的政策和投资二者的刺激为基础。消费者的需求是政府在革命的危机时期被迫作出的各种让步所促成的。政府在1905年结束了赎金付款，就像以前取消盐税和人头税一样，政府鼓励农民跨越乌拉尔山进行移民，到1914年已使西伯利亚变成一个重要的奶品产区，农民的销售合作社非常兴旺。政府还慷慨资助农民土地银行，使其在1906—1915年间能够购买400多万俄亩（1俄亩=2.7英亩）土地进行重新分配，而在前十年里只购买了100万俄亩。最后，彼得·斯托雷平（Peter Stolypin）作为1905年革命以后沙皇政权中的强人出现，他在1906年和1910年进行了土地改革，允许村社自动解体，并废除了土地共同持有及共同负责纳税制。这是斯托雷平的"赌注下在强的一方"的原则，亦即创立一个富裕的农民阶级的策略，这个阶级将会为沙皇制度在农村提供一个政治基础。

上述各项措施加上西方资本的源源流入，使得俄国的工业总产值在1900—1913年间增加了一倍多。工业年增长率在1890—1899年间一直是8.03%，1900—1906年间下降到1.45%，1907—1913年间又上升到6.25%。

四、"帝国主义锁链中最薄弱的一环"

尽管俄国在克里米亚战争之后的60年中已经迅速工业化，但事实上这一时期却以一场根本性的大动乱而告结束，它既摧毁了沙皇王朝又摧毁了沙皇制度。其基本原因是，在工业化进程中俄国已经成为第三世界的一部分，而且与其他第三世界国家一样，经历了没有经济发展的经济增长阶段。我们到处都已看到这种工业化方式，即由外国人控制国民经济的关键部门，以牺牲本国大众的利益为代价而使外国投资者和本国一小撮上层人物发财。

这种模式在拉丁美洲体现得特别明显，在那里，像俄国一样，政治上的独立与经济上的依附同时并存。可是，这种并存局面在第一次世界大战前，已经在拉丁美洲持续了整整一个世纪都没有引起可以与1917年俄国革命的广度和深度相比拟的社会性大爆发。因此，问题也就出来了：为什么是俄国而不是中国、印度或其他中东、非洲或拉丁美洲国家，成为第一个脱离第三世界的国家？为什么俄国在第一次世界大战的大考验时刻，用列宁的话来说，事实证明它是"帝国主义锁链中最薄弱的一环"？

首先，外国支配着俄国经济是一个不容置疑的事实。到1914年，外国投资者拥有40%的铁路线、40%的机械工厂、42%的银行股份、60%的化学工业、50%的煤和石油产品、60%的铜矿和铁矿石、80%的焦炭产量。1917年，俄国工业的总投资达5亿英镑，其中外国投资超过三分之一。而且，1914年外国人还掌握了88.11亿卢布俄国公债的约50%，使俄国成为欧洲最大的债务国。

其次，随着国家工业化而在俄国发展起来的中产阶级，很快就变得对沙皇专制颇不满意，因为中产阶级不能起到与其经济地位相称的政治作用。反映中产阶级观点的政治组织是立宪民主党。这个党成立于1905年，其纲领类似英国的自由党；它提出建立一个受到类似英国下议院的议会机构制衡的立宪君主国。立宪民主党中有很多俄国杰出的知识分子和企业家。当沙皇在1905年革命之后被迫接受一个经由选举产生的议会（杜马）时，立宪民主党因其能言善辩并熟知议会程序而在商讨过程中发挥了领导作用。可是，立宪民主党从未赢得像社会民主党人或者社会革命党人那么多的群众拥护。一个原因是，由于工商业发展缓慢，中产阶级的力量在俄国相对较小。而且如此之多的国家经济命脉都操纵在外国利益集团手中，也使中产阶级的力量进一步受到削弱。立宪民主党在沙皇专制的压力下非常脆弱，基于其中产阶级背景，不太愿意以暴力对付暴力。一位同时代的英国观察家对该党的弱点作了如下分析："立宪民主党以俄罗斯帝国组织得最好的政党而闻名，但它却没能牢牢掌握住这个国家，因为他们不属于这个国家，他们不能置身于国家的角度来看问题，不能理解它的世界哲学，不能扎根于人民之中。因此，他们没有争取农民和工人加入该党，而仅仅是代表他们自己。"[4]

比中产阶级更不满和更激进的是农民群众。一个基本原因是，国家的工业化主要是靠牺牲他们的利益来进行的。除了赎金、盐税和人头税，以及各种各样的地方税以外，他们还必须按上涨的价格购买工业制造品，因为为了保护本国工业已经实行了高关税；同时还不得不以降低的价格出售农产品，因为从廉价的农产品出口中获得的收入要用来支付工业化的费用。1880年代的财政大臣维什涅格拉德斯基（I. A. Vyshnegradskii）曾宣布过这样一条指导原则："哪怕我们活不下去，我们也必须出口。"

周期性的灾荒证明了这一原则冷酷的现实性。国家使用残酷的手段迫使农民上缴全部税款，在价格处于时令低潮时出卖农产品，甚至没有为来年收成无望的春季留下多少口粮。国家压低出口谷物的运费，并付给食糖出口商额外津贴，使食糖以国内价格三分之一的售价在伦敦市场倾销，而俄国农民却只能喝不加糖的茶。随着人口增长而增加的对土地的渴求，更是加重了这些措施的后果，因此，到第一次世界大战时，有一半农民的土地不够用。问题与其说是占有的土地不足，不如说是农业技术太原始，落后的农业技术使单位面积土地的产量比西欧低得多，即使把俄国气候严寒的因素考虑在内，也还是过低。可叹的是，沙皇政府没能用建立试验站和依靠农业专家的办法有效地解决这一问题。

农民由于反对地主和不得人心的政府官吏而发生的暴动日益频繁，其不满情绪的广度和深度也越来越明显。社会革命党成立于1898年，从政治上表达了农民的这种不满情绪。1905年以前俄国不允许有任何政党，所以社会革命党人不得不像非法的地下组织那样从事活动。它的主要政纲是把国家和贵族所有的土地都分配给农民。社会革命党人在两个重要方面与各种类型的马克思主义者不同。第一，他们把农民而不是把城市无产者看作俄国革命的主力。第二，他们鼓吹并实行个人的恐怖行动，而不是依靠群众组织和施加压力。在社会革命党内有高度秘密的战斗组织指挥恐怖活动。从长长的著名受害者名单中就可以估计出社会革命党取得的成功，其中包括一些省长、国务大臣，甚至还有沙皇的叔叔谢尔盖大公。(5) 每次行动成功之后，战斗组织就会发布一项声明解释并夸赞这一行动。在刺杀内政大臣西皮亚金后，它发表声明说："子弹的爆炸声是同我们的大臣对话的唯一可能方式，直到他们学会听懂人的语言和聆听乡下的呼声为止。我们无需解释为什么处决西皮亚金。他罪恶昭彰，他的一生人人诅咒，他的死亡人人欢迎，死有余辜。"(6)

工厂和矿山中的工人像农民的情绪一样不满和激烈。俄国工业化初期与欧洲其他国家一样，依靠的是残酷地剥削劳动人民：工人每天工作16小时，工资极低，雇用童工，工作和生活条件极其恶劣。据1895年一份关于莫斯科工人阶级住房情况的报告记载："毫不夸张地说，这些地方只能和圈牲口的地方相比。即使在夏天，门窗全都打开，室内空气仍会让人窒息；四周墙壁上和用来睡觉的长凳上都发了霉。地板被一层脏土覆盖得什么也看不出来。"(7)

工人普遍抱怨的是当时的惯例，即每年只给发三次或四次工资，有的甚至只发两次工资：一次是在复活节，一次是在圣诞节。这一做法使工资的发放都由工厂管理部门肆意决定。另一种抱怨是，因触犯多如牛毛的厂规而被动辄罚款。在乌克兰的约翰·休斯炼铁厂，罚款高达三个月工资的情况并非少见。工会在1906年以前一直要遵守刑法，如果罢工，有可能被逮捕和监禁达三个月。在1860年代至1890年代，大部分工业的货币工资虽有所增加，但实际工资却下降了20%—30%。因为廉价的机器制造品代替了乡村手工制品，以致向工厂寻找工作的失业男女大为增加。由于工业没有迅速扩展到足以吸收全部可用的人力，工资也就相应被压低。只有少数技术高的职业除外。另外，大多数工业工人都是与自己出生的农村保持联系的农民，他们的家庭往往继续住在农村。这就使得雇主付给他们的工资，可以比付给家住工厂附近、需要养家糊口工人的工资要低得多。

尽管有镇压劳工的法律，有充足的可雇用的工人，但却仍然不时爆发自发的罢工，反对特别严重的不堪忍受的状况。这些动乱加上日益意识到工人受剥削的舆论压力，迫使政府通过了最起码的劳工法规。1882年6月1日颁布的一项法律规定，禁止雇用12岁以下的童工，12—15岁的童工每天工作不得超过八小时，禁止青少年星期天或节假日工作，并要求雇用他们时必须不妨碍他们就学。1885年6月3日颁布的另一项法律规定，禁止让纺织厂中的女工和17岁以下的青工上夜班。一年以后，政府要求，至少每月发一次工资，禁止以实物支付，禁止对工人的预支款索取利息。所有这些法规的实施，均交给工厂督察员负责，但是他们人数有限，而且他们的热忱都以政府大臣们变化无常的偏爱为转移。

在这种情况下，俄国工人同中欧和西欧的工人一样，开始受到马克思主义学说的影响。因此，1898年成立了社会民主党，它类似于已在欧洲其他国家建立起来的社会主义政党。而且同其他社会主义政党一样，俄国的社会主义政党也分裂成修正主义派和正统派，或者是把它们称作孟什维克和布尔什维克。

分裂发生于1903年在伦敦举行的第二次党代会上。他们争论的是关于党员资格和党的纪律问题。正统派领袖列宁坚持说，在沙皇的专制镇压下，社会民主党必须以完全不同于其他社会主义政党的方式进行活动，不得吸收任何只交纳党费的同情者入党，只能吸收全部时间工作的职业革命家少数人。这样挑选出来的党员按"民主集中制"原则活动。党所遇到的任何重大问题都由党员自由讨论，直至通过民主表决形成决议。然后，原则的"集中"部分就起作用了。每个党员不论个人倾向如何，均须坚定不移地支持这时的"党的路线"，违者开除出党。

列宁坚决主张，只有依靠这种严格的纪律，俄国的社会主义者才能有效地开展地下活动。在1903年的代表大会上，列宁赢得了大多数代表的支持，拥护他的一派从此被称为布尔什维克，即俄文"多数派"的意思，反对他的一派被称为孟什维克，即"少数派"的意思。但应指出的是，直至1905年革命爆发前，布尔什维克派的人数很少，他们通过工人苏维埃即工人代表会议来发挥领导作用。由于革命受到镇压，使得罢工斗争次数在1910年下降到200次的低潮，共有4.7万名工人参加。但到1912年又上升到2000次和72.5万人，到1914年1—7月，更是进一步增加到4000次和144.9万人。

尽管受到政府政策和措施的压制，但是俄国工人仍然富有战斗精神，这是由于两个基本因素使然。一是工资水平过低。1913年所有工业的平均月工资为22卢布，从纺织业的16—17卢布到金属工业的33—34卢布不等。对工人收支的研究表明，实际上他们的全部收入都花费在衣食住等必需品上。每个月平均只有半卢布留作"娱乐和文化费用"，其中包括邮费、有轨电车费和公共澡堂洗澡费。

工人富于战斗精神的另一个主要原因是，工人们异乎寻常地高度集中于大工厂，这有利于他们组成集体组织和采取集体行动。由于现代机器工业很晚才在俄国兴起，所以它是在先进的、大规模的技术水平上起步的。1866年，在受雇于拥有100名以上工人的工厂的工人中，有27%以上的工人在有1000名或超过1000名工人的工厂中做工；1879年相应的比例是40%，1890年是46%。同年，在每个拥有1000名或超过1000名工人的俄国工厂或矿山中，工人的平均数都比德国的平均数要高，1895年平均比德国多600名工人。极低的工资与工人高度集中于大工厂和矿山这两个因素结合在一起，有助于提高1905年革命和1917年革命中工人的战斗精神。

1905年革命最终被镇压了下去，但是1917年革命却推翻了沙皇政权。造成1905年革命与1917年革命走向不同结局的原因是第一次世界大战。正像第二次世界大战大有助于后来1949年的中国革命一样，第一次世界大战也大有助于1917年的俄国革命。1914年和1915年来自德国和奥匈帝国军队的猛烈打击，使俄国与西欧社会相比暴露出结构上的落后和弱点。1900年2月维特就已警告过沙皇，如果俄国赶不上其他列强，它将面临下述危险：

> 国际间的竞争不等人。如果我们不采取有力的和决定性的措施，使我们的工业在下一个十年中能够满足俄国和那些处于或应处于我国影响之下的亚洲国家的需要，那么迅速发展的外国工业必将冲破我国的关税壁垒在我们国家和上述亚洲国家建立起来，并将深深扎根到我们的经济中……我们在经济上的落后可能会导致在政治上和文化上的落后。[8]

尽管俄国在19世纪末至20世纪初取得了一些进步，但它仍然未能克服维特所警告过的那种相对的"经济落后"。在第一次世界大战前夕，1913年人均收入按金卢布计算，美国为 682.2，英国为 446.6，法国为 345.7，德国为 300.1，意大利为 209.9，俄国为 101.4，保加利亚和罗马尼亚为 97.2。换句话说，俄国实际上是与保加利亚、罗马尼亚一样的欠发达国家，或者说其富裕程度只等于美国的六分之一、德国的三分之一。就其他项目而言，俄国的人均产量与发达国家相比为：

- 电力：仅为德国的 20% 或美国的 14%，
- 生铁和钢：仅为德国的 12.5% 或美国的 9%，
- 煤：仅为德国的 6.6% 或美国的 3.8%。

有些人争辩说，既然在第一次世界大战前的几十年中俄国迅速实行工业化，如果没有战争的打断，俄国最终必能迎头赶上并达到现代化水平。但事实上，俄国的经济增长率即使按其最高水平计算也低于西方国家的增长率。1900 年俄国的人均生铁产量是美国人均产量的 12.5%，但到 1913 年却只等于 9%。同样，在 1900 年为德国人均生铁产量的 16.6%，而到 1913 年也只等于 12.5%。俄国越是力图赶上，就落后得愈多。

俄国这种在经济上相对失败的原因之一在于，它与第三世界所有国家一样，并没有在全国一体化的基础上充分开发它的自然资源和人力资源。在 19 世纪以前，如第三章第三节中所提到的，俄国一直能够通过与其东部地区和东边邻国进行更多的贸易往来，超过其与西方的往来，而保持其经济独立。在 19 世纪中，西方大规模的经济入侵导致典型的第三世界依附性社会畸形的经济发展。由于西方市场的需要，在西方企业家的投资和西方联盟的摆布下，俄国经济被迫偏向西部。工业化主要局限于俄国欧洲部分，因此，及至 1913 年，乌拉尔地区的工业产量仅占全国工业总产量的 4.7%，西伯利亚占 2.4%，土耳其斯坦占 1.8%，而俄国欧洲中部地区却占 50%，乌克兰地区占 20%。铁路运费也助长了这种不平衡，因为运费有利于把原棉从中亚输送到俄国欧洲部分的纺织厂。反之，为了保护俄国欧洲中部地区地主们的利益，对于从西伯利亚输出的谷物，铁路运费却提高了。[9]

俄国发展道路上的文化障碍同样严重。不仅农民因为承担了大部分负担而反对工业化，而且拥有土地的贵族也反对工业化，他们本能地希望保护其传统的土地制度并且反对无论是本国或者外国的新兴资本家。正是由于这一原因，维特对于沙皇来说也就变成一种政治负担，他于 1903 年 8 月被免职。有一种时髦的论点认为，在 1914 年以前俄国已经开始工业化，革命所做的一切不过是继续、甚或暂时推迟这一进程。历史学家卡尔（E. H. Carr）驳斥这一论点是"一种非历史的幻想"，他提出相反的结论："导致维特倒台的地主利益集团的那种仇视态度，对工业的任何深入发展都会产生致命的危害作用。只有牺牲这些人的生活方式及其代表的半封建社会，这种工业发展才可能出现；只有在他们被革命推翻之后，俄国经济的现代化才能进行。"[10]

[注释]

1. Cited by H. Kohn, *The Mind of Modern Russia*（New Brunswick, N. J.: Rutgers University Press, 1955）, p.64.
2. Cited by M. T. Florinsky, *Russia: A History and an Interpretation*（New York: Macmillan, 1958）, Vol, II, p.922.
3. S. Strumilin, "Industrial Crises in Russia 1847-1867," in *Essays in European History 1789-1914*, ed. F. Crouzet, W. H. Chaloner and W. M. Stern（London: Edward Arnold, 1969）, pp.157-58.
4. E. J. Dillon, cited in M. Hindus, *The Russian Peasant and the Revolution*（New York: Holt, 1920）, p.214.
5. G. T. Robinson, *Rural Russia Under the Old Regime*（New York: Macmillan, 1932）, p.64.
6. Cited by J. Mavor, *An Economic History of Russia*（New York: E. P. Dutton, 1925）, Vol. II, p.49.
7. Cited ibid., p.402.
8. Cited by T. H. Von Laue, *Why Lenin ? Why Stalin ?*（Philadelphia: J. B. Lippincott, 1964）, pp.53-54.
9. S. S. Balzak et al., eds., *Economic Geography of the USSR*（New York: Macmillan, 1961）, pp.130-31.
10. E. H. Carr, *1917: Before and After*（New York: Macmillan, 1969）, p.168.

> 我认为，日本的政策应该是尽可能避免与美国人和欧洲人亲近……你们应该采取一切预防措施尽可能少给外国人以立足点……很明显，你正在建议……让整个帝国向外国人和外国资本开放。对此我深表遗憾，这是一种致命的政策。如果你希望知道这可能会产生什么后果，就研究一下印度的历史吧。

——赫伯特·斯宾塞（Herbert Spencer）致金子坚太郎（Kaneko Kentario）男爵（1892）

第十七章　日本的例外情况

当分遣舰队指挥官马修·佩里的舰队于1833年7月8日停泊在江户湾时，日本岛帝国似乎难逃降临在其他非西方国家头上的第三世界地位的命运。在200多年的闭关锁国以后，日本像奥斯曼帝国、莫卧儿帝国和大清帝国那样，在工业和军事技术方面都远远落后于欧洲。而且日本还缺乏那些国家所拥有的丰富的自然资源，因此由于在经济发展和国家独立方面不仅有技术上的而且还有不可克服的物质上的障碍，它似乎注定要灭亡。但结果证明，日本人却是唯一以平等条件进入19世纪世界市场的民族。只有他们从这与世界市场的联系中获得了利益并变得强盛和独立，而不是受其剥削和处于从属地位。能够取得这种突破的其他国家只有欧洲向海外延伸的部分，即美国和英国诸自治领，因为它们享有可以移民定居于辽阔空地并与母国具有同族联系这些独特利益。所有其他由非西方的土著居民居住的海外地区都已落入欧洲列强的直接或间接统治之下。只有日本人逃脱了被征服的命运，之所以会出现这种重大例外情况的原因，对整个第三世界来说，无论是在19世纪还是今天，都具有明显的重大意义。

一、闭关自守的日本

　　历史学家们在解释日本对西方的侵入所作出的独特反应方面，提出了好几个因素。一个因素是，日本列岛距离西方诸工业国家都很遥远。这就给日本以更好的机会来抉择适合本国传统的自己的经济命运。如果他们祖国的地理位置邻近工业化的西方，他们在15世纪就会像东欧，或者在16世纪也会像美洲那样受到西方的冲击。日本人必然会用他们的煤、生丝、海产及其他原料换取西方的工业制造品，那么他们早就会下降到依附性的第三世界的地位。但是，日本列岛位于太平洋上西北角极边远处，加之其德川幕府领导者严格的锁国政策，使日本在19世纪下半叶以前一直没有受到外来影响。而当西方人终于出现在日本时，恰恰因为日本极其遥远和比较贫困，他们也就没有带给日本像第三世界其他国家所需承受的那么大的压力。

　　不仅如此，日本列岛之间距离紧密，有利于全国的团结一致和新价值观及新知识的传播。当外国压力最终触及世界上这个最遥远的角落时，这种紧密联系也使全国都容易意识到这种压力，并在面对这种压力时展现出脆弱的一面。当佩里的船只航行到能够望见日本首都江户时，不出几星期日本全国上下无不知晓这一扰乱人心的大事。这种地理上的紧密关系和外人容易进入的特点，如果与中国刚好相反的情况加以对比，其重要性可谓显而易见。中华帝国的内地省份幅员广阔，人口稠密，长期以来西方势力难以进入和渗透，乃是传统观念和传统势力的储存库，这对适应西方势力的突入起了阻碍作用。

　　而且，日本全国具有罕见的相当高度的文化同一性。人民都受过异常好的教育，并习惯于服从统治阶层的领导。由于数百年来与外界隔绝，日本没有像印度那样的地方商人或贵族，他们与西方商人建立起来的关系，比和本国统治者的关系更为密切。

　　促使日本成功地适应西方的另一个因素是，它具有吸取伟大的中国文化的悠久传统。这使它在同样从西方世界那里汲取东西时，并不感到格格不入和痛苦。日本有选择地吸收了中国文化的某些方面，他们的口号是"和魂汉才"。而当日本从西方汲取它所希望得到的东西时，其口号则是"东洋道德西洋技术"。甚至在他们与世隔绝的几百年间，日本的领导者就曾想尽办法去了解欧洲的发展情况。他们之所以允许荷兰人继续在出岛经商，主要就是为了能够向荷兰人探询外界的情况。当乾隆帝轻蔑地告知英王乔治三世，来自野蛮西方的任何东西对中国来说都毫无用处时，日本人却很赏识西方的技术成就，这从一位日本学者所写的颂扬英国的一段文字中可以明显地看出：

谈到雄伟高大的建筑物，世界上没有一个国家能比得上英国。在制造精致的物品方面，也没有一个国家能与英国媲美。由荷兰人输入日本的所有物品中，最珍贵的就是表。有些表精巧绝伦，需要特别精细的工艺。人们认为伦敦能够制造出世界上最精致的工艺品。其次是法国的巴黎，然后是荷兰的阿姆斯特丹。在这三大都市中，居住着世界上无与伦比的人物，他们是人类的精华……这三大城市的人和其他所有的人一样都是人，为什么唯独他们才获得如此成就？[1]

日本人也是十足的幸运儿。在1850年代和1860年代间，欧洲列强碰巧操心于其他地方，因而绝不可能集中力量来控制西北太平洋上一串贫穷而遥远的岛屿。在鸦片战争迫使中国于1840年代开放门户以后，中国给欧洲人提供了有利得多的争夺目标；同时，1854—1856年的克里米亚战争和1857—1859年的印度兵变，则吸引了最强大最有侵略性的西方人的全部注意力。在这方面，日本人的运气比非洲人不知要好多少倍。非洲人在19世纪最后20年中很快就被欧洲列强所征服，因为那时这些强国碰巧没有什么更大的外骛，所以能够集中力量来瓜分整个非洲大陆。

唯独日本能够成功地登上世界舞台最重要的一个因素就是，在数百年来闭关锁国之后，社会很不稳定。这是一个矛盾。德川幕府领导者的目的是为了永保自己的政权而使日本与世隔绝并永恒不变。然而，尽管他们作出种种努力，或者说正是因为他们作出的种种努力，确实出现了某些发展，逐渐改变了国内的权势均衡，并悄悄地破坏了原来的状况。

自1603年以来延续至今的德川幕府的权力是以其所拥有的无数领地为基础的，这些领地颇为策略地分散在全国各地，占全国领土总面积的20%—25%。政府最高职位均由德川家族的成员或亲藩担任。德川幕府为了防范变革以免动摇其统治而做的部分努力，是使严格的世袭等级体制永世不变。这套体制的最上层是毫无实权的天皇和事实上的统治者幕府将军。幕府将军诡称他的统治权受命于天皇，其实是幕府将军假借天皇精神上的权威，而使天皇深居在京都的皇宫里，处于与世隔离和无权状态。幕府的统治中心设在江户，封建领主即所谓大名每隔一定时间必须住在江户，返回各自的领地时必须把妻子和子嗣留作人质。

幕府将军之下是封建贵族，约占总人口的6%。其中包括宫廷贵族，他们虽有很高的社会地位，但却既无权力又无财产，因此仰给于幕府。更重要得多的是大名，他们在1868年明治维新前夕有266名。这些大名在许多武士侍从的拥戴下安居在自己的城堡里，统治着各自的封地，并向周围农民征集用稻米缴纳的赋税。

社会等级中贵族以下是农民，其中既包括无地的佃农，也包括占有土地7.5亩乃至多达 510 亩的地主。然而，无论他们占地多少都没有政治权力，他们被迫拿出很大一部分农产品来缴纳养活贵族和宫廷的各种地租和赋税。因此，德川幕府时代的农民起义不断增多，社会因之日益动荡不安，最终发展为明治维新。

德川幕府所规定的最后两个等级是手工业工人和商人。由于德川幕府能够长期保持社会治安，这些城市居民的财富和人口数量都有长足的增加。全国人口从1600年的1800万激增为1725年的2600万。城市发展得很不平衡，江户人口到1700年时已接近100万。人口的激增刺激了对商品的需求，从而促使商人和富裕农民把多余资金投放于新型的生产上，包括家庭生产，或包出制（putting-out system）生产。他们为农民和手工艺人提供原料和设备，然后将制成品带到市场上进行销售。

不断增多的产品导致大规模的商品交换，而商品交换又刺激了货币经济的发展。稻米经纪人和货币兑换商成为最重要的商人，他们一方面出售封建贵族的剩余农产品，一方面放高利贷。许多大名，有时连幕府将军本人，都成为这些商人、金融家的负债者。原因之一是将军在江户维持其人质制度的庞大组织所需费用太大。此外，贵族们养成了嗜好奢侈品、竞相炫耀自己的豪华生活的习惯。迄至明治维新前夕，90%以上的国家财富都落入了中间商之手。经济权力被商人和金融家所操纵、而幕府将军和贵族们则仍然垄断着政治权力这一反常现象，遂成为社会形势紧张的根源。

这种紧张局面并没有演变为英法两国中处于从属地位的资产阶级所发动的那种革命，原因之一是，日本商人没有获准进行海外贸易，因此也就没有来自海外的力量源泉。他们完全依赖国内的经济机构，而这种机构只是在贵族统治的政治体系中起作用。江户在18世纪末叶已是世界上最大的城市，但它完全由幕府将军、大名和武士所控制。商人们在经济上虽有权力，但对于取消其债权、强制纳税或没收其财产，均无合法保护。结果，日本资产阶级从未获得试图推翻旧制度的信心和力量。他们只是在旧制度的范围内改善自己的地位，并在这方面做得颇为成功。他们以一定代价依靠通婚或者过继的方式攀入贵族门第。及至18世纪和19世纪初，他们不仅控制了经济，还主宰了日本的文学艺术。

然而，由于经济权力和政治权力对抗性的两极分化，社会结构仍然处于动荡不安之中。造成社会动荡的另一个原因是，佩带武器的武士的地位逐渐下降，他们在德川和平时期竟成为与时代不合拍的多余人。由于经济拮据的贵族强行增加捐税，以及米价跟不上其他商品不断上涨的价格，广大农民群众的生活也变得异常困苦。大批农民涌入城市，但却不是都能找到工作，因为国民经济的增长跟不上人口的增长。因此，在德川时代后期，农民暴动不断上升。

及至19世纪，日本社会处于一种过渡状态。那时它正经历着深刻的经济和社会变化，而这种变化又在政治上引起相应的紧张局势。它很可能因此分崩离析，重新陷入几个世纪以前曾经困扰过它的那种封建的混乱局面。但当美国舰队司令佩里强迫日本结束其锁国状态并参与全球性市场经济时，乃得以避免出现这种结局。日本人很愿意重新改组自己的社会以便对付入侵的西方势力，正是因为他们很多人都非常了解日本社会必须改组。由于这种认识，加上他们长期以来善于仿效外国，使他们的生存适应能力远远超过以自我为中心的自满自足的中国人。当时英国的额尔金勋爵曾在下列精彩的片段中描写了这两个民族之间的差异：

> 中国人和日本人在习性和感觉方式上的差异，无疑造成了这样一种结果：当中国人不断落后，而且很可能继续落后下去直至整个帝国解体，这时日本人即使还没有真正处于逐渐进步的状态中，也已处于大量的强光即将投射到他们身上并即可利用中国人蔑视的那些改进和发明的形势之下。当日本人最终对我们变得更加了解以后，它也就完全可能既有能力而又渴望采用这些改进和发明。(2)

二、西方的干涉和明治维新

由于北太平洋水域的商业活动日益频繁，19世纪初叶以来，外国对日本的压力也随之增加。从事捕鲸和毛皮生意的船只，需要日本港口来获取给养和进行维修，但他们却被拒之于所有港口之外。对于因船只失事而漂流上岸的外国海员，日本人一般都会加以杀害或虐待。接近19世纪中叶时，由于轮船的出现需要建立加煤站，遂使这一形势更加恶化。最后，美国政府决定首先采取行动，强迫日本开放门户。1853年7月8日，海军准将佩里率领舰队停泊于江户湾，并带来美国总统菲尔莫尔的一封信，信中要求给予美国通商特权、在沿海设置加煤站、对遇难船只中的美国人予以保护。不到一周，佩里驶离海湾，他在离开前警告说：来年春天，他将回来听取答复。1854年2月他返回时，讲明如不订立和约就得开战。日本人最终还是屈服了，双方于3月31日签订了《神奈川条约》。根据其条款，日本开放了下田、函馆两个港口；为美国船只提供修理和食物；对于因船只失事而漂流到日本的美国海员则给予适当待遇并遣送回国；两国中任何一方认为有必要时，允许派遣领事；而且还应允给予美国以最惠国待遇。

按照该条约的规定，美国派遣了非常能干的汤森·哈里斯（Townsend Harris）作为驻日本第一任领事。哈里斯以其非凡的机智和耐心，逐渐赢得了日本人的信任，并与其签订了1858年通商条约。根据该条约，日本又开放了四个通商港口，互派外交人员，给予美国以民事和刑事上的治外法权，禁止鸦片贸易，并允许外国人信仰自由。到了1858年年底之前，日本人已经发现，有必要和荷兰、俄国、英国及法国签订类似的条约。

这一系列条约并没有引起西方世界很大的注意。但对日本来说，它们却是日本历史上一道巨大的分水岭。将近300年之久的与世隔绝状态终于结束，而西方资本主义的冲击则是快速的，而且给日本带来了损伤。外国商人以比国际牌价一半还低的价格购买了日本在德川幕府时代积聚起来的大量黄金中的很大一部分。而且外国商品大量涌入日本，因此，1863年进口货物只占贸易总额的34%，到1867年就占到61%，而到1871年又进一步上升到71%。廉价的英国纺织品涌入各地市场，破坏了本国的工业。国家库存硬币的外流更是造成金融方面的混乱，同时，农村手工业的衰落又缩小了税收来源。政府降低了硬币的成色，致使货币贬值，进而通货膨胀，米价暴涨。

这种经济上的分裂，使得德川幕府统治处于进退两难的困境。一方面，平民愈来愈排外和反对新条约；另一方面，西方列强则要求严格履行所有条约的条款。这种普遍骚动的局面为反德川诸藩所用，尤其是被通常称为萨、长、安、土集团的萨摩藩、长州藩、安艺藩和土佐藩所利用。1858—1865年间，欧洲人及其雇主遭到攻击，当时有这样的口号："尊王！攘夷！"外国列强则以炮轰港口和沿海防御工事作为报复，这样的举动使各藩领导大为震动。他们当即放弃排外政策，并决定必须首先考虑获得西方武器的问题。

他们的决定突显出日本和中国统治阶级上层人士的差别。中国的统治阶层，包括知识界，对西方军事技术一无所知并非常轻视，而日本各藩首领由于其军人的历史背景和利害关系，对外国军舰炮轰他们的家园而不受惩罚非常敏感并迅速作出反应。因而，当中国的文人学士们听任自己的国家逐渐陷入一场与他们所藐视的西方野蛮人进行的毫无胜算的灾难性的战争时，日本的那些首领们却在开始向野蛮人学习，以便更好地抵御他们。

1866年天皇和德川将军相继去世以后，通向史称明治维新的大规模改组的道路已被扫清。1868年1月，德川幕府的军队被赶出帝国首都京都，江户被宣布为国家首都，并重新命名为东京。新政府剥夺了德川幕府的权力和封地，其地位由萨摩、长州等藩的藩士所代替，从此以后这些家族便以新天皇明治的名义掌管政府。为这些家族服务的年轻武士们显示出非凡的领导才能，从而使"日本例外"成为可能。

三、自上而下的政治革命

　　武士们在政治方面取得的基本成就是，建立了既能对付外来威胁又能对付国内紧张局势的新的国家机器。这是一场自上而下进行的有目的的精心谋划的改革。虽然改革后国家机构新的最高统治阶层换了一班人马，但其阶级构成却是一如往昔。在实行技术革命的同时选择普鲁士作为政体模式，反映了企图保持社会现状这一保守目标。谋划新的政治制度的长州官员伊藤博文曾赴欧洲广为考察可供借鉴的各种立宪政体。他于1882年8月写信回国，声称他反对接受"英美法三国极端自由的激进派的著作"，转而求教于普鲁士学者的教诲。他说："我相信我已为祖国做了一件重要的事情，并为加强帝国主权的基础这一伟大目标［作出了贡献］。"(3)

　　新的明治政府从1867—1868年推翻德川幕府到1889年颁布宪法，历时20多年方告成功。最初几年是巩固新政权和消除来自上层的改革道路上的种种障碍。首先就是必须镇压农民起义，而这些农民起义曾经对推翻幕府统治起过重要作用。在有些地方，如隐岐群岛，农民起义后曾经建立起地方自治政府机构。所有这些起义都被镇压了下去，镇压有时还得到了前德川幕府官员们的协助。1873年实行征兵制以后，迅速地平定了农民的反抗，并保证了新政权的前途。

　　消灭了来自下层的反对改革的威胁以后，第二步就是东京政府官员面对着来自大名和武士们这些封建势力反对改革的威胁。大名们在政府的武力威吓和以慷慨的财政补偿作为代价的软硬兼施的政策下被争取了过去，并缴出他们的封地。过去依靠农民获得收入的封建土地权贵，现在变成金融权贵并以新的货币财富投资于银行和工商企业。于是，老的封建地主势力和新出现的企业寡头也就融合为一个同质的精英阶层，从此以后将会畅通无阻地统治这个国家。

　　许多武士都随着其封建领主被政府吸收过来。政府于1871年12月通过一项法律，允许武士除了传统的军事行当外还可以从事其他职业，后来又在行政机关和商业方面给他们提供从业机会。1868年以后的几年里，在中央政府官员中，武士占全体官员总数的78.3%。在地方政府中，1872—1877年间，所有官职的70%以上都由前武士担任。城市中的警察几乎全由武士组成，而在新的国家教育系统的行政人员和教师中，约有75%出身于武士。同样，在商业方面，1876—1882年间，政府给武士经营的近200家造船、建筑、水泥、化肥、盐场和手工业等企业都提供了资金。

　　在巩固了新政权的阶级基础后，政府官员开始着手组织一部官僚机器，该机器在1889年颁布宪法和1890年举行第一届议会选举之前，已经牢牢地控制了所有主要权力部门。在新体制中位居最高层的是帝国体制，伊藤博文将其视为国家观念和官僚制威权的关键所在；因此，奉神道教为国教，尊崇天皇为太阳女神的后裔和国家统一与爱国主义的化身。

对教育体制也进行了改组，使其服务于同样的政治目的。伊藤博文选择森有礼为第一任文部省大臣，因为此人也赞赏德国在教育方面的理论和实践。森有礼制定了双层教育制，下层教育是提供群众性的义务教育，这种教育浸透着自觉服从国家的精神。上层教育与下层教育迥然不同，它是在一种批判的理性主义的气氛中来训练未来的上层统治人物。衔接这两层教育的是师范学校即训练师资的学校。在师范学校里，学生受到国家主义和军国主义的教育，包括每周六个小时的军训。1890年颁布了教育敕语，它告诫所有学生都要"勇于献身国家，以捍卫和永保我天皇国祚兴隆，与天地共存"[4]。

遵循不让选举的议会掌握任何核心权力的目标，军队被授予可以否决内阁对陆军大臣任命的权力。即使政府能够在议会中获得多数支持，它也可能会因军队拒绝批准陆军大臣的任命而受到损害，早在1891年就有过这种情况。至于在技术组织方面，老的封建的征兵制，在募兵制的基础上，被现代军事体制所代替。一个德国军事使团协助改组陆军，一个英国军事使团则帮助改组海军。

在采取了这些预防性措施以后，寡头政治的执政者们认为，这时再引进议会作为装饰品就万无一失了。1889年的宪法允许公民们不得被任意逮捕，其财产权受到保护，并享有宗教信仰、言论和结社的自由。但在政府认为必要时则有权限制这些权利。此外，以微不足道的选举权为基础的下议院不能控制内阁；贵族院不由选举产生，而且不能解散；天皇根据超乎宪法之外的元老即政界元老的意见遴选首相；官员们不由政府控制；军队对全体内阁阁员都可行使否决权。总而言之，宪法给日本提供了一套民主的外衣，但同时却仍然保留着寡头统治和对天皇的崇拜。宪法第一条规定："大日本帝国由万世一系的天皇统治之"，第三条则规定："天皇神圣不可侵犯。"

1889年颁布宪法及前十年中制定了各种现代法规以后，日本人可就能够催促废除不平等条约了。他们可以理直气壮地说：日本现在已经在文明国家间的礼让和互相尊重中占有一席之地，所以也就没有必要再保留治外法权和其他侵犯日本主权的行为。经过持久的外交努力，他们最终于1894年说服英美两国在五年后终止他们的治外法权和领事裁判权。同年，日本在中日战争中取得了意外的辉煌胜利。从此以后再也不存在把日本视为次等国家这个问题。其他强国也立即仿效英美放弃它们的特权。到1899年，日本获得了在自己的国土上对所有外国人行使的法律裁判权，这样它就成为打破西方控制锁链的第一个亚洲国家。

四、自上而下的经济革命

新的日本政权证明自己不仅能结束外国的控制，还能使经济现代化并提高国家的生产力。由于经济的重新改组是在保守的政治框架下进行的，其结果便是，所得盈余的分配主要有利于军队和统治阶层。农民和工人的购买力大大受到限制，政府的社会服务事业则保持在最低水平上，轻工业必须为外国市场生产，而重工业则几乎完全要适应于满足军队的需要。

经济现代化所需资金主要来自农业。由于引进了优良品系的种子，改进了土地的利用，并扩大了灌溉面积和排水系统，在花费较低成本的情况下农业产量获得了很大提高。1878—1892年间，耕种面积增加了7%，农业产量却增加了21%，而人口在这一期间则只增加15%。然而，农业方面所得的盈余却被各种税收吮吸干了，这些税收则被用来为工业化提供资金。1871—1875年间，土地税占到政府全部税收的85%—93.2%，而且在1896年以前一直不少于50%。事实上，税收是如此沉重，以至于所征收的税额大大地超过了盈余，因而农民收入急剧下降。1883—1890年间，约有36.8万农民业主由于无力缴纳税金而失去了自己的土地。

尽管有大批土地转手，但却并没有发生像英国圈地时大批农民流入城市的那种情况。其原因之一是，新地主可以向农民征收高额租税，让农民留下来当佃农比把他们赶走更为有利。另一个原因则是纺织工业的迅速发展，这种工业主要是在农村并从各村庄雇用劳力，其中大都是妇女。这些妇女通常是以低工资受雇于老板，并被迫要把大部分工资都寄回家里。

纺织工业是赢利的，长期以来它为日本提供了大部分的出口产品。但也需要重工业来支持新兴的陆军和海军。通过给予补贴或购买股票的方式，政府直接或间接地建立起金融机构、商品交易所、船舶公司、铁路和电报线路。有了这些基础结构，政府就开始转向开矿、钢铁、造船等为军队所需要的重工业。以这种方式建立起来的大多数企业，最终都以极其低廉的价格被转卖给各种享有优惠的私人行业。就这样，统称为财阀的少数富有的家族掌握了国家经济命脉，而且直到今日依然如此。

对第三世界历史具有重要意义的是这样一个事实：日本的工业化是在外国投资极少的情况下独立完成的。日本和其他非西方国家的发展之所以会存在这种根本性差别，部分原因是由于日本几百年来一直处于与世隔绝的状态中，在这段时期，日本商业界不可能发展出第三世界进口奢侈品和廉价消费品的通用模式。这就使东京政府易于控制对外贸易，并可确保进口货物只限于发展经济所必需的物品，如工业所需的原料和资本货物。还有，日本政府在1870年代初期就颇有远见，阻止外国资本在国内投资，并买回已经开业的一些外资企业，其中包括高岛煤矿（英国和荷兰的资本）、美国太平洋轮船公司和属于英法两国的邮政机构。

到1880年代初期，日本已经摆脱了所有的外国投资。中日战争和义和团叛乱后中国付给日本的巨额赔款（前者是3.69亿日元，后者是3800万日元），使日本很容易就排除了外国资本。微不足道的外国投资、在赔款方面的收入而不是支出、洽谈外国贷款时的索费小于中国被索的费用，这些有利的财政情况的结果就是，大量外资净流入日本，而与此形成鲜明对照的是，大量纯利润都从中国外流而去。[5]

除了这些有利条件，日本的资本积累之所以非常迅速，其背后的最重要因素是，雇主在整个国家机器的支持下一直成功地把工人的工资压得很低。公共社会服务事业的短缺，使得雇工只好听任雇主摆布。纺织和其他轻工业中占高比例的妇女劳力，也有助于保持低工资水平。在这方面的另一个因素是，渗透在群众教育中的家族伦理道德。整个国家被视为一个大家庭，所有臣民都应效忠天皇，同理，工人也应效忠他们的雇主。

作为对工人的回报，雇主给工人提供了家长式统治下的"终身雇佣制"，但这种制度并不像其表面看上去那样仁慈慷慨。如果某一工人到另一公司劳动，无论他的技术多高，该公司都会照例付给他最低的工资——这是一种制止劳力流动的有效措施。而且永久性职业保障通常要到40—45岁间才能获得。对大型的八幡钢铁公司的调查揭露了真相：在其2.1万名工人中有70%都是"临时的"，虽然他们当中有一些已经在该企业干了15年之久。

雇主与工人之间的一般关系被描写为"仁慈"的，在这种关系中，雇主"施与"雇工以维持生计的手段。工资经常都是三个月或六个月才一结，而且是付给各种"票券"，这些票券只能在公司所开的商店里使用。公司还会从工资中扣除强制性储蓄，工人一旦离开公司或被解雇，这笔储蓄就会归公司所有。1870和1880年代开始使用电灯以后，对劳动条件并没有什么改善，反而延长了工时。1890年代，在缫丝厂工作的年轻女工每天要干十五六个小时。当第一部工厂法最终于1911年通过时，它却允许雇主们有15年的宽限来落实规定，甚至在条文措词上还受到许多偏袒雇主条件的限制。直到1933年，一些虐待工人最厉害的矿业公司才允许女工和16岁以下的童工每月休息两天。[6]

不管使用了什么手段和付出了怎样的社会代价，在19世纪，所有非西方国家中只有日本在经济上获得了独立发展。这并不是说日本就变成了一个大的工业强国。日本由于几乎缺乏所有工业原料，因此它主要是发展轻工业，而绝大多数人民则仍在从事农业。1900年，7171家工业企业雇用的工人不到50万名，其中只有2388家企业使用了机械动力。在日俄战争和第一次世界大战期间，日本工业获得了长足进展。到1914年其工厂数目上升到85.4万，到1919年这个数目又上升到181.7万，同时有电动机装备的工厂数目也在1905—1918年间增加了3.6倍。

五、日本帝国主义

日本的工业化是由战争激发起来的，但也应对战争的爆发负责。压低了的工资意味着相应不景气的国内市场，这就迫使日本的政策制定者去寻找国外市场。国内几乎缺乏所有的工业原料也导致日本向大陆扩张。此外，效忠天皇的家族观念也有助于对外扩张，因为它把效忠天皇等同于爱国主义和全国团结一致把日本建设成为世界强国。例如，实业家们相互激励要在"对外贸易的竞争，亦即和平时期的战争中"[7]更加努力。最后，还有西方强国于19世纪末叶在全球范围内纷纷掠夺领土的史无前例的榜样。日本一些务实派的领袖们得出了明确的结论：每个民族都必须为自身利益进行掠夺，丝毫也不留给那些软弱胆小的人。一位文官把这种观点表达如下："这就像乘坐三等火车一样；最初，还有足够的空间，等到上车的乘客增多时，他们就连坐的地方也没有了。在摩肩接踵拥挤不堪的情况下，你如果全凭两个胳膊来支撑自己，你准会失去自己立足的地方，再也恢复不了原来的位置……合乎逻辑的规律必然是要求人们必须站稳双脚，稍有空隙，马上就伸出两肘占住这点空间，否则别人就会去占有它。"[8]

虽然美国"打开了"日本的门户，但几十年来从北面一直对其施加压力的却是俄国。中俄两国于1858年和1860年分别签订了《瑷珲条约》和《北京条约》以后，俄国从中国夺得了阿穆尔河（即黑龙江）以北的土地和南至朝鲜边界线的太平洋沿岸领土，包括符拉迪沃斯托克（即海参崴）这个优良的港口。其次，1859年俄国占领了满洲，1870年又占领了萨哈林岛（即库页岛）北部，并在1890年代修建了横贯西伯利亚的铁路。为了遏制俄国南下，日本首先转向朝鲜，对于朝鲜，中国拥有很不明确的宗主权。如第十五章第三节所述，中日战争（1894—1895）和《马关条约》（1895）使日本夺得了台湾、澎湖列岛和辽东半岛，再加上一笔3.6亿日元的巨额战争赔款。由于日本在战争中花费了2亿日元，所以它还能利用余额把银本位变为金本位，而这也就更加便利于其筹集外国的贷款。

日本没有被获准保留具有战略意义的辽东半岛，在俄德法三国的强迫下把该半岛归还给中国。从日本的视角来看，更糟的是，欧洲列强现在都乘机利用中国明显的软弱，在日本对面的中国大陆上获得了一些有战略意义的立足点。英国在1899年获得"新界"，德国控制了山东半岛，法国控制了云南省。俄国在1898年获得了辽东半岛25年的租借权，而且两年以后，在义和团之乱时又占领了整个满洲。与此同时，朝鲜国王为了抵制日本控制本国的企图，甚至以俄国顾问取代日本顾问，并把一项伐木的特许权给予了一家俄国公司。

俄国的这些进展在东京的统治集团中引起了热烈的辩论。有些人赞成设法与俄国达成以瓜分掠夺物为基础的协议。另外一些人则赞成与英国结盟，因为日本与英国很可能具有共同的目标。有这样一个联盟作为依靠，日本就可以勇敢地面对俄国的扩张主义。

日本派了一些人到英俄两国的首都去探听虚实，立即摸清了以下情况：伦敦当局愿意接受日本的建议，而圣彼得堡当局则难以对付。到了这时，古老而光辉的孤立政策，对英国人来说已经失去了光彩。英国人面临着一个正在崛起的德国和一个侵略成性的俄国，因此也欢迎在远东有一个盟国可以牵制俄国。1902年1月30日，两国签订了英日同盟协议，协议承认中国和朝鲜的独立，承认英国在华中的特殊权益和日本在朝鲜的特殊权益。如果日英任何一方与第三国交战，另一方就要保持中立，但如果另一国加以干涉，则另一方就必须援助其盟国。由于俄法联盟已经存在了八年时间，因此英日同盟明显是想在万一发生战争时阻止法国援助战国。

现在日本就能够迫使俄国解决争端了。在1903年年中日本提议，如果俄国以承认日本在朝鲜的地位作为报答，则日本就承认俄国在满洲的优先权。双方的谈判一直在拖延着，过分自信的俄国人在拖延和回避问题的解决。日本人有充分理由认为俄国人对谈判没有诚意，遂在1904年2月6日断绝了与俄国的外交关系。两天以后，日本未发最后通牒便不宣而战，攻击了俄国在辽东半岛上的基地旅顺。

在以后的几次战役中，日本的大卫总是能够打败俄国的歌利亚。横贯西伯利亚的单轨铁路证明不能满足俄国军队的供应需要，因为这些军队是战斗在距离俄国欧洲部分的工业中心有好几千公里远的地方。在战争的第一个阶段，日本人包围了旅顺，围攻了148天后，于1904年12月19日占领了这个要塞。第二个阶段包括在满洲平原上进行的一系列战斗，在这些地方日本人也打了胜仗，从而把俄国人赶到了沈阳以北。但这些战役都不是决定性的，因为俄国部队还是完整的，而且在交通运输情况有所改善时还得到了增援和加强。然而在海上日本人却是大获全胜，进而导致双方开始进行和平谈判。由于俄国方面令人难以相信的目光短浅，竟然派出只经过仓促修整的波罗的海舰队，沿着整个欧洲和非洲海岸线往南，绕过好望角，然后又渡过印度洋往北，沿亚洲东部海岸驶抵日本——全程相当于环绕地球三分之二以上。1905年6月27日，俄国舰队终于到达日本和朝鲜之间的对马海峡时，立刻遭到无论在数量上还是在实力上都超过它的日本舰队的袭击。经过几个小时的战斗，实际上所有的俄国舰只不是被击沉就是被俘获，而日本则仅仅失去了几艘驱逐舰。

经过这次溃败，俄国人终于愿意坐下来讨论和平了，尤其是因为这次战争在国内很不得人心，加之1905年又爆发了革命。日本人也需要谈判和平，因为他们虽然赢得了胜利，但其原本就很贫乏的资源也因战争的重负而变得极为紧张。1905年9月5日，双方签订了《朴茨茅斯条约》，根据这一条约，俄国承认日本在朝鲜的政治、军事和经济上的最高利益，让出了在满洲的全部特惠及独占的权益，并把库页岛南半部割让给日本，把辽东半岛的租借权也让与日本。

俄国的战败使人吃惊，它确立了日本作为世界上一个主要强国的地位，并改变了远东各国的均势。更有意义的是这一事实：一个亚洲国家居然打败了一个欧洲国家，而且还是一个庞大的帝国。世界上的非白种人产生了一线希望。日俄战争是非欧洲民族伟大觉醒的序幕，这种觉醒至今仍在震撼着整个世界。

六、日本作为一个例外的意义

在明治维新后的半个世纪中，日本进入了世界市场经济。这明显地表现在1868—1908年间日本出口贸易总额从1550万日元一跃而为3.782亿日元、进口贸易总额从1070万日元猛增至5.957亿日元这种引人注目的增长方面。与世界市场经济结合后这种对外贸易的增长并非日本才有。但是，日本经济与世界市场经济结合的性质却是独一无二的，当时的事实是，在经过最初几年开端的震动和分裂以后，日本能够有条不紊地废除不平等条约，并以促进经济独立发展为目标来引导对外贸易。如果日本追随第三世界的通常路线，它就会出口一些原料，如煤、茶叶、海产品和生丝，而进口一些供上层阶级享用的奢侈品和广大群众需要的廉价消费品。这样一来，就会导致经济上的增长而不是经济上的发展。这意味着将会陷入一种永远不能独立自主而必然会遭受别人剥削的局面。

1892年，赫伯特·斯宾塞在给他的朋友、时任日本驻美公使金子坚太郎提出的忠告中，指出了日本成就的历史意义：

> 关于你提出的更深一层的问题，首先，让我总的回答一下：我认为，日本的政策应该是尽可能避免与美国人和欧洲人亲近。在更加强大的种族面前，你们经常会处于危险的地位，你们应该采取一切预防措施尽可能少给外国人以立足点。在我看来，你们只能允许对你们有利的、对交换商品——物质和精神产品的进口与出口——必不可少的那些交流形式。除了为达到这些目的完全必要的特权以外，不应让其他种族的人获得更多的特权。很明显，你正在建议，通过修改与欧洲各国和美国订立的条约，让整个帝国向外国人和外国资本开放。对此我深表遗憾，这是一种致命的政策。如果你希望知道这可能会产生什么后果，就研究一下印度的历史吧。[9]

斯宾塞的忠告的正确性不久就被历史所证实。日本确实与西方人"没有亲近"，其最终结果是在经济上获得独立自主，这正如斯宾塞所预见的那样，与印度典型的第三世界困境形成了鲜明对照。1913年日本有近66%的进口货物是原料（49%）和半成品（17%），制成品的输入只占总输入的17%。因此，日本的工业甚至在第一次世界大战以前就能加工大部分进口原料。另一方面，印度输入的原料和半成品在1913年还不到总输入的6%，而成品却至少占总输入的80%。同样，在输出方面，1913年日本输出的半成品达总输出的52%，成品达29%，而原料只占总输出的8%。相比之下，印度的输出在同年包括将近50%的原料和仅仅23%的制成品。如果按照日本和印度的人均工业产量加以比较，也可以清楚地看出同样的情况。1896—1900年间，日本的人均工业产量还不到印度的四倍（5.7美元对1.5美元），但在1936—1938年间，日本的人均工业产量已是印度的十三倍多（65美元对4.5美元）。

由于印度不仅在政治上获得独立以前而且在这以后都没能"避免与发达国家保持亲近"的关系，印度与日本之间的差距也就一直存在而且还扩大了。另一方面，日本由于上述各种因素的结合，即幸运的环境、文化传统、过去几百年与世隔绝、非凡的领导才能、社会紧张状况引起的剧烈但非激进的改组，以及刺激经济发展的帝国主义扩张的机会，等等，所以才能听从斯宾塞的忠告，"尽可能少给外国人以立足点"。这是日本为何能够实现19世纪那么多其他非西方国家梦想但却未能实现的结果的根本原因。

单是列出日本之所以能够成为例外的这些因素，就可明确看出为何日本模式与今天的第三世界各国毫不相干。它们没有数百年与世隔绝的经历，而是经历了殖民统治和新殖民主义剥削的时代。而且很明显，它们也没有进行帝国主义扩张的机会。在当今时代，技术变得无比复杂而且费用异常高昂，西方工联主义者强烈反对输入廉价制造品，三边委员会（Trilateral Commission）和比尔德贝格（Bilderberg）集团支持的跨国公司的反对，远远大于日本100年前所遭遇的任何反对，在这样的时代，为了国家的需要而发展本国工业的任务，其困难是无与伦比的。

[注释]

1. Cited by C. R. Boxer, "Sakoku, or the Closed Country, 1640-1854," *History Today* VII（Feb. 1957）: 85.
2. Cited by K. M. Panikkar, *Asia and Western Dominance*（New York: John Day, 1953）, p.133.
3. Cited by J. Halliday, *A Political History of Japanese Capitalism*（New York: Pantheon, 1975）, p.37.
4. *The Japan Year Book, 1937-1940*（Tokyo: Foreign Affairs Association of Japan 1939）, p.633.
5. Hou Chi-ming, *Foreign Investment and Economic Development in China, 1840-1937*（Cambridge, Mass.: Harvard University Press, 1965）, p.101.
6. Halliday, op. cit., p.62.
7. Ibid., p.111.
8. Cited by R. F. Hackett, "Nishi Aurane–A Tokugawa–Meiji Bureaucrat," *Journal of Asian Studies* XVII（Feb. 1959）: 224.
9. D. Duncan, *Life and Letters of Herbert Spencer*（London: Williams and Norgate, 1911）, p.319.

> 旧的世纪行将消逝,而把世界留在困难之中。……
> 整个白色人种公然迷恋暴力,仿佛他们从未伪装成基督
> 徒似的。上帝会同样地诅咒他们所有的人!我们为生逢
> 其时而引以为豪的出名的 19 世纪,就这样结束了。
>
> ——英国外交家兼作家布伦特
> (W. C. Blunt, 1900 年 12 月 22 日)

> ……一切权势、一切利润都掌握在蓝眼睛的主子、
> 红皮肤的野蛮人手中。而我们这些黄种人却为武力所迫,
> 屈从于道德败坏,屈从于全然堕落的境地……此乃我们
> 成立组织的缘由……目前在日本约有 600 名来自印度支
> 那的学生。我们唯一的目的便是替未来准备人员。……
> 你们已经在你们地区为此目的而创建了什么组织吗?
>
> ——《安南学生呼吁书》(1905 年 12 月)

第十八章 第三世界反抗运动
(早期阶段—1914 年)

19 世纪是西方在世界范围内称霸的时代。但从另一个角度来看,19 世纪却是第三世界成为一个全球性体系的时代。到这个世纪末,这种将全球划为统治者与被统治者、剥削者与被剥削者的区隔,似乎成了一种无懈可击的亘古不变的安排。许多第三世界民族确信事实就是如此。在印度,人们称呼他们的欧洲主子为"萨希布"(sahib,"先生");在中东,他们称之为"埃芬迪"(effendi);在非洲,他们称之为"布瓦纳"(bwana,"先生""老板");在拉丁美洲,他们则称之为"帕特龙"(patron,"东家""老板")。在这种情势下,毫不奇怪,欧洲人以为他们的文明和"种族"有其先天的优越性。除了像布伦特之类极个别的人持有不同意见外,他们都深信他们的世界规模的帝国是文明的先驱使者,并带来了有益于全人类的结果。

西方商人在19世纪和20世纪之交都以泰然自若的信心期待着征服新的地域。塞西尔·罗得斯只不过是其中最为非凡的一员而已。他走在时代的前面，梦想征服外层空间："世界几乎已被分配完毕，剩余土地也正在被瓜分、征服和殖民地化。想想夜间你举目望见的那些繁星，那些我们永远可望而不可即的辽阔无垠的诸天世界吧。如果可能的话，我将会兼并这些行星；我常常想到这一点。看见它们如此清晰可辨，却又如此遥远，直使我十分怅惘。"(1) 皇家学会会员谢泼德（W. R. Shepherd）教授则更加具有现实感地道出了商界人士的共同见解。他在1915年宣称：

> 在当今世界上，仅仅只有两片广袤的休闲地区显然有待于开发利用。至于那里的居民是否乐意为了外国人的利益而被开发利用则是另一回事。我深恐在做买卖的问题上要征询真正居住在那些土地上的人们的愿望往往是不可能的。整个世界进步到今天这样的物质水平，主要是通过利用那些自己不能开发其资源的人们所占有的地区。……我所指的这两大地区就是南美洲和中国，就占有着大量的、很大程度上尚未开发的自然资源这一点来说，这两处地方颇为相似。(2)

除了南美洲和中国以外，另外两个"广袤的休闲地区"也吸引了当代生意人，那就是俄国和非洲。这四个地区——南美洲、中国、俄国与非洲——一再被说成是未来贸易与投资的大有希望的场所。

与这些充满信心的期望相反，"休闲"地区变成了震撼全球的巨大动乱的中心。在第一次世界大战以前，革命的过程已经在进行中。这一过程肇始于18世纪美洲黑奴暴动，那里的海外掠夺开始得最早且最为残暴。随着西方帝国主义对欧亚大陆的控制进一步扩展，反抗运动也相应地逐渐普遍展开，出现在南亚和东亚、中东和非洲。

这些早期的动乱并非真正的革命运动。这些运动的领导人并没有寻求重新改组阶级关系或破坏全球性市场经济。相反,他们要么是保守的传统主义者,渴望回到"美好的往昔"，要么就是顺应的西化派，试图师夷之道以制夷之身。这并不是说1914年以前对西方统治的反抗微不足道。事实上，它远比人们通常所意识到的规模更浩大、斗争更坚决。但它并不代表对占统治地位的世界资本主义秩序的一种革命性挑战。这一挑战仍须有待于第一次世界大战及与之相伴随的俄国革命，和第二次世界大战及与之相伴随的中国革命。

一、美洲黑人的反抗运动

新大陆黑人奴隶反抗白人主子的武装斗争发生在种植园地区。正如上文所提到的（参见第九章第四节），剥削程度因出口产品的市场范围而异。如果市场扩大，拉丁美洲与盎格鲁美洲的地主就会竭尽全力最大限度地增加生产、提高利润。1751年，安提瓜一种植园主告诉贩奴船船主约翰·牛顿（John Newton），让奴隶劳累致死更为便宜划算："在他们变得毫无用处、不能服劳役之前，尽量少让他们休息，给予恶劣的饮食和暴虐的待遇，把他们耗干耗尽，然后再买进新的奴隶填补他们的空额。"(3)

这种残酷剥削激起了多次奴隶起义。各地区起义的频率大不相同，主要视客观情况所提供的成功希望而定。因此，在西印度群岛一类地区要比美国"老南方"之类的地区更有可能发生暴动。在前一类地区，奴隶占人口的大多数；而在后一类地区，除个别地方外，奴隶只占少数。在加勒比地区也比在美国更有可能出现造反，因为该地区的种植园平均拥有100—200名奴隶，而美国的种植园平均仅有20名奴隶。在白人统治精英联合一致的地区，如"老南方"，比起由于当地问题及拥有奴隶的大国间的战争而发生分裂的地区，如西印度群岛，起义要更为少见。

除了起义频率，起义目标也有差别。早期起义的目的并不是把奴隶制作为一种制度加以反对，而是针对这一制度内那些特别严重的非正义行为。逃亡奴隶所进行的战争也是如此。他们试图在外人难以达到的地区恢复非洲古老的社会秩序，以逃避奴隶制社会。及至18世纪末，反叛的奴隶将矛头指向了作为一种社会制度的奴隶制。这方面最突出的例子就是圣多明各伟大的杜桑·卢维杜尔（Toussaint L'Ouverture）。他成功地领导了历史上第一次奴隶反抗斗争，并创立了独立的黑人国家。杜桑的成就部分归因于他的杰出才能，同时也归因于历史学家尤金·吉诺维斯所谓的"具备了奴隶起义的各种理想前提条件的结合"(4)。

有利的前提之一就是圣多明各内部复杂的阶级冲突。杜桑巧妙地利用了这些冲突。来自巴黎的官僚遭到白人种植园主的反对，这些种植园主要求享有更多的自治权并取消贸易限制。而白人种植园主又为自由的有色人（黑人与黑白混血种人）所憎恶，后者可以从事任何商业，如对包括奴隶在内的财产进行买卖等。自由的有色人利用这一机会富裕起来，及至1789年，他们拥有圣多明各岛33.3%的土地财产。然而他们仍不满足，因为他们在社会上遭到白人种植园主的排挤，而且他们也不得担任任何官职，不得从事某些自由职业，不得跻身贵族行列。自由的有色人要求平等权利的主张又遭到贫穷白人最激烈的反对，贫穷白人的唯一财富是在一个黑人占人口绝大多数的岛屿上享有种族特权地位。最后，构成人口绝大多数的是黑人奴隶，他们要求自由，但是当地白人种植园主、贫穷白人及依赖蔗糖贸易的法国既得利益集团都反对他们。

法国革命的爆发将这些冲突推向了白热化。尽管废奴主义者的"黑人之友协会"作出种种努力，国民公会却依然拒绝为了原则而牺牲商业繁荣，并投票支持将奴隶贸易与奴隶制延续下去。但在圣多明各，奴隶与自由有色人为巴黎的革命言辞所鼓舞，拿起武器履行"自由、平等、博爱"的原则。黑人奴隶杜桑·卢维杜尔很快就凭其聪明才智和组织能力而成为起义的领导者。就在君主制被共和制所取代的消息传到圣多明各的同时，法国军队也抵达了这个岛上。白人种植园主分裂成了势不两立的保皇派和共和派。西班牙人在他们据有的那部分海岛地区抓住时机提出了联合奴隶反对法国人的建议。杜桑接受这一建议，控制住了岛屿的北部地区。白人种植园主担心自己会失去一切，就停止了内部斗争而将岛屿拱手交给了英国人。后者即刻派来一支军队，这样法国政府就面临着西班牙人与奴隶的联盟和白人种植园主与英国人的联盟。

正当此时，激进的罗伯斯庇尔在巴黎掌握了政权，并于1794年2月下令废除法国所有殖民地的奴隶制。杜桑立即响应，加入法国反对西班牙人和英国人的斗争。他的黑人士兵身着共和国三色服，高唱着"马赛曲"奔赴战场。及至1800年5月，杜桑控制了全岛。但是法国新领导人拿破仑却拒绝承认圣多明各事实上的独立。他派出军队前去收复这个叛乱的殖民地，然而杜桑打得法军溃不成军。法国政府不得不签订停战协定，答应大赦所有黑人并且不改变原先奴隶已经取得的新地位。杜桑听信法国人的保证而放下了武器。他的诚实毁灭了他自己。他被俘后被押往法国，1803年4月7日，他死在了阿尔卑斯山区的监狱中。

由于"黑人的魁首"已被搞掉，拿破仑又派遣了一支远征军去巩固他对该岛的统治，并重建法兰西殖民帝国。在新领导人的带领下，圣多明各黑人顽强地进行抵抗。战场上的死伤与黄热病使法军大批减员。1803年11月，为数不多的法军幸存者启程回国。经过13年斗争，黑人终于成了圣多明各的主人。加勒比语称呼"山"为"海地"（Haiti），1804年元旦，他们将其拥有的那部分岛屿改名为"海地"。

历史上唯一成功的一次黑人起义所激起的反响远远超出了加勒比海域。它极大地支持了英国的废奴运动。它使英军死伤了10万人，英国在对革命的法国的战争中明确地削弱了自己的力量。英国军事史家约翰·福蒂斯丘（John Fortescue）爵士评论道，英国未能摧毁法国革命的关键，"可以说就在于这个不祥之词：圣多明各"[5]。它也敲响了拿破仑美洲帝国之梦的丧钟，迫使他卖出路易斯安那，美国领土因此而扩大了一倍。美国的奴隶主们担心黑奴会效法圣多明各革命的榜样，这一忧虑实质上促使他们决定停止非洲奴隶贸易。

革命的海地在另一个美洲共和国即美国招来敌意,这是它的重要意义富有说服力的明证。表面上来看,新大陆上一个新独立的国家可能会在华盛顿受到欢迎。但海地却是一个别具一格的共和国。它是由原先的奴隶组成的黑人共和国,而被一些奴隶制社会包围。海地的存在对那些社会是一种威胁。尽管英国于1825年、法国于1838年承认了海地,但美国却拒不追随它们。南卡罗来纳州的托马斯·平克尼(Thomas Pinckney)直言不讳地说,原因就在于担心承认海地会在美国奴隶中间煽动起颠覆的意念。因此,华盛顿不仅不承认海地政府,而且还试图困死这个新的姐妹共和国。1806年2月28日,杰克逊总统签署了一项法案,禁止与海地间的一切贸易。这与日后美国对古巴的禁运显然极为相似。第一次禁运试图消灭自由的黑人共和国这一具有威胁作用的榜样,第二次禁运则是试图颠覆社会主义共和国这一同样具有威胁的榜样。

二、亚洲发生的保守性反响

西方资本主义渗透到亚洲,激发了具有保守性色彩的反响。这些反响显示出,那些数千年古老文明的强大影响力带有一种保守的性质,从而出现过试图"回归美好往昔"的倾向,但这一倾向却是从来都不曾模糊地接近过浪漫化的理想。19世纪曾经有过许许多多这类保守的逃避主义的实例,典型的例子就是1857—1858年的印度兵变、1900年的义和团运动和1906—1910年的朝鲜抵抗运动。

正如第十二章第二节所提到的,印度兵变是由心怀不满的印度土兵所发动的,并得到为英国的现代化措施所困扰的保守势力的支持。义和团运动与其颇为相似,它是一场得到反动的宫廷官僚及各省总督幕后支持的中国排外的秘密会社的暴动。在义和团运动之前曾经出现过1895年中国对日战争的可耻的失败。这一失败使得中国改良派的条陈能够为年轻的光绪帝所听信,并在1898年颁发了一系列变法维新诏令,史称"百日维新"。慈禧太后遭到坚决反对,但在保守派官僚的支持下,她废黜了皇帝,并取消了一切关于维新的诏令。维新计划的失败鼓励了保守派把政治上和社会上的不满情绪向洋人发泄。在宫廷集团及各省总督的怂恿下,排外的秘密会社组织起了地方民兵以抗击西方势力。这些会社中为首的是"义和团",通称为"拳民"。

拳民们开始向洋人及信奉基督教的中国人发起进攻,尤其是在华北地区攻势更为猛烈,他们在那里杀死了相当多的人。欧洲海军在天津登陆后,拳民即向各国洋人宣战并包围了驻京外国使馆。不到两个月,联军就给使馆解了围,而中华帝国的朝廷却逃离了首都。中国又一次被迫签订不平等条约,其中包括进一步的商务特许权和巨额赔款。就像其他对西方入侵所作出的逃避主义的保守性反响一样，义和团运动也耻辱地失败了。

由于同样的原因，朝鲜对日本侵略所进行的抵抗也同样是徒劳的。与中国和日本一样，朝鲜起初对西方报以如此僵硬的闭关自守政策，以致朝鲜竟以"隐士王国"而闻名于世。但朝鲜人既没有中国人那样丰富的资源，又没有日本人那样坚强的现代化能力，因而他们注定要受别人奴役。压力就来自俄国和日本，俄国在义和团运动中霸占了比邻的中国满洲，日本则计划把占领朝鲜作为针对俄国扩张主义的一项对策和征服大陆方案的第一步。

1903年7月，日本建议俄国承认日本在朝鲜享有"优先利益"，其交换条件则是日本将承认俄国"在满洲路权中的特殊利益"。俄国拒绝了这一建议，遂引起1904年的日俄战争并导致1905年签订《朴茨茅斯条约》。条约特别认可了日本在朝鲜的"政治上、军事上及经济上的卓绝权益"。日本很快便利用了这一收获，于1906年2月任命伊藤博文为朝鲜总驻节，他拥有操纵朝鲜内政外交的权势。他从撤除各国外交机构着手，于是英国、美国、中国、德国、法国及比利时等国公使均于1906年3月离开了汉城。事实上，朝鲜变成日本的一部分。列强欣然应允日本在朝鲜的绝对优势地位并不让人惊讶。早在1905年7月，西奥多·罗斯福总统就同日本人做了一笔交易，他支持日本对朝鲜的"保护"关系，作为交换条件，日本同意美国控制菲律宾。1908年11月30日达成的《罗脱－高平协定》重申了这一安排，同意在亚洲"维持现状"并尊重彼此占领的领土。

朝鲜人并没有消极地接受日本人的统治。1907年6月，朝鲜国王[李高宗(李熙)]派遣密使到荷兰参加海牙国际和平大会。这位公使揭露了日本治下朝鲜人所受的痛苦，并要求国际社会对日本施加压力反对其占领朝鲜。尽管这次会议以理想主义理论为基础，但是国际方面对朝鲜人的支持并未变为事实。反过来，日本政府却以此事端作为解散朝鲜军队及胁迫朝鲜国王退位的借口。1910年8月，日本终于正式兼并朝鲜。直至1945年8月，朝鲜才重新以一个国家的面貌出现。

有些朝鲜人认为在这种情势下唯一切实可行的办法就是毫不抵抗地接受日本人的统治。他们组织了"一进会"，该会拥有100万以上的会员。他们将朝鲜民族的希望寄托在日本天皇的仁慈上。"一进会"得到了那些希望讨得日本人欢心的野心勃勃的政界人士的支持，也得到了那些在政治上缺乏生气、因而将服从当作稳健行为的农民的支持。

然而有更多朝鲜人都不满于日本人统治他们的祖国，他们主要通过三个集团来发泄其反对情绪。最涣散无力的集团系由原先的官僚所组成，他们拒绝在日本人面前卑躬屈膝，希望朝鲜恢复李朝统治下的独立地位。或多或少更有战斗力的是受过西方教育的知识分子集团。他们在 1890 年代成立了"独立俱乐部",广泛宣扬自由、民权,以及摆脱外国的经济和政治控制而独立的思想。知识分子出版了拥护这些观念的期刊和报纸,并且在日本人统治下他们也继续这样做,直到日本人不准许出版为止。在日本人取缔了这些充满敌意的出版物后,朝鲜人又在符拉迪沃斯托克、夏威夷和美国出版了类似的刊物。

反对日本人统治最激烈的是那些被日本人解散的朝鲜军队。这些失业军人拒不服从日本人,之所以如此,或者是出于爱国,或者是由于只有抵抗才是唯一的生活出路,他们得到了富有同情心的朝鲜人民的支持。士兵们组织了义兵,在山区和村落中活动。在那些地方,起义者把自己装扮成农民。他们以 100 人至 1000 人为一组发动进攻,每次行动之后又撤回山里。日本人以烧毁被怀疑屯有叛军的村落作为报复,但不分青红皂白的镇压更加扩大了群众反抗的规模。根据下表中日本的统计,到 1908 年,冲突的次数和起义者的人数都达到巨大的规模。

1907—1911 年间日本军队与朝鲜义兵间的冲突

时间	次数	义兵人数
1907 年(8—12 月)	323	44116
1908 年	1451	69832
1909 年	898	25763
1910 年	147	1891
1911 年(1—6 月)	33	216
合计	2853	141815

Source: Headquarters, Japanese Garrison Army in Korea, *Bōta tōbatsushi* [Record of Subjugation of Insurgents] (Seoul, 1913), Appendix, table 2. Cited by Chong-Sik Lee, *The Politics of Korean Nationalism* (Berkley: University of California Press, 1963), p.81.

1908 年以后朝鲜的抵抗运动之所以迅速低落,是因为它未能发展到超出恢复皇帝与士大夫阶层的传统统治的范围。这也无怪乎许多农民都加入了鼓吹同日本人合作的"一进会"。只有"独立俱乐部"中的知识分子才有比较远大的眼光,但他们与战斗在山区的士兵并没有任何接触。由于缺乏革命的学说和组织,因此不可能对日本人进行长期的斗争。就像在印度和中国一样,在朝鲜,保守性的反抗不可能把反抗帝国主义侵略所需要的群众性的反抗力量动员起来,不管这种侵略是西方式的还是日本式的。

三、古巴和菲律宾的反抗运动

19、20世纪之交第三世界反抗运动中另外两次明显的失败出现在古巴和菲律宾。失败的原因并不在于保守的传统主义,因为古巴与菲律宾都已解除了古老而光荣的历史给其造成的沉重精神负担,这种负担曾经束缚过印度、中国与朝鲜。失败的原因在于古巴和菲律宾的民族主义者面临着让人绝望的、力量悬殊的形势,即他们试图同时反抗西班牙帝国主义和美帝国主义。

随之而来的对抗通常被称为"美西战争"。从历史学视角来看,这一命名是不确切的并易给人造成错觉。它忽略了古巴和菲律宾人民引人注目的民族解放斗争。实际上,在古巴和菲律宾存在着两个互不相连的战争,而每一个战争又都由于美国的干预而经历了两个阶段。因此,最初的西古战争变成了西、古、美战争,同样,西菲战争变成了西、菲、美战争。战争的背景与进程说明确有重新命名的必要。

就菲律宾来说,在长达三个世纪以上的时间里,西班牙始终难以使这些岛屿平定下来。针对强迫劳役、商业垄断、超额地租、土地掠夺、强制皈依天主教的反抗事件几乎年年发生。而这些反抗又一律失败,原因是全国岛屿分散,彼此隔绝,兼之各地的种族和宗教集团不相为谋,有碍全国上下进行齐心协力的斗争。19世纪后期,土著有钱阶级(主要由华裔和当地土著的混血儿组成)的兴起,引发了一场自由主义的改良运动,其目的是力求向西班牙争取政治和经济上的特许权。这一宣传运动的性质——正如后人所讲的那样——并不是革命性的,拥护这一运动的人们只求在西班牙的殖民结构中获得比较有利的地位。

宣传派反对早已稳固确立的西班牙政权的斗争终至失败,就在1892年组织了一个秘密团体"卡蒂普南"(Katipunan)。几经犹豫,"卡蒂普南"承认此前改良主义的种种努力徒劳无益,从而选择了一条革命路线。与此同时发生在古巴的革命斗争也阻挠了西班牙人对菲律宾革命派进行镇压的努力,因此到1896年时,"卡蒂普南"的力量壮大到了约三万人。"卡蒂普南"的创始人是手工业者安德烈斯·波尼法秀(Andres Bonifacio),但在1897年3月,地主埃米利奥·阿奎纳多(Emilio Aguinaldo)取而代之。到1897年11月,由于制定了《临时宪法》,菲律宾共和国的基础已告奠定,促使西班牙当局开始谈判。在谈判中,原先反对革命的菲律宾富豪说服阿奎纳多接受了一项妥协办法。西班牙人许诺考虑"卡蒂普南"的要求,但以叛军投诚作为交换条件。阿奎纳多接受了40万比索后逃亡香港。

妥协并没有使战争结束,因为西班牙人并未着手改革,而富于战斗性的"卡蒂普南"领袖也拒绝在赢得独立之前放下武器。革命派非常成功,除了首都马尼拉市,控制了所有岛屿;即使在马尼拉市,西班牙人也被团团围困了起来。1897年12月

14日，美国驻马尼拉领事报告说："……没有和平……战斗实际上每天都在进行，救护车运来大批伤员，医院都住满了。俘虏被带到这里不加审讯即被处死……在马尼拉周围16公里之内，西班牙王国的军队已经无法击退叛军。"(6) 德国国务卿伯恩哈德·冯·皮洛夫（Bernhard von Bülow）在1898年5月14日所做的分析也同样透露了真相："的的确确，西班牙政权无法再以目前的形式在菲律宾维持下去。问题在于菲律宾群岛究竟是由某一大国来接管还是交付外国保护……如果美国人或英国人打算这么做，那么他们会碰到一些不愉快的意外事件，就像法国人在墨西哥，意大利人在厄立特里亚所经历的一样。"(7)

冯·皮洛夫的预警很快即被证实。自1898年5月乔治·杜威（George Dewey）准将进抵马尼拉湾以后，美国人经历了许多"不愉快的意外事件"。他安排让阿奎纳多从香港回来领导菲律宾人抗击西班牙人。同时，海军部长约翰·朗（John Lang）则电告杜威不要"与叛军结成政治联盟……这样会招致将来要承担支持其事业的义务"。同样，麦金莱总统也给指挥陆上部队的韦斯利·梅里特（Wesley Merritt）将军发出命令，责成他维持"法律与秩序"，以确保"军事占领者绝对的、至高无上的权力，并即行对居民的政治状况加以剖析"。(8) 这些命令都是对美国占领军而不是对菲律宾解放军发出的。

菲律宾领导人正确地估计了美国的动机，因为他们始终没有从美国那里得到有关战后独立的担保。然而，他们还是决定与美国人合作以便获得武器。与此同时，阿奎纳多签署了《独立宣言》（1898年6月12日）。宣言"以菲律宾群岛全体居民的名义，并征得他们的同意"宣布，"他们现在是自由和独立的人民，而且有权成为自由和独立的人民……"6月23日，以阿奎纳多为总统的革命政府宣告成立，并建立起地方性及全国性的行政机构。8月1日，来自16个省份的190名市政会议长参加的会议批准了《独立宣言》。当第一批美国军队在6月30日抵达菲律宾时，一个为占据压倒性多数的居民所支持的全国性政府正在统治着菲律宾共和国，只有马尼拉市是唯一的例外。事实上，新近抵达的美军指挥官们要求菲律宾军官从包围马尼拉市的一些战壕里撤出，以便美国人可以参加攻占马尼拉的战斗。于是，原先的西菲战争即将转变为西、菲、美战争的"不愉快的意外事件"的舞台就这样布置好了。

与此同时，当地的民族主义者与美国干涉主义者之间的类似冲突也在古巴发展起来。自从圣多明各（海地）的蔗糖经济遭到破坏以来，古巴岛就成为世界上最大的蔗糖产地。蔗糖产量的增加引起了黑人人口相应的增加，结果，及至1842年，官方人口普查宣布：白人人口为448291人，有色的自由人为152838人，黑人奴隶则为436495人。白人被划分为出生于新大陆的克里奥尔人和出生于西班牙的半岛人。

绝大多数克里奥尔人都是地主和自由职业者,而半岛人则控制着商业和行政部门。半岛人由于他们从西班牙人的统治下获得了好处,就支持同马德里的联系;而克里奥尔人则不满意对其政治抱负和产品销售所规定的种种限制。由于白人之间的这种分裂,以及害怕奴隶发生暴动,独立运动不免受到妨碍。黑人的数目愈是增多,白人愈是把西班牙军事力量当作一个不可或缺的保护盾牌。

在1860年代,由于改革委员会未能产生任何成果,而且从1867年起对不动产、收入及各种营业都征收6%—12%的新税,克里奥尔人更是觉得难以忍受西班牙人的统治。在传统的关税重压下,尤其是在经济萧条时期,这一新税使长时间以来的积怨变得更加尖锐化。岛上东部地区(奥连特)的情形尤其如此,那里的小种植园主尤其深切地感到西班牙的统治是一大负担。1868年10月,正是在奥连特爆发了第一次独立战争。尽管战争进行了十年之久,但是由于种种原因,其中包括黑人与白人起义者之间的分歧、领导人之间细小的猜忌、武器和供给长期不足,以及西部地区(奥西登特)富裕种植园主拒不支持,等等,斗争最终还是归于失败。

使起义告一段落的1878年《桑洪条约》只不过是一纸休战协定。一些革命者仍在继续战斗,他们由于1880年古巴废除奴隶制而获得了新的兵员。同马德里的联系原先被看成是反对奴隶的一个必要保护,现在却不再是必要的。许多古巴人都被独立以后的好处所吸引,尤其是可以同仅仅几公里外富饶的美国市场进行自由贸易,更为引人入胜。

把革命运动引向第二次独立战争的杰出领导人是"使徒"何塞·马蒂(José Martí)。他是一位作家、诗人和卓越的政治组织者,在第一次独立战争时期曾被投入监狱。1880年他逃往纽约,之后一直致力于唤起古巴流亡者从事革命活动。1892年1月5日,他组织了古巴革命党,并吸收第一次战争中的两位杰出领袖马克西莫·戈麦斯(Máximo Gómez)和安东尼奥·马西奥(Antonio Maceo)入党。在为联合起义做过一番精心准备之后,1895年4月马蒂在古巴登陆。从一开始他就清楚地表白,他不需要任何外援,尤其不需要美国的援助。他对美国人深表怀疑,因为他们一再以官方或非官方的形式声明,古巴已经注定与得克萨斯和加利福尼亚的命运相同。"一旦美国人进入古巴,"马蒂问道,"谁将把他们赶出去呢?……古巴战争已经及时爆发,以免……美国兼并古巴。"(9)

起义悲剧性地开始了,因为在5月19日马蒂即在与西班牙人的第一次交锋中阵亡。戈麦斯作为军事指挥员继续领导战斗,马西奥是他的副手。马德里派出了第一次战争的胜利者马丁内斯·坎波斯(Martínez Campos),而且他率领的部队最后总共达到了24万名常备军和6万名雇佣兵之多。相比之下,起义者的人数从未超过5.4万,并且他们自始至终都缺少武器和供应。但是他们却有着比这更多的东西,因为戈麦斯和马西奥是游击战术的能手,又有第一次独立战争以来十年斗争的经验。他们得到了农民的支持,农民给他们提供粮食,以及有关敌方防御工作和部队调动的情报。基本的游击战略是焦土政策,即焚烧甘蔗,破坏建筑物、机械设备和交通设施。其目的是使可以从甘蔗得来的利润化为乌有,并使西班牙国库因军费开支消耗一空,直至财政吃紧迫使马德里放弃古巴之日为止。

结果证明这一策略是成功的。在经过古巴岛西部通往西海岸地区的一次划时代的战役中,马西奥在90天里打了27仗,从人数与装备都占据压倒优势的敌人手中夺得了22座城镇。1896年1月,西班牙政府以巴莱里亚诺·韦勒(Valeriano Weyler)将军取代了坎波斯将军。韦勒立即发布了其臭名昭著的"集中令",要求所有农村居民在八天之内带着他们的牲畜迁往军队占领的设防地区。由于给予农民的供应严重不足,因此据美国驻哈瓦那领事估计,在40万名被"集中"起来的村民中有一半人死于疾病或饥饿。对这些被激怒的农民压迫愈甚,其反抗也就愈烈。

"集中"政策不过使韦勒仅仅控制了几座大城市。而起义军则控制了广阔的农村,所以他们得以在1897年夏季举行了一次国民议会选举。与此同时,消耗策略也使西班牙人蒙受重大损失,蔗糖产量从1894年的105.4万英吨下降到1896年的22万英吨。正当此时,一场激烈的战斗也在菲律宾爆发开来。在远离本土的地方同时进行两场战争的耗费,对于财力不济的西班牙来说,原本就难以承受。新的自由党政府召回韦勒,给予古巴革命派以自治之权。戈麦斯将军把这看作"亵渎古巴人民的体面和尊严的最终侮辱"而轻蔑地予以拒绝。1898年3月1日,美国国务院对古巴形势作出如下评价:"……古巴人继续统治着岛上东半部,他们的纵队也正在西部各省活动,西班牙人却无法予以制止。[自治方案]是一个十足的、彻头彻尾的败局。"

上述评价表明,通常所谓美国的干涉才使古巴的解放成为可能的说法是错误的。事实上是自治计划的破产和古巴即将胜利的种种报道,促使麦金莱总统在古巴胜利实现不依赖西班牙和美国而取得独立之前即进行干预。美国驻马德里大使斯图尔特·伍德福德(Steward Woodford)向摄政女王和首相普拉克塞德斯·萨加斯塔(Práxedes Sagasta)提出购买古巴的要求,但遭到拒绝。在财政解决的可能性被排除以后,麦金莱总统便准备插手干预。就像西菲战争最后变成西-菲-美战争一样,现在西古战争也变成了西-古-美战争。

由于美国到1894年就已成为世界头号工业大国,因而也就更加便于出面干预。其出口制造品的总值从1888年的1.303亿美元增加到1898年的3.08亿美元。武器、纺织品、小五金及铁路设备等产品的制造商,现在对于进入国外市场极感兴趣,因而也对19世纪末叶帝国主义霸占土地的浪潮十分关注。例如,1895年日本打败中国以后,沙俄、德国、英国和法国都在远东攫取了新的基地和"势力范围"。三年之后,参议员艾伯特·贝弗里奇(Albert Beveridge)针对当时的帝国主义思想意识发表了典型的言论:

> 美国各工厂正在制造美国人民用不完的产品,美国的土地正在产出美国人民消费不完的农产品。命运已经为我们拟定了政策,世界的商业将会而且必须属于我们,我们将会按照我们的母国[英国]告诉的方法去得到它。我们将要在全世界建立贸易站作为美国产品的分配点。在不久的将来,海洋上将会遍布我们的商船。我们将要建立一支与我们伟大的国家相称的海军。在我国贸易站的周围,将会成长起实行自治、飘扬着我国旗帜、同我国有贸易联系的巨大殖民地。在商业的带动下,我国的一切制度都将紧随着我国的旗帜。美国法律、美国秩序、美国文明和美国旗帜将会树立在昔日那些充满血腥、蒙昧荒芜的海岸上,并且从今以后将会被上帝的那些使徒们变得美丽娇娆,光辉灿烂。……菲律宾群岛正是我们顺理成章的第一目标。(10)

值得贝弗里奇和其他怀有同样信念的人庆幸的是,古巴和菲律宾爆发的反抗西班牙统治的起义,给他们提供了满足其欲望的绝妙良机。对于韦勒将军在古巴所采取的"集中"策略来说情形尤其如此,这一策略在工会、教会及大学等通常持反帝国主义态度的各界人物中激起了一种赞成美国进行干涉的情绪。这种情绪由于威廉·赫斯特(William Hearst,纽约《日报》)与约瑟夫·普利策(Joseph Pulitzer,纽约《世界报》)的"黄色报纸"(yellow press,指那种追求低级趣味和耸人听闻的报刊)的宣传鼓动而更趋高涨。它们向美国读者描述说,韦勒是一个"屠夫"、一只"狼"、一条"疯狗"和"一个贪婪阴险的人"。对于这些报纸的读者来说,"缅因"号战列舰在哈瓦那港口沉没更加突显了西班牙的罪大恶极和出手干涉的必要。尽管未曾发现爆炸事件应由谁负责的任何证据,但是赫斯特系报纸的口号却已变成"记住'缅因'号战列舰,让西班牙见鬼去吧!"人们现在纷纷开始要求干涉,不仅是为了拯救饱受煎熬的古巴人民,也是为了给美国的荣誉雪耻。

在1898年最初几个月内,美国实业界的许多领袖人物(尤其是东部的领袖人物)都反对进行干涉,因为他们担心这会危及通货稳定,并将阻断贸易。但到3月中旬,约翰·阿斯特、威廉·洛克菲勒、J. P. 摩根等实业界大亨都赞同侵略政策,以便尽快结束这种悬而不决的事态。在大多数实业界人士和群情激动的舆论的支持下,麦金莱总统于1898年4月11日向国会递交了其宣战咨文。他要求国会授权

"采取措施以确保彻底和最终结束西班牙政府与古巴人民之间的对立局面"。但他也毫不隐讳地拒绝承认"所谓的古巴政府",因为如果予以承认,"我们的行为就会以赞成或反对该政府为条件"。麦金莱明确表示,只有美国才能决定古巴的前途。

按照海军上将威廉·萨姆森(William Samson)的说法,宣战以后,古巴军队在美国攻占关塔那摩时给予了"极大的帮助"。他们还在内地打击西班牙的部队,因此,美国军队能够在圣地亚哥登陆而未遇到西班牙的一兵一卒。然而,古巴人却不许参加导致圣地亚哥投降的谈判,也不允许古巴人携带武器进入该市。最后的一次侮辱是美国方面命令西班牙文职人员继续掌管所有市政机构。在圣地亚哥,就像在马尼拉一样,美国人以古巴军队可能参与过大规模抢劫和对西班牙人进行报复为由,把革命派拒斥在城外。为数众多的圣地亚哥公民签署了给麦金莱总统的请愿书,抗议排斥古巴军队和保留西班牙的法律与官吏,但却没有得到任何答复,因为正是总统本人制定了这一行动方针。

当卡利斯托·加西亚(Calixto García)将军命令在古巴军队解放的所有城镇中选举市长和市政会成员时,也同样把古巴人民排除在古巴事务之外。根据麦金莱总统的命令,美国将军威廉·沙夫特(William Shafter)禁止举行这种选举:"在这里不能有双重政府存在,我们必须拥有支配古巴人的全权。"后来加西亚接受了300万美元用以遣散革命军队,从而破坏了古巴的事业,尽管有不少人反对这种解决办法。由于马蒂领导的古巴革命党及其地方俱乐部均被解散,反抗美国人统治的行动都遭到了有效的破坏。

与此同时,美国在菲律宾的政策也同它在古巴执行的政策如出一辙:为了在撵走西班牙人以后能够全面控制菲律宾,美国不承认现存的菲律宾共和国。在马尼拉投降时,菲律宾人据有长达11.2公里的包围线,而美国人则仅据有其余的1.2公里。可是菲律宾人却被排斥在投降谈判之外,西班牙和美国双方同意规定将马尼拉市从一个政权移交给另一个政权的条款,丝毫没有顾及当地居民的愿望。美国在控制了具有战略意义的首都后即着手建立军事力量,以便将来同民族主义势力相抗衡。

鉴于古巴和菲律宾的这些发展情况,《巴黎条约》(1898年12月18日)中的条款是可以料想到的。在谈判这些条款时,美国提出把已经抵达巴黎的古巴和菲律宾代表排除在外。西班牙为了对它从前的臣民进行报复也欣然同意。事实上,财穷力竭、一败涂地的西班牙人,除了全盘接受美国的要求以外,毫无选择的余地。因此,他们将波多黎各和菲律宾割让给美国。至于古巴,西班牙同意它或者取得独立或者成为美国的"保护国"或是由美国兼并,但它宁愿接受最后一种办法。理由是,兼并可以使西班牙摆脱它为古巴所负的四亿多美元的债务。

美国的决定是反对兼并古巴,这部分是因为顾忌财政方面的负担,但也是因为害怕兼并会使条约得不到参议院的批准。条约最后规定，西班牙应当放弃它对古巴的一切要求，由美国占领该岛，并在占领期间负责保护古巴人的生命财产。事实证明，美国最初担心条约不被批准是有道理的，因为当该条约1899年2月6日在参议院通过时，所得票数仅比法定三分之二多数多出一票。

美国在巩固其对古巴的占领过程中很少遇到强烈的反对。早先解散游击队和古巴革命党已使民族主义者元气大伤。加之统率占领军的伦纳德·伍德（Leonard Wood）将军通过消灭黄热病，改革监狱制度，改组市政府，扩充教育方案，修筑道路、港口、下水道和街道等，赢得了群众的支持。美国投资者受到美国对古巴的占领和兴建基础设施的鼓舞很快就涌入古巴。及至1902年占领结束时，他们控制了矿产出口量的80%和雪茄出口量的90%。他们还廉价购置了大量农田，因为农场主已被战乱弄得家业衰败，伍德将军拒绝向小土地耕作者提供政府援助。这位将军还残酷无情地压制古巴工人组织起来争取提高工资和缩短工时，从而更加鼓励了外来投资者。

1901年通过了《普拉特修正案》，使得美国统治古巴被制度化。修正案授权美国在几乎任何情形下都可以进行军事干预，实质上美国可以控制古巴的外交与财政，并可在关塔那摩建立一个重要的海军基地。美国说服古巴制宪会议接受了这一修正案，其所持的论点是：接受修正案毕竟比无限期的军事占领要好一些，此外还以对蔗糖和烟草只征互惠关税为诱饵。

1902年5月20日埃斯特拉达·帕尔马（Estrada Palma）就任古巴第一任总统，标志着古巴共和国的诞生。在独立的掩饰下，美国成功地把政治上和经济上的屈从地位强加给了古巴。

帝国主义势力叫嚷着应该把古巴的新殖民主义模式照搬到菲律宾。但要在这些岛屿上推行并不那么容易，因为那些民族主义者手里仍然握有武器。美国人与菲律宾人之间的战斗于1899年2月4日开始打响。随后多次战役持续的时间之久和战争的性质都使人想起越南战争。它确实是越南战争的一场彩排。最初，美国人在火力上占有压倒优势，而菲律宾人又乐于进行阵地战，致使战场变成美国士兵所谓的"鹌鹑狩猎场"。不过菲律宾人很快就学会了采取游击战术，这样他们就有了自己的有利条件，因为他们既熟悉地形又能得到人民支持。阿瑟·麦克阿瑟（Arthur MacArthur）将军（第二次世界大战期间美国太平洋陆军司令道格拉斯·麦克阿瑟之父）就承认，起初他推测"阿奎纳多的军队仅仅代表一小撮人"，但他后来"颇不情愿地被迫"放弃了这种推测，因为菲律宾人所采用的这种"别出心裁的作战体系，是依靠几乎全部土著人口的一致行动"。[11]

及至1899年4月，曾在古巴同游击队交过手的威廉·沙夫特将军对未来的战斗产生了一种不祥的预感；"或许有必要杀死一半菲律宾人，因为只有这样才能使剩余一半人的生活水平提高到比他们目前半野蛮状态所能提供的水平较高一些。"(12)

美国人愈是追击游击队，战火就愈是蔓延到其他岛屿上，在那些地方美国人也遇到了同样的困扰和群众的敌视。恼羞成怒的美军士兵只是以正规军通常采用的战术在进退维谷的地方挣扎。他们烧毁村寨，杀害和平居民，折磨农民借以探听情报，并一味地以毫无节制的种族主义来反击这些"野蛮人""原始人""黑鬼"和"色鬼"。

不断蔓延开来的战火使麦金莱总统十分为难。他面临着1900年11月的大选，因此他派出联邦法院大法官威廉·塔夫脱（William Taft）前往马尼拉，并指示他在1900年9月1日以前建立一个"文职"政府。显而易见的目的便是想说服美国选民：菲律宾一切都进展顺利。塔夫脱拼凑起了一个由混血种人地主和商人组成的政府。这些商人是因为美国允许他们出口的农产品能在广阔的美国市场上享受特惠待遇而被吸引住了。既然制造了一批傀儡，他们就可以辩解那些"忠诚地站在美国人一边的人"必须受到保护，免遭强盗袭击。民主党总统候选人威廉·布赖恩（William Bryan）在竞选中力图使殖民主义成为一个主要问题，但公众对此却是毫无反应。严格的新闻检查、文职政府的及时成立，以及不存在越南战争时期曾经起过决定性作用的电视报道，这些因素合到一起，也就使得有关菲律宾事态的认真辩论未能出现。

麦金莱毫不费力地赢得了胜利。过了选举这一关之后，他就开始绝不留情地着手"平定"菲律宾。在声名狼藉的萨马岛战役中，雅各布·史密斯（Jacob Smith）命令他的部队杀死"一切多余的东西"，把萨马岛变成一片"鬼哭狼嚎的荒野"，以至于"甚至连鸟儿也不能在这里生存"。这位将军从此以后即以"咆哮的杰克·史密斯"而闻名。农民被迫搬进了类似韦勒在古巴建立的"集中区"的临时拘留营。就像几十年后美国指挥官们在越南再度发现的那样，在奉命必须制伏被涂上政治色彩的农民时，除了对其进行像萨马岛或美莱村大屠杀以外，别无他法。

1901年4月，阿奎纳多终于被俘。美国人以为战争实际上已经结束，尤其是在他们说服他在忠诚宣誓书上签字并发表宣言号召他的同志们放弃斗争之后，就更是认为没有问题了。在一片鼓乐声中和游行队伍的氛围里，西奥多·罗斯福总统宣布战争将在1902年7月4日以前结束。但在历时三年半的以寡敌众拼死抵抗之后，仍有许多菲律宾人拒不投降。1903年3月间游击队的频频袭击达到高潮，致使临时拘留营里拘留的农民空前之多，简直人满为患。

新的抵抗运动领袖来自普通老百姓，他们大都出身于较低的阶层，与早先的领袖出身于中产阶级适成对比。战斗仍在继续，日本人击溃俄国人的消息极大地鼓舞了菲律宾人的士气。小个子棕种人杀死大个子白种人的廉价彩色图片传遍了菲律宾最边远偏僻的角落。直至1906年,大多数菲律宾领导人才放下了武器。而且即便是到那时,零星的抵抗仍然时有发生。尤其是在穆斯林居住的棉兰老岛上,迟至1916年还传闻爆发了一些小规模冲突。

在经历了这许许多多的流血和痛苦之后,菲律宾人民并没有得到自己所企求的独立。从日后抵抗运动的角度来看,失败的原因可谓一清二楚。作为第三世界起义者的先驱,可以理解,他们还缺少有关帝国主义本性、抵抗运动本身的阶级因素,以及游击战争的策略的革命理论。而且当时也没有社会主义国家或者国际性的革命组织,以致菲律宾人未曾得到任何外来援助,这与全世界官方或私人都援助越南人的情况大相径庭。最后,"美国反帝国主义同盟"的确反对过菲律宾战争,但是由于上述原因,它并未达到大大有助于促使林登·约翰逊总统最终退出竞选的反战运动那样有效的程度。

就在《巴黎条约》签订之际,华尔街银行家兼参议员昌西·迪普(Chauncey Depew)满怀信心地展望未来:"美国人民现在生产的产值比他们可能的消费要多20亿美元,我们已经遇到紧急情况,由于上帝的旨意,也由于威廉·麦金莱治国安邦的本领,以及老罗斯福及其同僚们的豪迈气概,我们在古巴、在波多黎各、在菲律宾有了我们的市场,我们挺立在了八亿人民面前,太平洋成了美国的内湖。……这个世界是属于我们的……"(13)

这种欣慰感已被证明是有道理的,至少在可以预见到的将来是这样。由《普拉特修正案》加以制度化的新殖民主义在古巴推行得很顺利,因此1916年国会又通过了《琼斯法案》,规定"在菲律宾建立有条件的独立政府,并确定这个有条件的独立将会变为绝对而完全独立的日期"。1946年,菲律宾被获准得到了独立。但在这之前和以后,对美帝国主义来说,新殖民主义在20世纪发挥的作用,就像19世纪自由贸易帝国主义对英帝国主义所发挥的作用一样有效。

四、日本人的胜利和俄国革命

日本人击败沙俄帝国以及因此而出现的俄国1905年革命这两者富有煽动性的结合,给了20世纪初第三世界抵抗运动以最强大的推动力。当1903年7月日本人向俄国人建议相互承认其各自在朝鲜和满洲的权益时,关系重大的连锁反应就开始了。俄国财政大臣维特伯爵赞成相互承认,因为他感兴趣的是经济渗透,而不是带有战争危险的政治扩张。但他的主张遭到在朝鲜拥有采伐木材"特许权"的俄国冒险家和想在朝鲜沿海建立一个基地的俄国军界的反对。而且,俄国的一些政治家因为对国内日趋剧烈的动荡颇为担心，也赞成打一场"小胜仗"，以便将人们的视线从国内问题上转移开来。在他们和军界人士看来，毫无疑义，俄国可以战胜日本。事实上，他们轻蔑地把日本人叫做"小毛猴"，甚至还曾认真地辩论过究竟一名俄国士兵的价值抵得上一个半还是两个日本士兵这样的问题。

这一小撮冒险家、军人和政治家一意孤行，所以日本的建议就遭到了拒绝。东京有 1902 年 1 月 30 日签订的英日同盟壮胆，立即作出反应。日本人未经正式宣战，就于 1904 年 2 月 8 日袭击了停泊在旅顺港的俄国舰队。正如第十七章第二节所提及的，日本一举击败了大俄罗斯帝国而使世界为之震惊。军事上的失败迫使沙俄政府只得罢战言和，尤其是因为战争在国内非常不得人心，再加之 1905 年革命已经爆发。根据《朴茨茅斯条约》（1905 年 9 月 5 日），俄国承认日本在朝鲜"政治上、军事上及经济上的卓绝权益"，放弃其在满洲一切优先的或排他的特许权，将库页岛南部割让给日本，并把它在辽东半岛的租借地转让给日本。

正当日俄两国在远东应战方酣之际，俄国境内的革命也蔓延开来。其基本原因是，农民、城市工人及中产阶级长期以来心怀不满（参见第十六章第四节）。对日战争更是加剧了这种不满，尤其是在"小胜仗"变成庞大的俄国败于亚洲一个弹丸小国而使人民感到耻辱后就更是如此。最终，1905 年 1 月 20 日的"流血星期日"这一颗火星，引发了俄国的第一次革命。

在那个成败攸关的星期日，数千名手无寸铁的男人、妇女和儿童在格奥尔吉·加邦（Georgi Gapon）神父的率领下和平地向圣彼得堡的冬宫行进。加邦是个关心社会的牧师，他企求通过他认为对沙皇政府及教会的前途都至关重要的和平改革来减轻城市贫民的痛苦。"我必须坦率地说，"加邦警告说，"如果教会不同人民打成一片，牧羊人立刻就会没有羊群。"[14]

按照这种改良主义策略，加邦所领导的这次圣彼得堡示威实质上是一次带有宗教色彩的游行。游行者佩戴圣像，高唱圣歌。他们的请愿恭恭敬敬地要求诸如代议制议会、教育自由、八小时工作制，以及改良劳动条件等方面的改革。倘若沙皇或者他的代表接受了请愿并应允会善加考虑的话，这群人几乎肯定会和平地散去。但是，沙皇的叔父却莫名其妙地命令帝国卫队开枪。结果有 96—1000 人被杀，200—2000 人受伤，数字上的悬殊主要是因为一些目击者只报道了星期日当天的伤亡，而骚动在首都实际上持续了两天之久。

"让我们向他［沙皇］和他的整个家族复仇吧，"加邦在"流血星期日"晚上倡议说，"向他的大臣们和俄国土地上的一切剥削者报仇吧。走吧，抢劫皇宫去吧！"[15]因此，具有讽刺意味的是，一个满脑子都是改良思想的牧师，居然发动了伟大的 1905 年革命。但在那差一点就推翻沙皇专制统治的沸沸扬扬的事态中，加邦却被抛在一旁，竟致被人遗忘。使人触目惊心的动荡经历了两个阶段以后，帝国政府才得以恢复其权威。

第一个阶段从 1905 年 1 月至 10 月，是革命浪潮上升阶段。所有的阶级与利益集团都站出来反对沙皇专制统治；各从属民族要求自治；黑海舰队的海员发生兵变，占有了船只；各地的学生都走出了教室；农民抢劫了庄园主的房舍，占有了土地；工人在城市里进行罢工。为了协调他们的行动，工人开始选举代表会议即苏维埃。自发的苏维埃运动从工人中发展到了农村的农民和军队里的士兵中间。在 1905 年革命结束前，有 40 个地区有工人苏维埃，五个地区有士兵苏维埃，还有两个工人和士兵联合的苏维埃。

全世界都在目睹这一不同寻常的景象：整个一个国家都处于罢工中。维特伯爵报告沙皇，他必须在两种办法中作出选择，要么是实行新的宪政制度，要么是以暴力压垮一切反对派而实行独裁政治。当军人通知沙皇尼古拉不能指望武装部队采取镇压措施时，他才勉强接受了实行宪政。于是他发布了《十月宣言》（1905 年 10 月 30 日），宣言应允言论、出版及集会自由，并给俄国颁布一部宪法和建立一个由选举产生的议会即杜马。

在革命的第二个阶段，即 1905 年 10 月至 1906 年 1 月，起义继续处于高潮，但反对派不再联合一致。由中产阶级分子组成的温和派接受了《十月宣言》，而包括社会民主党人和社会革命党人在内的激进派则要求由一个制宪会议而不是由沙皇的大臣们来制定新宪法。激进派试图通过组织更多的罢工和骚动来独树一帜，但政府已有足够力量对其进行制裁。1905 年 9 月 5 日对日战争结束，得以调回大批军队以恢复秩序。同样重要的是，维特于 1906 年 4 月 12 日从法国、英国和比利时银行得到了 25 亿法郎的大宗借款。

这笔借款不但遭到西方自由派和激进派人士的强烈反对，而且遭到俄国国内反对派的强烈反对，他们警告说，这宗款项是非法的，只要有机会他们就会拒不偿还。但维特贿赂巴黎报界请他们保持缄默，并警告西方各国政府，革命不仅对沙皇而且对它们也是一大危险，从而如愿以偿。法国提供了款项的大部分，因为它看来不仅会损失法国私人投资者和法国政府早先投放于俄国的几十亿法郎，还会失去一位军事盟友。在 4 月 15 日的一封信中，沙皇为借款一事赞扬了维特，说它象征着"政府在道义上赢得了巨大的胜利，并保证俄国将来可以不受干扰而平静地向前发展"[16]。

这一褒扬是很有道理的。财政上没有了压力，沙皇政府就能压服那使得莫斯科在 1905 年 12 月 22 日至 1906 年 1 月 1 日之间陷于瘫痪的罢工。罢工既已结束，加之沙皇的大臣们又有足够资金来公然对抗即将选举产生的杜马，革命的危险也就消失了。

1906 年以前，记载欧洲各国王室情况的年鉴《哥特年鉴》把俄国列入君主专制国一类；1906 年以后则将其改为由一位专制君主统治的立宪君主制国。这准确地反映出革命的结局是模糊不清的。俄国有了立宪的政体和由选举产生的杜马，但是 1906 年 5 月 6 日公布的所谓基本法却宣布沙皇为专制君主，全权掌握行政部门、军队及外交政策。准许工人有组织工会及举行罢工的权利，但必须以和平方式进行。农民无须偿付赎地费，可以在村社范围内买卖份地。这一革新旨在刺激富农阶级的成长，他们将会成为沙皇政权在农村中的支持者。当时预计不出 20 年就会在农村中出现这种称心如意的变化，沙皇的地位也将随之大为巩固。但这 20 年的宽限却未能成为现实，结局并不是沙皇制度恢复了元气，而是爆发了布尔什维克革命。

尽管 1905 年革命在俄国本土的影响模糊不清，但它就像日俄战争一样却对第三世界产生了深刻影响。日俄战争证实了推翻西方帝国主义的可能性，而俄国 1905 年革命则表明，可以向国内的君主专制挑战并建立立宪政体。既然第三世界的大多数国家都受到外国帝国主义与本国君主专制主义的双重压迫，那么，日本人的胜利与俄国革命二者结合起来的影响必然是深刻而持久的。

首先，考虑到亚洲的一个小小王国居然战胜了欧洲的一个庞然大国，可以理解，它自然给整个殖民地世界送来了一阵希望和激动的颤音。君士坦丁堡的一位英国外交官当时向英国政府报告说："日本击败了土耳其的宿敌，这使土耳其人身上每根神经都激动不已。"(17) 在亚洲的另一端，孙中山宣称："我们把日本战胜俄国看成是西方败于东方，我们把日本人的胜利看成是我们自己的胜利。"(18) 同样，第二次世界大战期间的缅甸首相巴茂（Ba Maw）也在他的回忆录里记述了日本的胜利对他那一代人所产生的令人兴奋的作用。在装扮打仗的游戏中，他和他的同学们都希望扮演日本人，英国人发行亲日的图片使得这种热情格外高涨。尼赫鲁这样回忆他在印度上小学时的类似经历："日本人的胜利激起了我的热情……我满脑子都是民族主义思想。我沉思冥想着印度的自由……我梦想着自己手持宝剑为印度而战并帮助她赢得自由的种种英勇行为。"(19)

对第三世界各民族同样具有煽动性的是强大的沙皇几乎为俄国群众自发性的暴动所推翻的壮观场面。沙俄帝国与几个亚洲国家边界相连，边界两边居民在民族上相互交错，结果互相影响，这种煽动性就更其强烈。而且有相当数量的波斯人、中国人和土耳其人在俄国侨居、学习或工作，他们从当地的革命学生和工人组织中学到了许多思想。最后，1905 年革命之际，俄国的 2000 万穆斯林少数民族普遍抱有不满情绪。他们参加了 1905 年革命，并为宣扬伊斯兰文化及宗教在 1905—1907 年间举行过三次穆斯林大会。俄国穆斯林的政治和宗教骚动在俄国疆界之外，尤其是在波斯和土耳其的穆斯林同胞中间产生了深远的影响。一位侨居波斯的英国人当时就觉察到了在所有的殖民地中引起的激情和期望的潜流。在1906年8月的一封信中，他这样写道：

> 依我看，东方即将迎来一场变革。日本的胜利似乎对整个东方都有着不同寻常的影响。即使在波斯也并非没有影响。……俄国革命在这里确实有着令人震惊的影响。人们极其关注俄国的事态，一种新的精神似乎已经遍布人民中间，他们对他们的统治者早就厌倦不堪。以俄国为例，他们渐渐认识到另建一个形式较好的政府是可能的。……似乎东方正在从沉睡中觉醒过来。在中国，出现了众所瞩目的排外运动和趋向于"中国是中国人的中国"这一理想。在波斯，由于它毗邻俄国，其觉醒似乎将会以民主改革运动的形式出现。在埃及和北非，则表现为宗教狂热的显著增强和泛伊斯兰主义运动的传播。这些骚动征兆同时出现得如此引人注目，并不能仅仅归结为是一时巧合。天晓得呢？或许东方确实正在从它长期的沉睡中觉醒过来，我们即将看到这千百万坚韧不拔的群众挺身而出，与那不择手段地进行剥削的西方作斗争。[20]

五、"波斯被扼杀"

波斯受到1905年俄国革命的影响比其他任何国家都大。原因之一是，俄国人和波斯人长期以来的交往十分频繁。有相当数量的波斯学生在俄国大学里留学，其中一些人不可避免地会受到激进学生团体的影响。而且，两国之间持续多个世纪的经济联系，使俄国和波斯商人之间有着数不清的交易。更重要的是，为数众多的波斯工人受雇于巴库和格罗兹尼油田，以及第比利斯、埃里温、弗拉基高加索、新罗西斯克、杰尔宾特、捷米尔–汉–舒罗等地的工厂。据俄国官方统计，仅1905年一年内就有6.2万名工人来自波斯，这还不包括另外几千名没有护照而类似墨西哥劳工进入美国方式的偷越国境者。及至1910年，每年进入俄国的波斯工人几乎达到20万之多。

俄国革命对波斯产生了最大影响的另一个主要原因是，波斯卡扎尔王朝及其统治阶层人士的腐败和愚民政策达到了无以复加的地步。正如第十一章第五节所提到的，他们的无知和贪婪使得波斯听任外国进行经济剥削。例如，1902年4月，国王莫扎法尔·厄丁（Mozaffar ed-Din）继1900年借款2250万卢布之后，又向俄国借款1000万卢布。然后他在1902年夏季的欧洲之行中便开始花费这笔巨款，致使国库再度空虚，跟着又于1903年开始谈判再次借款事宜。

应该注意到的是，就在这同一年，国王却命令付给他所宠爱的占星术士一大笔钱财和每年 3000 英镑年金，理由是国王陛下曾梦见这个占星术士把他从水中救起幸免淹死。负责为这种慷慨赐予筹措款项的首相大发脾气，说他既要为国王的出游和玩意儿、又要为他的梦幻多方筹款，委实难以张罗。首相的坦率使自己丢了官。接任者是艾恩·阿德-多勒（Eyn od-Dowleh），此人残忍、无知而又刚愎自用。他曾命令把一名罪犯"像马一样掌上马蹄铁，将铁钉钉入赤裸裸的脚跟和肉里"[21]，他的这一举动就连冷酷无情的波斯哥萨克骑兵旅旅长都为之吃惊。

由此产生的混乱与风纪败坏，使得波斯人民对边界那边的俄国革命事件变得尤其敏感。1905 年 12 月，仅仅在沙皇的《十月宣言》颁布两个月之后，德黑兰就掀起了抗议糖价高涨和反对不得人心的首相艾恩·阿德-多勒的总罢工。国王虽然应允改革，但却并未努力践行诺言。1906 年 7 月的第二次罢工迫使国王罢免了首相，但群众又要求制定宪法。由于乌里玛（宗教领袖）和一些武装部队支持示威者，国王也依照沙皇的榜样于 8 月 5 日同意颁布宪法。经过选举，国王于 10 月 7 日召开议会（Majlis，马杰里斯）。因为选举权有所限制，议会仅由贵族、地主、富商、乌里玛及少数有技术的手工业者组成。

在开展立法活动的同时，基层群众也直接行动起来。人们组织起了类似于俄国革命派的"苏维埃"组织："安乔曼"（Anjoman）。它们是以地方为单位选举产生的，独立于国王政府的机构，其中不仅有穆斯林，还有祆教徒、基督徒和犹太人。它们传播得很快，尤其是在波斯北部地区更是变成"国中之国"。由于中央的权威在革命时期已被粉碎，遂由"安乔曼"负责维持秩序，控制面包的价格与分配。及至 1907 年中，"安乔曼"运动的范围扩及全国，单在德黑兰即有 40 个"安乔曼"，及至 1908 年 6 月更是增加到 180 个。俄国的"苏维埃"全部是激进派（社会革命党人、孟什维克和布尔什维克）的组织；而波斯的"安乔曼"则有各式各样的政治信仰，通常都是由开明地主、商人、尤其是教士（他们是居民中除贵族外受教育程度最高的）领导。

1907 年 5 月，英国大使塞西尔·斯普林-赖斯（Cecil Spring-Rice）爵士在致伦敦的一封信里这样描述"安乔曼"的成长：

> 每一座城镇都有一个独立的议会，它无须与总督或者德黑兰的中央议会磋商即可采取行动。一个又一个不得人心的总督都被赶走了，而中央政府与德黑兰的议会则发现它们也无力相抗。全面瓦解的危险似乎是真正的危险。反抗压迫乃至反抗一切权威的精神正在全国传播开来。……最广义的独立的情绪、民族性的情绪、有权反抗压迫和当家做主的情绪，正在人

民中间迅速生发起来。(22)

俄国驻德黑兰大使尼古拉·哈特维希（Nicolai Hartwig）一如他反对本国的革命一样激烈地反对波斯的革命。他在1908年4月24日的一封信里道出了他对"安乔曼"的关注。他注意到"安乔曼"拥有"包揽一切的权力"，并补充说："近来'安乔曼'开始对政府的代表发号施令，就像对它们自己的代理人发号施令一样，给他们发指示并直接干预各部门的一切事务。"(23)

与此同时，议会也一直在德黑兰开会，制定了一部相当开明的宪法，并于1907年1月1日由国王正式签署。不幸的是，国王一星期后便去世了，这桩不凑巧的事情标志着疾风暴雨式的波斯革命第二个阶段的开始。对抗和冲突迭起，最后以俄国占领波斯和"波斯被扼杀"而告终。"波斯被扼杀"是美国财政顾问摩根·舒斯特（Morgan Shuster）的说法，当时他带头反对本国和外国既得利益集团惯常的互相联合。

新统治者穆罕默德·阿里（Mohammad Ali）是一个彻头彻尾的反动派。他反对议会提出的所有改革措施，一心想要取消议会和宪法。他得到了哈特维希的坚决支持。按照他过去所受的训练和个人性格，哈特维希是坚决遵从皇帝的绝对权威这一原则的。但国王和这位俄国大使不得不与已经觉醒的民众相周旋。波斯在近代时期中第一次真正被广大群众拥护的改革运动所震撼。由于饱受外国人的欺侮和剥削，这一运动具有强烈的民族主义和反西方的性质。(24)

尽管民族主义分子的事业是有功绩的，但是民族主义者的力量却因议会与"安乔曼"内部发生分歧而有所削弱。其中涉及个人的政治野心和青年与老年教士之间的基本意见分歧。而且议会与"安乔曼"在彼此的权限和权力上也存在矛盾。随着"安乔曼"扩散到全国，民族主义者倾向于把议会看作另一个"安乔曼"——当然是最大的一个"安乔曼"，但不管怎样，也只是一个"安乔曼"而已。这就有损议会的威信，而议会则还要在当前的权力之争中同宫廷和官僚政府相抗衡。

对民族主义事业来说，比内部不和更严重的是1907年8月《英俄协定》的签署所构成的外部威胁。协定的序言表示尊重"波斯的完整与独立"，但正文却划定波斯北部和中部为俄国的"势力范围"，波斯东南部为英国的"势力范围"，中间地区为中立的缓冲地带。可以理解，民族主义者作出的反应是因幻想破灭而义愤填膺。在这之前，伦敦曾向他们保证，有关协定的谣传是"没有根据的"，而且纵然日俄战争的结束使英俄关系有了改善的可能，但"波斯政府可以深信，我们无论如何绝对无意侵犯波斯领土的完整与独立"(25)。欺诈使波斯人震惊不已，他们始终都对从事扑灭其本国革命的沙俄专制政府只抱最坏的想法，但他们却天真地设想，"议会之母"准可对他们的民主主义抱负予以支持,尤其是因为英国的使节一直都在对他们宣讲正直与诚实。

英国驻德黑兰大使塞西尔·斯普林－赖斯爵士同情这些民族主义者。他直截了当地写信给他的上司、外交大臣爱德华·格雷(Edward Grey)爵士说"波斯人民认为我们背叛了他们",跟着他又用非外交的尖刻词语补充道:"那些准备批评您的人,至少有看起来很确凿的证据说您在同一个专制独裁政权合作,或者说您反对弱小民族赢得自由。"最后,塞西尔爵士警告说,俄国会利用《英俄协定》崭新的伪装实现其在波斯的旧计划。"从舆论角度来看,如果在新的协约下仍旧执行旧的政策,后果将会更加严重。"(26)

这位大使的事先警告被证明是有预见性的。尽管条约的序言表示尊重波斯领土完整和独立,但是哈特维希仍然继续力图推翻宪法和议会。外交部长伊兹沃尔斯基(Izvolski)坚持小心从事,因为他需要英国的支持以实现其巴尔干计划。公开干涉波斯事务是不可能的,但他授权进行隐蔽的干涉,能隐蔽多久就隐蔽多久。这就给哈特维希留下了足够的回旋余地,他可以依赖弗拉基米尔·李亚科夫(Vladimir Liakhov)上校的合作,李亚科夫是波斯唯一强有力的部队即哥萨克骑兵旅的旅长。

哈特维希和李亚科夫建议国王"废除宪法,解散议会"。国王急不可待地接受了这一同他的想法甚为合拍的建议,并于1908年6月22日任命李亚科夫为德黑兰总督。这位俄国人当即宣布戒严,派出他的哥萨克骑兵旅包围议会大楼,并用炮火轰击,杀害了大楼里的好几百人。此时,危机的中心转移到了大不里士,那里的民族主义者在1908年6月23日议会被解散以后拒不承认国王是国家的合法统治者。波斯的"苏维埃"——"安乔曼"接管了政权,并呼吁俄国高加索的革命派支持他们阻击不断推进的王军。在大不里士被围并被切断其与国内其他地区的联系之前,数以百计的格鲁吉亚、亚美尼亚和阿塞拜疆的革命派赶到了这座城市。

这6000名王军主要由毫无纪律、嗜杀成性的游牧民族组成,他们一心为攻占和劫掠繁华的大不里士这一前景所吸引。大不里士食物供应不足,俄国人担心被围困在城内的相当数量的同胞会饿死或者遭到杀害。俄国人鉴于这种危险性,不得不派遣军队突破封锁,既解救了波斯民族主义者,也解救了自己的同胞。与此同时,号称"费达伊"(fedayeen,即"敢死队")的巴赫蒂亚里部落民和民族主义派战士于7月12日占领了德黑兰,迫使国王逃入俄国使馆。1909年7月16日,穆罕默德·阿里被废黜,他那肥胖的12岁儿子艾哈迈德·米尔扎被宣布为国王。

民族主义者虽然获胜,但他们的财政却破产了,同时波斯北部被俄国军队占领。他们一再请求贷款和呼吁撤军,只为找出一些理由来掩饰自己的无所作为是无可非议的。尽管穆罕默德·阿里这个驯服的工具已被废黜,但因国际形势变化,俄国人在波斯变得更加咄咄逼人。伊兹沃尔斯基已被免去外交部长职务，俄国有影响的势力都谋求废除《英俄协约》而同德国达成协议。怀有强烈反德情绪的英国外交大臣爱德华·格雷爵士情愿忍让俄国在波斯的极端高压行为，以求保全1907年的协约。在1911年法德两国的摩洛哥危机期间，情形尤其如此，当时英国坚决支持法国反对德国。俄国人正确地估计到英国不敢同时对抗德俄两国，于是也就毫不客气地着手把穆罕默德·阿里强加在不幸的波斯人民头上。

穆罕默德·阿里当时正流亡于敖德萨。莫斯科违反国际法原则以及它同波斯民族主义政府所达成的特别协议，允许阿里派遣代理人携带金钱去唆使土科门部落民进攻德黑兰。然后，俄国人应允穆罕默德·阿里离开敖德萨，前往维也纳购买武器弹药。从维也纳他又游历到里海之滨的俄国港口彼得罗夫斯克，然后于1911年7月17日渡海到阿斯塔拉巴德附近的波斯海岸。就在这个月的早些时候，俄国驻德黑兰公使曾在一个大型宴会上预言，不出几个星期，波斯政府将会不复存在。

就此时的情况来看，这一预言似乎是有理由的。土库曼部落民同驻在波斯的俄国领事和军官一致支持穆罕默德·阿里。由于财力不足，加之穆罕默德·阿里及其俄国支持者的阴谋，德黑兰政府已经失去了对许多地区的控制，从而锐气大挫。多亏有摩根·舒斯特的努力，最终化险为夷。他是波斯议会不顾俄国的反对而雇用来整顿国家财政金融的一个美国人。作为财政总监，舒斯特坚强有力而无所畏惧地履行他的职责，从而引起了俄国人的敌视。他们千方百计想把他罢免掉。在1911年的这一危急时刻，舒斯特出任领导，负责组织和供给战斗部队，从而阻止了穆罕默德·阿里的骑兵向前推进。1911年9月5日，国王的骑兵被击败，民族主义政府又一次得到了喘息。

但它终究是一个短命的政府。俄国人更加决心要除掉波斯议会和让人讨厌的舒斯特。而英国除了半心半意地表示抗议以外，并未反对俄国公然侵犯波斯的主权。当德黑兰政府建议雇用一些瑞典军官来训练军队并恢复国内的安定时，圣彼得堡的反应是消极的。沙皇的反应道出了实情："既然它有害于俄国，就不能被容许。我们是波斯北部的主人。"[27]

同样，俄国人也反对舒斯特通常不考虑外交上的细节而采取的某些行动和任命。1911年11月11日，俄国大使向波斯政府递交了一份限期48小时答复的最后通牒，要求对这些行动道歉并撤回所任命的官吏。德黑兰内阁以辞职作为回答，俄国大使则命令驻在波斯北部的俄军向南推进。1911年12月20日，波斯议会被包围并被迫接受最后通牒。12月24日，议会被解散，舒斯特也被解雇。几天后，他离开波斯返回美国。新任英国大使乔治·巴克利（George Barclay）爵士长期以来一直忠实地执行着爱德华·格雷爵士的拆舒斯特台的政策，但他现在却掂量出了此事的后果：

"这足够使天使们目睹舒斯特的全部机构落入无能之辈的手里而落泪。……我打心眼里喜欢那个家伙。"⁽²⁸⁾

波斯议会被解散和舒斯特离去以后，波斯作为一个国家实质上已经不复存在。恐怖统治十分厉害，弄得俄国领事当真逮捕了波斯的民族主义者并把他们送往巴库。"我承认这些措施是现在司法准则所未曾预见的，"俄国驻拉什特领事涅克拉索夫（Nekrasov）写道，"我以为我的职责是要使帝国使馆注意下述事实：目前的情势使得我们不可能应用那些为正常国际关系所制定的准则。"⁽²⁹⁾ 俄国官场中当时流传着下面这样的顺口溜："波斯并非外国，就像鸡的确不是鸟儿一样。"

强大的外来压力和内部的软弱无力，致使波斯民族主义者不能建立独立的立宪政体。俄国人最富于侵略性，但是爱德华·格雷爵士也承认波斯的"完整与独立"并不存在。事实上，这几十年来，英俄两国都不把非西方国家的政府看作独立的政治实体，这是列强的典型态度。波斯的命运只是在细枝末节上有别于中国、奥斯曼帝国、阿富汗、埃塞俄比亚一类的其他半殖民地而已。

外来干涉进一步加剧，而内部的脆弱空虚也更加刺激了外来的干涉。许多部落仍然大都不受德黑兰政府的节制，在19、20世纪之交，它们得到了新式的后膛来复枪以后尤其如此，及至1910年，几乎每个部落所拥有的武器都同国家军队相差无几。至于教士，则仍旧为广大群众所支持，他们在这些年动荡不安的局势中发挥了重要作用。但归根结蒂，当伊朗不由自主地被投入现代世界时，他们并未对伊朗面临的根本问题作出回答。教士们在动员舆论以达到眼前的政治目的和为某些特定事件申冤方面颇能奏效。但他们并没有洞察到这些行动的长期后果，也缺乏全面策略去指导他们经常干预的政治事务。

就像意识形态上的分歧削弱了俄国反沙皇分子的战斗力一样，这方面的分歧也削弱了波斯议会和"安乔曼"中民族主义者和立宪主义者的力量。一边是受过西方教育的中产阶级商人和知识分子，这些人要求教权和俗权分离、实行义务兵役制、分配土地和公共教育世俗化。人们称之为"社会民主派"，以别于"社会温和派"。"社会温和派"大多是教士、地主、军官，只希望限制国王的暴行。单在德黑兰就有三派争权夺势：国王及其宫廷，议会中的各派，以及各部的官僚。然而，在这些年的骚乱扰攘中，三派力量在德黑兰都渐趋孤立。农民拒绝纳税，道路特许权所有者无法征收通行税，走私贩置关税税吏于不顾，商人随意哄抬物价。

舒斯特在被俄国人逼迫离职后所写的《波斯被扼杀》（*The Strangling of Persia*）被证明是完全有道理的。不过，"扼杀"那个国家，就像扼杀第三世界其他国家一样，并非只是出于外国执行绞刑者之手，那些有意或无意的国内的里通外国分子亦不能辞其咎。

六、青年土耳其党人的革命

俄国革命和波斯革命之后的一次巨大的社会动荡发生在奥斯曼帝国，即1908年青年土耳其党人的暴动。不同于俄国人和波斯人，土耳其人有宪政的传统，所谓的《米德哈特宪法》已于1876年正式通过。但这只是一次短命的试验，因为哈米德苏丹使得1877年8月选举出来的第一届议会休会，直至1908年革命时才重新召开。当俄国与波斯改革派为制定宪法而斗争时，土耳其改革派则企图恢复《米德哈特宪法》。

在这样做的时候，土耳其人以及奥斯曼帝国的其他从属臣民不得不同哈米德那无所不在的压制行为作斗争。大批间谍在官僚政府、军队、学校、甚至家庭里活动着。严厉的出版检查制度把人民同西方的影响隔绝开来，严禁使用"共和国""宪法""自由""平等""暴君"等字样。伏尔泰、托尔斯泰和拜伦的著作都被禁止，莎士比亚的《哈姆雷特》不许公演，以致观众难得一观弑君的场面。

压制迫使持不同政见者逃亡国外，他们仿效俄国流亡者，掀起了一场反对国内专制独裁统治的新闻宣传战。不单是土耳其人，还有其他附属民族的革命领袖都到外国首都，尤其是巴黎避难。这些流亡者（土耳其人、阿拉伯人、希腊人、亚美尼亚人、阿尔巴尼亚人、库尔德人和犹太人）1902年2月在巴黎召开大会，目的是组成反对专制独裁统治的共同战线。但是没过多久他们就意识到，他们除了都不喜欢苏丹以外并无共同语言。有些人要求以土耳其人为主导，实行中央集权制；另一些人则主张帝国分权制，准许非土耳其人的少数民族完全自治。

正当流亡者们在巴黎争吵不休时，战斗的革命派已在国内组织起来。1905年俄国革命给了土耳其反对派以极大的鼓舞。阿布杜拉·哈米德很快就觉察到这一革命对他的专制统治所含有的危险性。当一位官员就1905年日本击败土耳其的宿敌俄国而向他表示祝贺时，他回答说，击败沙俄也就是击败了一切地方的专制独裁统治。哈米德尤其对俄国黑海舰队"波将金"号战舰水兵的哗变表示关切，唯恐俄国的兵变会在他的军队里引起同样的不满。哈米德开始加强海峡地区的防务，以防"波将金"号战舰哗变的水兵企图穿过海峡。沙皇一反常态，要求苏丹截击"波将金"号战舰，如果它驶入海峡的话。但是苏丹幸免于卷入纠纷，因为"波将金"号水手在罗马尼亚要求避难，在那里他们打开船底阀而使战舰沉入大海。

然而，哈米德却无法使他的帝国完全不受俄国毒素的影响。长期以来，安纳托利亚高原东部的农民一直在为寻找工作而来往于俄国边境地区。当哈米德阻止这种人口移徙以防波斯发生的事件在土耳其重演时，激起被剥夺生活资源的农民的强烈不满。而且，来自俄国高加索、克里木半岛和中亚的穆斯林难民长期以来即侨居奥斯曼帝国，在那里，他们因为有强烈的反俄情绪而被欢迎加入军队。但在1905年俄国革命爆发以后，他们突然觉察到别人以怀疑的眼光看待自己，这一转变致使其中一些人加入了土耳其革命派的行列。

与此同时，土耳其革命派也在军医学院、军事学院、兽医学院、行政学院、海军学院和炮兵工程学院里秘密组织起来。正是在这些近代专业学校中，青年土耳其党人（这是人们对一切持不同政见者的通称）为他们的地下革命运动奠定了基础。1908年，由于苏丹的间谍正在打入他们的队伍、列强也在公开考虑干涉马其顿，他们迫不得已，只好在预先计划的时间之前采取行动。为了先发制人，青年土耳其党领导人决定首先在他们运动的中心——马其顿的萨罗尼加市发难。

起义的旗帜首先在1908年7月3日亮了出来。两个青年土耳其党的军官携带武器、弹药和200名追随者来到马其顿的山上。暴动在陆军第三军团迅速扩展开来，然后向苏丹发出最后通牒，要求在24小时内恢复1876年宪法，否则就向君士坦丁堡进军。国务会议规劝哈米德接受最后通牒，宗教领袖伊斯兰大长老也拒绝签署一份授权镇压叛乱分子的文件。苏丹除了屈服别无选择，因此他就于7月24日宣布恢复宪法。

苏丹投降的消息使人们欢欣鼓舞。长期的镇压终于结束了。基督徒和穆斯林在大街上互相拥抱。青年土耳其党领袖恩维尔·帕夏（Enver Pasha）宣布："再也不分什么保加利亚人、希腊人、罗马尼亚人、犹太人和穆斯林了。蓝天之下我们都是姐妹弟兄。我们人人平等，我们为做一个奥斯曼人而自豪。"(30)这种欢快的气氛并未持续很久。曾经使得流亡巴黎的人们四分五裂的问题，应被看成是必须正视的紧急政策问题，而不只是理论上的分歧。这时开始出现了三个政治集团。

居于支配地位的集团就是在巴黎主张过土耳其人统治并实行中央集权的那一派。他们组织成联合与进步委员会并且负责推翻了阿布杜拉·哈米德的地下组织网。他们在政变后公开露面时，人们发现他们与19世纪中叶那些来自旧的奥斯曼统治阶层的改革派大相径庭。比较而言，联合与进步委员会的青年土耳其党人年轻得多，而且出身于小资产阶级，他们是律师、新闻记者、大学讲师、下级官僚和青年军官。

尽管青年土耳其党人在苏丹被废黜后掌握了全权，但他们实际上在1913年以前都未担任政府的高级职位。原因之一就是，奥斯曼的官僚政府和乌里玛都反对这些被看作年轻的暴发户的人。另一个原因是，他们自己也接受了这样一种流行的看法，即他们尚不具备领导一个帝国所必需的技能和经验。由于对自己缺乏信心，他们起初只是通过控制武装部队和控制1908年选举产生的议会中他们所赢得的多数而间接地统治着这个国家。

这一时期存在的第二个政治集团就是赛巴希丁王公领导的自由联盟。其基本原则是，只有通过地方自治和充分发展村社制生活，帝国才能长期得到各民族的拥护。但是人们却无从得知这一主张是否合乎情理，因为它并未被付诸实施，自由联盟派从未有过执政的机会。许多土耳其人怀疑他们，原因是他们得到了少数民族的支持。更重要的是，青年土耳其党人掌握着军权，而赛巴希丁王公及其追随者却根本没有掌握军权。最后，他们错误地支持了第三个政治集团一次失败的夺权尝试，从而失去了原本会有的机会。

这第三个政治集团就是保守的穆罕默德同盟。它表示拥护宪法，但又要求严格执行《伊斯兰圣典》。同盟反对青年土耳其党人，认为他们的领袖是犹太人、思想自由派和不再遵守《古兰经》训诫的西化派土耳其人。这一论点对那些虔诚的穆斯林很起作用，并在1909年4月12日的事件中显示出来。这天在君士坦丁堡爆发的反革命使首都骤然落入保守的穆斯林势力手里。青年土耳其党人很快就从马其顿的根据地派来一支军队，并且仅仅经过几个小时的战斗就夺回了君士坦丁堡。虽然阿布杜拉·哈米德可能并没有介入这场反革命行动，但是青年土耳其党人仍旧迫使他退位，而把温顺的穆罕默德五世安置在他的位置上。

现在青年土耳其党人成了帝国无可争辩的主人。他们执掌政权直到第一次世界大战结束为止。在他们的思想和政策的演变中有两个显而易见的阶段，即1908—1913年间的改革阶段和1913—1918年间的革命阶段。在改革时期，青年土耳其党人在处理国内外问题上都还显得十分幼稚天真。

在国内事务方面，他们相信：专制主义的结束和宪法的恢复，会确保建立一个有职有权的政府和与少数民族合作。但无论如何，政府却仍然像从前一样缺乏效率，一个简单的原因就是，依旧允许奥斯曼帝国旧的官僚机构主持政务。至于少数民族，青年土耳其党人允许他们自由参加1908年选举，因此议会合理而准确地反映了帝国的种族结构：147名土耳其人，60名阿拉伯人，27名阿尔巴尼亚人，26名希腊人，14名亚美尼亚人，10名斯拉夫人和4名犹太人。但是断言公平的代表权就会确保少数民族的忠诚却是毫无根据的。或许这在一个世纪前可能是事实，但到20世纪，民族主义的"毒素"已经广泛地传播开了。

在革命初期，小亚细亚地区的许多希腊人就打出了古希腊王国的蓝白两色相间的旗帜，而不是打出奥斯曼帝国的星月旗。其他民族也以同样的方式作出了反应。他们把自己看成首先是斯拉夫人、阿尔巴尼亚人或阿拉伯人，其次才是奥斯曼人。而且，尽管有些反复无常，但是列强仍然助长了这种少数民族的分离主义。俄国人唆使巴尔干斯拉夫人，法国和英国则鼓动希腊人、亚美尼亚人和阿拉伯人。因此，青年土耳其党人在1912—1913年的巴尔干战争中，不是以一个统一的奥斯曼帝国在作战，而是必须对付巴尔干各国的攻击。战争结束时，他们几乎丧失了巴尔干的全部领土。

在同列强的关系方面，青年土耳其党人也同样表现得幼稚天真和不成功。他们不加批判地接受了当时的自由贸易学说。后来的土耳其财政部长卡维特·贝（Cavit Bey）在1909年写道：

> ……依我看，为了掌握管理及合理化的技巧（在这方面我们都严重欠缺），我们必须在这一类企业中接受外国人。至于重要的公共工程，也只能由外资完成。……所有国家在对文明开放的状况下都不可避免地会在新道路上跌跤，如果它们企求通过它们自己的力量求得发展的话。……所有新的国家都只有在外资的帮助下才能有所进展。[31]

基于这种思想，青年土耳其党人相信列强会废除那些使人窒息的外侨特权，因为这样做对双方都是互惠的。青年土耳其党人尤其希望废止外侨特权，因为在这些条约的庇护下，希腊、亚美尼亚和犹太商人组成的买办阶级同西方公司一道控制了国民经济（参见第六章第三节）。故而土耳其改革派制定了现代民法和商法，他们设想这样就会为废止外侨特权扫清道路。他们对"文明"和"外资"的热忱信赖不久便消失殆尽。虽然他们一再要求，但是列强却仍旧拒绝废除外侨特权、拒绝提高关税、拒绝贷款给土耳其新政府、拒绝土耳其人像对待本地商人一样向外商征税。

国内外这一切幻想破灭的经历迫使青年土耳其党人进入革命的第二个阶段，即革命的民族主义阶段。这一阶段不幸地是以土耳其于1914年加入同盟国阵营达到高潮。在政治领域，这一阶段包括一些显著变化。《社团法》取缔按照不同民族来组织各种政治结社。这一法令公布后，所有民族组织均被禁止。与1908年选举形成对照，1912年大选以"大棒选举"著称。在青年土耳其党人的压制与操纵下，希腊人的代表名额由26名缩减到15名，阿尔巴尼亚人的代表名额从27名缩减到18名，而土耳其人的代表则由147名增加到157名，阿拉伯人的代表由60名增加到68名。

青年土耳其党人不仅对旧的奥斯曼帝国当局、而且对少数民族也都采取严厉措施。他们创建了一种新的省和地方行政制度，一支新的国家警察和一套新的世俗小学和中等学校体系。他们也使女子有了接受教育的机会，从而可以为她们毕业后谋得职业和参加社会生活作准备。按照同样的方针，他们降低了乌里玛在司法和国家机器中的作用，并把乌里玛对于各项基金及捐款的管理权转移给了政府某一个部，从而破坏了乌里玛在经济上的独立性。最后，青年土耳其党人发展了泛土耳其主义的扩张主义思想。这是对在利比亚及巴尔干半岛遭到可耻的失败作出的反应。泛土耳其主义不仅包括要把奥斯曼帝国里的西方帝国主义势力驱逐出去，还包括要把中亚的土耳其人从俄国统治下解放出来，把北非及印度的穆斯林兄弟从西方殖民主义下解放出来。这种泛土耳其主义实质上是一种逃避主义，它像从前的奥斯曼主义一样无法得到贯彻。

关于经济事务，在第二个阶段中，青年土耳其党人既反对列强，也反对与它们相勾结的少数民族买办分子。后者起到了西方制造商在奥斯曼帝国境内的代表的作用，而且他们还指使把原料从帝国运往欧洲。土耳其群众对少数民族希腊人的反感，由于1908年克里特岛割给希腊，1909年米蒂利尼和希俄斯割给希腊，1913年伊庇鲁斯、色萨利、马其顿和西色雷斯又割给希腊，而更其加深。从这些丧失了的领土上逃出来的土耳其难民大量涌入，更进一步激起了土耳其的民族主义情绪。

土耳其人通过发动对希腊商人进行经济抵制，招募难民和当地土耳其人组成半军事性团体对小亚细亚地区久已建立的希腊人社区进行骚扰，以示报复。通常的目标是要"使不信教的伊兹梅尔人归化"，并无情地予以实施，在1914年把约13万希腊人强迫移居国外。土耳其人和希腊人流离失所的现象一直持续到第一次世界大战期间，最后共计约有40万土耳其人和130万希腊人流亡国外。与此同时，亚美尼亚人也受到土耳其民族主义者愤怒情绪的巨大冲击。由于许多亚美尼亚人都居住在帝国内地一些交通闭塞的省份，以至于他们蒙受了迹近灭种的迫害。

同一期间，青年土耳其党人也向列强的特权发动进攻。1913—1914年间，青年土耳其党人作出最后努力，企图通过谈判来废止外侨特权条约，结果再次遭到拒绝。他们的回答是于1914年8月2日接受了一项秘密的同盟条约，德国按照平等的地位给土耳其提供其他列强所拒绝提供的条件。同年11月，土耳其人被卷入了一场使之破灭的战争。(32)

总之，青年土耳其党人在开展斗争时有两点优势是波斯民族主义者所不曾具备的。其一，乌里玛在奥斯曼帝国的权势较小，因此在1909年镇压了"穆罕默德同盟"之后，青年土耳其党人就可以自由自在地向前迈进而较少遭到反对。另一点优势是，列强中有好几个国家都争相在君士坦丁堡扩大自身影响，遂使青年土耳其党人能够利用一国反对另一国，这同在波斯占据压倒之势的英俄协约关系大不相同。

不过，青年土耳其党人革命的最终结局却是奥斯曼帝国的消亡。这或许迟早是不可避免的，就像同一时期另一个多民族帝国哈布斯堡帝国灭亡的情况那样。但是，倘若青年土耳其党人把他们的革命推进到一个更高的阶段，这一进程的破坏性或许就不会那么大。事实上，他们确曾很快就丢掉了对自由贸易和西方文明的幻想，他们也确实懂得经济独立是富有意义的政治独立的先决条件。因此，他们转而反对拥有外侨特权的政权，企求形成一个民族资产阶级以取代少数民族的买办阶级。

然而，在这一过程中，青年土耳其党人却同安纳托利亚东部和中部的封建地主结成了联盟。1913年，仅占奥斯曼帝国农业家庭5%的大地主拥有可耕地的60%，中农和小农占到农业家庭的87%，余下8%的农业家庭则完全没有任何土地。(33)但是，那些拥有中等数量土地或少量土地的87%的农业家庭大多数也并不能养家糊口，因而不得不在大地主的田地上做些零活。对青年土耳其党人来说，同这些大地主结盟是一桩基于利害关系的婚姻。通过这种关系，他们可以从农民中得到所需的兵员，以便接二连三地对意大利、巴尔干半岛各国和西方盟国作战。但最终结果却是，奥斯曼帝国的广大农民群众被抛入了难以想象的贫困和孤立的境地中。

在动员全国人力、资源上的这一失败，可以部分地说明青年土耳其党人为什么会走上泛土耳其主义的逃避主义道路，又为什么会依赖一个帝国来反对另一些国家。其结局是奥斯曼帝国的分崩离析并把土耳其军队消耗在波兰、俄国、罗马尼亚及几条中东的战线上。直至凯末尔帕夏时，农民群众才被有效地组织起来，为民族解放而进行殊死的搏斗。

七、中国革命

按照民族主义的神话，中国辛亥革命是孙中山及其忠心耿耿的共和派革命党人的功绩。事实上，孙中山对于革命的爆发和结局都只起了相对次要的作用。清王朝垮台，主要是由于其正统性受到侵蚀。早在19世纪，由于清王朝在鸦片战争以及后来在西方列强和日本的侵略中屡遭失败，这种侵蚀就开始了。及至1911年，侵蚀达到了很大的程度，孙中山的共和派只需轻轻一击，就足以结束满洲人的统治。但是，决定1911年革命最终结局的却并不是那些在军事上毫无力量的共和派，而是确实掌握权力的两种人，即军队的领导人和各省士绅。

满洲统治基础的动摇，实质上是西方资本主义入侵的结果。正如第十五章第四节中提到的，统治基础的动摇表现在无地农民、受剥削的产业工人、各通商口岸的买办商人、权力日渐增大的各省士绅，以及对儒家哲学和清朝统治表示怀疑并有反抗倾向的学生身上。在1911年革命以前的几年间，清王朝由于日本击败俄国以及随后的俄国革命而进一步遭到削弱。日本战胜沙俄帝国以后，相形之下，中国的虚弱无能和屡战屡败更加令人无法容忍。而俄国革命则有力地说明了推翻国内陈腐无能的政权大有可能。

就像波斯一样，中国与俄国长期以来一直互有联系，因而中国也受到1905年革命的影响。正如俄国占领了波斯北部一样，俄国人也曾占据满洲，日俄战争正是在中国的土地上进行的。在俄国革命期间，中国工人也参加了1906—1907年中东铁路俄国人的罢工斗争。1907年1月，中国和俄国工人又一次联合起来进行"政治性"罢工，以纪念"流血星期日"两周年。苏联方面人士声称，当时有3500名布尔什维克党员在满洲活动。李涅维奇（Linevitch）将军把1905年的哈尔滨描绘成为"类似于一个各种类型的革命者与鼓动者的藏身之所"[34]。

清王朝确曾试图通过为时已晚的改革来挽救自己，可是它的努力徒然使形势变得更糟。在当时的形势下实行现代化反倒激起了中国的民族主义，并使民众对异族的满人更加反感。这种自食其果的例证之一出现于教育领域。1905年，废除了以儒家经典为基础的旧式科举制度，代之以新成立的学部所管辖的新式学校。东京是中国学生寻求外国大学教育的理想中心。中国的留日学生从1898年的18名增加到1899年的200名，1903年增加到1000名，1904年增加到1300名。1905年废止旧的科举制度时，在东京留学的中国学生增加到1.3万名。但是，东京的教育不可避免地意味着过激化，因为留学生可以饱览狄更斯和巴尔扎克的现实主义文学、赫伯特·斯宾塞的社会达尔文主义、亚当·斯密的古典经济学、孟德斯鸠和约翰·穆勒的政治理论作品。受过这种思想的熏陶之后，清政府显得更加陈腐不堪，留学生们也就变成了革命派。

军队的现代化同样也使得清王朝的统治发生动摇。在太平天国革命期间，地方领袖在各省组织起个人的军队。组成这些队伍的是职业性的士兵，而不是通常的战时入伍、农时归田的农民。他们效忠于地方而不是效忠于中央政府。后者曾经委派帝国官员袁世凯用德国人当教官训练一支新军。他成功地在中国组织起了一支纪律严明、装备精良的军队，后来称为"北洋军"。袁世凯利用新军促成个人飞黄腾达，而不是用以维持清朝政府。

宪政改革的努力同样徒劳无益。许多中国人见到君主立宪政体的日本战胜了专制独裁政体的沙俄，俄国战败之后又倾向于立宪政体，无不对其留下深刻印象。1908年，慈禧太后宣布，在以后的九年中将逐步实行立宪。第一步是选举各省参议会，但地方士绅很快就在这些参议会中行使起立法职能，并以集体辞职相威胁，迫使各省总督接受并实施他们的建议。因此，宪政改革非但未能赢得士绅对王朝的支持，反而以省为中心造就了与朝廷相抗衡的士绅的力量。

这种对抗的力量真实地表现在争夺中国正在不断扩张的铁路网的控制权的运动中。各省士绅大量地投资建设地方铁路，但可以理解的是，中央政府则力求创建一个由中央统一掌握的铁路网。中央政府于1911年宣布地方铁路一律国有化时，"护路"运动就在全国各地蔓延开来。运动的目的是维护地方统治阶层的利益，所以后者在言论和行动上都强烈地反对清王朝。及至19、20世纪之交，中国权力政治的天平由北京转向了地方士绅一边。他们控制着军队和实业，而且还派遣许多学生出洋留学，以便可以得到他们行使其权力所必需的新知识。

清王朝这种岌岌可危的地位说明了它为什么会在1911年那么轻易地就被推翻了。共和派领袖是中国的第一位职业革命家孙中山博士（1866—1925）。与其他著名的改革领袖相比，孙中山是一位奇特而异常的人物。他并非出身上层阶级的文人学士；事实上，他既受过西方教育也受过中国教育，可是他对传统经典的知识非常不扎实。他出生在珠江三角洲，那里比中国其他任何地方受外国影响的时间都长。13岁时他到了檀香山和他哥哥住在一起，他在那里待了五年，在一所英格兰圣公会寄宿学校里学完了中学课程。然后他来到香港女王学院，毕业后又进入香港医学院，并于1892年获得医学学位。

孙中山受到了优良的科学教育，他完全可以凭着学识谋得金钱与地位。但1895年中国败于日本使他相信，中国政府已经腐败透顶，只有革命才能救治中国。从此他便开始了其革命家的生涯，在欧洲、美洲及东南亚一带的华侨中组织反清的会社。1905年他在东京这一中国留学生最集中的地方成立了"同盟会"。同盟会会员的成分复杂得使人想起当时在巴黎极其活跃的青年土耳其党组织。同盟会包括了信仰无政府主义到佛教各种不同思想的派别。其唯一共同的纽带就是反对清王朝，就像青年土耳其党人都反对哈米德苏丹一样。

人们把中国的一切问题都归咎于满人，而且天真地认为只要以共和制取而代之就能解决这些问题。与青年土耳其党人一样，孙中山的共和派追随者也天真地相信立宪制度和西方其他体制的效力，以为这是包医中国百病的万应灵丹。中国学生也和青年土耳其党人一样，多半是经济宽裕家庭的子弟，对占全国人口压倒多数的农民的疾苦一无所知。学生们模糊不清地谈论着社会改革和平等，但对富有意义的改革社会结构却没有任何认真的计划，甚至无此意图。由于在中国现实的社会中没有根基，不难理解，他们在国内组织的几次起义都惨遭失败。

1911年，清王朝终于很偶然地被推翻了，而孙中山则并未参与其事。1911年10月10日，武汉一家地下炸弹工厂偶然发生爆炸引起了警察的注意，搜获了当地革命党人的名册。在当局开始拘捕时，密谋起义者决定立即行动。他们强迫［时任湖北新军统领］著名的黎元洪上校当他们的领袖，用他的名义向国内其他各地宣布革命。

这些偶然发难的革命党人刚巧碰上了两次好运气，竟然获得了惊人的成功。其一是，地方总督和军事指挥官闻风而逃，使起义者有了动员支持力量的宝贵时间。其二则是黎元洪上校的用场。黎元洪并不是共和派革命党人，因此他的名字吸引了那些否则就会对革命持冷淡态度的保守分子。这对地方士绅而言尤其如此，一星期后，他们看见革命仍在进行，而且是由受人尊敬的黎元洪上校领导的，他们就宣布独立，脱离北京，以示响应。满洲王朝依靠袁世凯及其北洋军来镇压叛乱分子，但一直都很实际并善于见风转舵的袁世凯却开始同他们进行起谈判。后来他们主动推举袁世凯当新生的共和国总统时，他也就同意了。1912年3月，袁世凯就任总统，取代了统治中国达两个半世纪以上的清政府。

从中国革命的起源和性质来看，它的不尽如人意的后果是不足为奇的。在这场革命中，农民群众无所作为并受到忽视。孙中山的共和派因为获得了始料未及的成功而欢欣鼓舞，但成功却显出他们的浅薄无能，革命后，他们所组织的政党既没有同群众发生联系，也没有得到任何军事力量的支持。终于得到了共和制这一期待已久的万应灵丹后，他们并未确切地认识到下一步该干什么。于是，他们便把精力都消耗在个人争权及派系斗争之中。相反，控制着各省的士绅和军人却是一心一意地维护他们的控制权。山西省士绅直言不讳地说道，只要"地方自治"受到尊重，"地方政府的成员们对谁人登上宝座漠不关心……因为在这种新设计的政府形式下，这同他们的地方事宜并不相干"。

出于这种偏爱，地方士绅自然而然地支持保守派的袁世凯而反对共和派的孙中山。列强根据它们在俄国支持沙皇、在波斯支持国王的同样原因，也极力支持袁世凯。1911年11月和12月间，美国驻华公使一再致函美国国务卿，强调袁世凯需要金钱并敦促国务院支持向他贷款。

在列强及中国国内军人和官僚的支持下，袁世凯很快就把共和派推到一旁。1913年4月国会选举时，大多数议席都为孙中山的国民党而不是为袁世凯的进步党所占有。但这并无碍于袁世凯。他向列强借款2500万英镑。国民党领导人警告列强说，宪法规定应由国会批准借款，这笔款项因为不会得到国会批准在法律上没有约束力。然而列强仍于1913年4月26日给它们的保护人贷款，条件是中国只净得2500万英镑中的2100万英镑，并且必须在1960年以前偿付本金和5%的利息总计6789.3597万英镑。袁世凯利用这笔借款巩固了其个人地位。他采取的措施不外乎贿赂、政治暗杀、非法恫吓国会议员，以及调动各省都督等。最后，他解散了作为国会多数党的国民党，迫使国会停开，以实际独裁者的姿态统治着国家。

为了阻止列强进一步侵略中国，许多中国人已经接受了袁世凯，但结果却发现既受到袁世凯又受到不断侵略的困扰。为了得到俄国对其政府的承认，袁世凯同意外蒙古自治，这就意味着俄国在外蒙古确立了统治。同样，为了得到英国的承认，他又允许西藏自治，于是西藏就为英国所支配。更糟的是，当其他列强被卷入第一次世界大战时，日本于1915年1月提出了《二十一条》。没有一个西方国家支持袁世凯,尽管英国公使朱尔典(John Jordan)爵士表示:"日本对中国的行动比德国对比利时的行动还要坏。"1915 年 5 月,袁世凯被迫接受了《二十一条》中的大部分条款,其中包括承认日本在山东、南满、内蒙古东部及华中的汉冶萍工业基地的支配地位。虽然《二十一条》从来都没有得到中国国会的批准,但是日本却把它同袁世凯达成的这些协议作为日后向大陆扩张的依据。

辛亥革命的最终结果是,袁世凯宣布他将于 1916 年 1 月 1 日接受"皇帝"的尊号,以此作为他精心导演的对民意的顺应。但是,反对的呼声出乎意外的强烈和普遍,其中包括云南的武装反抗。这位实用主义政客的判断错了,他被迫于 1916 年 3 月放弃帝制。袁世凯羞恨交集,于同年 6 月病死。他死后,他的部将割据中国,他们无视有名无实的北京政府,残暴地劫掠农村。此后一直延续到 1926 年的军阀时代,是漫长的中国历史上最糟糕的时期之一。

最新的研究强调了中国革命的复杂性,以及对其失败原因进行概念化解释的危险性,尤其是因为在这个幅员辽阔的国家里,各个地区之间的情况千差万别。一篇最近发表的评论文章得出结论:"人们研究过中国许多地区的革命,其中参加革命的精英集团的结构似乎各不相同。在广东,士绅与商人似乎分属两个阵营。而在上海这两者似又融为一体,尽管在中国这个商品化程度最高的城市里,资产阶级在这一联盟中所起的作用似乎比其他任何地方都要大一些。在内地,城市士绅毫无疑问是商人－士绅联盟中的主要伙伴。在北方,离中国一些大的商业中心越远,官僚与士绅就越发明显地居于主导地位。"(36)

尽管商人与士绅之间的关系因地而异,但我们却不妨这样加以归纳:当这场革命来临时,就整个国家而言,商人为数太少,没法起到领导作用。革命突然在 1911 年出乎意料地成为现实,革命派也同样没有准备。其中许多人在国外发表的文章无不激昂慷慨,毫不妥协,可是一旦回到国内却又显得很愿意在原则方面进行妥协。而且他们也没有青年土耳其党人那样的军事力量,可以把自己的意志强加于国内外的敌人。他们又像青年土耳其党人一样,对西方制度的普适性和功效抱有幻想。他们也曾试图把在国外考察到的一切统统抄袭过来,但却没有考虑到中国广大农民的需要。他们与农民群众的接触和对农民群众的了解,既不如在他们之前出现的太平天国的领袖,也不如在他们之后登场的共产党人。他们的建树对中国人民并无实际意义,而且在中国政治和外来压力的现实面前迅速破产。

八、墨西哥革命

在墨西哥,就像在西属美洲其他地区一样,19 世纪初叶的独立战争只带来了政治变革，而未带来社会变革。与西班牙的联系被切断了，但国内的社会关系却仍然毫无变化。在独立战争的第一个阶段，乡村牧师何塞·莫雷洛斯提出了社会革命的目标，其中包括结束对印第安人的歧视和种族观念，把土地归还给印第安人社区。教会、地主和军队一致反对这种对他们特权的威胁，粉碎了叛乱，然后于 1815 年处决了莫雷洛斯。墨西哥最终于 1821 年脱离西班牙独立时，传统的精英分子大权在握，直至 19 世纪末依然如此。

19 世纪墨西哥的历史基本上类似于拉丁美洲其他国家的历史：同样受到大地产的剥削，同样是军事政变不断发生，同样是贪污受贿，同样遭受外国贷款的敲诈勒索，卒至财政破产。墨西哥作为独立国家的最初 50 年里，有过 30 多位总统和 50 多届政府。桑塔·安纳（Santa Anna）一人就曾九次出任总统。墨西哥还有一个不利的条件就是同美国接壤，这使它在 1848 年丧失了全国领土的一半以上：得克萨斯、新墨西哥和加利福尼亚。又因其北部边境印第安人的一再叛乱，国家更为衰弱。1861 年，英国、法国和西班牙的一支联合远征军在墨西哥登陆，索取逾期未付的债款。后来英国和西班牙军队撤退，但路易·拿破仑却企图建立一个在马克西米利安皇帝统治下的法国附庸国。墨西哥人在贝尼托·胡亚雷斯（Benito Juárez）的领导下进行抵抗，迫使法军撤退，撇下倒霉的马克西米利安在 1867 年去面对一支行刑队〔他被判死刑〕。

反对法国干涉的斗争和国内自由派与保守派的冲突紧密地结合在一起。保守派由于对墨西哥与美国的战争处理不当，力量遭到削弱，因此自由派得以在 1855 年推行立法改革，其目的是要使墨西哥成为一个世俗的、进步的国家。它废除了教会与军队的特别法庭，把印第安人的土地作为个人财产分派给了现有的佃客，没收了教会地产，取缔了修士会，实行不采用宗教仪式的婚姻等。保守派试图拿起武器并同法国人一道与胡亚雷斯作战，以阻挠改革的进行。自由派击溃了马克西米利安及其墨西哥盟友后，才得以放手从事建设一个以个人自由而不是以传统特权法团为基础的新社会。

就像独立战争结束了西班牙人的统治却没有实现莫雷洛斯的平等主义一样，这些改革结束了对传统法团的各种限制，却又强加了新形式的奴役。地主的自由意味着他们有机会获得更多土地，从而扩大了其现有地产。印第安人的自由则意味着可以从村社的种种限制中解放出来，并有权出卖土地从而跻身于无地的失业者行列。摆脱了传统的枷锁，换来的是社会的无政府状态；其最终结果便是伟大的 1910 年革命。

建立在个人自由基础上的新秩序的社会内涵，在波菲里奥·迪亚斯（Porfirio Díaz）将军独裁时期令人不安地变得清楚起来。他于 1876 年接替了胡亚雷斯。在超过25年的时间里，迪亚斯在自由、进步与秩序的幌子下使墨西哥屈服于他的铁腕统治。自由是对私人企业家而言；进步意味着工商业的迅速增长；秩序是通过利诱与威胁，或者说是通过"面包加棍棒"的妥善结合而强加于人民的。

对大多数墨西哥人来说，在迪亚斯统治下最突出的变化就是大片大片的土地都落入了私人手中。首先，约值1亿美元的4万份左右的教会财产由教会转移到私人业主之手。后来，约有200万英亩印第安人原先公有的土地，因为逾期未能偿清债务而被拍卖或抵押给了大庄园和土地公司。而且，政府还将土地出卖给开发公司并允许公司测量和分配土地，公司保留其三分之一作为劳务报酬。最后，那些没有明确的土地权凭证的农民都被认为擅自占地而予以剥夺。

一个小农国家原先的梦想竟以大庄园主的彻底胜利而告结束。到1910年，1.1万个大庄园主占有全国土地的57%，而96.6%的农村家庭却没有土地。有些业主每人拥有2—15个大庄园。奇瓦瓦州的路易斯·特拉萨斯（Luis Terrazas）就是拥有15个大庄园的业主，他的地产总数达到200万公顷之多，并拥有50万头牛和25万只羊。大庄园的发展并未导致全面农业生产的相应增长。为了适应墨西哥纺织业发展的需要而提高了棉花产量；同样，包括咖啡、鹰嘴豆、香草精和剑麻在内的工业出口作物也增产了，为国际市场而饲养的牛的数量之大也是前所未有。但是国内消费的粮食作物却减产了，玉米的人均产量从1877年的282公斤下降到1894年的154公斤和1907年的144公斤。结果玉米奇缺，以致这一主要粮食价格上涨，工资却未变动过。其他如大豆、辣椒等主要作物的人均产量也有类似程度的下降。

困难在于，只有少数大庄园对市场机会作出反应，并大量增加了出口商品的产量。而绝大多数大庄园都只满足于19世纪的口头禅，"经营大庄园与做生意是两码事"[37]，因此出口原料的生产量在1877—1907年间年均增长6.5%，而供国内消费的粮食产量则以年均0.5%的比例下降。这一趋势致使当代不少观察家都提出警告：墨西哥农民正在被活活地饿死。事实上，墨西哥的死亡率在1895—1910年间从31%上升到33.2%，婴儿死亡率也同样在上升。

迪亚斯统治下墨西哥经济的另一个基本特点是外资大量流入，超过了墨西哥本国的投资额。外国投资者（大多是美国人）起初集中投资于铁路和开采贵重矿产。1900年以后，他们改为投资于石油、铜、锡、铅、橡胶、咖啡和剑麻。经济增长的统计数字给人以深刻印象。铁路的里程由1876年的640公里增加到1910年的1.9万公里。同期的对外贸易额也由8950万比索增加到5.02亿比索。贵重金属出口量占1877—1878年全部出口量的79%，1890—1891年下降为63%，1900—1901年下降为58%，及至1910—1911年又下降为46%。工业用金属产量在1891—1910年间增长了四倍。但工业劳动力却并没有像工业产量那样迅速增长。1895—1910年间，工人数目每年仅增加约 0.6%，而工业产量的年增长率则为 3.6%。

产业工人每天劳动 12—14 小时，所得报酬往往是只能在公司商店里换成实物的单据，而商品则价格高昂、质量低劣。老板擅自索取罚金作为惩罚，并从工资中扣除教会的捐款和宗教节日的用项。引发工人不满的另一个原因是垄断了技术工作的美国工人所得的工资却很高。于是在卡纳尼阿引起了反对美国铜业大亨威廉·格林（William Greene）的罢工。但地方长官拉斐尔·伊萨巴尔（Rafael Izabal）动用墨西哥联邦政府军队和来自亚利桑那州的美国别动队镇压了罢工斗争，6 名美国人、30 名墨西哥人死亡。然而，罢工事件愈来愈频繁。1891—1911 年间总共罢工 250 次，其中包括纺织业工人罢工 75 次，铁路工人罢工 60 次，烟草工人罢工 35 次。当然，工人的生活状况还是要比农民稍好一些。卡纳尼阿的纺织工人每天挣 2 比索（peso），而村民以耕牛犁地每天只能得到 50 或 60 分（centavo）。

为迪亚斯的经济政策文过饰非的知识分子以"科学家派"而著称。他们从种族主义立场出发，为墨西哥寡头统治拥有的财富和特权辩护。他们把印第安人斥为遗传学上的劣等人而置之不顾，认为墨西哥的未来无论是在国内事务方面还是国际事务方面，都有赖于白种人的领导。他们主张以美国和工业化的欧洲各国作为墨西哥的榜样，并认为外国资本甚至外来移民都是墨西哥未来发展所必不可少的因素。但这些观点并未被人们普遍接受。作家和国立图书馆馆长罗赫略·费尔南德斯·格尔（Rogelio Fernández Guell）写道，他担心墨西哥"已经变成一个巨大的市场，各种国籍的人都涌入这一市场来图谋发迹，把它变成一个没有国家、没有宗教、没有家庭的冒险家的乐园，他们的上帝就是黄金。"[38] 大量美国资本投放的地方恰恰同拥护革命的程度密切相关，这一点表明以上评述是正确的。

到 20 世纪初叶，迪亚斯统治下的墨西哥比起 19 世纪之初（当时出口品主要是贵重金属）更加彻底地被纳入了国际市场经济。纳入国际市场经济的过程也遵循第三世界只有经济增长而无经济发展的通常模式。因此，大地产上的农民受到严酷剥削，为出口而经营的生产造成农业畸形发展，在城市里无法找到工作的数以百万计的农民离乡背井，墨西哥的各项工业和各种自然资源都被外国控制，墨西哥经济依赖于外国资本和国外市场。长达 25 年的迪亚斯统治所造成的这一结局，是孕育 1910 年革命的土壤。

革命的导火线是 1907 年的世界经济萧条，它使持续了 14 年之久的繁荣宣告结束。墨西哥对美国主要市场的出口品锐减，其中包括索诺拉的矿石、水果和蔬菜，奇瓦瓦的牛，科阿韦拉的棉花和银胶菊，尤卡里的剑麻。土地价格也相应下跌，以致给大庄园主和大地主贷款过多的银行纷纷倒闭。信贷突然吃紧大大有损于商人、矿主、大牧场主和种植园主，所有这些人都责怪"科学家派"。

此时的迪亚斯已是年逾七旬，变得更加固执己见和不能容人。他周围全是一批亲朋故旧，他们组成了一个腐败不堪的"老人政府"，操纵着行政、司法和军事部门。年轻的北方地主弗朗西斯科·马德罗（Francisco Madero）踏入了当时造成的这片空白地带。他是进步庄园主的代表，一心向往进入实业界，却又深感外国人支配着墨西哥经济是一大障碍。作为全国最富有的家族之一的成员，马德罗根本不是社会革命派。就他而论，墨西哥人民最迫切需要的是个人自由和"思想自由"。当他告诉奥里萨巴的纺织工人，他不希望"煽起激情""增加工资或降低工时"，因为"那不是你们所需要的；你们需要的是自由……自由将会给你们以面包"，这时他无疑曾使他们大吃一惊。在他的"圣路易斯波托西计划"中，因为他明确地赞同"私有财产原则"，所以也就反对将全部土地都重新分配。"通过艰苦工作而创造少量财产是一码事，重新分配大地产则是另一码事，这是我从来没有想过要做的事，在我的任何演说或方案中也不曾提出过这样的建议。"（39）

马德罗羞羞答答的改良主义把自由派商人和地主吸引到了他这边。这两种人都害怕破坏性的革命，因而乐意接受温和的改革，乐意以一个更柔顺的领导者来取代一个年事已高的独裁者。当马德罗向迪亚斯发起挑战并公开竞选总统时，他在全国吸引了一大批热情的群众。迪亚斯以囚禁马德罗作为报复，据正式计票结果，选举日那天他在全国获得 196 张选票。马德罗于是被保释，然后便逃往美国得克萨斯州，在那里他发表了"圣路易斯波托西计划"，号召造迪亚斯的反，实行自由选举，并对抢占土地进行法律审查。

全国纷纷起义，这时惊惶失措的寡头政府正在为对付经济危机踌躇不决。起义的势头越来越猛，因此在 1911 年起义者得以占领胡亚雷斯市。寡头政府答应放逐迪亚斯，并重新举行一次让马德罗获胜的选举，默许的条件是由他们继续在幕后控制国家事务。这一安排得到了落实。马德罗选举获胜后于 1911 年 11 月就任总统。

使寡头政治人物沮丧的是，他们发现传统的操纵手段再也行不通了。因为旧的约束已经松弛无力，工人在城市举行罢工，农民在南部几个州发动武装暴动。社会秩序混乱不堪，一些财阀和将领于 1913 年 2 月发动政变，马德罗辞去了总统职务。经过一段时间的混乱之后，韦尔塔（Victoriano Huerta）将军攫取了政权。由于缺乏群众支持，他建立独裁统治去打击反对派。但压制愈甚，反抗愈烈。革命的力量控制了全国大部分地区，韦尔塔遂于 1914 年 7 月逃亡欧洲。到了 8 月，寡头政治人物已经控制不了整个国家的局面，其主要成员均亡命国外，迪亚斯的旧秩序彻底崩溃。对革命派来说，值得庆幸的是第一次世界大战的爆发阻止了外国的干涉，这样建立新秩序的责任就落到了墨西哥人自己的肩头。

在随后十年血雨腥风的内战中出现了三个主要集团。南方是埃米利亚诺·萨帕塔（Emiliano Zapata）领导的农业革命派。萨帕塔是一位很有特色的革命派人物。他的叔祖父曾在莫雷洛斯的领导下参加过独立战争，他的祖父和父亲曾在迪亚斯麾下抗击过法国人。他的紧身裤、大踢马刺子、短马甲、金丝编结的大帽、一匹勇敢无敌的洁白战马，以及他那平等主义的激情，这一切都使他成为不善于表达内心思想的广大群众的希望的当然代表。时至今日，萨帕塔仍是墨西哥革命精神的象征。最初，他领导他所在地区的人民反抗那些侵占村社公有土地的大庄园主。1911年11月，他发表了"阿亚拉计划"（Plan de Ayala）。他在计划中宣布："一切被大庄园主、科学家派或地方政治头子通过暴政和腐败的法律所侵吞的土地、森林与河流，都应立即归还村庄或公民。……他们将会不惜以武力维护这种所有权。"[40]

萨帕塔主义者的力量就在于他们在农村中有广泛的基础，每当战争结束后他们总是会回到村里。然而，这同样是他们的弱点所在，因为农村的背景限制了他们的视野，使他无法作为一支全国性的力量而有效地发挥作用。他们只是希望得到土地，而对其他问题漠不关心。他们不愿在自己的地区以外作战，也不曾与城市工人有过任何接触，更不用说同外国利益集团和外国有所接触。

在北方是弗朗西斯科（潘乔）·比利亚［Francisco（Pancho）Villa］。他曾一度当过土匪，后来成为叛乱者的首领，因为抢劫大庄园、周济穷人而赢得了罗宾汉式的声誉。这使他在他的故乡奇瓦瓦州赢得了广泛的支持，在那里有17个人拥有全州40%的土地。到1914年时比利亚有了4000名追随者，大多是牧童、牧场工人、矿工和走私贩。像萨帕塔派一样，比利亚派也不能组织起全国性的运动。他们对社会问题不感兴趣，因此他们也就没有像南方农民那样把夺得的大庄园分给人民。相反，他们把财产上交给了"国家"，条件是在战争结束后把这些财产的收益用于赡养孤儿寡妇。实际上，许许多多的土地都被比利亚派的将领据为己有，他们变成一个新的地主集团。

第三个革命集团的成员是立宪派。他们是两个派别的联合，即贝努斯蒂亚诺·卡兰萨（Venustiana Carranza）领导的自由派和阿尔瓦罗·奥夫雷贡（Álvaro Obregón）领导的急进派的联合。卡兰萨是原先迪亚斯政府中的政客，他想尽量少进行社会改革而恢复法律和秩序。奥夫雷贡赞成民族主义的立法和土地改革，这些立法和改革将会制止美国的经济渗透，削弱大地主家族的权势，并为城市工人和中产阶级提供更多机会。最初，奥夫雷贡和比利亚都是文职领导人卡兰萨手下的将领。后来比利亚与卡兰萨起了争执，卡兰萨便与奥夫雷贡联合起来想要消灭比利亚。不得已，比利亚只能是指望与萨帕塔联合，但是考虑到这位南方人的地方主义和那位北方佬的单纯幼稚，双方不可能达成有效的合作。

这两个人占领墨西哥城以后却又不知道该如何处置这一珍贵的"猎物"时，其局限性也就暴露无遗。他们既没有采取任何措施来摧毁旧的统治机器，也没有对占主导地位的国内外经济利益集团采取对策，反倒是犹豫不决。最后他们放弃了首都，分别返回了各自的据点。比利亚就离开首都一事发表的意见说明了为什么墨西哥革命会就这样结束，实际上也说明了为什么这根本就不成其为一场革命："这个牧场对我们来说毕竟太大了，还是回家更好一些。"(41)

立宪派对国际国内事务更为老练，知道得也更多些。但是由于没有萨帕塔和比利亚那么众多的追随者，立宪派也就更加注重社会改革，尽管他们是天然的保守派。当立宪派赢得尤卡坦和那里的剑麻种植场时，他们通过废除劳役偿债制，援助工会组织，通过劳工立法，从而打动了工人和农民。

在城市工人的支持下，立宪派得以依次消灭了两个协调不佳的敌人。奥夫雷贡首先进攻比利亚，即便奥夫雷贡的队伍藏在战壕里又有机关枪作为武器，比利亚仍然坚持以其强悍的骑兵向前冲锋。到1915年10月，比利亚的北方师被击溃，奥夫雷贡成了墨西哥北部的主人。与此同时，萨帕塔正在他的家乡莫雷诺斯州实施其"阿亚拉计划"，无偿地没收了大庄园。惶恐不安的大庄园主放弃了他们的酒精厂、制糖厂和土地，因此萨帕塔便接管了这些乡村工业，利用其利润来支付军费和资助战争造成的寡妇。这是一种原始形式的"社会主义"，是满足当时迫切需要的权宜之计，而不足以应付萨帕塔派和墨西哥革命所面临的种种问题。其不足的程度就反映在，正当萨帕塔一心一意进行反对大庄园主斗争的同时，他又得欢迎"工厂主、商人、矿主、实业家，所有一切为工业开辟了新途径，为大批工人提供了工作的积极而富有事业心的分子……"(42) 萨帕塔没有认识到，革命最危险的敌人不是他正在进攻的反动大庄园主，而是他正在讨好的"富有事业心的分子"。

尽管他的策略有其致命弱点，萨帕塔却得到了莫雷洛斯州农民的热烈拥护。在莫雷洛斯州全体人民的支持下，三万名宪政派军队的一次次进攻都被击退了；人民不仅提供情报，供应食品，而且亲自参战。可是尽管赢得了胜利，萨帕塔派却仍然很是孤立。立宪派不能容忍激进的莫雷洛斯州与国内其他地区之间的明显差异，便以不间断的袭击来继续施加压力。斗争蜕变为一场歼灭战。村庄被人们故意烧毁，果树被砍伐，庄稼被毁坏，妇孺则被赶进集中营。在这一过程中，莫雷洛斯的居民约有三分之一被杀害。及至1919年，所有城市与大庄园都被宪政派重新占领，土地又回到了原先地主的手里。剩下的萨帕塔派被迫躲入深山。临近战争尾声，萨帕塔更看清了敌人的本来面目。他在1919年3月致卡兰萨的一封公开信中这样说道：

> 既然你最先有造反的思想……既然你最先设想出的方案是要使你本人

成为名不副实的"宪政主义"事业的首领与指挥者,而你……却把革命变成图谋你个人利益和你那一小撮朋友利益的一场运动……他们曾经帮助你出人头地,而现在他们正在帮着你分享战争的赃物:财富、荣誉、公务宴会、奢华的宗教节日、酒神节的狂欢作乐,以及贪图满足、胸怀野心、争夺权势、屠杀生灵、漫无节制。

你脑子里从来没有想过革命是为了群众,是为了你一再说教才被鼓动起来的无数被压迫者。……

在土地改革中[你背叛了人们对你的信任];你把大庄园给予了或者租给了你所宠爱的将领;在不少情况下,身穿牧童服装、头戴军帽、腰系手枪的现代地主顶替了老式地主。人民在满怀希望中受骗了。[43]

写过这封信后不到一个月,萨帕塔就死于赫苏斯·瓜哈尔多(Jesus Guajardo)上校所设的埋伏。瓜哈尔多装成一名逃兵,并因立功而被授予奖章、五万比索和将军的头衔。由于清除了他恨入骨髓的萨帕塔,卡兰萨变得十分顽固、保守,甚至不屑于披上改革的伪装,而这种伪装在这样一次全国性考验之后是大有必要的。在1920年选举之前,卡兰萨被强硬而精明的奥夫雷贡取代了。由于他就任总统,革命可以被认为是自然地向前发展了。奥夫雷贡巩固了中央政权,并把革命所取得的成果加以制度化。

革命的代价是骇人听闻的。100多万人被杀,或者说全国每15个人中就有1人被杀。物质上的破坏也十分严重,尤其是铁路,战败的一方往往会故意毁坏铁路以便阻止敌军行动。而且在1910—1920年间,矿产量下降了40%,制造业产量则降低了9%。

但是革命也得到了一些补偿。劳工权利已被载入法典,1918年全国性劳工组织"墨西哥区域工人联合会"(CROM)宣告成立。从成立之日起直到今天,该组织始终是政府用来控制日趋活跃的工联运动的工具。在民族主义哲学家何塞·巴斯孔塞略斯(Jose Vasconcelos)的指导下,更加注重教育。1921—1931年间,教育经费由占国家预算的4%上升到约占国家预算的13%。在外交方面,奥夫雷贡于1924年承认了苏联,这是拉丁美洲第一个承认苏联的国家。最重要的是,政府并没有改变迪亚斯统治时遗留下来的旧的财产结构。在奥夫雷贡执政期间,仅仅分配了约6%的土地。力争重新分配土地的土地改革领袖遭到地主或政府特工人员的暗杀并被指为土匪。奥夫雷贡的继任者普卢塔科·埃利亚斯·卡列斯(Plutarco Elías Calles)于1929年组建了国民革命党,该党直至今天仍然统治着墨西哥。国民革命党起初只是政客与将领们纯粹为了生存而联合组成的,后来逐渐发展成为一个灵活的政治工具,代表具有充分的组织和财力而足以保证其在政府一切会议中受到重视的一些集团。

奥夫雷贡的政府不能说是失败的，因为它实质上实现了革命派所冀求的一切。这并不是要废除私有财产制，而是要结束那种曾经阻挠自由企业和自由竞争充分发展的传统的特权制。比利亚派和萨帕塔派都反对大庄园制，但却并不反对资本主义。他们的运动比较更像中世纪和近代早期传统的农民起义，而不像20世纪俄国、中国、古巴、东南亚、葡属非洲及第三世界其他地区的革命。因此，"墨西哥革命"这一习惯性提法事实上是不恰当的。更确切的提法是"墨西哥大造反"。事实上，这是历史学家拉蒙·鲁伊斯（Ramon Ruiz）给他自己研究1905—1924年间的墨西哥时选择的标题。

毫无疑问，它在人数和暴力所及的程度上都不失为一次"伟大的"造反。资本主义对这个国家的渗透和剥削的程度，随之而来的社会分裂与苦难，以及第一次世界大战阻止了外国干涉之出现，这一切都说明了造反规模之大、持续时间之长和暴力之剧烈。而且也不乏阶级仇恨，这从萨帕塔和比利亚为了缔结同盟而于1914年12月4日会晤时下面的一段交谈中可以看出：

> 萨帕塔：大伙儿都已经告诉你了，我常常这样说，也常常对他们说，卡兰萨是狗娘养的。
>
> 比利亚：[他与他那一伙]都是一些睡在鸭绒枕头上的家伙。他们怎么会成为终生受苦受难的人民的朋友呢？
>
> 萨帕塔：从反面来说，他们自己一直是人民受苦受难的根源，也已经习以为常了。
>
> 比利亚：[政客们]不久将会发现，发号施令的正是人民，人民将会弄清楚究竟谁是他们的朋友……、
>
> 萨帕塔：那些狗娘养的政客，他们只要看到一点有缝可钻的机会，就想马上去钻空子；他们像狗娘养的一样，对向上爬的要人阿谀逢迎。这就是我为什么逮捕一切狗娘养的原因。我不能容忍他们……他们都是一群杂种……我希望有一天还会碰到他们。(44)

然而，阶级仇恨和暴力不管有多么广泛却都不能构成革命。这从下面两段解释中就可以清楚地看出。第一段描述了萨帕塔在占领墨西哥城时犹豫不决和矛盾的心理。第二段是列宁在1917年10月25日宣布布尔什维克革命的胜利及社会主义俄国和社会主义世界计划的一段话：

萨帕塔派：

> 他们静悄悄地、几乎是局促不安地进入首都。他们不清楚他们在那里该扮演什么角色。他们既没有抢劫，也没有掠夺，就像迷路的小孩子一样在街头踯躅徘徊，挨户敲门，讨东西吃。一天夜里，他们听到街头传来铿锵劈啪的声音——原来是一辆救火车和一些消防人员。这一奇特装置在他们看来就像是敌人的大炮，他们便向它开枪，结果打死了12名消防队员。萨帕塔本人也并未显得更加沉着……[他]藏在一家肮脏而阴暗的小客栈里……大家恭请他到国民宫去出席欢迎他的仪式，可他却不愿意去。记者采访他时，他嘟嘟喃喃地说不上几句话。当比利亚于11月28日进抵墨西哥城北郊同他会师时，他却动身回了莫雷洛斯。(45)

列宁：

> 我们只要颁布一项废除地主所有制的法令，就可以赢得农民的信任。农民会懂得，只有同工人结成联盟，他们才有出路。……我们拥有群众组织的力量，它定能战胜一切，并促使无产阶级走向世界革命。
>
> 全世界社会主义革命万岁！(46)

萨帕塔派与布尔什维克之间的差别在于：一方是传统的农民起义者，他们只是奋起打击当前的压迫者，丝毫不懂得这种剥削在制度方面的根源，丝毫未曾预见到一个真正可供选择的社会；另一方则是现代革命家，他们有一整套关于社会制度和动力的理论，有一套按这一理论去摧毁过去、建设未来的策略。

九、非洲反抗运动

非洲有许许多多抵抗欧洲人入侵和欧洲人统治的事例。但是由于多种原因，所有这些抵抗都是徒劳的，这些原因包括：整个非洲大陆或地区未能团结起来反抗欧洲人的侵略，整个大陆被瓜分为许多分隔开来的殖民地，因此一旦发起反抗就会缺少相互协调的行动，欧洲人拥有优越的军事技术。同样值得注意的是，非洲抵抗运动的根源与动机也是五花八门。其中有些带有宗教性质，如在1880年代和1890年代支配了苏丹的伊斯兰教马赫迪运动，以及不断出现的纳伊比财产崇拜——它在1908—1928年间使英属乌干达和德属卢旺达的殖民统治无法运作。当欧洲人力图把商业上的共存推进为长期政治上的统治变得昭然若揭时，又爆发了另外一些抵抗运动。阿布希里（Abushiri）的情形就是如此，1888—1891年间他在坦噶尼喀沿海地区成功地公开反抗了德国人。萨莫里·图雷（Samori Touré）的情形也是如此，1870—1887年间他在西非同法国人作战时获得非凡的成功。非洲人所进行的最后一种类型的抵抗是企图阻止欧洲殖民者的侵入，这些殖民者把土著驱离他们的家园，然后就剥削他们的劳动力。英属巴苏陀兰的酋长穆罗西（Moorosi）于1879年在山间要塞中抵抗了八个月的围攻才被杀害，他手下的人也云散四方。同样，1906年纳塔尔的祖鲁人起义是由于英国殖民政权给那些已被他们弄得负担过重、贫困不堪的人民强行摊派人头税而引起的。

这种徒劳的抵抗中一个突出的例外就是1896年埃塞俄比亚皇帝梅内里克（Menelik）在阿杜瓦战胜了意大利人。与其他地区欧洲人与非洲人之间的冲突不同，提格雷高地的阿杜瓦战役是大部队之间的阵地战。由于巴拉蒂耶里将军的无能，也由于他的非洲谍报人员提供的情报有误，意大利人在这场被称作"近代历史上前所未有的最难以置信、最荒诞无稽的战役"中被击败了。欧洲各国首都均对"非洲人野性"的爆发表示诧异和惊骇，尽管这一战役是对意大利人的悍然入侵所作出的正当回答。最典型的要算巴黎方面就欧洲人团结一致以反对野蛮主义所做的如下表白了："在这里没有人——我无须注意这个或者那个没有主见的人以及个别惯于幸灾乐祸的人——希望阿比西尼亚[埃塞俄比亚旧称]以牺牲一个文明国家的安逸为代价而获得胜利。当那个国家面对着某一勇猛却又野蛮的敌人时，人们可能和它在目标与见解上大不相同，但却也不应心怀恶意。"[48]

有人把阿杜瓦战役对非洲人的影响描述得与日本战胜沙俄对亚洲人的影响等量齐观。[49]然而，埃塞俄比亚同非洲其余地区在传统上是隔离的，加之非洲大陆被瓜分成许多彼此隔绝的殖民地，这就使得不能把黑非洲动员起来以利用这一独特的胜利。阿杜瓦战役仅仅是加强了以埃塞俄比亚为基地的现存的政治象征主义。这种象征主义部分渊源于圣经的权威，尤其是人们常常引用的《诗篇》第六十八篇："神已经赶散好争战的列邦。埃及的公侯要出来朝见神，古实[埃塞俄比亚旧称]人要急忙举手祷告。"这些革命的词句长期以来一直是希望的佳音，也吐露了非洲人的抱负。爱德华·布莱登（Edward Blyden）、杜波依斯（W. E. B. Dubois）、马库斯·加维（Marcus Garvey）和罗杰斯（J. A. Rogers）之流的泛非主义者著作中，到处都提到埃塞俄比亚的遗产。

在1890年代，"埃塞俄比亚主义"一词也被用于埃塞俄比亚教会运动中，南部非洲大量分离主义者和独立的本地教会都参加了这一运动。欧洲人将其视为宗教外衣掩盖下的泛非主义阴谋。他们的怀疑也有一部分依据，因为弥漫南部非洲的种族主义驱使一些分离派教会成为反白人力量的媒介。

阿杜瓦战役的胜利使埃塞俄比亚的政治象征主义得到了加强。对意大利人战争的胜利被视为非洲人勇猛与抵抗力的表征。它也激起了对非洲价值观念和传统的自豪感。要使非洲人开化和皈依基督教"就必须使他外国化"这一流行论断,遭到了塞拉利昂的奥里沙图克·法杜马(Orishatuke Faduma)牧师一类的民族主义者的反驳。1896年在亚特兰大举行的非洲问题大会上,他对皈依基督教的"土著"放弃他们原来的名字、衣着和饮食习惯的趋势表示痛心。黄金海岸民族主义领袖凯斯里·海福德(Casely Hayford)1924年在他办的报纸上发表社论说:"今天,当我们谈到我们的前景时,谈的就是整个埃塞俄比亚种族的前景。我所谓的埃塞俄比亚种族,指的就是遍布全世界的非洲儿女。"[50]

在19、20世纪之交,"埃塞俄比亚的"一词是用以表示非洲民族主义者在国内外所建立的各式各样组织的。1905年,在利物浦的西非与西印度群岛学生组织了"埃塞俄比亚进步同盟",其目的是想在"国内外的埃塞俄比亚种族"的成员之间结成联盟。在美国,出生于牙买加的非洲人领袖马库斯·加维广泛地传播了"非洲是非洲人的非洲"和"醒来吧,埃塞俄比亚"之类的口号。他的赞歌《埃塞俄比亚,我父母之邦》在散居各地的非裔人中激起了国际大团结的情感。

除阿杜瓦战役外,还有一个成功地抵抗欧洲列强的例子,即南非布尔人的事例。他们是被荷属东印度公司于1562年移殖于好望角的,以便给前往东方途中的船只提供燃料、水和新鲜食品。布尔人顽强而倔强,他们希望不受别人干扰,在广阔的内陆放牧牲口,并像从前的宗法制家长一样管教他们的家庭和土著奴隶。当英国人1814年接管这一殖民地并开始干预对待奴隶的态度时,布尔人就向北迁往奥兰治河的彼岸,有些人甚至接着向前越过了瓦尔河。可是英国人仍然继续想对他们行使管辖权,结果两者之间不断发生摩擦。1854年的《布隆方丹协定》似乎把问题解决了。按照该协定,英国人同意以奥兰治河作为他们的北部疆界,并承认奥兰治自由邦和德兰士瓦这两个布尔人建立的共和国独立。但是随着在奥兰治河北面发现钻石,以及后来世界各地矿工纷纷涌入,遂使《布隆方丹协定》成为一纸空文。

以传奇一般的塞西尔·罗得斯为首的矿业利益集团迫使英国政府兼并了富饶的矿区。对罗得斯来说,财富本身并不是目的,它是实现更伟大目标即扩张大英帝国的手段。"一切都非英国人莫属,这就是我的梦想",当他在金伯利还只是一个小青年时,就曾挥手向北非辽阔的内陆发出这样的豪言壮语。作为开普殖民地的总督,罗得斯为实现梦想百般努力,但伦敦政府却是踌躇不决。1895年,他决定资助一次反对德兰士瓦总统保罗·克鲁格(Paul Kruger)的革命,并决定组织一次由他的朋友詹姆森(L. S. Jameson)博士领导的对德兰士瓦的进攻,企图用强力解决问题。然而革命和进攻都失败了,罗得斯被迫辞去总督职务。但是这些事件使得英布关系更加恶化,并最终于1899年爆发了大规模战争。

布尔人采用游击战术，从而使战争延长到三年之久，迫使英国人动员了 30 万军队来对付 6 万—7.5 万名布尔人。与欧洲人相互之间的关系不同，战争的进程表明，欧洲人与非洲人的关系中充满种族主义。在金伯利、莱迪史密斯、马弗京被围期间，英国居民都有食物供应，但对非洲人、有色人种［特指南非境内的黑人］和亚洲人却不予供应，致使他们成群地饿死或病死。这是因为有人认为，非欧洲人可以自由地离去，所以给予他们食品就等于是浪费。不幸的是，这些人除了投奔布尔人实在无处可去，而布尔人又不肯收留他们。一位英国人曾经这样描写这些受害者的悲惨处境："我看见他们倒毙在草原上，而且就在他们倒下的地方躺着，因为身体虚弱得再也走不动了。受难者大多是一些男孩，不过四五岁的娃娃。"另一个亲眼目击者在日记中写道："真是惨不忍睹……上个月，一个人就死在民政专员的大院里，旁边围着 50 个忍饥挨饿的人，那一场面真是够凄惨的，足以激起你的恻隐之心；我还看见其中有个人由于极度痛苦不由地砰然倒下死去。"(51)

英国人确曾在战争中以不同方式使用过（也供养过）一些非洲人，让他们赶着拖大炮的牛，让他们守卫碉堡牵制游击队，让他们侦察布尔人扎营的地点。布尔人的随军医生、美国人约翰·戴尔（John Dyer）写信给英国指挥官，气愤地反对他们武装黑人："你已经干了一桩大错特错的事，其性质肯定是不合乎道德的，其结局如何无人能够预见……迄今为止，南非的伦理观念中一直有这样一条基本原则：英国人和荷兰人对于武装黑人来反抗白人的想法都感到可怕。我请求你……解除黑人武装，然后在白种人的战争中扮演一个白人的角色。"(52)

1901 年 2 月 28 日开始和平谈判时，布尔人路易斯·博萨（Louis Botha）将军强烈地反对武装黑人，并表示担心黑人在战争结束后会被授予选举权。英军总司令基奇纳勋爵向博萨保证："在准许这些殖民地建立代议制政府以前就授予选举权，绝不是英王陛下政府的意图。倘若那时授予选举权，也必会有一定的限制，以确保白种人占有合理的优势。"(53) 黑人并未意识到这一交易，他们相信英国人胜利后不会再把他们当作二等国民看待。然而这种情况并未发生，所以他们的困境也就不曾由于战争而有丝毫改善。《泰晤士历史》(*Times History*) 对此事简明扼要地叙述如下：(54)

> 土著在许多场合下都变得傲慢起来，原因是工资不适当地过高，士兵对待他们太亲昵。他们希望把布尔人当作被征服的种族来看待，他们对布尔人也不复是依附关系。但他们很快就发现，虽然英国人征服布尔人以后或许会给黑人较大的保障使其免遭压迫，也或许会给他们一些更加明确规定的权利，但是白人（不管他是英国人还是布尔人）的优越地位并没有发

生任何实质变化。

和约（1902年）签订后，准许德兰士瓦和奥兰治自由邦可以有宪法。1909年，它们与开普殖民地和纳塔尔联合起来，组成自治的南非自治领。大多数非洲人在政治上仍然没有选举权，在经济上依旧遭受剥削，直至今天情形依然如此。而吃了败仗的布尔人却在1924年选举之后成了南非政治上的主人。今天，他们是易于识破的伪装下的种族压迫和种族剥削制度的实践者和受益者，这种制度被通称为种族隔离。

十、1914年以前各种运动的性质

1914年以前的多次革命和抵抗运动是对19、20世纪之交帝国主义列强世界范围的扩张主义所作出的回答。在这些年间，巴拿马运河"正大光明地被偷走了"；柏林—巴格达铁路打开了中东地区，迎来了德国的经济渗透；整个非洲已被瓜分完毕；又从中国榨取了一些租借地；美国通过攫取古巴、波多黎各和菲律宾而正式加入了帝国主义行列。

就像上文所提及的，阻止这些帝国主义侵略的任何努力都没有成功。唯一的例外是日本。由于第十七章中分析的原因，日本不仅学到并发展了西方的经济技术和军事技术，还加入了帝国主义列强的俱乐部。第三世界的其他民族没有反抗帝国主义进攻的能力，这部分是由于外因，部分也是由于内因。

外因是，在早期，第三世界各民族之间没有任何相互支持的国际组织。大约唯一的例外就是来自俄国高加索的几百名革命者所给予的援助。他们越过高加索山来到大不里士同波斯的立宪派并肩战斗。相反，帝国主义列强则在全球范围内一再互相支援。欧洲各国政府给予沙皇俄国一次及时的借款；英俄两国共同"扼杀"了波斯立宪派；美国与西班牙协力反对古巴和菲律宾的民族主义者；西方列强起初共同支持清王朝，继而支持袁世凯，反对中国的变革；在非洲，英国人和布尔人同意，不管他们之间存在什么分歧，占非洲人口多数的非洲人都应从属于他们。结果，彼此孤立的抵抗运动也就一个接一个地被压服了。

1914年以前的抵抗运动失败的内因是，它们的理论与实践不够充分。我们在上文中提到了关于诱发人们反抗帝国主义侵略的政治、经济和文化方面多种多样的影响。一般来讲，这些帝国主义侵略的反抗者可以分为两类，即保守的传统派和顺应的西化派。由于前者是逃避主义者，一心向往浪漫化的、无法挽回的过去，所以从一开始就注定非失败不可。相反，顺应的西化派则在不同程度上接受了资本主义世界秩序的政治和经济关系。然而他们不久就发现，西方言行不一。青年土耳其党人试图取缔使人压抑的外侨特权时得到了这个教训，中国共和派试图修改不平等条约时同样得到了这个教训。波斯人呼吁民主的英国和美国支持他们的宪法时，很快就丢掉了幻想；而当古巴人和菲律宾人要求"文明世界诸列强"承认他们那得到民众支持的革命政府时，也同样丢掉了幻想。不论这些顺应的西化派最终是否诉诸武力相抵抗，他们最终都被迫沦落到从属的、被剥削的第三世界的地位。

即使这些顺应的西化派对帝国主义列强的评估更现实一些，西化派是否就会更成功些也仍是一个疑问，因为他们本国的客观条件对其不利，他们的种种努力，历史地看时机还不成熟。在中国，商人与革命的学生不但经验不足、犹豫不决，而且人数太少。在中东，青年土耳其党人依赖于限制他们行动自由的安纳托利亚东部和中部的封建地主；波斯的立宪主义者甚至既受到部落、教士、传统既得利益者力量的制约，也受到他们自己的幻想和内部意见分歧的限制。在因外国入侵而激起群众行动的地方，如在菲律宾，由于上层领导宁愿同外国妥协合作，群众起义遭到严重削弱。即使在1905年大规模的俄国革命和1910年墨西哥革命中，多数工人和农民对土地、工作和工资的兴趣，也要比对重新改组机构的兴趣大得多。

在徒劳无益的、保守的传统派和顺应的西化派之外还存在着另一个选择，即西化派中的异议派。他们不愿接受西方资本主义及其国际市场经济，而是展望到一个新的社会主义世界秩序。他们不愿追随亚当·斯密、约翰·穆勒，而是转向卡尔·马克思及追随他的形形色色马克思主义者。然而，在1914年以前，西化派中的异议派人数太少，无法产生任何影响。而且在这些年间，马克思主义理论家也未认真关注殖民地问题。

马克思本人曾经设想，社会主义将会首先出现于工业化的欧洲，并担心新兴的社会主义欧洲四周都会被资本主义所包围。后来，诸如爱德华·伯恩斯坦（Edward Bernstein）之流的马克思主义者承认帝国主义是一个不可避免的阶段，西方在这一阶段享有容易得到所需原料的有利条件。至于殖民地居民，伯恩斯坦提出了这样的观点，即帝国主义给他们带来了西方文明的幸福。"殖民地就在那里，它们必定会受到照顾，而且我认为，文明的民族对未开化的民族实行监护是必要的。"[55]

列宁立足于欧洲大陆的俄国，他从不同的角度来观察帝国主义。他欢迎日本人战胜俄国，以及随后在波斯和土耳其出现的革命。他在1908年写道："欧洲的觉悟的工人已经有了亚洲的同志，而且人数将不是与日俱增，而是与时俱增。"[56] 列宁在1913年的一篇题为"落后的欧洲和先进的亚洲"的文章中，更是将这一思想又向前推进了一步：

欧洲资产阶级为了一些财阀和资本家骗子的贪利目的而支持亚洲反动势力的事实，要算是证明整个欧洲资产阶级已经腐朽的一个最明显不过的例子了。

在亚洲，到处都有强大的民主运动在增长、扩大和加强。……数万万人民正在觉醒起来，追求生活，追求光明和自由……

而"先进的"欧洲呢？它掠夺中国，帮助中国民主、自由的敌人！……

但整个年轻的亚洲，即亚洲数亿劳动者，有各文明国家里的无产阶级做他们的可靠的同盟者。世界上没有任何力量能阻止无产阶级的胜利，他们一定能把欧洲各国人民和亚洲各国人民都解放出来。(57)

尽管列宁要比他的多数马克思主义同志们把第三世界的问题与潜力结合得更为合拍一些，但他在1914年以前却是相对孤立并且毫无权力的。沙皇经受住了1905年革命，而且正在镇压拒不接受他那部抽去了精华的宪法的持不同政见者。列宁发现，即便在俄国的马克思主义者中间，他也处在少数派地位，更不必说在欧洲了。因此，第三世界中西化派中的异议派，不得不等到第一次世界大战才使列宁有可能建立第一个社会主义国家和共产国际。正是有了这些进展，西化派中的异议派才在第三世界成为一支力量，虽然他们必须等到第二次世界大战时，在苏联疆域以外的地方真正夺权的条件才算是成熟了。

如果把"革命"定义为夺取国家机器和政治权力以便彻底进行社会制度和阶级关系的重新改组，那么所谓中国的、青年土耳其党人的、墨西哥的革命就都不过是造反而不是革命。事实上，在第一次世界大战破坏了资本主义世界秩序并使打碎"帝国主义链条中最薄弱的一环"成为可能以前，真正意义上的革命并没有在任何地方出现过。说这是列宁的名言也不为过，因为正是列宁一再强调，没有革命的理论，也就不会有任何革命的行动。

我们之所以把论述1914年以前时期的第十八章命名为"第三世界反抗运动的早期阶段"，而把论述1914—1939年这一时期的第二十章题名为"第一次全球性革命浪潮"，其理由就在于造反与革命是根本不相同的。

[注释]

1. W. T. Stead, *The Last Will and Testament of Cecil John Rhodes*（London: Review of Reviews Office, 1902）, p.190.
2. Cited by O. C. Cox, *Capitalism as a System*（New York: Monthly Review Press, 1964）, p.174.
3. Cited by P. S. Foner, *History of Black Americans*（Westport, Conn.: Greenwood Press, 1975）, p.140.
4. E. Genovese, *From Rebellion to Revolution*（Baton Rouge: Louisiana State University Press, 1979）, p.87.
5. Cited by Foner, op. cit., p.436.
6. Cited by P. S. Foner, *The Spanish-Cuban-American War and the Birth of American Imperialism 1895-1902*（New York: Monthly Review Press, 1972）, Vol. I, p.125.
7. Cited by W. J. Pomeroy, *American Neo-Colonialism*（New York: International Publishers, 1970）, p.42.
8. Ibid., p.44.
9. Cited by Foner, op. cit., Vol. I, pp.xxx, xxxiv.
10. Cited by W. J. Pomeroy, op. cit., pp.28, 33, 34.
11. Cited by L. Francisco, "The first Vietnam: The Philippine-American War of 1899," *Bulletin of Concerned Asian Scholars* V（Dec. 1973）: 5.
12. Ibid.: 4.
13. Foner, op. cit., Vol. II, p.672.
14. Cited by I. Spector, *The First Russian Revolution*（Englewood Cliffs, N.J.: Prentice-Hall, 1962）, p.8.
15. Cited ibid., p.1.
16. Cited by H. D. Mehlinger and J. M. Thompson, *Count Witte and the Tsarist Government in the 1905 Revolution*（Bloomington: Indiana University Press, 1972）, p.237.
17. G. H. Fitzmaurice to Mr. Tyrell（Aug. 25, 1908）, in G. P. Gooch and H. Temperley, eds., *British Documents on the Origins of the War 1898-1914*, Vol. X, No.210（London: H.M.S.O., 1936）, p.268.
18. Cited by Spector, op. cit., p.81.
19. *Toward Freedom: The Autobiography of Jawaharlal Nehru*（Boston: Beacon Press, 1958）, pp.29, 30.

20. E. G. Browne, *The Persian Revolution of 1905-1909*（Cambridge: Cambridge University Press, 1910）, pp.120, 122, 123.
21. Cited by F. Kazemzadeh, *Russia and Britain in Persia, 1864-1914: A Study in Imperialism*（New Haven, Conn.: Yale University Press, 1968）, p.457.
22. Cited by A. K. S. Lambton, "Persian Political Societies 1906-11," *St. Anthony's Papers*, No. 16, *Middle Eastern Affairs*, No. 3（Carbondale: Southern Illinois University Press, n.d.）, p.54.
23. Cited by I. Spector, *The First Russian Revolution: Its Impact on Asia*（Englewood Cliffs, N.J.: Prentice-Hall, 1962）, p.46.
24. Browne, op. cit., pp.xix-xx.
25. Cited by Kazemzadeh, op. cit., pp.497, 498.
26. Ibid., pp.500, 501.
27. Ibid., p.613.
28. Ibid., p.645.
29. Ibid.
30. Cited by H. Temperley, "British Policy Towards Parliamentary Rule and Constitutionalism in Turkey（1830-1914）," *Cambridge Historical Journal* IV（1932）: 186.
31. Cited by D. Ergil, "A Reassessment: The Young Turks, Their Politics and Anti-colonial Struggle," *Balkan Studies* XVI（2）（1975）: 54.
32. Ibid., p.69.
33. D. Ergil and R. I. Rhodes, "Western Capitalism and the Disintegration of the Ottoman Empire," *Economy and History* XVIII（1975）: 49.
34. Cited by Spector, op. cit., p.78.
35. Cited by J. E. Sheridan, *China in Disintegration: The Republican Era in Chinese History, 1912-1949*（New York: The Free Press, 1975）, p.44.
36. J. W. Esherick, "1911: A Review," *Modern China* II（Apr. 1976）: 169-70.
37. Cited by R. D. Hansen, *The Politics of Mexican Development*（Baltimore, Md.: Johns Hopkins University Press, 1971）, p.24.
38. Cited by R. E. Ruiz, *The Great Rebellion: Mexico 1905-1924*（New York: W. W. Norton, 1980）, p.109.
39. Cited ibid., p.147.
40. Cited by E. R. Wolf, *Peasant Wars of the Twentieth Century*（New York: Harper & Row, 1969）, p.31.

41. Cited by P. Russell, *Mexico in Transition*(Austin, Texas: Colorado River Press, 1977), p.30.
42. Ibid., p.33.
43. Ibid., p.38.
44. J. Womack, Jr., "The Mexican Revolution, 1910-1940: Genesis of a Modern State," in F. B. Pike, ed., *Latin American History: Select Problems*(New York: Harcourt, Brace & World, 1969), pp.312, 313.
45. J. Womack, Jr., *Zapata and the Mexican Revolution*(New York: Alfred A. Knopf, 1968), p.219.
46. Cited by E. H. Carr, *The Bolshevik Revolution 1917-1923*(New York: Macmillan, 1951), Vol. I, pp.106, 107.
47. Cited by S. Rubenson, "Adowa 1896: The Resounding Protest," in R. L. Rothberg and A. A. Mazrui, eds., *Protest and Power in Black Africa*(London: Oxford University Press, 1970), p.121.
48. Ibid., p.128.
49. S. K. B. Asante, *Pan-African Protest: West Africa and the Italo-Ethiopian Crisis, 1934-1941*(London: Longman, 1977), p.11.
50. Cited ibid., p.14.
51. Cited by B. Farwell, *The Great Anglo-Boer War*(New York: Harper & Row, 1976), pp.281, 282.
52. Ibid., p.282.
53. Ibid., p.395.
54. Ibid., p.449.
55. Cited by H. C. d'Encausse and S. R. Schram, *Marxism and Asia*(London: Allen Lane, Penguin Books, 1969), p.130.
56. Ibid., p.136.
57. Ibid., pp.138-39.